U0835332

国家哲学社会科学优秀成果

“生态目的性”与环境伦理
——“小人口”原理
（第3卷）

“Ecological Purpose” and Environmental Ethics
—— Principle of “Small Population”
（Volume Ⅲ）

原华荣 著

中国环境出版社 · 北京

图书在版编目（CIP）数据

“生态目的性”与环境伦理——“小人口”原理（第 3 卷）/原华荣著. —北京：中国环境出版社，2013.3

（“小人口”原理：3）

ISBN 978-7-5111-0978-1

Ⅰ. ①生… Ⅱ. ①原… Ⅲ. ①人口生态学—研究 Ⅳ. ①C922

中国版本图书馆 CIP 数据核字（2012）第 074043 号

出 版 人　王新程
责任编辑　张维平
责任校对　扣志红
封面设计　金　喆

出版发行　中国环境出版社
（100062　北京市东城区广渠门内大街 16 号）
网　　址：http://www.cesp.com.cn
电子邮箱：bjgl@cesp.com.cn
联系电话：010-67112765（编辑管理部）
010-67112738（图书编辑部）
发行热线：010-67125803，010-67113405（传真）

印　　刷　北京市联华印刷厂
经　　销　各地新华书店
版　　次　2013 年 5 月第 1 版
印　　次　2013 年 5 月第 1 次印刷
开　　本　787×1092　1/16
印　　张　20
字　　数　430 千字
定　　价　64.00 元

【版权所有。未经许可，请勿翻印、转载，违者必究。】
如有缺页、破损、倒装等印装质量问题，请寄回本社更换

持续性的症结是“规模”而非“均衡”。

要么任其毁灭，要么缩减她的规模、速度和复杂性！

The key of sustainability is not equilibrium but scale.

Either wait for destroy, or reduce her scale, speed and complexity!

特　别　鸣　谢

ACKNOWLEDGEMENT

国家哲学社会科学基金

浙江大学社会科学研究院（中央高校基本科研业务费）

浙江大学中国西部发展研究院（“211 工程”三期重点学科建设项目）

浙江大学人口与发展研究所（浙江省高校第五期重点学科）

浙江大学中国西部发展研究院环境与资源研究所

提供研究经费和出版资助

前　言

《“小人口”原理》为全国哲学社会科学规划办公室2003年度国家社会科学基金项目“小人口”与“适度人口”——可持续发展人口环境的抉择（自选，批准号03BRK005）的结题报告。

本书若能为中国人口和计划生育工作、国际节制生育运动、全球生物和环境保护运动、环境伦理建设、马尔萨斯研究、历史研究、可持续发展以及相关研究工作尽绵薄之力，则不胜欣慰！借项目报告的付梓，向奋斗在“拯救地球”、“拯救人类”第一线的节制生育工作者、“罗马俱乐部”、绿色和平组织、环境保护人士、环境伦理研究者和国内外相关组织，表示诚挚的敬意和问候！

从文明演替、环境伦理、生物和环境保护结合的视角，写一本有关人在自然界中位置和人口数量及其作用的书，是笔者多年来的夙愿。有幸得到全国哲学社会科学规划办公室的立项资助，特此表示衷心感谢！

在本书历时10年的持续写作中，得到浙江大学社会科学研究院、中国西部发展研究院、人口与发展研究所、环境与资源研究所及有关人士在精神上的鼓励和经费上的支持，在项目报告付梓之际，特表示衷心的感谢！在“小人口”原理酝酿、形成的30余年中，学界的同仁，笔者的同学、好友、学生也从各个方面给予了关心、支持和鼓励，此时此刻的感激之情，也是难以言表！

同样要表示衷心感谢的是：养育和教育我做人要勤奋的祖母、要正直的父亲、凡事要忍耐的母亲；提供成长环境、给予我知识的母校——陕西蒲城东街小学、尧山中学、兰州大学；使我了解外部世界的翻译家；告诉我“吃别人嚼过的馍馍没有味道”（创新）的《焦裕禄》，“拾到篮篮都是菜”（“兼收并蓄”）的渊华芳老师；锤炼“小车不倒只管推”的意志、体魄和亲近大自然、了解农民的历次机会——“四清运动”（甘肃临夏，1965—1966年），农场劳动（兰州军区直属队，1968—1970年）和“农宣队”（甘肃成县，1970—1971年）。

小孙女原晨宸在六年前圣诞节后第一个拂晓如天使般地降临，使写作变得更为愉悦。鉴定专家对送审稿（2008年7月）的肯定、期望和项目以优秀评价而结题，使我在责任感的鞭策下，于送审后对书稿又做了四年多的修编。

还要衷心感谢的是糟妻余朝晖女士：在数十年的学习、思考和写作中，她一直任劳任怨地承担了几乎全部家务而给予了我宝贵的时间，没有她作出的奉献和支持，摆在大家面前的这部拙著是难以面世的。

由于才疏学浅，书中不当和谬误之处在所难免，敬祈阅者不吝赐教！

原华荣

2012年12月26日

目 录

Contents

Chapter twenty-three Eco-ethics

自然即美，美即自然。

上帝同宇宙掷骰子，但用的是灌了铅的骰子。

——J. 福特

人法地，地法天，天法道，道法自然。

——老子

人类本身就是靠鹰和报春花为其组成部分的生态系统不断的复原力而生存的。

——E. 戈德史密斯等

“生态义务权利”是“天赋生存权”的基石。生物因扮演“生态角色”、承担“生态义务”、执行“生态使命”而拥有坚不可摧的生存权；人类对（自然）权利的诉求，则因“生态目的性”的丢失而是“弱式的”。

一个事物，只有在她有助于保持生物共同体的和谐、稳定和美丽的时候，才是正确的；否则，她就是错误的。

——奥尔多·利奥波德

缩减自身规模以维护“生物圈”的多样、稳定和持续，是人类对地球生命不可推卸的伦理责任和道德义务。

我们现在对环境所做的一切，只不过相当于给一副棺材钉上最后一颗钉子。

——罗伯特·梅

本卷提要

第16章　“自然的秩序”

（一）“能量法则”和临界不确定性

——“正态分布”和“能量法则”

“正态分布”（钟形曲线）展现的是事物变动的趋中趋势，或以和缓方式对平均值的偏离。可用来刻画适宜度，展示、把握事物的全过程；她还告诉我们：对任何一种事物来说，都不存在超出该事物的异端值。如果舍弃事件之间具体的数量关系，“能量法则”便可视为：规模与频率反向相关，或大事件少而小事件多。具负相关性质的“能量法则”表明：要想避免大规模的灾难，就不要忘记“黄石效应”和大兴安岭火灾的教训而刻意减少小规模灾难的发生；具正相关性质的“能量法则”告诉我们：要想避免大规模的灾难，就必须减小规模和速度。“正态分布”、“能量法则”都是有限性的一种规定——不存在等于整个马铃薯大的碎块，也不会发生毁灭整个地球的大地震。

——自组织和临界不确定性：“耗散”与“协同”

对自组织的发生，普里高金用体现“非平衡是有序之源”的“耗散结构理论”来解释，并特别强调对平衡态的远离。哈肯给出的解释是“协同学”的——“远离平衡”并非系统自组织的必要条件，非线性的“协同作用”才是根本；“序参量”是决定系统性质和演化方向的状态变量。系统在临界的性质和特征有：

自发性——趋向临界同趋向稳定都是系统的内在倾向；普适性——临界既是自然、生物界和人类社会普遍现象，且不同事物在临界态所经历的行为模式又大致相同；自相似性——同一事物的组织形式在临界态按不变标度，惊人相似地缩小重复（如俄罗斯套娃）；差异性——系统越远离临界，混乱程度便越大；不确定性——什么事情随时都可能发生：“只要地球高兴，随时都会开始颤动”。

——临界不确定性之源：“蝴蝶”与“网络”

“蝴蝶”和“网络”都是临界不确定性之源。

对混沌理论来说，系统在局部上（临界）是不确定的，但在总体上却是可以预言的——因非线性变化而不确定的决定论系统。临界不确定性既源自不稳定平衡的系统性质，和系统行为对初始状态的敏感性依赖——二者皆导致对微小差异的放大；又与混沌吸引子永不自我重复、相交的性质，和非线性迭代过程导致的不确定性、复杂性密切相关。临界是随机的，但属于决定论的随机——“确定论的蝴蝶”：对异端值的排斥，或在不同状态（行为）下围绕各自平均值的涨落——上帝同宇宙掷骰子，但用的是灌了铅的骰子。

“吸引子”是混沌的核心，其特征是稳定、低维和非周期。非线性$[X_{n+1}=AX_n(1-X_n)]$是混沌的必要条件，它意味着变化的有限性——蝴蝶再拼命拍打翅膀也不会导致龙卷风；和既可使系统紧强，又可使系统失稳反馈$(1-X_n)$的存在和不确定性（“迷宫行走”）。

“网络”是理解临界不确定性的关键。“网络”的本质是联通性，而且是在很多情况下意想不到的联通性或连通性（如老太婆养猫与英国海军的强大，“小世界”）。在自然界和人类社会，这种有如“生态链”的联通性，都会通过“伤痕”（事件）的“封冻”或“锁定”——不稳定性的增加或负效应的累积——而形成“不稳定的长手指”而引起“雪崩”（压力释放）——地震、生物灭绝、社会革命……即是这样一个普适的过程。

对临界理论而言，临界事件的发生是意料不到的、随机的和无法预测的——上帝在掷骰子，且骰子不知道被掷到了什么地方。事实上，临界涨落不一定围绕均值波动，但波动的规模却一定是受到限制的——无规模限定的涨落（如毁灭地球的大地震）违背能量法则而是不存在的。多样性和复杂性在系统失稳之前都是“建设者”（“可能的伤痕”）；系统的失稳，则把它们变成了“破坏者”（“实在的伤痕”）。

（二）生态系统

——生态因子、营养和时空结构

生态因子有生物因子与非生物因子之分。营养结构是以绿色植物等为基础，以营养关系为纽带，物质、能量沿食物链、食物网流转，形成不同层级的营养级，和以生产者、消费者和还原者为中心的三大功能类群；生物可归于5个营养级，从下至上在生物量、能量、数量上形成呈锥状的“生态锥体”或“生态金字塔”。系统的时空结构，则有水平、垂直和时间之分。

——能量流转和物质循环

物质循环是能量流转的载体，能量流转是物质循环的动力。能量沿食物链、食物网的流通，是一个按“林德曼效率”（“十分之一定律”）递减的耗散过程和不可逆过程。物质循环又称地球生物－化学循环，重要者有水循环、大气循环，和碳、氮、磷、硫等生命物质的循环。在物质循环中，存在一个较稳定而不易分解物质的富集过程，被称作生物的“浓缩效应”或“放大效应”。

——群落演替与生态演替

具必然性、秩序性和方向性的群落演替，根据环境性质，有原生与次生演替；按基质类别，有水生与旱生演替；按演替原因，有内因性与外因性演替；按持续时间，有地质与生态演替；按能量状态，有自养性与异养性演替；按演替方向，有进展性、逆行和周期性演替。

群落演替是生态演替的基础，其内涵是生命系统；生态演替则包括生命和非生命系统两方面的内容——植物群落的演替，与之有关的动物群落的演替，和生物与环境相互作用下环境条件的变化。生态演替也称生态系统的发育，有进展性与逆行之分。对进展性演替来说，生态系统发育（从发展期到成熟期）的总趋势是：在现有可能的能量输入和物理条件下，获得尽可能多的（从数量到品种）有机质以最大限度维持复杂的生物量结构。

（三）系统的平衡与稳定

——生态原理

各生态因子，按对生物的重要性、作用特征，可区别为主导因子与非主导因子、直接作用因子与间接作用因子，阶段性作用因子、非替代性因子与补偿作用因子。生态原理指生物与环境的关系，即生态因子相互作用的原理。主要有限制因子原理——最小因子定律、限制因子定律、耐受性定律和生态幅，综合作用原理，间接作用原理和触发因子原理（人类活动是最为经常、最为巨大的触发因子）。触发因子原理表明，各生态因子的作用是有机联系在一起的。

——种群的增长与调节

种群增长存在三种典型的模式——不连续的、离散的，增长呈斜率不等的直线（非密度制约，世代不相重叠）；连续的，增长呈“J”形曲线（非密度制约，世代重叠）；“逻辑斯蒂”增长，呈“*S*”曲线（密度制约）。种群规模波动分不规则波动与周期性（季节、年际）波动。对种群规模的调节，有内源性因素和外源性因素，就生物而言有“自律”与“他律”之分。“自律”即内源性调节——生物种内因素对种群的自动调节（如行为、内分泌和遗传调节）；“他律”即外源性因素对种群数量的控制。气候学派强调非密度——气候制约；生物学则坚持密度制约——捕食、寄生（疾病）和竞争等种间因素的决定性作用。

——“饱和效应”与“生态链效应”

“饱和效应”指种群数量、物种数目在趋于饱和和达到环境容量时出现的特征：之于种群，是数量增加的减慢，种群规模周期性波动或出现毁灭性的减少；之于物种，是种间竞争的加剧，生物特化的加速，灭绝速率的上升和物种寿命的缩短。在一定的地理空间，物种数量不可能无限制地增加，种群规模也不可能无限制地扩大，二者处于动态平衡之中。

“生态链效应”指，以食物链、食物网和生态环境的改变为背景，A 物种的灭绝引起 B 物种的灭绝，B 物种的灭绝引起 C 物种的灭绝……灭绝沿生态链传播，形成一场波及广大范围、影响深远的灭绝“雪崩”。触发“生态链效应”的灭绝物种，既可是生态锥体底部的支持者，也可是“关键种”。

——系统的平衡与稳定：抵抗力和恢复力

生态平衡是生物存在的一种规定，稳定性则代表着系统平衡的状态——稳定平衡与非稳定平衡；抵抗力稳定性和恢复力稳定性。从复杂性有助于稳定性看，影响生物多样性，进而生态系统稳定性的因子有：系统进化的历史、系统的自然环境、空间异质性、系统生物因子的特征、系统的后备能力、系统生物因子的变化、系统反馈的性质和强度、系统的复杂程度和扰动强度。当扰动强度足够强大时，一切稳定性影响因子的作用都变得次要起来——坦克的履带将碾碎一切，而不论她是一只脆弱的鸡蛋还是一个坚强的双铃马蹄表。

第17章 生命原理

（一）“生存适应”

——生存原则和“生殖使命”

生存是生命的最高原则，生存原则首先是群体的生存原则，“生殖使命”即是个体生存对群体生存、延续的绝对服从和无条件贯彻。她既规定着生物（通常而言的 *r*-对策物种）在生殖之后的死去，也要求生物（通常而言的 *K*-对策物种，也见之于一些实行“生育集权”的 *r*-对策物种的“后”——蚁后、蜂后）延长存活时间以多次生殖。灭绝压力有时还会导致非育龄期生育，如过度捕捞与“幼鱼妈妈”的出现，和“灭鼠拔源区”幼龄、高龄生育的显著存在。

生殖和死亡在进化（生存）中具有积极的意义——“孕育和生殖是有死的生物中的不朽因素”。（柏拉图）“死亡是个体的完成，是个体作为个体所能为共体（社会）进行的最高劳动”。（黑格尔）

——“生存适应”

“生存适应”或“适应”是一种状态——生存和繁衍在一定环境中得到保证的状态；生物适应特征以组织（结构）变异为条件的获得过程；生物适应特征通过生殖的遗传过程。“适应”充分发展的结果是“特化”——对组织、形态而言的固定化，对功能而言的高度专门化。“特化”在使生物高度适应环境的同时，也使其走进“进化的死胡同”而面临灭绝的危险。

“适者生存”是别于“自然选择”而具深刻内涵的“生存一演化”机制——只有适者才能生存，为了生存，生物必须使自己成为适者；生物使自己成为适者并不一定意味着进化，但进化——复杂化却一定是生物变成适者的过程。“适者生存”并非一定意味着“最适者生存”，由“适者生存”也不能简单地得出，灭绝的或被淘汰的生物都是不适者的结论。

——“惰性原理”和“适应等价”

生命的原则是生存而不是进化，进化——形态复杂化只是生物为生存而适应环境的一种结果。生物对环境的适应性变化 ——生理、行为和形态——遵从“惰性原理”——“最小化适应”、“最小变异”原则；存在“零适应”（不变化，最为普遍）、退化适应（简单化）和进化适应（复杂化）三种模式。从“生存适应”看，生物对环境的适应是等价的——每一种生物，都如此地适应着她们各自的环境（达尔文）；从组织结构看，生物只有简单与复杂之分而无低级与高级之别——低级与高级的概念，只属于

“人类优越论”和“进步观”。

（二）“适应”与“选择”

——“获得性遗传”与“自然选择”

“前适应”或“预适应”是“子虚乌有”——需要“全知”的摩西且无从形成；“后适应”则既是逻辑的，也是客观的——环境变了才变，环境不变想变也变不了；“前变异”因要提供许多“变异”以供“选择”而是浪费的，“突然变异”大多是有害的；“后变异”则与“后适应”一致，并符合于自然“从不多做一件事”（亚里士多德）的节约原则。“前变异”的浪费，“突然变异”的有害，“预适应”的“子虚乌有”表明：作为一种进化机制，“自然选择”是无从运作而不存在的；“获得性遗传”则是生物为生存而适应环境的一种“需要”——把在对环境的适应中获得的“性状”留给后代——这既是必须的，也是节约和合理的。

——“人”成为人：“生存适应”还是“自然选择”？

对“劳动创造人”，“自然选择”式的解释是：在“人”那里，发生了能使“人”变成人的“变异”；使人优于其他动物的这些“变异”，在其他动物那里并未发生——这便为“人是自然的目的”埋下了“伏笔”。“进化适应”或“生存适应”的解释是：“人”变人和其他动物未变成人只是一个对劳动而言的，从生物进化看的复杂性“剔除”问题，和从物理学、力学看的“需要”与否的拉马克问题。

“生存适应”的解释表明，“需要”劳动的不只是“人”，也非只有“人”能够劳动——“人”并不注定要成为人和会成为人；“人”之所以通过劳动把自己变成了人，在于她既“需要”劳动同时又“能够”劳动。“进化适应”解释的伦理学意义即在于对人类优越论的否定——“人”变人，其他动物未变成人并非是一个优劣问题；人只是万物的一种，宇宙的存在也同样与人无关。

——环境的“各态历经”和生物进化的“预适应”

以物种为主体，“预适应”有两种情况：一种是我们所要否定的，作为“自然选择”机制意义上，由“变异—选择”形成的“前适应”：一种是为了别的“需要”而形成的“前适应”——生物为适应环境变化而需要的“适应性特征”——结构和功能，在环境变化即“需要”产生前已经存在。生物形态复杂化是一种“接力”，进化的“马拉松”也不是由某一选手单独跑完的，下一棒的选手早已“预备”在那里——这种以异质性和环境“各态历经”为条件，预先生成对进一步严酷总体环境的适应者，即是生物从复杂化意义上对环境的一种“预适应”。以环境的严酷化为背景，“预适应”带来了生物在形态复杂化演替过程中的“接力式进化”。

——“选择”：自然无力承受的代价和进化难以逾越的障碍

“选择”的前提是“存在”——现存的（每一演化阶段、地质年代）和被淘汰（“自然选择”意义上被淘汰的，并非存在过而已灭绝的）的物种。自然不“选择”的原因即在于：所必须付出的代价——超出生境容量——是她所无力承受的。

“环境说”/“适应说”解释了生物演化的多样性和复杂性指向。而“自然选择”

并未回答生物演化为什么指向多样化和复杂化——（前）“变异”意味着多样性的增加，“选择”则通过淘汰“不适者”而减少着由（前）“变异”带来的多样性；更为重要的是，她坚持“非定向变异”而反对“定向变异”——而要实现生物的复杂性指向，“变异”则必须是“定向”而不能是“随机的”。

（三）生命原理

——多样性、复杂性：“应答”和限制

生物演化即是对环境变化的回应：多样性是生物对环境异质性的“应答”；形态复杂化是生物对环境严酷化的适应——生物进化是环境变化的直接函数。（弗尔巴）自然对复杂性的限制，是在（物种）多样性限制、复杂性（载体）限制、（物种）直接关联限制三个相互关联的方面进行的。

对物种多样性本身的限制，是一种连通性限制；对复杂性的限制，则是限制作为复杂性载体的生物——复杂的生物，只能有少量的物种和小的种群规模；作为一种关联性限制，限制物种间的“直接关联”——除食物链上下、左右少量的直接关联（食与被食、捕食与被捕食）外，物种间的联系都是间接的，而且必须是间接的——这是避免出现“超级掠食者”，保证生物圈结构完整和有机性的根本。

——“需要”：“节约”和“冗余”

“需要”，从系统层面看是贯彻“生态目的性”；从演化层面看指生物为适应环境而改变自己的“性状”，和把这种“获得性状”遗传给自己的后代。在所能获得资源有限条件下为适应殊难预料的环境而生存，生物便必须，其一，节约“需要”并对之进行限制——“自律”、“他律”和“惰性原理”……其二，保持“滥费”和“冗余”——以“滥费”增加碎屑食物链和生物多样性，以“冗余种”的存在应对“关键种”在长期变化过程中的可能丢失。

——“平衡原理”：自律、他律和“前限制”

马尔萨斯给出了“种群波动”的运作机制：“增殖－限制－平衡”；斯宾塞、达尔文则为我们指出了增殖与“限制”的关联。由实际死亡转变而来并与之在强度上正相关的“前限制”，是一种赋予“增殖”以必要性并造成物种千差万别“增殖潜力”的“死亡意识”；实际发生的“后限制”，则在于消灭在“死亡警告”下多出生的个体以维持种群与环境的平衡。是故，“平衡原理”可写成“（前）限制－增殖－（后）限制－平衡”；“充塞地球之势”的增殖能力，也只是在应对“死亡压力”时形成的一种“生殖适应”而非生物的固有本能。

他律或外源性限制是一种比自律——内源性限制强大得多的唯一“后限制”；自律是生物为了减弱外源性限制对种群毁灭性打击发展起来的，与他律正相关的一种能动适应。由此，平衡原理的运行机制便可以写成：外源性限制→“前限制”→增殖→外源性限制、内源性限制→平衡。他律不仅从形成到强度上规定着自律，而且也比自律强大得多。由外源性限制的不确定性所导致的，是生物增殖潜力的进一步增大，和种群超越生境容量、大量死亡的必然性。

（四）生命的维持与消亡

——协同演化

自38亿年前生命诞生以来，生物与环境的协同演化便不间断地进行着，且十分显著和巨大。生物与环境演化中的根本性事件有：生物光合作用的发展（不释氧到释氧，叶绿素a光系统到叶绿素b光系统），大气组分、性质变化（O_2浓度上升、CO_2含量下降，还原性大气转变为氧化性大气），环境严酷化（全球气候在总体上的趋冷、趋干，四季、冷冬的出现）和生物多样化、组织复杂化（进化）的相互协同。在生物之间，则存在着"趋同演化"和"同步演化"。

——合作与竞争

由于利益的普遍性，物种间的相互作用——不论是合作还是竞争，带来的相互变化都是适应性的。种间关系包括竞争、捕食、共生、寄生等，而合作是最为普遍的形式，典型表现是共生——偏利共生、互利共生、防御性互利共生、（动物组织或细胞内）共生性互利共生。由于同种个体通常分享共同资源，种内竞争可能激烈，但由于种群规模通常维持在生境容量之内，和共同的"生态角色"，种内个体之间的争斗一般都是有限的；种间竞争在大多数情况下采取生态位分化带来物种间共存的形式，而这往往会强化种内个体间的相互妨碍。在生物协同演化中捕食作用，起着推动进化和共存的重要作用。

——海陆差异和生命的维持

生命演化和维持的重要条件有：太阳、地球大小和两者距离的适中——大气层的保持和适宜温度的形成；构造运动和海陆差异——地球既须是一个存在水循环的"水球"，更应是一个存在海陆差异，形成和保持全球性水、大气、物质循环的"水的行星"；全球性水、大气和物质循环——对生命物质的供给，对废热的扩散和系统开放的保证；太阳辐射——生命能量、外力作用动力的源泉。

——物质循环的中断和生命的消亡

当地球内力消耗殆尽，继而海陆差异消失，地球变成名副其实的"水球"之后，除太阳仍一如既往地向地球输送能量之外，全球性地化物质的循环将极大地削弱或中断，生命由之在地球上消亡（"物质循环中断假说"）——正如歌德所吟唱的："一切产生出来的东西，都一定要消亡。"

第18章 "生态目的性"

（一）退化与进化

——两种时间箭头：退化与进化

退化与进化是自然界演化的全部形式。第一，宇宙在创生时刻，必然处于可能的"最小熵"和最大的物质/能量态——这是熵增加或时间不可逆的规定；第二，退化是自然界演化普遍存在的、总体性的不可逆过程，其终极态是热平衡（“热寂”）；第三，进化也是自然界演化普遍存在的，以退化为条件，与退化在空间上镶嵌，在时间上并存、连续交替但局部性的过程；第四，进化获得的物质、能量远远小于退化所耗散的物质和能量；第五，退化/进化与时空尺度反向关联而呈不均匀性；第六，物质、能量的耗散强度与耗散速率正相关，与退化/进化持续的时间反相关；第七，引力是宇宙诞生、演化和进化的关键。

——“免费午餐”：“退化是进化之梯”

地球系统的演化是一个为生命提供“免费午餐”的熵过程：地内能量的减少导致了地球内部系统的熵增，但却为地表系统的进化和生命演化奠定了基础；地表自然系统退化过程中形成的退化与进化的多层级镶嵌，一方面最大限度地保证着地球生物一化学循环的物质供给，一方面为生物的多样化提供了环境背景——通过地内系统、地表自然系统的退化，地球生命免费获得了系统的开放和物质供给，沿着“退化/进化之梯”拾阶而上。而太阳，则是地球生命源源不绝免费能量的供应者。

（二）“生态目的性”

——“自为目的性”和“自在目的性”

亚里士多德坚信：“自然就是目的”，形式也是目的，而且，目的与达到目的的手段也是同一的。康德提出先验的“合目的性”并指出：有机物是“作为自然目的之物”并“内在合目的性”的；自然物是“外在合目的性”的并在这种“外在合日的性”的关系中形成目的论体系；人是建造“目的系统”的存在者，世界的“最后目的”和“终极目的”。

“目的性”，从能动性看有“自在”与“自为”之别，从层级看既属于个体、群体，也可为群落、生态系统、景观和生物圈所拥有。“自为目的性”指生物“自为”或“能动性”行为所具有的目的性；“自在目的性”指生物圈运行所具有的“目的性”。生物圈的“目的性”是“自在的”；生物的“目的性”，则既是“自为的”，也是“自在的”。“目的性”只属于生物、生态系统而在时空上是有限的。

——“生态目的性”

“生态目的性”即是一种内涵“自为目的性”的“自在目的性”——维护自然生态系统的多样、和谐、美丽、稳定和持续。其特征是：“共同体”的层级越高，“目的性”便越明确；“共同体”的层级越低，“目的性”便越具体。基本概念有“生态角色”、“生态义务”和“生态使命”。“生态角色”即物种在“共同体”中的“生态分工”；“生态义务”指扮演“生态角色”是一种不可推卸的义务。“生态使命”则有三个方面的含义：其一，生物和生物的所有行为，都是“共同体”总体目标不可或缺的一部分；其二，是对生物行为的一种强制——狼必须吃羊，羊不得拒绝被狼吃；其三，是对生物行为的一种限制——狼不得吃光所有的羊。

——“生态目的性”的贯彻

在生物圈、生态系统和群落层面，贯彻“生态目的性”的“组织”和“秩序”，主要展现在以资源配置为中心的七个方面：组成“生物共同体”；实行“种际平等”和“适应等价”；贯彻指向多样性、系统稳定性的资源配置原则；按“生态使命”配置资源；贯彻节约和“简单化”原则；信息化、智能化和负反馈自调节；物质循环、系统开放和“循环－消纳－扩散”机制。

在物种、种群和个体层面，“生态目的性”的贯彻赖于：执行“生态使命”；生态对策的“关联—限制”；实行种内平等；实行代际平等；维持适度的种群规模；“体能适应”、“自律”和“他律”；个体利益服从整体利益。

（三）资源的自然配置

——资源的自然配置：“最小化”和差异利用

资源自然配置的总原则是保证“生态目的性”的贯彻——即通过资源配置，保证生物多样性、营养关系的实现和生态系统的稳定。资源自然配置原则有五：第一，“最小化”原则；第二，“滥费”和差异利用，或利用效益最大化原则；第三，物质、能量沿营养级的梯次陡减/陡增原则；第四，“生物共同体”资源配置的“最大化”指向；第五，“生态目的性”原则。资源自然配置原则既可被视为“自然秩序”的规定和要求，也可被看作“自然秩序”的基础和原因——如物质密度、能耗强度沿营养级和生物体型随“*r-K* 生物连续谱”的递增，使食者形成取食能力，使捕食者具备了对被捕食者的力量、速度和灵活性。

——生态对策的“关联－限制”和数量规定。

生物的生态对策必须是相互联系、相互制约、相互协调，即“关联适应”的——体型（生存/竞争能力）与数量反相关；生殖力与数量正相关，与体型反相关：寿命（存活时间）与体型正相关，与生殖力、数量反向相关。数量选择是生态对策选择的根本——选择了数量，便是选择了体型、生殖力和存活时间。

生态对策的“关联适应”必须是内在制约，即“关联－限制”的：或低生殖力、小规模种群对大体型、强生存力、长存活所构成环境（栖息地、食物）冲击量的限制（*K*-对策物种）；或小体型、弱生存力、短存活对高生殖力和大规模种群所构成环境（栖息地、食物）冲击量的限制（*r*-对策物种）。并以此为基础，在物种间形成生态对策的反向关联：如捕食者与被捕食者在体型、生存力，进而力量、速度上的反向关联，和在数量、生殖力上的反向关联——前一种情况支持了营养关系的成立，后一种情况则保证了食物链各取食环节生物数量的协调和营养级生物量的平衡。

（四）生物平等和“生存智慧”

——“种际平等”：“生态目的性”的规定

物种间的“种际平等”是“生态目的性”的一种规定：既是一种“生态目的性”——“一个都不能少”，又是维护生物多样性，进而贯彻“生态目的性”的根本保证。“种际平等”包括：生存权平等和群体优先；需求平等、“按需配置”和受限性；作为“种际平等”展现和保证的生物多样性。

——“小种群”和“短存活”：“代际平等”的保证

生物的“代际平等”赖于其生态对策和“生存模式”。*K*-对策物种的“代际平等”，为其“小种群”的生态对策和“小种群－代际共享”的生存模式所保证；*r*-对策物种的“代际平等”，为其“短存活”的生态对策和“短存活－分代利用”的生存模式所保证。

——“伦理硬壳”：“种内平等”的守护神

生物“种内平等”的形成赖于：第一，资源自然配置的“生态目的性”为“种内平等”提供了“伦理硬壳”——种内不平等将导致种群崩溃而是反自然的（部分猫绝不能把鼠群数量控制在合理程度而需要所有的猫都来抓老鼠）；第二，种群数量与生境容量的动态平衡，为“种内平等”提供了物质基础；第三，生理需求的有限性使种内不平等的动机缺失；第四，被限定的资源配置能力使种内不平等的技术手段缺失；第五，“遗传平等”使种内不平等的资源配置能力缺失。

——“体能适应”与“生存智慧”

“体能适应”是自然避免出现像人这样的“超级掠食者”，贯彻“生态目的性”，保证生物平等和维护生物圈多样、稳定、和谐、美丽、持续的规定。“生存智慧”——大自然对生物遵从“自然的秩序”的奖励——既是一种“体能适应”，也是基于“体能适应”发展起来的各种有利于生物符合环境而尽量长久地生存下去的各种“适应”。“生存智慧”是节约的，遵从自然而“宿命”和“中庸”的，“精妙绝伦”和“叹为观止”的。

第19章　人与自然

（一）人与自然

——“自然的进化”与“反自然的进化”

自然界的两类时间箭头，可分别表示为“创序－退化”和“退化－创序”。“自然的进化”指作为退化结果的进化——退化作为进化的原因，进化作为退化的结果；“反自然的进化”指作为退化原因的进化——退化作为进化的结果和代价，进化作为退化的原因。生命的进化是一种与“免费午餐”相联系的“自然的进化”；人类的进化是一种与“付费午餐”相联系的“反自然的进化”。

——适应与和谐

符合实际或客观需要是和谐（协调）、适应的共有之义——对和谐来说，是通过事物的相互合作、相互符合实现的；对适应来说，是通过事物改变自己达到的。和谐是一种相互适应；而适应，既可是相互的，也可是单向的。利益的普遍性使生物与生物的相互变化都是适应性的，即和谐的；在生物与环境的协同演化中，适应则是单向的——环境的变化是非适应性的；适应性变化只发生在存在利益的生物一方。在人与环境的关系中，并不存在“和谐”，有的只是人对环境的单向适应——但这并不排除我们以“和谐”、协调的名义去保护环境。

——“零和”还是“双赢”？

自然界和人类社会所发生的一切，由于有限性和物质关系而皆是一个伟大的“零和”过程。在与自然的物质关系中，生物“赢”了但自然并未输（“自然的进化”）；在生物之间，由于外部性在生物圈各层级中得到消解而实现了由“零和”到“双赢”的转变；而在人与自然、人与生物、人与人的物质关系中，由于人在本质上（无法消解）的外部性，“零和”到“双赢”的转变并未发生。“生长一棵草的地方”今天“长出三棵草”，到明天就会变成荒漠——经济与环境的倒“U”形曲线关系，必然是一种假象；“人吃鸡，越吃鸡越多”和“鹰吃鸡，越吃鸡越少”所表现的，只是生态学知识的贫乏。

（二）生境冲突

——多样性危机

生物多样性危机包括相互关联的物种、遗传、生态系统多样性减小。生境（森林、湿地、草地、淡水系统）丧失——减小、退化、分割（生境碎化）、污染，特别是生境的减小——既是生态系统多样性减小的标志，又是物种，进而遗传多样性减小的首要和根本原因；为消费、贸易的猎杀、捕捉也是野生生物多样性减小的重要因素；“生态入侵”（人和其他生物）则造成岛屿生物十分显著的灭绝。野生生物森林生境损失的特点是：范围广、规模大、速度快；热带雨林、原始林损失最为严重；基本发生在发展中国家；生境碎化和被分割。

——“阈空间”和“阈密度”

“阈空间”即生物种群所需空间的下限——最小或边界地理空间，同营养级和体型正相关；“阈密度”即生物对人口密度最大的承受或忍耐限度——超过“阈密度”，人类活动便会对生物构成胁迫（干扰、威胁），使之消亡而形成“阈密度效应”。承担的生态功能和对人类大规模猎杀的恐惧，使大体型的*K*-对策物种需要更大范围的地理空间；随着“*r*-*K*生物谱”的左移，生物对人口密度的敏感性减弱，不少*r*-对策物种发展出了对人口密度的负敏感——人口密度越高，种群便越兴旺。

——生境冲突和“斩首行动”

为*K*-对策动物招来杀身之祸的，是与人类的生境冲突，和演化、自然分工赋予的而对人有用的身体特质——为提高内稳态以适应环境的严酷化使她全身被毛，为完成担负的生态功能而使体型变大，和低生殖力。通过“斩首行动”，人类正在消灭着生物金字塔剩余（“旧石器时期的猎人”已灭绝了各大陆几乎所有的“巨兽”）的“智慧的顶部”；同时，却帮助一些*r*-对策物种兴盛了起来（最终，大量*r*-对策者也逃脱不了被灭绝的命运）。

（三）演化的危机

——地质灭绝

生物演化如同由进化→灭绝→再进化→再灭绝……组成的一幕幕长剧。自生物由海洋登陆已来，已发生了9次大灭绝，其中二叠纪末的强度最大——51% 的科、82% 的属、95% 左右的种被灭绝。“内部冲击”理论认为，生物灭绝——与外部冲击无关或只受很小的影响——是自行组织的生命系统的一种必然并遵守“能量法则”——灭绝规模与频率反向变化，并大体呈“钟形曲线”。

周期性地质灭绝带来的，是生物进化的“悖论”——反复发生的灭绝并未能阻挡生物的持续进化。对此的解释是：灭绝中断的只是多样性而非复杂性，而且，也正是周期性的大消减，为复杂化不断地提供着发展的空间——生物周期性灭绝既是生物进化的“悖论”，也是生物在复杂性意义上进化不可或缺的条件。

在人类社会，则存在文明周期性中断与文化传承或社会“进步”的“悖论”——这种无独有偶的现象再次表明，人类社会与生物界是相通的，自然规律是普适性的，异于自然的独特的社会规律是不存在的。

——人为灭绝

人对自然所做的第一件事，便是为了食物而在数万年前灭绝了世界各大陆几乎所有的“巨兽”——大规模的灭绝始于4.3万年前工具有了显著改进的“旧石器时代”后期。造成动物绝迹的根本原因不是气候而是人——他们走到哪里，便把死亡带到哪里——狩猎时期是这样，农业革命开始后也是如此，纪元以来人类对动物的灭绝，则以经济利益为根本目的并具显著的享乐和感情色彩。“猎人”斩其首，“农人”砍其足，“工人”毁其体——对生态/环境的破坏和对生物的大屠杀，即是人与自然和生物的全部关系史。

——演化的危机

对化石记录的研究告诉人们，哺乳类动物正在以极快的速度走向灭绝。“现代人类的入侵是造成现在大灭绝事件的根本原因”，我们正在把自己变成第六次大灭绝的“元凶”——“我们现在对环境所做的一切，只不过相当于给一副棺材钉上最后一颗钉子”。与自然灭绝不同的是，人类灭绝就其结果来说是具有终结“进化”的选择性——消灭复杂者，保留简单者。

第20章　人类的本质

（一）人类的外部性

——外部性的不同观点

对主流经济学来说，“废物是放错地方的资源”，“外部不经济性”是可以消除的。对由曼德维尔、亚当·斯密提出的“双赢”、“社会和谐论”和“看不见的手”的挑战，在实践中来自当代相互关联的社会—自然危机；在思想上，则主要来自具“颠覆性”的生态学；重要而直接的批判，是由哈丁在“公地悲剧”和“零－和游戏”的讨论中给出的。

——外部性的边界和本质判断

整体是个体的参照系，高层级系统是低层级系统的参照系，生物圈是生物和人类的参照系；“生态目的性”是外部性的本质判断——即生物、人类是否和能否贯彻“生态目的性”，即外部性是本质的还是非本质的直接判断，在于她们是否扮演“生态角色”、承担“生态义务”、完成“生态使命”，遵从“自然秩序”——“最小化”配置资源，复杂性限制和“体能适应”——而使自己成为生物圈有机整体的一部分。

——生物外部性的消解

对“生态目的性”的贯彻和“自然秩序”的遵从，使每一生物物种都成了生物圈不可或缺的有机部分而使整个生物界消除了外部性：种群限制对个体的外部性，消解于对种群和个体生存的必要性之中；由营养关系产生的个体层面的外部性，转化为对种群的必要性；各物种、群落、生态系统的外部性，在生物圈层面得到了消解。生物圈的“循环－消纳－扩散”，是消解生物圈中生命外部性的功能机制——在生物圈层级上形成废物的可能性，因物质循环的闭合性而被排除；水、大气循环则将废热扩散到外层空间而保证着地球系统的开放。

——人类在本质上的外部性

为了成为人并生存下去，“人”便需要耗散比自然按“最小化”原则配置给她的多得多的资源而由之伤害自然——违背“最小化”的资源自然配置原则，脱开食物链、食物网、营养级的限制而使“生态位”泛化。由之而来的，一方面是 “生态目的性”的丢失；一方面是生态系统“无缝之网”的被撕裂——“人”借助外部性使自己成为人，消解外部性便是要取消人做人的资格。而人的“非有机性”，则使自然对“消纳—扩散”人类废物、废热的无能为力。

对人类废物、废热的吸纳和扩散，利用的是自然系统为保证自己的稳定性而发展起来的“冗余功能”——“生态韧度”——否则，便不会有自然危机的出现和进一步扩大。

（二）“文化适应”

——“文化适应”：“驯化”与退化

人是“文化动物”，同时也是“驯化动物”——“文化适应”的本质即是“驯化”。对动植物和人的驯化——社会化、学习——是社会生产、生活、政治、经济秩序，以及观念、习俗得以维持的保证。主体与客体是相对的，驯化也是相互的，也皆具“自我驯化”的性质——由是，人在驯化动植物的同时也驯化了自己。退化是驯化的必然结果；对遗传物种多样性的最大威胁，来自追求产量的，高度专业化的现代畜牧业；人在体能、抗逆性、遗传素质上的低下，即是“自我驯化”的必然结果。

——“浮士德式”的交易

野蛮人有“一种强壮的、几乎不会变坏的体质”。（卢梭）与“体能适应”处于“跷跷板过程”的“文化适应”的发展，在使人获得了运用知识满足需求能力的同时，带来体能和抗逆性的下降。特别要命的还有，在同“魔鬼”的“浮士德式”的交易——

人用自己的“生存智慧”，从“魔鬼”那里换来了知识和技术——中“生存智慧”的丢失。“文化适应”和“生存智慧”丢失带来的危害有：

生物和人类的生存危机；“文化依赖”和生存能力的根本性下降；价值观念扭曲、价值判断颠倒——对“宁愿选择草料而不愿选择黄金”驴子的讥讽，实际上是人类的自我写照：生物圈唯一真正的“蠢物”是人类自己。

——资源的人类配置：“全方位”和“最大化”

人类“最大化”为自己配置资源的背景是：第一，“人”为了成为人需耗散（能耗强度）比自然按“最小化”原则配置的多得多的资源，庞大的数量使人类对资源的所需变得极其巨大。第二，“生态目的性”的丧失（“生态目的性”既是为生物配置资源的依据，也是对生物的限制），一方面使攫取自然、劫掠生物成了人的一种必需；一方面使人失去“信仰”、“道德”和“伦理硬壳”的约束，在“财富－个体目的性”支配下，“最大化”地为自己攫取和劫掠生存资源。当代人类资源利用的特征是：大规模化、高密度化、高强度化、全球化、全方位化和资源配置（财富）向富人和富国的集中。

（三）人类社会的不平等

——人类不平等的起源

不平等是人在本质上外部性和反自然的一种展现。在根本的层次上，不平等既无“制度解”也无“人口解”。不平等源于资源配置的“财富－个体目的性”，非生理欲求的无限性和资源配置能力的巨大差异性——无限的非生理欲求为占有和控制提供了永不停歇的冲动，赋予不平等以目的性、必要性并使之趋向最大化；技术的发展提供了手段，使部分人对生存资料的占有和控制成为可能；“生态目的性”的丢失使“平等的伦理硬壳”破碎，为生存资料的个体占有、控制消除了“平等的障碍”和道德约束；资源配置的“最大化”为不平等提供了物质保证，私有制为不平等提供了制度保证，“财富－个体目的性”则为不平等提供了伦理支柱和道德标准：个体在资源配置能力上由学习而来的差异，为不平等提供了必要条件并在加剧不平等上发挥了关键和根本性作用。

——人类社会不平等的扩大

人类社会不平等扩大的动力主要有：个人利益的“最大化”；知识、技术和发展；财富观念、内涵、源泉的转变，和农业、基本生存品、妇女、普通劳动者地位的式微；不平等的制度安排（特别是财产私有制和不合理“世界秩序”）；人口、资源、环境和经济方式（经济方式演变对不平等的影响，一是生产力的差异，二是资源基础与人口布局的“脱耦”，三是从业难度增加，资源配置能力差异扩大）；超极限竞争、全球化对不平等的强化，交通、通信、信息化发展使因地域差异导致的不平等被感知等。

财富价值观倒置的原因有“比较优势”和技术、权力……在流通领域的高收益率；基本需求品的高占有成本；非基本需求品的低占有成本和交换价值的发展；财产安全——而最为根本的原因，则是“生态目的性”的丧失。

——人类社会不平等的“画面”

本质上的不平等和制度安排上的总体性“缺陷”，使人类社会成了一个同时存在两个民族——富裕的和贫穷的，一半奴隶、一半自由，一半穷奢极欲、一半缺吃少穿和“私人富裕，公共污秽”的世界。富人和精英们是全球化和技术革命的主要受益者，他们也“心安理得”地享受着发展的成果——因为 80%的社会财富据说是由 20%的精英们所创造的。（劳动与分配的“2080/8020 规则”）对财富永无止境、最大化的个体追求既推动了不平等的发展，也导致了财富和财富获取手段对人的异化：当人凭借技术成为“万物的尺度”的时候，财富和人攫取自然、获取财富所凭借的手段——技术，和与财富、技术关联着的地位、权力也成了“人的尺度”。

（四）人类的本质

——“认识自己”

“认识自己”是一个永恒的话题。在思想家、哲学家看来，人既是高贵和善良的，又是低下和凶残的。对“存在”、“社会联系”的观察，即是对人的本质的观察——而且这种观察还要在历史中进行。在最为根本的意义上，对“存在”和“联系”的观察是通过人与自然、人与生物的历史关系进行的——因为人源于自然（生物演化），又存在于自然。

——反自然：人类的本质

人的本质即是反自然。人的反自然，存在于从“人”成为人开始的人类文化活动的各个方面：人类是一个反自然的存在，一个在本质上具外部性的“本恶”物种；一个失去“生态目的性”，不再扮演“生态角色”、承担“生态义务”，执行“生态使命”，对地球生物圈而言的非有机物种；一个违背“种际平等”伦理原则，践踏“天赋生存权”而对生物进行大屠杀的物种；一个违背“种内平等”伦理原则，在种内实行不平等和相互残杀的物种；一个生态对策关联失衡、“贪婪”而“代际平等”无法维持的“生态学上的怪胎”；一个凭借文化强制推行“弱肉强食”的“丛林法则”，攫取自然、劫掠生物，“最大化”为自己配置生存资源的物种；一个丧失“生存智慧”，退化、适应性极大地下降和“变了质”的“文化动物”；而人类系统，则是一个“反乎自然”的、既复杂又简单而高度不稳定的系统。

——人类存在的理由

人类的本质是反自然——不反自然，“人”就成不了人；“人”为了成为人和继续做人，便必须反自然。当“人”把自己从动物中提升出来后，人——失去“生态目的性”的非有机物种——便使自己脱离了生态根基而失去了存在的凭据——这便是人类在自然界的位置和真实状况。人类存在的理由，其一，以存在和演化权利为根据的“天赋生存权”；其二，人是一株绝无仅有的“玫瑰”并使宇宙学会了“思考”。“没有免费的午餐”，为了被认识，宇宙付出了地球生物可能被灭绝的代价；为了认识宇宙，人同样付出了代价——退化、变质（“变了质的动物”）和人与人的不平等，并被视为地球生物圈的“大恶”。既然人是一种“大恶”，那便应当减少。

第21章 环境伦理

（一）人类中心主义

——人类中心主义

人类中心主义内涵人是宇宙的中心，人是一切事物的尺度，根据人类价值和经验解释或认知世界三个方面的思想，有古典与现代之分。古典人类中心主义包括“自然目的论”、“神学目的论”、“灵肉二元论”和“理性优越论”。以理性为特征，有“弱式”与“强式”之分的现代人类中心主义的核心观念是：伦理原则只适用于人类，人类的需要和利益是最重要乃至唯一的价值，进而唯一的道德因素；对非人类存在物的关心只限于对人类有用的自然物，且对这些自然物的义务只是对人的一种间接义务。他们认为：

第一，理性使人自在地就是一种目的，一种内在价值。在“强式”看来人类中心主义，人的一切需要都是合理的——世界上最后一个人临死前把地球炸毁也是道德的；“弱式”人类中心主义则主张对人的需要应加以限制。第二，人是所有价值的源泉，非人类存在物的价值只是人内在情感的投射。“强式”认为，只有人才具内在价值，自然存在物只具有工具价值且不是客观的；（一些）“弱式”则主张，“自然物也拥有内在价值”。第三，道德规范只是调节人际关系的行为准则，它关心的只是人的福利。“强式”认为，道德只与理性存在物有关；弱式”则主张，作为生命联合体成员的其他有机体也应获得道德关心。

日本不顾国际社会声讨的热衷捕鲸，即是一种“强式”的人类中心主义——“生态法西斯”行径，且由于打着“科学研究”的旗号而令人既憎恨又恶心。

——“人是自然的目的”

人类自然观的演变，是一个对自然的认知由“生命母体”的自然向“资源库”的自然的转变；由“生长”向“本源”、“原则”、“物的集合”的相继转变。在这一转变过程中，自然被对象化、物质化和机械化；“自然的思考”变成了“对自然的思考”，“对自然的思考”又被“对自然物的思考”所替代。

为了表明攫取自然的合法性、正当性，人一方面视自己为“自然的目的”而可任意役使自然；一方面使自然“去魅”而沦落为人类的“资源库”。对“人是自然目的”的证明，历史的版本是“宇宙目的论”，现代的版本是对“大数假说”的“人择原理”解释。当人藉上帝证明自己是“自然的目的”后，便伙同科学“谋杀”了上帝并取而代之——自然死了，“上帝死了”，人便把自己变成了宇宙的至尊，并由此获得了无限性——随之而来的，是人的自由意志和无节制的贪欲。

（二）动物保护伦理和生物中心主义

——动物保护伦理

20世纪的动物保护伦理要求改变既往所遵循的“弱肉强食”的“丛林法则”，在人与动物之间实行“种际正义”，有动物解放论与动物权利论之分。动物解放论以边沁的功利主义为指导思想，认为感觉能力是拥有利益的必要条件和充分条件。动物权利论也有“强式”与“弱式”之别：“强式”的观点是，证明动物拥有权利的理由与证明人拥有权利的理由是相同的：“弱式”则认为，拥有感觉是拥有利益和权利的基础，所有动物都拥有权利，但弱于人。

——“敬畏生命”

施韦泽认为：善是保存和促进生命，恶是阻碍和毁灭生命。伦理就是敬畏我自身和我之外的生命意志，只有保存和促进生命的最普遍和绝对的合乎目的性，才是伦理的；敬畏生命的伦理否认高级和低级、富有价值和缺少价值的生命之间的区分，伦理不仅与人，而且也与动物有关，不考虑我们对动物的行为的伦理是不完整的；只有当人认为所有生命，包括人的生命和一切生物的生命都是神圣的时候，他才是伦理的，自由的人。

自然不懂得敬畏生命——它以最有意义的方式产生着无数生命，又以毫无意义的方式毁灭着她们——在施韦泽看来，造成这种“悖论”或“困境”的原因是：自然抚育生命的意志陷于难以理解的自我分裂之中。在本质上，敬畏生命所命令的是与爱的伦理原则一致的，只是敬畏生命本身就包括着爱的命令的根据，她要求同情所有生物，用爱的意志去扬弃生命意志的自我分裂。伦理就其全部本质而言是无限的，它使我们承担起无限的责任和义务。

除“施韦泽困境”外，人对自然最重要的误读还有在“社会达尔文主义”看来的“丛林法则”和“丛林社会”。事实上，“丛林法则”——血淋淋的“弱肉强食”（营养关系）是生物圈维持的基础；生物界也并非一个你死我活，做殊死斗争的“丛林社会”，而是一个人类必须永久学习、仿照的“和谐、美丽、稳定、持久”的生命大家庭。

——生物中心主义

生物中心主义的宗旨是把道德关怀由动物扩展到全体生物，为所有生命和生命永恒之美，撑起一张使她们免遭灭顶之灾的“道德披风”。泰勒主张生物平等主义：即所有有机体都是生命的目的中心和生命共同体的平等成员；所有生命个体皆有自身的“好”进而固有价值，应被视为道德对象而受到道德关怀；遵循不伤害、不干涉、忠贞和补偿正义原则。阿提费尔德的观点是：生物的利益、内在价值、自身的“好”、道德关怀是等价的；较大能力优先的种际道德原则；“托管”；内在价值不平等，道德重要性不等同；内在价值只属于个体，生物共同体无内在价值，相互依赖并不是一种道德关系。

（三）生态中心主义

——“自然价值论”

罗尔斯顿“自然价值论”的要点是：生物既具内在价值又具外在价值，内在价值形成“生命之结”，外在价值形成“生命之网”，系统中时刻发生的死亡使内在价值（崩溃）变为外在价值，并将其部分传递给其他有机体；价值分布不均匀，从低级到高级，有机体的内在价值上升，工具价值下降，人具有最高的个体性价值和最小的集体性价值；系统价值——大自然是价值之母；个体是暂的、可有可无的，共体是长存的、不可或缺的；保持生态系统的美丽、完整和稳定性，是人对自然的终极义务。

——“深层生态学”

深层生态学的基本准则，一是生态中心平等主义——若无充足理由，我们没有任何权利毁灭其他生命；一是随着人类的成熟，他们将能够与其他生命同甘共苦。在8条原则性纲领中，深层生态学呼吁：减少人口，改变现行浪费、大量消费的经济方式，进行全球性变革，过“手段简单，目的丰富”的生活，尽量少干扰生态过程，保护生物圈、荒野和生物多样性。行动的重点是，为反对生态的不可持续而战斗——生态系统的崩溃将导致人类灭绝；没有健康的生态系统，和平、社会公正将变得毫无意义。

（四）“大地伦理”

——“大地伦理”

利奥波德的“大地伦理”旨在人与土地之间建立一种新型的关系，把“征服者”的人变成“土地共同体”中“平等的公民”，使共同体的“每个成员都有资格占据阳光下的一个位置”：给不具经济价值的成员生活在自然状态中的权利。

——“生态学意识”

利奥波德指出，激烈的人为干扰和人口过剩，使更多的适于居住的地区的荒野正在消失；“土地金字塔”——土壤，还包括当地的动植物——遭到毁坏；“土壤流失”，生产/消费异地化对地区性自我抑制循环的打乱，金字塔顶部食肉动物消失导致的食物链缩短。为了维护生态平衡和生态重建，需要我们确立“生态学意识”，具有“荒野头脑”并“像山那样思考”——消灭天敌导致的“过多的增殖是比任何狼都要危险得多的杀手”；无限增长是不可能的。

——伦理责任和伦理教育

利奥波德告诫我们：“一个事物，只有在它有助于保持生物共同体的和谐、稳定和美丽的时候，才是正确的；否则，它就是错误的。”人们应负起的伦理责任有：培养对土地热爱、谦恭和尊敬的态度；唤醒民众和对土地义务的教育。“当伦理的边疆从个人推向社会时，它的意识上的内容也就增加了”。

第22章 整体主义

（一）相互关联的有机整体

——相互关联的有机整体

生态系统是在一定地理空间共同栖息的生物与其环境之间通过不断进行着的物质、能量流转所形成的功能单位，同时也是由这些彼此相互依存、相互作用的生态因子组成的，具一定结构、动态稳定性的有序整体。自然生态系统最为重要的特征即是她的目的性、负反馈、多样性和层级性、有机关联和整体性——“你摇动一下花朵，也会打扰了星星”。

——生命之链、死亡之网

食物链、食物网既是生命之链、生命之网，也是死亡之链、死亡之网；既是演化之链、演化之网，也是秩序之链和秩序之网。通过营养关系——食与被食、捕食与被捕食，食物链、食物网保证着生态系统物质和能量的流转，源源不绝地为生命提供着她所必须的食物，维持着万物的生存；与此同时，又带来被食、被捕食者每日每时的死亡——除自然死亡的顶端掠食者外，掠食者同时又是被掠食者——因掠食而生存，因被掠食而死亡，生与死的平衡由此得以维持。

——信息化、智能化的生态系统

生态系统是一个信息网，永续地传递着把生物联系在一起的信息；而生物，则通过学习而使自己成为在人类看来的“智能生命”。生物之间不仅传递信息，而且还存在对信息的处理和以此为基础的决策。动物对栖息地的选择，即是通过一系列感知过程，把环境中光、温、水、气、声音、食物、天敌等各种信息传递到神经系统，经过综合分析，权衡利弊而决定的；植物不但能够学习和生产信息，预测未来和记得经历的事情，而且遇到问题还能够设法回避或作出智能反应。

（二）生态整体主义和道德关系

——分歧、论争和判断是与非的共同尺度

整体主义、“种际平等”是环境伦理的理论基础，也是与持个体主义、人类优越观点论者的本质区别和论争的焦点。基于“人类立法”的排他性、片面性和失败，生物圈的包容性、普适性和成功，不妨碍“生态目的性”的贯彻是人类自身的道德规定和对生物圈的义务，以维护生物圈“多样、稳定、持续”为宗旨的“生态目的性”，应成为评价、判断是与非、对与错的共同尺度。

——生态整体主义和道德关系

“层级—尺度”理论认为，并不存在绝对的部分和整体而须给出一个恰当的界限：单个生物体是个体的下限，地球生物圈是整体的上限，介于二者之间的种群、群落、生态系统……则在作为个体的同时又是整体——由是，当我们把内在价值赋予个体时，也便把内在价值赋予了整体。在共同体成员之间，存在共同利益并具对相互之间义务的认知；生态系统中个体间的相互依赖，由于体现着目的、行为的善，蕴含着“好”和利益，并保证着个体共同利益和整体好的实现而是一种道德关系；也正是这种相互依赖，规定了共同体成员相互之间的和对共同体的义务，并提供着实现义务的机制——营养关系、分工协作，“共生”……

（三）道德选择与道德权利

——“性”、习得性和道德选择能力的获得

生物以“体能适应”环境，人以“文化适应”环境。“体能适应”的特征是遗传，“文化适应”的特性是它的习得性，即适应获自学习而非遗传。

“习相远”的“性”指通过学习、接受环境影响而形成的，可以改变的“性”。“人之初”相近的“性”，一是行为意义上无分善恶的一种可塑状态；一是与善恶无关的，为后天学习、接受环境影响提供条件的一种“能力”——学习、接受能力，一种“进化论”（组织复杂化）意义上的“性”——直立行走、手的解放，发达的大脑和学习语言、识别符号的能力——由是，人便从可能性和组织结构两方面获得了学习善恶的道德选择能力。

——理性和道德选择能力：人类做错事的理由

对自然来说，以维护生物圈多样、稳定、和谐、持续为宗旨的“生态目的性”，既是她的道德理想也是她的道德标准；“种际平等”、“代际平等”和“种内平等”是她的道德关系；“自然的秩序”——食物链、食物网、营养关系、资源配置原则、生态对策的“关联－限制”、“生态平衡”……是她的道德原则和道德规范。

在自然界，并非无道德可言而是充满了“善”。以贯彻“生态目的性”为己任的生物只“选择”行善而从不选择作恶；或生物遵从“自然秩序”这一伦理原则和道德规范而一贯行善、从不作恶。

善与恶、对与错的存在赋予“选择”以必要性；而“选择”，则意味着行为会出错，或出错发生的必然性。“道德选择”意味着人类社会存在着“对”与“错”；丢失“生态目的性”、脱离“自然秩序”而具道德选择能力的理性人，则既可“选择”行善，也可“选择”作恶——是故，黑格尔指出：“罪恶生于自觉，这是一个深刻的真理”。

——人类并不比动植物“智慧”

当植物为了自卫释放化学物质以驱赶昆虫时，你可以说那只是简单的本能；当植物向啃食她的昆虫的天敌发出信息——这里有你喜欢的食物——使用类似人类的“借刀杀人”计谋时，你还能说植物没有你聪明吗？从“生存智慧”和对环境的适应来看，人远不如动物和植物——因为在同“魔鬼”的技术交易中，人类已丧失了“生存智慧”，剩下的只是对自然的“算计”。

（四）道德权利的“意蕴”和回应

——道德权利的“意蕴”

“强式”人类中心主义道德权利的“意蕴”——生物与人不能平等的理由，或为了不把道德权利赋予生物而设置的“门槛”有五：其一，具备要求道德代理人承认其权利合理性的能力；其二，具备“自我尊重”的能力；其三，拥有道德选择能力；其四，拥有主张和维护权利的能力；其五，拥有道德自律能力。

——回应：并非优越的理性和道德选择能力

对以上被视为不可逾越的道德权利的意蕴，笔者的回应有七：第一，“道德歧视”、不公正，并导致“道德代理人”和“道德顾客”消失；第二，“强权预设”、标准的混淆、排他和不道德；第三，动植物皆具备提出要求、发出抱怨、要求公正和维护权利的能力；第四，人的道德自律能力远不如非人类生物；第五，理性和道德选择能力并不是一种优越性；第六，生物界充满了道德；第七，人类并不比动植物“智慧”。

（五）个体权利的“恰当位置”

——个体与整体

个体主义的发展，只是晚近才出现的，以“功利主义”和对自然误读为背景的一种现象。对个体主义的张扬，既有曼德维尔“充满邪恶”但“丰裕”的“蜜蜂乐园”，也有亚当·斯密“看不见的手”。康德则给出了个体主义之正当和有益的著名辩护——“恶”使人迈出了从野蛮到文明的第一步，“恶”是推动历史发展和人类进步的动力，马尔萨斯也认为恶是“产生精神的伟大过程的一个要素”。

个体是一个受限的存在，而且必须是一个受限的存在；整体价值大于个体，重要性高于个体，个体必须服从整体。

——个体权利的“恰当位置”

个体最佳的存在状态，是为自然有限性和体现有限性之“最小耗散原理”规定的整体主义。在生物界，个体的“好”在为整体的“好”牺牲个体的“好”之中；在人类社会，保证个体权利的根本途径首先是限制个体权利——为整体的“好”牺牲个体的“好”是民主原则的体现和“公民”的“义务”，对个体权利的威胁来自专制主义，对个体权利和整体“好”的威胁来自极端的个体主义；从人与自然关系看，个体权利的实现在于大规模缩减人口规模。

——“外在价值准则”

内在价值平等和处理冲突的基本原则是“种际平等”优先、“代际平等”优先和“系统内解决”；“外在价值准则”是处理共同体内在价值平等成员关系的“尺度”。对整体优先性原则来说，“外在价值准则”是对她的体现和贯彻，以及在操作层面的具体化。

（六）“颠覆性的”生态学

——“生态学上的怪胎”

人类是一个“生态学上的怪胎”——体型、耗能强度、寿命上的*K*-对策物种，数量上的*r*-对策物种，一个既是大象又是老鼠，既是雄鹰又是麻雀的混合体。从生态学角度看，数量、欲望压力使人类面临着种族延续、代内不平等和代际关系（持续性）三重危机；“进化挤压”、“发展挤压”和数量/欲望挤压，则是“人”为了使自己成为人和人应对生态危机而对自然、生物进行的三种挤压。

当人类通过保有庞大规模而把自己变成一个“生态学悖论”时，便把自己，连同生物界一起置于“数量原理”——“序参量”（“支配原理”）的强制支配，和“稳定平衡原理”的强制贯彻之下了。

——“颠覆性”的生态学

田园主义者怀念“失去的世界”，渴望回归自然，重建人与自然被工业文明、现代科学破坏了的和谐；亨利·梭罗的浪漫主义则是生态学，从而批判和颠覆性的——生态学家西尔斯即将他所从事的专业称作“一门颠覆性的学科”——消除现代社会对无限增长的信心。承继田园主义、浪漫主义而对传统伦理作出颠覆性贡献的是马尔萨斯主义、环境伦理和生态学。

生态学的重大“颠覆性”贡献有：生态整体主义；人是生物圈的一个普通物种，人类社会是地球生物圈的一个子系统；“伦理边疆”从人向动物、生物和生态系统的扩展；人与自然的关系是一种物质的“零和”关系；不存在“人造资本”对“自然资源”的替代；增长存在极限；个体是一个受限的存在；人口数量是决定人类社会命运的“序参量”。

本研究的“颠覆性”看法有：“生态目的性”；人的“非有机性”——人并非生物圈“无缝之网”上的一个“节”，人与环境在数量上并不存在“适度”关系；自然“本善”，人性“本恶”；人在数量形态上是一个“生态学上的悖论”，在本质上是一个外部性和反自然的物种；“生态义务权利”是“天赋生存权”的基石；土地承载力与生态/环境稳定性反相关；持续性的症结是“规模”而非“均衡”等。

第23章 “生物圈伦理”

（一）“最高伦理主体”和“最高伦理尺度”

——人是生物圈“无缝之网”上的一个“节”吗？

对人类、自然本质的认知，存在善、恶和无所谓善恶三种观点；对人与自然关系的认知，则有“天人合一”与“天人相分”之别。持“天人一体”观的“非人类中心主义”对“天人相分”作了有效批判并将“伦理边疆”——“内在价值”、“道德主体”、道德关怀范围——由人扩展到动物、所有生物和生态系统。

人与自然是“相分”的，但并非从“理性优越论”出发的“天人相分”，而是基于人被自然逐出生物圈，较之人类始祖被上帝逐出伊甸园意义更为深远的“天人再相分”——而这正是“人”成为人的必要条件和必须付出的代价。

——“最高伦理主体”和“最高伦理尺度”

人不能作为“最高伦理主体”的原因，既在于作为一个低层级存在对生物、生物圈目标、利益的不一定包容，更在于理性和“文化适应”把她变成了一个游离于“自然秩序”之外，铁定破坏生物圈的“非有机”物种。由是，毫无偏私地包容着人类、所有生物的目标和利益，使生物圈中不同层级—尺度系统和部分的目标、利益冲突得到自动解决，为所有生物的生存创造了稳定和持久环境的生物圈，便成了“最高伦理主体”道德的、功利的，同时也是唯一的选择。

当生物圈被确定为“最高伦理主体”后，以维护生物圈稳定、持续为宗旨的“生态目的性”，便顺理成章地成了善恶判断的“最高伦理尺度”。

（二）自然“本善”，人性“本恶”

——善恶的行为和本质判断

“生态目的性”既是一种行为判断，也是一种本质判断。“一个事物，只有在它有助于保持生物圈的和谐、稳定和美丽的时候，才是正确的；否则，它就是错误的”“利奥波德判断”是一种行为判断；而是否扮演“生态角色”、承担“生态义务”、执行“生态任务”（使命），则是事物善恶的本质判断。

善恶的层级性源于生物圈的层级性，善恶的多重性则为事物的关联性所规定，指向性、终极性则以“最高伦理主体”为参照的——无论“伦理主体”的行为在低层级是善是恶，只要有助于维护生物圈的稳定，该行为便是善的。

——自然“本善”

生物圈或自然的善，是基于“生态目的性”的“本善”，是实现“生存”这一生命最高原则的最高的、最根本的和终极的善。自然的“本善”，一是生物圈对万物利益、目标的包容；一是“生态目的性”的贯彻使生物圈保持了对万物生存和利益、目标实现所必需的“多样、和谐、稳定”；一是所有生物物种，即各“伦理主体”在本质上的善和行为（善或恶）指向上的善。生物在本质上的善，是她作为生物圈有机部分而扮演“生态角色”、承担“生态义务”、执行“生态任务”的一种规定。在“生态目的性”，也即“本善”的意义上，自然界不是“无道德可言”而是充满了道德——生物遵从自然的指令只做道德的事而从不做不道德的事。

——人性“本恶”

人类的恶是本质上外部性、反自然和“生态目的性”缺失的逻辑结论。这个恶，是形成并发生在人类文化活动之中并被生产和再生产着的“本恶”——一是基于与其所尽“义务”或拥有“权利”不对等的对自然索取而来的对非人类生物的不公平性；一是这种索取对生物圈所具有的破坏性。人类在本质上的恶并不排斥行为的善——即就行为而言，人既可作恶，也可行善；在人类社会内部，善恶具层级性并发生着转化。

（三）“天赋生存权”和“生态义务权利”

——“天赋生存权”

当人们在“理性优越论”的指导下利用“强权”剥夺了非人类生物的道德权利，只把它赋予自己并使自己“心安理得”地剥夺自然时，人类中心主义便把她的环境伦理学变成了一座“奥吉亚斯的牛圈”。

生物的“天赋生存权”包括“存在的权利”、“演化的权利”和“义务的权利”三个方面。“存在的权利”和“演化的权利”，是自然赋予生物的基本权利。

——“生态义务权利”：“天赋生存权”的基石

“生态义务权利”是“天赋生存权”坚不可摧的基石：一在于“生态目的性”对生命的不可或缺；二在于“生态使命”对“生态目的性”的不可或缺；三在于“生态义务”对“生态使命”的不可或缺；四在于生物对“生态角色”、“生态义务”的不可或缺；五在于所有生物物种对“生态角色”和“生态义务”的不可或缺——“一个都不能少”。生物的生存权即是她们扮演“生态角色”、承担“生态义务”、完成“生态使命”所得到的一种回报——大自然的奖励。

——“生态义务权利”：对传统伦理观的“颠覆性”挑战

不扮演“生态角色”造成的“生态义务权利”基石的缺失，是人类“天赋生存权”的“软肋”。生物的“天赋生存权”是“完整的”、“强式的”——在“存在”、“演化”和“义务”三个方面都得了满分；“义务权利”基石的缺失和“演化权利”的极大削弱（破坏演化），则使人类的“天赋生存权”成了一只“跛脚的鸭子”——“残缺的”和“弱式的”。

“层级－尺度”原理和“生态目的性”表明，从认知的角度看，否认生物的“天赋生存权”是传统伦理学所犯的一种低级错误；从方法论角度看，在于要把人与人这一低层级的伦理，扩展到处理人与生物关系这一高层级上——如同要用“尾巴”去“摇狗”一样的狂妄自大。

——“道德披风”该为谁披上？

至此，我们面临的问题已不再是怎样为生物披上“道德披风”，而是如何为人类的生存权进行辩护。人首先必须做的是，第一，深刻反省自己的行为和良知，承认生物的生存权；第二，深刻认知作为价值创造者、人类“母亲”的自然和生物。

（四）“生物圈伦理”

——“生物圈伦理”

“生物圈伦理”——生命与自然、生命与生命关系准则——是一个从“生态目的性”和“层级－尺度”理论出发，基于生命平等，尤其是“种际平等”，整体主义，具层级结构，贯彻逐级服从原则和“外在价值准则”的环境伦理。

第一层级是生物伦理，其核心是生物与生物之间的“种际平等”、“种内平等”和“代际平等”；第三层级是人际伦理——用于处理人类社会中人与人、上代人与下代人、人与社会关系的“种内伦理”；第二层级是“生物圈伦理”——在这个第一、三层级伦理的交织地带，“种际平等”与人类中心主义发生着激烈的冲撞。

对“生物圈伦理”而言，如果说“种际平等”是她的基石，那么，“生态目的性”便是她的宗旨，“整体主义”便是她的总原则，而逐级服从原则和“外在价值准则”即是她的执行原则；体现以上宗旨、原则的“利奥波德判断”——“一个事物，只有在她有助于保持生物共同体的和谐、稳定和美丽的时候，才是正确的；否则，她就是错误的”——则构成人类行为的道德尺度。

——道德规范和行为准则

“生物圈伦理”对人的，也只是对人的道德规范、行为准则有八个方面的规定：“生态目的性”和“整体主义”原则；生命平等原则；逐级服从和优先性原则；善的原则，或少干扰、少破坏和“少伤害”原则；弱势群体原则；“生态隔离”原则；“外在价值准则”；缩减人类系统规模原则。

——“种内平等”、“代际平等”和“种际平等”

处理“种际平等”、“种内平等”、“代际平等”的冲突，是一个由有限性产生的并受到普遍关注的问题。环境伦理的宗旨、原则和各项规定要求，在处理他们的关系中，应坚持人际伦理对环境伦理的服从——“种际平等”优先、“代际平等”优先和“系统内解决”三个原则。

（五）“伦理的规模危机”

——“伦理的规模危机”

工业革命前人与自然在一定程度上相安无事而未陷入对抗的事实表明：当代的自然—社会危机既是一场人与人、人与自然关系的伦理危机，更是一场由庞大人口数量造成的“伦理规模危机”。一只田鼠可以是小孩的宠物，一只蚂蚱也许会成为画家欣赏的对象，但规模达到几千万、几十亿，则必定是令人恐惧的鼠害和蝗灾。灾难的影响与人类社会的规模呈正数幂相关（$y=x^n$，$n>0$）：发生在荒野和人烟稀少地区的地震，即使强度很高，也可以看作是地球在即兴地跳“迪斯科”；而同样强度，即使强度再小一些的地震发生在城市和人口稠密地区，必定会是一场大灾难。

——人类的伦理责任：缩减人口规模

我们首先，并亟须负起的道德责任是缩减人口规模。对摆脱当代的“伦理的规模危机”，缩减人口规模既是根本的，也是道德和功利的——即对生物圈和自己的普遍的善行。如果我们不缩减自己的规模，就无法走出“伦理的规模危机”，热爱生命，与环境友好，为子孙后代着想的伦理“誓言”，便只能是一种良好的愿望和对后代、自然的善意欺骗。

自然即美，美即自然。

自然界所懂得的是最好的。

——巴里·康芒纳

只有当我们从根本上认识到有机体不能与它的环境分开，而与它们的环境形成一个自然生态系统，它们才会引起我们的重视。

——A. G. 坦斯利

自调节分支系统的活动……并不以满足一种特殊需要为目的，而是以一整套经常互相对立的需要达到妥协为目的，这样才可以最好地满足整个环境的需要。

——E. 戈德史密斯等

上帝同宇宙掷骰子，但用的是灌了铅的骰子。

——J. 福特

只要地球高兴，随时都会开始颤动。

——马克·布查纳

大自然的链条，不管你砸哪个环节，第十节还是第一万节，同样会把它砸断。

——A. 蒲柏

忽如一夜春风来，千树万树梨花开。

——岑参：《白雪歌送武判官归京》

16 “自然的秩序”

16.1 “能量法则”和临界不确定性

16.1.1 “正态分布”和“能量法则”

——“正态分布”

根据“中央限定定理”，事物的随机行为遵从正态分布，即事物变动的趋中趋势，或以和缓方式对平均值的偏离。正态分布即高斯分布，也称钟形曲线。图 3-16-1 是一个理想的正态分布，平均数、中位数和众数同一，实际中的分布，三者都或多或少，或左或右偏离而不同一。[1] 88-89，[2] 57-58、66

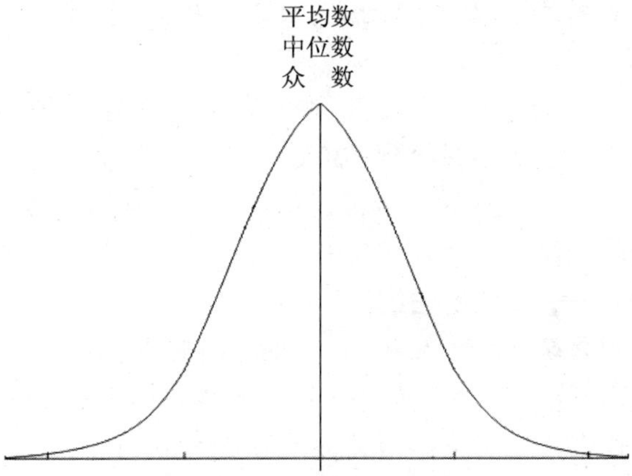

图 3-16-1 正态分布/钟形曲线

正态分布是事物随机分布的普遍模式——从物价到考试成绩，从身高、体重到生育力和存活时间，都在围绕平均值或中位数和众数波动。① 即使在一些较为复杂的事物中，正态分布也随处可见：食物链的长度以 3 个营养级为最多，2 个和 4 个次之，1 个和 5 个以上很少；营养级则以 3 个和 4 个最多，[3] 126-127 在自然群落中，必然正关联（寄生生物与单一寄主，单食性的食植昆虫）和必然负关联（生态学上相近物种的竞争排斥）的物种极少而处于曲线的两端，无相互作用的物种最多，部分依存关系物种出现的频率仅次于无相互作用物种。[4] 122-124

正态分布可用来刻画适宜度。在生物对生态因子（温度、水分、pH 值）耐受范围（上限、下限），即生态幅中，环境对生物的适宜度由最高区（最适宜生存区）

① 汉语单字按笔画（人为）的分布（据现代汉语 7 012 个单字统计），也呈趋中的正态分布：9、10、11 画最多为 787、752 和 727 字，计 2 216 字占 32.3%；8、7、6 画为 692、547 和 346 字，计 1 585 字占 22.6%；12、13、14 画为 679、550 和 413 字，计 1 642 字占 23.4%。

向上限、下限递减直至为 0——相应地，生物的地理分布也以最适宜生存区最多而呈正态分布；对一些物种来说，存活率在种群密度中等时最高，低于和高于此中等密度皆导致存活率的下降。[4] 16-18，[5] 12-13 在捕食者与猎物的关系中，从效益最大化出发，猎物对捕食者有一个最适宜尺寸的问题——最有利尺寸的猎物能使捕食者在单位时间获得最大净能量，猎物大于和小于此尺寸都会使捕食者的效益下降——由此，形成猎物对捕食者适宜度，和捕食者捕食猎物大小的正态分布。[6] 160-161

正态分布，或钟形曲线可更多地用来展示、把握事物的全过程。如果说“S”、“J”形曲线给出的是事物受到环境严格限制前的变化模式，那么，钟形曲线所呈现的则是事物从产生、发展，到衰退、消亡的全过程。如果不那么严格的话，钟形曲线便可以被看做是两个相反变化的“S”曲线，以事物高峰期为轴的近似对称——左边的“S”曲线表示多样性的增加，右边的（镜像）“S”曲线表示多样性的减少。钟形曲线展示的这种全过程是普遍的：力量、速度随年龄推移的增加和越过峰值后的下降；系统稳定性随复杂性、多样性增加的上升和越过最高点后的减小；种群规模随时间推移的扩大和越过最高数量后的减小（种群振荡，或消亡）；[6]163 人类文明随人口、经济规模扩大的繁荣和增至高峰后的衰退，社会效率随不公平程度的增加和超过一定程度后的下降。

正态分布告诉我们的还有，对任何一种事物来说，都不存在超出该事物的异端值——杭州不会冷到－30℃，兰州也不会出现 45℃的高温；没有米粒小的老鼠，也不存在大象一样的大老鼠。由此，对任何正态分布的事物来说，都存在一个极限——最小、最简单的“左墙”和最大、最复杂的“右墙”。[2] 166-167、189、229-231

——“能量法则”

幂函数 $y=x^n$，在 $n<0$ 时，函数值 y 随 x 的增大而减小，二者呈负相关；$n>0$ 时，y 随 x 的增大而增大，二者呈正相关。① 幂函数 $y=x^n$ 在 $n<0$ 的情况下所展现的 y 与 x 的负数幂相关（图 3-16-2a），可大体表达盖本伯格－理克特关于地震规模与发生频率的“能量法则”：如果甲类地震释放的能量相当于乙类地震的 2 倍，那么甲类地震发生的频率就是乙类地震的 1/4。也就是说，能量增至 2 倍时，地震的发生几率就降为原来的 1/4，即为能量 2 次方的倒数——$1/2^2$。[7] 58-59、62、130

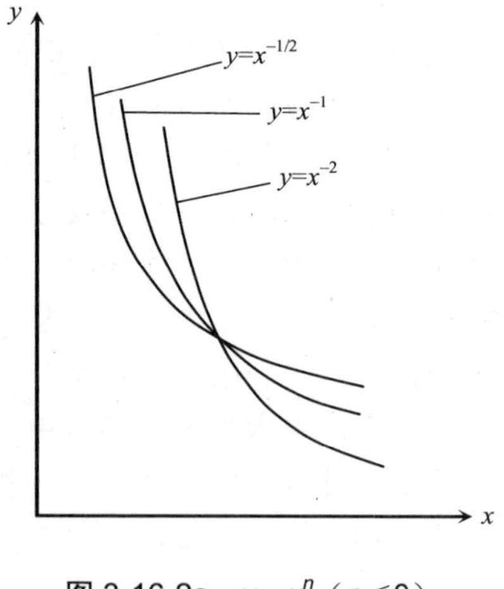

图 3-16-2a　$y=x^n$（$n<0$）

这是一个对自然界和人类社会的普适性定

① a^x 称作幂，a 为底数，x 为指数。当指数 x 为正整数 n 时，a^n 为正整数指数幂；当指数 x 为负整数 $-n$ 时，a^{-n} 为负整数指数幂（$a\neq 0$），且不等于零的实数 a 的负整数次幂等于其正整数次幂的倒数，即，$a^{-n}=1/a^n$。在指数 x 为分数 m/n（$a>0$，$n>1$ 且为整数）时，则有分数指数幂 $a^{m/n}$、$a^{-m/n}$，且 $a^{-m/n}=1/a^{m/n}$。

律——尽管各类相关的负数幂，进而所成曲线的倾斜程度不同，但表现的结果却是相似的：当你把一个冻马铃薯砸向墙面时，每当一堆碎块的重量增加为原来的 2 倍，其数目会减小到原来的 1/6；或重量每减少 1/2 时，其数目便增至原来的 6 倍。[7] 60-61（L. 奥德塞德等，1993）

在沙堆游戏中，雪崩的规模增大 1 倍，它不发生的几率就扩大 2.14 倍；[7] 91、87（P. 巴克、C. 唐，1989）1986—1995 年发生在美国鱼类和野生动物局所辖地区的 4 286 场火灾资料显示，当大火的吞噬面积扩大 1 倍时，它发生的几率就降至 1/2.48；[7] 138-139（B. 马拉穆德、G. 摩雷恩、D. 特克斯，1998）生物灭绝的规模扩大 1 倍，其发生的几率就降至 1/4；[7] 146-147、173（理查德 • 索尔、苏珊娜 • 曼鲁贝尔，1996）每当（股票）价格变动的规模扩大 1 倍，其发生的几率就降至原来的 1/16；[7] 219-221（吉恩 • 斯坦利，1998）每当人口规模减半，相应规模城市（乃至社区）的数量就增至 4 倍；[7] 244-245（D. 扎奈特、S. 曼鲁比亚，1997）每当拥有的财富减半，对应的人口数即增至 4 倍。[7] 248-249（马克 • 梅扎尔、琼 • 菲利普 • 布彻，2000）

在 1820—1929 年的 82 场战争中，每当死亡人数增加 1 倍，相应规模的战争便减至 1/4；[7] 295-296（莱斯利 • 理查森，1920）在 1495 年（威尼斯联盟战争）至 1975 年（越南战争）所有的战争中，每当战争规模扩大 1 倍时，其发生几率便降为 1/2.62。[7] 296-297（杰克 • 莱韦，1980）不论原因是什么，蝗灾的爆发（戴尔 • 洛克伍德、杰弗里 • 洛克伍德，1994），天花的流行（罗伊 • 安德森、克恩斯 • 罗蒂斯，1996），都同样遵守规模与频率负相关的“能量法则”。[7] 145-147

如果舍弃事件之间具体的数量关系，“能量法则”便可视作：规模与频率反向相关，或大事件少而小事件多——这亦是“盖本伯格－理克特定律”的基本思想。这样，“能量法则”便成了有限性的一种规定：在一定能量条件下，大事件耗能多故只能少，小事件耗能少而可能（必然）会多。有限性的这一规定，既表现在频率随事件规模减小的增加上，也表现在事件规模随频率减小的增大上——还是一块冻马铃薯，大于 1/2 的碎块只能有 1 个，等于 1/2 的碎块最多 2 个，而 1/100、1/1 000……的碎块则必会有许许多多，但不可能全部都破碎为原子大小——不存在等于整个马铃薯大的碎块，也不会发生毁灭整个地球的大地震。

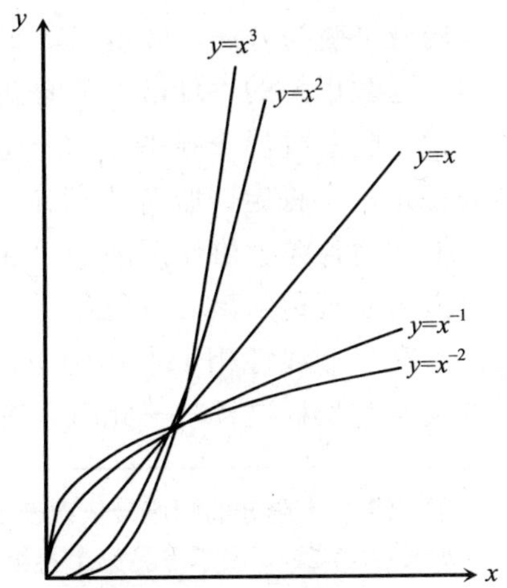

图 3-16-2b　$y=x^n$（$n>0$）

在 $n>0$ 的情况下，幂函数 $y=x^n$ 两个变量 y 与 x 的正数幂相关（图 3-16-2b）所展现的问题更令人注目。如种群数量在无限制条件下的连续增长（$N=N_0e^{rt}$）；物体动量（p）与质量（m）、速度（v）的正相关（$p=mv$）；重力势能（E_p）与质量、重力加速度（g）、高度（h）的正相关（$E_p=mgh$）；力（F）与质量、加速度（a）的正相关（$F=ma$）。

速度（v）、加速度（a）、重力加速度（g）、质量、高度与力、动量、重力势能的正相关在被广泛利用（筑堤发电、泄沙、打桩）的同时，又潜伏并且时时展现着毁灭的力量——当通过能量、物质耗散而被增加了质量（物质），抬高了高度，提高了速度的物体在高度、速度瞬间下降为零时，便会转换为与质量、速度或高度正相关并且被数倍放大的毁灭性的力量——缓缓的溪水甚至冲不动一粒小石子，山洪则可将巨石堆满山谷（水的流速每增加1倍，其挟动力便增至原来的8倍）；从楼上跌下来，老鼠可以安然无恙，人却非死即伤；小孩跌倒哭几声便罢，大人（尤其是身高而体重者）则可能骨折；在停机坪上，鸟儿可驻足机翼鸣唱，在空中相遇则必定鸟亡机毁……这些为人熟知的，具正相关性质的“能量法则”，其作用不仅仅只是机械效果的灾害而还具有历史的性质：如人口数量指数增长所导致的文明衰退和生物圈的退化。（2-10-1；3-19-2-3，3-19-3-2，3-19-3-3）[①]

具负相关性质的“能量法则”告诉我们：要想避免大规模的灾难，就不要忘记“黄石效应”和大兴安岭大火灾的教训而刻意减少小规模灾难的发生；具正相关性质的“能量法则”告诉我：要想避免大规模的灾难，就必须减小规模和速度。

16.1.2 自组织和临界不确定性：“耗散”与“协同”

稳定态是系统演化的出发点和归宿。在“稳态—失稳—稳态”永不停息的循环中，系统会自发地到达临界（失稳），经涨落、分岔而进入下一个稳态或发生崩溃，形成具新质性质的结构。系统的演化，即是一个以自同构、自复制、自催化、自反馈为机制的，系统自我发生、自我发展、自我消亡的自组织过程——自控制、自调节、自适应的“自己运动”。[8] 98-100

——普里高津：远离平衡态的“耗散”是自组织的必要条件

对自组织的发生，伊里亚·普里高津提出了以系统开放、远离平衡态、非线性为条件，局域平衡为方法，体现“非平衡是有序之源”、通过涨落达到有序、分岔是多样性和创新之源思想的“耗散结构理论”（theory of dissipative structures）。即对一个开放系统来说，随着外界干扰的增大，系统由对涨落不敏感的线性非平衡区，进入对涨落敏感的稳定、不稳定、临界不稳定三态共存的非线性非平衡区——临界状态。在临界状态，出现由各粒子协作形成的“非线性相干”，和由之导致的“涨落关联”——小涨落被放大为宏观巨涨落。在这样的状态下，一个微小的涨落便会导致系统发生总体上的变化。在“非线性相干”作用下，形成宏观距离上离子相连、局域事件在整个系统中得到反响的长程过程——此时系统出现分岔，新的有序/耗散结构形成……新的自组

① 书中用短线“-”隔开的顺序号依次表示卷、章、节、目——如（2-10），表示参见第2卷第10章，如（1-1-3-2），表示参见第1卷第1章第3节第2目；用短线“-”隔开的F和顺序号表示附录的编号——如（F-3-20-4），指第3卷第20章附录4；用短线“-”隔开的B和顺序号表示表的编号——如（B-1-6-1），指第1卷第6章表1；用短线“-”隔开的T和顺序号表示用的编号——如（T-1-5-1），指第1卷第5章图1。全书各卷同。

织过程再次开始，随着距平衡态距离增加而出现逐次分岔，系统由一种状态向另一种状态演化。[8] 107-113、167-174，[9] 28-32，[10] 181-237

——哈肯：非线性的“协同作用”才是自组织的根本

《协同学》的创始人赫尔曼·哈肯则认为，远离平衡并非系统自组织的必要条件，非线性的协同作用才是根本。从动力学角度，哈肯运用序参量法，通过相变类比，对系统自组织提出了体现整体性原则和内外因辩证作用，具普适性的协同学（Synergetics）解释——在平衡相变（如化学钟）与非平衡相变（如激光）中，存在着临界、涨落、分岔和“对称打破”等惊人的相似性。哈肯指出：序参量是决定系统性质和演化方向的状态变量——有使系统趋于稳定的快（驰豫，衰减）变量，和支配快变量而使系统趋于不稳定的慢变量。序参量（激光中的光波）像一只无形的手，把单个组元（电子）组织起来并支配着（“支配原理”①）各个组元；而序参量（光波）的形成，又恰是被支配对象（电子）协同作用（同向震荡）的结果。序参数——行为模式——之间的竞争，使系统在分岔前存在着各种可能的形式，当临界涨落打破对称，某个序参数便成为整体的行为模式，系统由一种态变为另一种态。如果说内因——序参量是系统演化的根据，那么，作为演化条件的外因——控制参量（对激光来说的电流强度）则极大地规定着自组织的过程：推动着系统的连续（量的）变化，在达到某一阈值时把系统推向临界——为系统的质变提供决定性条件，并以自己的“失控”让序参量决定新态的性质。[8] 114-118、174-179，[9] 46-52，[11] 5-57、60-61、76-77

——临界现象的性质和特征

临界现象的性质和特征，可归于五点：[1] 182-185、226-241，[12] 193-199

第一，自发性。即趋向临界同趋向稳定都是系统的内在倾向——任何一个非均衡系统，都会自动组织至临界状态。

第二，普适性。即临界既是自然界、生物界、人类社会普遍发生和反复出现的现象，而且不同事物在临界态所经历的行为模式又大致相同，不同函数在迭代过程中按同一几何比率——费根鲍姆常数 4.6692——收敛。

第三，自相似性。即同一事物的组织形式在临界态按不变标度——常数 2.5029，惊人相似地缩小重复而生成“无穷嵌套的自相似结构”（如俄罗斯套娃）。

第四，临界态在程度上的差异性。即在临界，混乱与秩序势均力敌，进入超临界域，混乱超过有序，系统越远离临界，混乱程度便越大。

第五，不确定性。“只要地球高兴，随时都会开始颤动”[7] 42——在临界，什么事情随时都可能发生。

1914 年 6 月 28 日上午 11 时，奥匈帝国裴迪南大公夫妇在萨拉热窝（因司机拐错弯）偶然遇刺，由此引发了第一次世界大战。[7] 3-4 1987 年 10 月 19 日（“黑色星期一”），纽约股市出人意料地大崩盘；[7] 11-13 1988 年 6 月末，一道普通的闪电点燃了黄石公园（美国国家公园）南端的一小片森林，而正是这看似可控的小火灾，酿成了至 10 月由

① 即“伺服原理”或“役使原理”。

于第一场降雪才告一段落的，烧毁 150 万英亩林地的巨大火灾——为 1886 年大火灾（有史以来最大的火灾，烧毁林地 2.5 万英亩）的 60 倍。此次火灾规模之大，在于人们通过火灾控制把森林推到了超临界态——死树、枯枝、灌木和草一起形成了一个巨大的，一根火柴便可点燃的“燃料库”。[7] 9-10、143①

1998 年，布鲁斯·马拉穆德、戈莫·摩雷恩和唐纳德·特科特通过森林火灾游戏，在计算机上模拟了火灾控制把森林推向超临界态的“黄石效应”：每种 100 棵树投下 1 根火柴——在不控制下，火灾频率高，但规模小且很快熄灭；每种 2 000 棵树投下 1 根火柴——在控制下，火灾频率很低，树的密度迅速上升而使整个森林处于即使 1 棵树着火也会殃及全体树木的“超临界态”。[7] 142-144

16.1.3 临界不确定性之源：“蝴蝶”与“网络”

“蝴蝶”和“网络”是临界不确定性之源。

——“蝴蝶”、“吸引子”、非线性、混沌和“不掷骰子的上帝”

对混沌理论来说，这是一个小扰动便会导致大变异的不稳定平衡系统——削尖的铅笔取完全直立态的数学概率为零（从撒手到倒下不会超过 1 秒钟，立 2 秒的可能性只有立 1 秒的几百万分之一），缓慢旋转的陀螺很快便会倒下（快速旋转的陀螺，其稳定性则高得多）；这是一个对初始状态（或内在变化）敏感地依赖的系统——两个几乎（但非完全）一样的状态，它们看起来十分相似，但其后的状态却不必彼此相似，初始条件的微小差异，会被逐级放大而导致“失之毫厘，差之千里”的“蝴蝶效应”（“钉子缺→蹄铁卸→战马蹶→骑士绝→战事折→国家灭”）；同时，这也是一个因非线性变化而不确定的决定论系统。[1] 9、24 -25、71-72，[13] 6-13、19-21、61、172-174、199、203-204 ②

“吸引子”③ 是混沌的核心。“吸引子”指一种状态，一种反复出现，或反复地，越来越被逼近的状态——如不上弦钟摆的原点，上弦钟摆的闭合曲线……一种在有限空间内永不停歇运动着的点的永不自我重复、相交的轨迹。“吸引子”是稳定、低维和

---

① 1987 年 5 月 6 日中国大兴安岭特大火灾的成因，亦是如此。

②（关于不确定性的成因）普利高津指出，除对“初始条件的敏感性依赖”外，还“有一种更强大的不稳定性，无论初始描述的精度如何，它都会使轨道破坏”。[14] 30

与可积系统联系的，是一个静态的、确定性的世界；[14] 30 与不可积系统联系的，是一个动态的、不确定性的世界。庞加莱的研究（共振，发散），进而以 A. N. 科尔莫戈洛夫、V. L. 阿诺德和 J. K. 莫泽命名的 KAM 理论表明：存在两种轨道，一种是“正经的”确定性轨道；一种是与共振相关联的，在空间无规律地漫游的“散漫的”轨道；KAM 理论的另一个重要结果是：当我们增加能量值时，随机性占据的区域会随之扩大。对某个临界能量值，会出现混沌：随着时间的推移，我们看到相邻轨道呈指数发散（“庞加莱发散”）。[14] 31-32

“轨道不足胜任。轨道不能描述混沌系统的时间演化，即使混沌系统是由确定性运动方程所支配。……这正是对初始条件敏感性的含义：两条轨道从我们所能想象的尽可能靠近的两点出发，随着时间的推移，它们将按指数发散”。[14] 74

③“吸引子”的概念有：“吸引子”（“不动点”、“极限环”、“环面”、“奇怪吸引子”）、“吸引子集”和“吸引域”。

非周期的——低维性源自“相空间”的有限性；非周期性源自点的永不自我重复和自我相交；稳定性（向“吸引子”靠拢）则源自引力或系统寻找最适稳定态的“本性”。[1] 32-34、143-153，[12] 191-192，[13] 36-47、198、202、204 稳定性是“吸引子”的本质特征，正如马克斯·普朗克所指出的，自然看来“偏爱”某些态：熵的不可逆增加（$dS/\mathrm{d}t$）描述了系统趋向于一个“吸引”它的态——系统偏爱这个态态，它自身的“自由意志”不会使它偏离这个态，“按照这个观点，自然不允许有这样的过程：它发现它们的终态比初态具有较小的吸引力”。[10] 164-165

非线性——初始态的变化，未必必然导致后续态成比例地变化——是混沌的必要条件。首先，非线性是有限系统的属性或规定，意味着变化的有限性——在一个有限系统中，每个变量都被限定在某个范围之内，蝴蝶再拼命拍打翅膀也不会导致龙卷风，而且未来时刻愈接近目标，将发生的可能性的范围便愈小；第二，迭代过程（前态与后态、输入与输出的递推）表明，非线性[$X_{n+1}=AX_n(1-X_n)$]既意味着可使系统紧强，又可使系统失稳反馈——（$1-X_n$）的存在和不确定性：游戏本身即包括着改变游戏规则的方法，如同“迷宫行走”，你每迈出一步，迷宫的墙就会自动改组一次（$1-X_n$）；第三，由种群增长的迭代可知，参数（A）的加大，也即非线性的增高可使系统性质发生一系列质的变化——当参数较小时（$A=2.7$），模型处于定态；随着参数的增大（$A>3$、4……），系统的行为便变得不可预见——由此，简单的决定论模型产生出了貌似随机的行为。[1] 25-26、66-68、74-86、195、203，[13] 6、11、152-154、172-174、184、202，[15] 11-15

对混沌理论来说，系统在局部上是模糊的、不确定和随机的——说不出它在下一步要干什么；但在总体上，系统却是可以预言的。临界不确定性既源自不稳定平衡的系统性质，和系统行为对初始状态的敏感性依赖——二者皆导致对微小差异的放大；又与混沌吸引子永不自我重复、相交的性质，和非线性迭代过程导致的不确定性、复杂性密切相关。临界是随机的，但是属于决定论的随机——对异端值的排斥，或在不同状态（行为）下围绕各自平均值的涨落①——“上帝同宇宙掷骰子，但用的是灌了铅的骰子”。（J. 福特）[1] 52、84-85、160、179-181、250-254、263-268、321-330，[13] 4-8、18-20、60-61、138-139、153-154、198-204，[16] 74

——“网络”、联通性（“不稳定手指”）和“掷骰子的上帝”

“网络”是理解临界不确定性的关键。“网络”的本质是联通性，而且是在很多情况下意想不到的联通性或连通性——英国老太婆养猫对英国海军的强大作出了贡献（老鼠→蜂，猫→老鼠，蜂→三叶草→牛→海军）；在“小世界”里，每个人都可通过不超过 6 个人的一系列交往彼此联系起来——任何两个陌生人中间只隔着 5 个人。在自然界和人类社会，这种有如“生态链”的联通性，都会通过“伤痕”（事件）的“封

① 在洛伦兹看来，当参数值始终只有微小改变时，平均值也可能剧烈变化，原因是系统的“非传递性”——特定系统的稳定解不止一个，与长期看到的完全不同的另一种行为同样是自然的；系统可以处于两种平衡之一，但不能同时处于两者。标准的摆钟、气候即属于非传递性系统。除外界的巨大冲击力外，洛伦兹还给出了地球气候进入冰期的另外一个解释——“殆非传递性”。一个“殆非传递性”系统在相当长的时间里表现出一种平均行为，接着，无缘无故地转入另一种行为，地球不规则的多次经历漫长的冰期，可能只是混沌的副产品。[1] 178-181

冻”或“锁定”——不稳定性的增加或负效应的累积——而形成“不稳定的长手指”；一旦“不稳定的长手指”遍布系统（压力形成）且被触发，小的影响便会沿不稳定手指织成的网络传遍整个系统并不断地被放大，从而引起“雪崩”（压力释放）——地震、生物灭绝、社会革命……即是这样一个普适的过程。[7] 22-26、103、181-184、199-200、205、229-232、292-294、320

这是一个不断受外力影响的复杂系统，任何微小的影响都将发挥历史作用；这是一个悬于动荡边缘的系统，看似平稳且可以预测，但就在此时，一场大变故却发生了。对临界理论而言：[1] 98-99，[7] 77、97、101、125、139、183、217-221、244-251、287、329

第一，临界事件的发生是意料不到的、随机的和无法预测的——上帝在掷骰子，而且骰子不知道被上帝掷到了什么地方。

第二，涨落的放大不取决于触发因子（如地震中某一小段岩石的下滑），而取决于发生在网络的何处——下滑岩石触发的，是一根短的“不稳定手指”，还是一根长的、足以带来剧烈地壳运动的“不稳定长手指”。

第三，无规模限定，即剧烈的和对异端值不排除的。而且，事件发生的频率也是遵守能量法则，即较长时间间隔出现的频率，低于较短时间间隔出现的频率：大规模地震倾向于成串爆发，越久没有发生，它发生的时间就越晚；一个地方遭受旱灾越久，她就越可能继续受干旱的困扰（“约瑟效应”）。

——临界涨落的规模限制、“可能的伤痕”和“实在的伤痕”

临界涨落的规模限制、“可能的伤痕”和“实在的伤痕”，是我们在讨论中必须明确的问题。

第一，临界涨落规模的限制问题。

与临界理论不同，混沌理论认为临界涨落的规模是受到限制的，围绕平均值波动的。事实上，临界涨落不一定围绕均值波动，但波动的规模却一定是受到限制的。无规模限定的涨落违背有限性和能量法则而是不存在的——“一匹黑马”再怎样不可思议，也不可能举起600千克的杠铃或用3秒钟跑完100米——，只是（在不同尺度下）看起来是那样。

第二，“可能的伤痕”与“实在的伤痕”——两种不同性质的“伤痕”。

“实在的伤痕”指存在的、不断累积的而可判断的，如岩石的裂缝、社会集团的矛盾；“可能的伤痕”则是在尚未转化为“伤痕”前不存在的，无法被“封冻”或“锁定”的“伤痕”，只能从在“事件”中所扮演的角色上将其视为“伤痕”——在“事件”发生之前，它们只是“可能的伤痕”，是“事件”把它们变成了“实在的伤痕”。如：

环境发生较大变化前对生物有利的适应性“特化”；在“饱和效应”尚未（通过“生态链效应”）引起“雪崩”（种群崩溃和导致生物灭绝）前对种群来说的生物个体，对某一生态系统而言的生物种群，对区域生态系统而言的生物群落；再如系统稳定性变化中的多样性和复杂性（关系、联系）——在系统失稳之前，它们都是积极因素和“建设者”，系统的失稳，则统统把它们变成了消极因素和“破坏者”——系统被过多的数量和不堪重负的关系、联系所摧毁而处于增长→“雪崩”→再增长→再“雪崩”的“永恒”循环之中。

16.2 生态系统

16.2.1 生态因子、营养和时空结构

——生态因子

组成生态系统的物质因子称作生态因子。生态因子（ecological factors）指参与生物个体、群体生命过程的各种环境要素，所有生态因子则构成生物的生态环境（ecological environment）或生境（habitat），某一生物个体或群体同时也是其他生物个体或群体的生态环境要素。以生命为参照，生态因子可区分为生物因子与非生物因子。[4] 11-13，[5] 6-7

按功能，非生物因子可分为能量因子、基质因子、代谢物质和介（媒）质因子。能量因子有太阳能、地球内能、潮汐能等，是生物和全球生化物质循环的总驱动力或重要的驱动力；基质因子指岩石、土壤、水体、大气等，构成生物生长和活动的场所；代谢物质为 H_2O、O_2、CO_2、N_2，无机盐以及腐殖质、蛋白质、碳水化合物等非生命的有机质；介（媒）质因子为水、空气、土壤等，是物质、能量流转过程中的载体和交换库。

按食物的获得方式和在物质、能量流转过程中的作用，生物因子可区分为生产者、消费者和分解者。生产者为行光合作用，固定太阳能，生产碳水化合物的绿色植物和藻类，以及光能、化能合成细菌，① 是太阳能源源流入的通道从而生态系统的能量和物质基础；消费者指以生产者为食的异养生物——以食植动物、食肉动物、杂食动物、腐食动物、寄生动物等为主体的异养生物，是地球生态系统能量、物质流转的主要通道，按营养关系，低一级的消费者可被视为高一级消费者而言的生产者。分解者即还原者，是通过分解动植物残体及其他有机物获得能量，并使之归于环境而维持物质循环的微型异养生物，主要为细菌、真菌和一些原生生物。

——营养结构：食物链、食物网和营养级

生态系统的结构有营养结构和时空结构。

营养结构以绿色植物等为基础，以营养关系为纽带，生物因子与环境因子紧密地、错综复杂地联系在一起，物质、能量沿食物链、食物网流转，形成不同层级的营养级和以生产者、消费者、还原者为中心的三大功能类群。

食物链（food chain）是以固定太阳能的绿色生物（植物、藻类、光能细菌），以及化能细菌为基础形成的，通过营养关系——食与被食、捕食与被捕食依次连接起来的取食环节；自然界各种生物错纵复杂的取食关系——一种生物以几种生物为食，而

① 光能合成细菌是在无氧条件下，以 CO_2 为碳源，光为能源，H_2S、S 或 H_2 为供氢体的光合细菌，主要包括蓝细菌、红硫细菌和绿硫细菌等；化能合成细菌是生活在完全无机环境中，以 CO_2 或碳酸盐为碳源，从无机物氧化中获得能量的细菌，如硝化细菌、硫细菌、氢细菌、铁细菌等。

自己又是数种捕食者的食物，使多条食物链相互联接，织成经络相通的取食网络——食物网（food web）。自然界的食物链主要有：

牧食－捕食食物链（grazing-predator food chin）：植物→蝴蝶→蜻蜓→蛙→蛇→鹰，藻类→甲壳虫→食草鱼→食肉鱼；腐食食物链或碎屑食物链（decrial food chin）：碎屑物→细菌、真菌→原生动物→蚯蚓、节肢动物→食肉动物——前者承担着水体能量流通的主要任务，后者则是陆地和浅水生态系统能量流通的主要渠道。此外，还有寄生食物链（parasite food chin）——哺乳动物→鸟类→跳蚤，和特殊食物链——被捕食的小动物→捕食植物。

在食物网中，每一生物都处于食物链的不同环节，取食不同的食物，处在相同环节上，取食同一类性质食物的各种生物，便构成一个共同的营养级（tropic levels）。按取食性质和食物链环节，生物可归于5个营养级：

第一营养级（T_1）为绿色植物、藻类以及自养生物（光能和化能细菌）；第二营养级（T_2）为食植动物；第三营养级（T_3）为食肉动物（以及食肉植物）；第四营养级（T_4）为以二级食肉动物和大、中型食植动物为食的“顶级食肉动物”；第五营养级（T_5）为作为分解者的真菌、细菌和一些原生动物。生物的数量、生物量和所携带的能量沿营养级（T_1→T_4）从下至上因“能量法则”（幂函数）急剧减少而呈锥状图形，称作生态锥体（ecological pyramid）或生态金字塔。[6] 12-16，[17] 112-114

——时空结构：水平镶嵌、分层和“季相”

生态系统的时空结构有水平、垂直和时间之分。

【水平结构】指生物种群在空间的水平分布，有均匀、团块和随机等类型，并在空间呈镶嵌状态。

【垂直结构】即生态系统的分层现象。垂直结构以植物最为明显，如高矮不一、参差不齐的草地特别是森林；随植物分层而来的，是栖息动物的分层；分层现象既存之于陆地，也见之于水体。森林系统的动植物分层最为显著：

在乔木层（由＞5米的乔木组成），生活着各种飞行昆虫、鸟类和善于攀爬的哺乳类动物；在灌木层（由1～5米的灌木构成），生活着各类昆虫和喜在其中筑巢的鸟类等；在草木层（由＜1米的草本植物构成），生活着各类昆虫、青蛙、蛇类和地面行走的哺乳类动物；在地被层（由植物的残枝、落叶和动物的残骸及排泄物组成），生活着腐食性动物、食肉性甲虫和菌类；在根层（植物根系周围的土壤层），生活着各种类型的微生物（细菌、真菌），原生小动物，蚯蚓及以其为穴的小动物。对一个相对稳定的顶极群落来说，分层和层片愈多，群落的成分便会愈多，对资源利用便愈充分，生物量便愈大，结构便愈复杂，群落的稳定性便愈高。[4] 132-134，[5] 149-150，[18] 17-20

【时间结构】指由生物生命周期差异，进而优势生活型更替所导致的群落外貌——季相随季节的变化。如温带草原有春、夏、秋、冬4种迥然不同的季相，农田则存在不同外貌的作物，作物与裸露地的更替和同一作物随生长而发生的外貌变化。对落叶林来说，还存在层片结构随季节变化的时间成层性——当森林披满绿叶时，早春类短命植物层片消亡，夏季长营养期草本植物层片开始大量生长。[4] 132，[5] 150-151

16.2.2 能量流转和物质循环

能量流转（流通和转换）、物质循环是生态系统中的两个基本过程，和相互关联的两大基本功能——物质是能量流转的载体，能量流转则推动着物质循环。

——能量流转和生态效率

热力学第一定律表明，能量既不能被创造，也不能被消灭，只能从一种形式转化为另一种形式。在生态系统中，被绿色生物固定的太阳能以生物为载体，通过营养关系沿食物链、食物网由低营养向高营养级，由生产者→消费者→分解者流转；此外，在个体水平上，能量流转表现为新陈代谢。从生物作为能量载体意义上看，物种流——如植物的种子流，动物中的昆虫飞迁、鱼类洄游和鸟类迁徙——也可被视为能量在空间的一种流转（分布变化）。[17] 125-126、130-133

根据热力学第二定律，能量沿食物链、食物网流通和新陈代谢又是一个不断耗散的、不可逆的单向过程——生态系统中能量流转的维持，全赖绿色植物对源源不绝流向地球太阳辐射能的不断转换。作为生产者的绿色植物，是生态系统进而一切生命维持的基础，正如季米里亚杰夫所颂扬的那样，“植物是天空和地上的桥梁，她是真正窃取天火的普罗米修斯”。[19] 34

【生态效率】指生态系统能量流转过程中各环节能量的传递效率（transfer efficiency），也即不同流通点上能量的比值，最大特征是沿营养级流动的递减。在营养级之间，生态效率有同化效率、生产效率和消费效率。[3] 127-128，[5] 196-197，[17] 141-142

【同化效率】用 $A_{ge}=A_n / I_n$ 表示，式中 I 为摄食量——在植物表示吸收的太阳辐射能，对动物指吃进食物所含的能量；A 为同化量——在植物指固定的太阳辐射能即总初级生产力，对动物指消化后吸收的能量。

【生产效率】用 $P_e=P_n / A_n$ 表示，式中 P（$=A-R$）为生产量——同化量与呼吸量之差，对植物指净初级生产力。

【消费效率】即利用效率，用 $C_e=I_n+1 / P_n$（I_n/ P_n-1），或 A_n+1/ P_n（A_n/ P_n-1）表示，也称“林德曼效率”——相当于同化效率、生产效率和消费效率的乘积；或“十分之一定律”，即能量在上下营养级转化过程中被利用的只是约 1/10 的一小部分——各生态系统中，森林为 5%，草地为 25%，浮游生物占优势的系统达 50%。能量在转化过程中的这种按能量法则的逐级锐减，是食物链长度短、营养级层数不多的重要原因之一。

——物质循环和“富集效应”

物质循环又称生物－地球化学循环。物质循环的通道有食物链、水和大气；营养关系、水循环和大气循环是物质循环的具体驱动力。作为能量的载体，生态系统中的物质同能量一样，也是通过营养关系，沿着食物链和食物网，由低营养级向高营养级，由生产者向消费者再向还原者流动的。所不同的是，能量的流动是耗散的，物质的流动是循环的（也存在一定程度的耗散，但仍在生物圈之内）——由分解者将动植物残体和取食剩余的各类有机物质分解为无机物归于环境，再为绿色植物利用而参加新一轮的循环；对一个有限的生态系统来说，物质除在系统内循环外，还有系统内物质的输出和系统外物质的输入——借助系统内外物质的这种交换，每一个生态系统都把自己的物质循环纳入到上一级生态系统，进而全球性水循环、大气循环和气体型、沉积型的生物－地球化学循环之中。

对生物来说，重要的生物－地球化学循环有水循环、大气循环和碳、氮、磷、硫等生命物质的循环。大气循环主要表现为大气环流及各种尺度的空气流动，是太阳辐射热的纬度差异、地球自转偏转力和海陆差异，以及陆地表面高度、物质（比热、热容量）差异综合作用的结果。大气、大气循环既是气体型物质（碳、氢）循环的交换库、通道和驱动力，也是水循环的重要通道和驱动力，同时，还为地球生命提供着保护——大气层的物理保护（燃烧小体积星外物质，使之不直接杀伤生物）和臭氧（O_3）层对紫外光的吸收。

水是最重要的生命物质，水循环是地球上最重要的循环之一。从全球角度看，表现为从海洋到陆地的大循环——海面蒸发→大气环流→降水→地表径流→海洋；在陆地和海洋，又存在着由蒸发→大气环流→降水的次一级循环；由太阳辐射纬度差异和地球自转偏向力所形成的洋流，也是海洋水循环的显著形式。作为能量的主要载体，水通过自身的相变（液态－气态－液态），借助大气环流，调节着太阳辐射热在全球的分布，使地球表面适宜复杂生物的温度（15℃）得以形成和维持；作为光合作用的重要原料和营养物质的溶剂，水又参与了从个体到系统的生命循环；作为重要的外力因子，水还主宰着岩石的风化，土壤圈的生成，以及冲刷、淋溶，搬运和堆积过程；作为连接海陆大循环的地表径流，水又构成水体营养圈形成的必要条件——没有水和水的循环，便不会有生命的维持。

能量沿食物链的转换是一个耗散过程，物质则存在一个富集过程。在循环中，一些物质——较稳定而不易分解者——由于不能像大多数物质那样随呼吸、排泄等生理活动排出体外而在生物体内累积，并沿着食物链在下一营养级生物体内富集。随着营养级的提高，某种物质在生物体内的浓度便会越来越高——这种物质沿食物链由浓度逐级增大而富集的过程被称作生物的富集、浓缩或放大效应。某物质在某生物体内浓度与该物质在环境（水体、土壤、上一营养级生物）中浓度之比，称作某生物对某物质的“浓缩系数”或“富集系数”。

生物的“富集效应”十分惊人。为防治清湖瘿蚊，人们向清湖（美国，加利福尼亚州）投放DDD（1949、1954、1957年）的结果是：DDD在湖水中的含量为0.02×10^{-6}，浮游生物将其富集到5.3×10^{-6}，通过小鱼，食肉鱼类体内含量升至$1\,500\times10^{-6}$，以鱼类为食的潜水鸟（鹏鹈）种群则由于DDD在体内富集（脂肪中含量达$1\,600\times10^{-6}$）而遭到毁灭性打击——DDD的含量被放大了7.5万～8.0万倍。在20世纪60年代，英国的雀鹰遭受了显著的毁灭，一个重要的原因便是DDT在体内富集导致卵壳太薄而在小鸟孵出前易于破碎。[5] 309-310

16.2.3 群落演替与生态演替

——群落演替：概念、特征、动力和类型

作为一个动态演替的种群集合，群落始终处于变动之中。在短期内，这种变动会是小幅度的、可逆的；在变动过程中按阶段并依次发生的一个群落被另一个群落替代的现象，称作群落演替（succession）；群落演替从定居开始到形成稳定群落的过程为演替系列，其中每一个明显的步骤称为演替阶段或演替时期；群落演替是其内部关系与环境中各生态因子综合作用的结果；主要动力、调控因素有环境变化、种群的繁衍和迁移、新种的生成和种间关系的变化。自农业革命以来，人类已成了群落演替的重要乃至决定性因素。[4] 150-152、167-169，[5] 164-166、169-171

群落演替的基本特征是它的动态性。按经典演替观、个体演替观的促进模型和演替顶极学说，[4] 169-172，[5] 172-173 在多数情况和抵抗力限度内，群落自然演替具必然性、秩序性和方向性。群落演替的必然性在于，各生态因子始终处于相互作用之中——生物在改变她的环境的同时也改变着她自己，而改变了的环境和生物，便为其他生物的生存创造了条件，由此导致一个群落对另一个群落的替代。演替的递次性即演替循阶段的秩序性——由于某一阶段生物群落的出现是以上一阶段生物群落为其创造的环境为条件的，故不存在对演替阶段的超越——在只有几株草的沙滩上，是直接长不出茂密森林来的。演替的方向性指，演替是一个朝向复杂性的过程，与演替的秩序性密切相关。

根据环境性质、基质类别、演替原因、持续时间、能量状况和演替方向，群落演替可区分为以下 6 类 13 种。[4] 152-153、156，[5] 167-168、171-172，[6] 190-194

（1）原生演替与次生演替（根据环境性质）

原生演替指发生在原生裸地（先锋者到来之前无定居者的环境，如荒原、湖边沙丘）上，并最终形成顶极群落的演替；次生演替指发生在次生裸地（先锋者到来之前有过定居者的环境，如弃耕地）上，演替结果通常是形成偏途顶极群落。

（2）水生演替与旱生演替（按基质类别）

水生演替指开始于水生环境，但一般都发展到陆地群落的演替；旱生演替指以干旱缺水基质（如裸岩）开始的群落形成过程。

（3）内因性演替与外因性演替（按演替原因）

内因性演替指由群落内部原因（生物、生境变化）引起的演替；外因性演替指由群落外部原因（如火灾、病害、虫害、气候变化、人类活动等）引起的，通过改变群落生物、生境的演替，在多数情况下导致逆向演替、偏途演替。

（4）地质演替与生态演替（按持续时间）

地质演替指以地质年代（10^6～10^8 年）计的演替；生态演替指与地质年代相比周期短得多的演替，有快速演替与长期演替之分。

（5）自养性演替与异养性演替（按能量状态）

在自养性演替情况下，$P/R>1$（P 为总生产量，R 为呼吸量），群落因生物量累积增多而呈正向演替过程；在异养性演替情况下，$P/R<1$，群落因生物量减少而呈逆向演替态；当 $P/R=1$ 时，群落处于顶极，或偏途顶极的相对稳定态。

（6）进展性演替、逆行演替和周期性演替（按演替方向）

进展性演替也称正向演替，指群落种类成分/多样性、生物量/生产力增加，结构趋于复杂，生物、环境间联系增强，群落对环境利用趋于充分，自身稳定性不断提高，朝向中生化和顶极群落的演替；逆行演替也称逆向演替或破坏性演替，是与进展性演替相反的过程；周期性演替指重复原来演替过程的演替。

——生态演替：概念、类型和特征

生态演替指一个类型的生态系统随时间的延续被另一个类型生态系统替代的过程，也称生态系统的发育（ecosystem development）——如生物有机体一样，从幼年期到成熟期伴随着结构和功能改变的发育过程。

群落演替是生态演替的基础，其内涵是生命系统，而生态演替则包括生命和非生命系统两个方面的内容——植物群落的演替，与之有关的动物群落的演替和生物与环境相互作用下环境条件的变化。如在美国纽约州针叶林生态系统的演替中，群落相继经历了由草本植物→灌丛（矮灌丛→高灌丛）→灌木、乔木（低乔木→高乔木）的变化；相应地，生境——水分、温度、光照、层次、层片也发生了显著的变化：在草本植物期由短尾鹨鷴、棉尾兔、田鼠、蝗雀、百灵等构成的动物群落，到乔木期则为短尾鹨鷴、白足鼠、白尾鹿、红松鼠、赤狐等构成的动物群落所替代。[20] 401

生态演替也有进展性演替与逆行演替之分。对进展性演替来说，生态系统发育（从发展期到成熟期）的总趋势是，在现有可能的能量输入和物理条件下，获得尽可能多的（从数量到品种）有机质以最大限度维持复杂的生物量结构。具体来说，进展性演替有六大特征：[3] 295-297，[17] 172-173，[20] 499-501

其一，进展性演替是一个群落生物量、物种多样性、均匀性、分层和空间异质性增加，营养结构和物种生活史复杂化，以及有机化合物多样性增加的过程；其二，食物链由短变长，由以牧食食物链为主向以腐屑食物链为主的转变和食物网结构复杂化，系统自我调节能力增强的过程；其三，营养物质循环中腐屑物重要性上升，生物地化循环增强并趋于闭合，营养物质损失减少的过程；其四，环境由适于 *r*-对策者生存向适于 *K*-对策者生存的转变过程；其五，净生产量减小，生态效率下降，总生产量与群落呼吸量之比趋近 1，能量流通趋于稳定的过程；其六，生物间联系发达，反馈控制增强，对外界抵抗力增大，信息量增加，熵值减小，进而系统稳定性增加的过程。总体而言：

生态系统发育——进展性演替指向对能量和养分（物质）的充分利用；逆行演替则是一个指向能量和养分减少，与进展性演替在各个方面相反的过程。

——地球生态系统的演化：原始、初级和次级

生态系统在地质年代的演替或发育过程称作生态系统的进化，自地球上出现生命以来，生态系统的演化大致经历了三个阶段：

原始生态系统——45 亿～30 亿年前，无游离氧的初级原生大气，由光合细菌行不释氧光合作用，为生产者、分解者的二极生态系统；初级生态系统——30 亿～20（19）

亿年前，原核生物行释氧光合作用，出现游离氧但很快被耗尽，大气圈进入次级原生大气阶段；次级生态系统——20（19）亿年以来，由真核生物行效率更高的光合作用，还原性大气向氧化性大气转变，大气中 O_2 含量不断增加，CO_2 浓度大幅度减低，气温下降，原生动物，进而鱼类、爬行类动物、蕨类、被子植物相继出现，形成具生产者、消费者、分解者的三极生态系统。自 1 万年前开始，人类即成了自然次级生态系统中的主要消费者。[3]301-302，[17] 175-176（3-17-4-1）

16.3 系统的平衡与稳定

16.3.1 生态原理

生态原理或环境原理指生物与环境的关系，即生态因子相互作用的原理。主要有限制因子原理、综合作用原理、间接作用原理和触发因子原理。

——生态因子的类别

按对生物的重要性、作用特征，各生态因子可区别为主导因子与非主导因子，直接作用因子与间接作用因子，阶段性作用、非替代性和补偿作用因子。[4] 13-14，[5] 6-8

【主导与非主导因子】主导因子对生物的生长、发育起决定性作用且随环境和生物生命周期的变化而变化——植物的主导因子在干旱地区是水，到高寒地区即变成温度；春化作用时，温度是主导因子，光合作用时，光照强度是主导因子，温度则变成次要的、非主导因子。

【直接与间接作用因子】直接影响生物生长、发育、分布的因子（水分、光照、温度等）称直接作用因子；通过直接作用因子影响生物生长、发育分布的因子（地形、坡向、海拔等）称间接作用因子。

【阶段性作用因子】在生长、发育的不同阶段，或在生活史（洄游鱼类、两栖类、迁飞鸟类）的不同时期，生物对生态因子需求、需求强度或环境的要求是不同的，也即生活在生态因子不同的集合中，由此形成生态因子对生物作用的阶段性。

【替代与非替代性因子】生态因子对生物的影响尽管有大有小、各不相同，但总体上来说是不可替代的——某一因子，尤其是主导因子的缺失会影响植物的生长、发育，或导致食物链、食物网生物循环的中断。尽管生态因子在总体上是非替代性的，但对具同一生态功能因子而言，一定程度或有限范围内的相互替代——如对鹰而言的兔或鼠，对鼠来说的蛇或鹰——可获得相当的生态效益。替代性因子也称补偿作用因子。

——限制因子原理

限制因子即限制或阻止生物生存，繁殖、发育的关键性因子。任何一种生态因子，只要接近或超过生物的耐受范围，都会成为限制因子，如干旱地带的水分、寒冷地带的温度、水中的氧和 pH 值。限制因子的相关概念、原理有最小因子定律、限制因子定律、耐受性定律和生态幅。[4] 15-19，[5] 10-13

【最小因子定律】指植物的生长取决于那些处于最少量状态的营养元素，低于某种生物需要的最小量的任何特定因子，是决定该种生物分布的根本因素。

【限制因子定律】指生物的生理现象在生态因子处于最佳状况时出现最大值，处于最低、最大以上状态时全部停止。

【耐受性定律】指任何一个生态因子在数量或质量上的不足或过多，即当其接近或达到某种生物的耐受限度时便会使该种生物衰退或不能存活。每一生物对不同生态因子的耐受限度不同，且受年龄、季节、栖息地、个体发育阶段的影响；不同物种对同一生态因子耐受性不同；对某一生态因子的耐受性与某一生态因子对生物的适宜度正相关。

【生态幅】即生物耐受限度——最低点（下限）到最高点（上限）之间的范围，也称生态价。在生态幅中，生物生理状况最佳而繁殖率最高、数量最多的区域为最适区，由此向下限、上限过渡，生物的数量逐渐减少。不同生物对同一生态因子的生态幅不同，由此有广幅性（如广温性、广食性）与狭幅性（狭温性、狭食性）生物之分；每一生物对各生态因子的耐受幅不同，生物的生态幅由该种生物各因子生态幅最狭（小）者决定。在与环境的协同演化中，一些生物发展起了内稳态（homeostasis）——保持生物个体内部（物理、化学）环境相对稳定的调节机制，如生理、行为调节。内稳态机制的发展和适应性驯化，使哺乳类——特别是以“文化适应”环境而极大地扩展了“生态幅”的人类——成为地球上分布最为广泛的物种。

——综合作用原理

综合作用原理指在各生态因子间不存在相互作用的障碍，生态环境以整体起作用，也称综合环境原理。环境是一种相互作用因子的复合体，每一有机体又都是其他有机体的环境的一部分。在生态系统中，环境因子之间，生物因子之间，环境因子与生物因子之间，都是相互作用的——这种作用是综合性的、整体性的，不存在相互作用的任何障碍。所以，一个因子的改变会引起几乎所有因子的变化。任何变化，不管它多么小，都会以某种方式在整个生态系统反映出来。

综合环境原理的要点有三：其一，因子间不存在相互作用的障碍或限制；其二，一个因子的变化将引起所有因子的变化——为生态系统的网络性、联通性所规定——且变化具不确定性；其三，因子作用的综合性、整体性——即对生物的任何影响，都不是一个因子单独作用的结果——尽管她是主导因子或限制因子。综合作用存在于任何尺度的生态系统——大到生物分布的纬度地带性、垂直地带性的形成，小到阴坡与阳坡的差异，都是水、热、光、地形、坡向诸因子综合作用的结果。[21] 9-10、43-44

——间接作用原理

间接作用原理表明，每个直接作用因子皆可成为另一直接作用因子的间接作用因子；间接作用因子形成作用场，综合作用于直接作用因子，使之形成因子组合；作用场通过对因子组合的影响，规定着全球生物的分布。如在赤道两侧，形成多雨、高温、高湿、强辐射的因子组合；在极地，则形成少雨、低温、低湿、弱辐射的因子组合——由此，形成以位置为作用场的水、热、光的不同组合，即由赤道到两极的纬度地带性（水、热、光组合，生物分布，也称水平地带性）。海陆分布、大气环境在位置场作用的背景下，形成次一级或再次一级尺度的水、热、光组合，构成对纬度地带性的多重再塑造——如在大气环流（副热带高压）影响下，15°～30°少雨带及带内大片沙漠的形成。由于海陆分布、季风、台风、地形的影响，少雨带内并非到处干旱，到处是焦灼阳光下的荒漠——如喜马拉雅山南坡的乞拉朋齐（25°N，印度）平均年降水量高达12 665 mm，位于该带内的中国东南沿海也是一片生机盎然的景象（降水量1 600 mm）。地形场的显著影响，一是形成降雨/焚风效应，二是北半球南北坡的气候差异。海拔高度场所形成的，则是气候、生物分布的垂直地带性——从山底到山顶，遍历从低纬到高纬的地带分异。[22] 107-109、119-120、143

——触发因子原理

触发因子原理指由于触发因子的作用而在生态系统中引起影响大的连锁反应，乃至一个生态系统被另一个生态系统取代的现象。在生态系统中引起影响大的连锁反应，乃至导致生态系统发生演替的生态因子被称为触发因子。触发因子既可是生态系统中原有的生态因子（而且往往是限制因子），也可是系统外的新因子。水是荒漠生态系统的限制因子，过量的灌溉可使荒漠植被，如艾蒿长得又快又大。在水源源不断的供给下，随着艾蒿的增加，柳树和三角叶杨便出现了，并在数年之后发展为优势种，艾蒿被荫蔽——荒漠生态系统被典型的河谷植被替代。这是一个由触发因子引起的生态演替过程，在这个连锁反应过程中，水由限制因子变为非限制因子，并成为引起连锁反应和生态系统演替的触发因子。作为系统以外的触发因子，有入侵的物种、火灾、大风、暴雨等，而人类活动，则是最为经常、最为巨大的触发因子。[21] 44-46、165-166

触发因子原理表明，生态因子的作用——限制因子原理、综合作用原理、间接作用原理、触发因子原理的作用，是有机地联系在一起的。

16.3.2 种群的增长与调节

——种群增长和“逻辑斯谛”方程

如图3-16-3所示，生物种群增长存在三种典型的模式。

一个以内禀增长率增长，且不受密度限制的种群，在受到资源（K）最终限制前其数量将以指数增长。在物种各世代不相重叠（如许多一年生植物和昆虫）的情况下，种群增长是不连续的、离散的，第t代的种群规模为$N_t = N_0 R_0^t$，式中R_0为世代净繁殖率，种群变动过程呈斜率（为R_0规定）不等的直线（第一种模式）。当物种各世代重叠时，种群增长是连续的，t时刻的种群规模为$N_t = N_0 R_0^{rt}$，种群变动过程呈“J”形（第二种模式）。

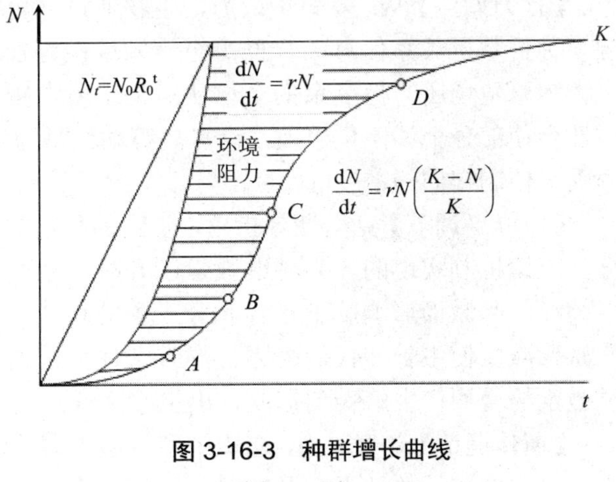

图3-16-3 种群增长曲线

（采自[19]图5-3）

当连续变化的生物种群在增长过程中受到密度制约时，便按第三种模式——“逻辑斯谛”方程——$dN/dt=rN[(K-N)/K]$（令 K 为 1，则 $dN/dt=rN[1-N]$）——增长而呈“S”状。式中，K 为环境容量，r 为瞬时增长率，N 为种群规模，$(K-N)/K$ 为尚未被利用的剩余空间。在早期，N 很小而剩余空间趋近 1；N 的增大使剩余空间变小，抑制效应随之增加；当 $N=K$ 时，剩余空间为 0，种群停止增长而处于一种稳定平衡态，整个过程形成一条平滑的“S”曲线。

在“S”曲线上，A 点前种群增长缓慢而且数量少；A 点到 B 点种群增长开始加快；B 点到 C 点种群快速增长，规模显著扩大；当 N 超过 $K/2$ 后，抑制效应使种群增长逐渐变慢而进入 C 点到 D 点的减速期；超过 D 点，种群规模接近并达到生境容量而处于饱和期。在自然种群中，实际的变动多处于“J”与“S”的中间过渡型。不论种群增长是指数式的还是“逻辑斯谛”型的，最终皆为环境所限而进入波动状态。[5] 71-74，[6] 120-122

——种群规模的波动和调节

种群规模的波动，分不规则波动与周期性（季节、年际）波动两大类，而不规则波动和周期性波动都可能造成种群爆发。种群波动的结果，一是在波动中持续生存——对极端的 r-对策物种来说，波动（周期性的种群爆发）乃是一种生存状态（常态）；一是衰退，规模降至“有效种群规模”——避免近亲繁殖，保证成体进行随机交配的“最小种群规模”，[23] 210 或“最小可存活种群”（MVP）——能够成功存活相对长时间（如以 95%概率至少存活 100 年）时种群所需的最少个体数量[24]131——以下而消亡。为了维护系统的稳定，“自然”必须对生物的种群规模进行调节；为了使自己的数量不少于“有效种群规模”，或把种群规模控制在对生境容量（“最大种群规模”）的不超越（$\leqslant K$）而生存下去，生物同样需要对自己的数量进行自调节。

作为维护生态系统稳定性机制的种群规模调节，从“自然”角度看有内源性因素和外源性因素；对生物而言则有自律与他律之分。自律即内源性因素——生物种内因素对种群规模的自动调节。[5] 79-81，[20] 379-385

【行为调节】W. 爱德华认为，生物通过（可能是）传递有关种群数量，尤其是资源与种群数量关系信息的社群等级、领域性等社群行为，限制种群数量——合理分配食物和繁殖场所，把多余的个体从适宜生境中排挤出去以使种群密度不致过高。如领域性会使部分个体停止繁殖，许多高等动物是通过补充（生育）、迁入、迁出和死亡等内因来控制它们的密度的。

【内分泌调节】克里斯琴指出，生物的种群控制是通过社群—心理因素刺激神经内分泌反馈机制实现的。当种群数量上升时，社群压力下个体间的“紧张”将通过对中枢神经的刺激而影响脑下垂体和肾上腺的功能，进而内分泌的变化抑制种群——促生殖激素减少使生长和代谢受阻，导致个体抵抗力下降，种群死亡率增加；促肾上腺皮质激素的增加使生殖受到抑制，出生率降低，胚胎死亡率增加，幼体抵抗率下降。

【遗传调节】奇蒂认为，遗传多型是遗传调节的基础，在最简单的遗传两型情况下，当种群密度较低并处于上升期时，对繁殖力较高，进攻性、外迁倾向行为较低的低密度型有利；种群数量上升到很高时，则有利于繁殖率较低，个体间进攻性较强的高密度型的生存——死亡率上升，密度下降，种群规模缩小。

他律即外源性因素——非密度制约、密度制约因素——形成的控制。气候学派认为，种群数量为气候这一非密度制约因子所控制，而由于有利气候的短暂，生物种群从来没有时间增殖到为环境容量允许的最大规模，也即不会发生密度制约——因数量过剩而出现对食物的竞争，如在昆虫世界；密度制约的生物学派则坚持，捕食、寄生（疾病）和竞争等种间因素，对种群规模控制起着决定性作用。

外源性种群调节理论强调环境，特别是捕食等生物过程对种群的数量控制。内源性自动调节理论强调内源性因素对种群的数量控制并指出：种群的自动调节是生物的适应性特征；种群密度影响自身的出生率、死亡率、生长、性成熟、迁入与迁出等种群特征和参数；种群的自动调节是通过负反馈实现的——当密度增高并超过平均密度时，种群的出生率降低，死亡率上升或迁出增加。

通过他律和自律、外源性制约和内源性制约，生物的种群数量被控制在生境容量之内并与之保持平衡。

16.3.3 “饱和效应”与“生态链效应”

——“饱和效应”、物种的数量和平均种群规模

“饱和效应”指种群数量、物种数目在趋于和达到环境容量，也即处于临界状态时出现的特征。种群规模即一定环境（地理空间、群落）中某生物物种的数量，当种群规模达到环境对其最大支持能力即生境容量时谓之“饱和”或处于“临界”。在接近“临界”时，种群数量增加减慢，达到“饱和”时种群增长为零——在多数情况下，种群规模周期性波动或出现毁灭性减少，这些临界的不稳定现象即是“饱和效应”。

物种数量即一定环境（地理空间、群落）中各生物物种的数量。对一定环境来说，种群规模有其阈限，物种数量也有其阈限而是会达到“饱和”的——物种数目在有限空间、有限（可利用）资源情况是不能无限增加的。[16] 198-199，[23] 129，[25] 176、199-200 物种的“饱和”，既见之于显生宙以来生物物种数在各地质年代的有限增加，又表现在地域面积对生物种数的限制——岛屿面积与物种数正相关，岛屿越大物种越多，物种数与面积按 1∶10 的比例增加。[23] 171-172、196-198 物种“饱和效应”表现为种间竞争的加剧，生物特化的加速，灭绝速率的上升和物种寿命的缩短。

300 万年前，南、北美洲哺乳类动物区系交流的变化过程，即典型地展现了物种数量的“饱和效应”。巴拿马陆桥的形成，带来南美洲哺乳类（32 科）与北美洲哺乳类（30 科）的大交流。初期，科数、种数皆显著增加——南美洲增加 22%、7 科达 39 科，北美洲增加 17%、5 科达 35 科；接着而来的，是物种过剩导致的竞争、排挤和灭绝，南北美洲区系中哺乳类的科数、种数又都显著回落——最终稳定在南美洲 35 科、北美洲 33 科的水平上，所改变的，只是物种的构成。[23] 117，[25] 198-199

在一定的地理空间，也即在物质、能量，进而群落总生物量一定的情况下，物种的数量与平均种群规模（数量、生物量）反向变化；在生物金字塔中，按一定比例关系配置的各营养级的能量、生物的数量、生物量也是一定的。由此，某一营养级物种数量的增加会带来该营养级平均种群规模的减小；同样，某一生物种群规模的扩大会通过复杂的种间相互关联造成另一生物种群规模的下降或灭绝，进而物种数量的减少。种间竞争和对多样性生境的适应性努力推动着物种数量的增加，各物种为生存而避免最小种群的增殖努力则导致种群规模的扩大。在一定的地理空间，物种数量不可能无限制增加，种群规模也不可能无限制地扩大，二者处于动态平衡之中。种群规模扩大的极限是，在某一营养级上只有 1 个物种（如草—羊—狼）；物种数量增加的极限是，各物种数量不少于最小种群规模，且能保证营养关系的实现——这是没有种间竞争的理想状态。

关于生态位分化极限相似性问题的研究表明，物种间的共存必须存在一定的生态位分化或差异，也即生态位的相似存在一个极限——极限相似性，与之对应的最小生态位分化决定着稳定共存的物种种数，而且最优的相似性低于极限相似性，最优的生态位分化大于最小的生态位分化。[24] 172-174

——“生态链效应”和“触发因子”

通过营养关系织成的“生态链”——食物链、食物网把系统内的所有生物联系在一起，形成相互关联——相互依存、相互制约的生命系统。物种间以依存、制约为特征的相互关联，形成保持系统稳定、和谐的负反馈，由此，推动相互关联度提高的多样性，进而复杂性便成为系统稳定性之源——多样性愈高、复杂性愈大，稳定性便愈好，仅占陆地面积 6% 而拥有地球一半物种的热带雨林，便是这样一个系统。然而，正是作为稳定性之源的复杂关联，在生命系统中某一或某些物种由于环境的突然变化而灭绝的情况下，又会形成“生态链效应”而导致生物灭绝的严重后果——复杂性在增进稳定性的同时，又（因过度复杂）使自己成了系统不稳定性的根源。

“生态链效应”指，以食物链、食物网和生态环境的改变为背景，A 物种的灭绝引起 B 物种的灭绝，B 物种的灭绝引起 C 物种的灭绝，……灭绝沿生态链传播，形成一场波及广大范围、影响深远的灭绝“雪崩”。[7] 14、184，[12] 178 “生态链效应”既是直接的，可以预料的——如鼠群的灭绝导致的以其为食的鹰的灭绝；又是间接的，在很多情况下难以预料和看似毫不相干的——20 世纪 70 年代末英国南部野兔数量的骤降造成牧场上草的疯长，继而在矮草中繁殖迅速的蚂蚁（MS）大批死亡，和由其代为孵化幼虫并一直培育至成虫的蓝色大蝴蝶（MA）的绝迹。[7] 181-182

触发“生态链效应”的因子——灭绝物种既可是生态锥体底部的支持者——阿马拉尔－梅尔曾做过关于物种沿食物链逐级影响而导致灭绝的游戏，[12] 199-200 也可是关键种——如海獭的消失和“海胆贫瘠地”的形成：欧洲的探险家和移民为获取毛皮的大量捕杀，曾在 19 世纪末造成海獭的几近灭绝，因失去天敌而数量急剧增加的海胆，则吃掉了大量海藻和其他深海植物，使从阿拉斯加到南加利福尼州近海岸从海底到海面广袤的海藻林一度退化为海底沙漠，形成“海胆贫瘠地”——当海獭重返昔日栖息地后，才恢复了那里的生机。[23] 148

实际上，触发“生态链效应”的灭绝或丰度大量减少的物种可以是任意的，只不过由于其生态角色不同引起的影响不同而已。作为触发因子的部分生物的灭绝，一是环境的直接作用，一是生物形态、功能的特化；生态链效应的范围和强度，则与系统的临界状况（如“饱和”与否）、复杂程度、触发因子的生态地位和功能，及环境作用的性质和强度相关。对多样性、关联度、复杂性极高的热带雨林来说，乔木一旦消失，由之支撑的整个生命系统便会迅即崩塌。

16.3.4 系统的平衡与稳定：抵抗力和恢复力

生态平衡（ecological balance）之于今天，已是一个家喻户晓、耳熟能详的概念，但仍如同“只可意会，难以言表”的时间那样不好把握。①（附录 1）

——生态平衡是事物存在的一种规定

造成这种状况的根本原因是，现存的所有生态系统都是平衡的——生态平衡是生物存在的一种规定，生物只有适应环境并同她所在的环境保持平衡才能生存，由是，生物的存在——她活着并与她的环境保持着平衡——便表明，现存的所有生态系统都是平衡的。如在群落进展性演替（草本→灌丛→灌木→乔木）过程的每一阶段，植物都同她的环境保持着平衡；在群落逆行演替（乔木→灌木→灌丛→草本）的每一阶段，植物仍然与她的环境保持着平衡。同样，在文明演替的各个阶段，人类也保持着与她所在环境的平衡——王朝盛世，这一平衡展现为大量人口与大规模经济的对应；到衰退阶段，则是少量人口同小规模经济的同时态。（2-10-1-2；3-16-2-3）

——生态平衡：系统稳定和稳定程度的判断

既然生态平衡作为生物为适应环境的一种必须而存在于所有生态系统之中和生态发育的各个阶段：不论是进展性演替还是破坏性演替，不论是（演替）先锋植物阶段还是顶极群落阶段，不论是“风吹草低现牛羊”而“生机盎然”的草原还是林相残败的森林，不论是兴旺发达的 *r*-对策物种还是濒临灭绝的 *K*-对策物种……那么，谈论生态平衡、维护生态平衡又有什么意义呢？

事实上，人们并不是在谈论生态平衡，而是在谈论生态系统的稳定性，或“生态平衡的稳定性”——乔木群落的稳定性高于灌木群落，灌木群落的稳定性又高于草本植物群落。稳定性，或者“生态平衡的稳定性”是我们谈论生态平衡的关键和根本目的——因为在这个地球上，即使存在 1 万个不稳定的生态系统，也绝不会找出一个不平衡的生态系统。人们也不是在“维护生态平衡”，而是在“维护生态系统的稳定性”。

---

① 关于时间，奥古斯丁曾说过：“那么时间究竟是什么？没有人问我，我倒清楚，有人问我，我想说明，便茫然不解了。但我敢自信地说，我知道如果没有过去的事物，则没有过去的时间；没有将来到的事物，也没有将来的时间，并且如果什么也不存在，则也没有现在的时间”。奥古斯丁接着写道：“既然过去已经不在，将来尚未来到，则过去和将来这两个时间怎样存在呢？现在如果永久是现在，便没有时间，而是永恒。现在的所以成为时间，由于走向过去；那么我们怎能说现在存在呢？现在所以在的原因是即将不在；因此，除非时间走向不存在，否则我便不能正确地说时间不存在”。[26] 242

在多数生态学教科书中，作者都避免使用“生态平衡”而以“稳定性”代之。[20] 453 为了讨论时的方便，在以后有关问题的讨论中，我们仍将会使用“生态平衡”这一术语。

生态平衡表示着系统的状态，即稳定性的程度——稳定还是不稳定平衡，高稳定性还是低稳定性平衡，进而涨落、偏离，即围绕平均值波动的允许范围，或者系统选择的自由度。

对一个稳定平衡的系统来说，偏离平均值波动的频率低，但允许较大涨落的存在——如身体健康者（系统稳定性高）一般很少患病（波动频率低），也有应对大病（较大涨落）的能力；当系统稳定性减小时，偏离平均值波动的频率上升，但不允许较大涨落的存在——如身体不健康者（系统稳定性低）一般多患病（波动频率高），但一场大病（较大涨落）则可能要了他的命。

——系统的稳定性：抵抗力和恢复力

生态系统的稳定性或“生态平衡的稳定性”①是一个备受关注而又颇多争议的问题。通常的看法是，稳定性同多样性、复杂性相联系——生物多样性越高、系统越复杂，稳定性便越高。[3] 75-76 R. 达若也认为，“生态系统愈复杂，相互牵制的种愈多，种群也就愈稳定。种群数量变化大而快的，是种类少，食物链短的简单生态系统的特点……生态系统越复杂，则越趋于稳定，即越不依赖外界作用”。[27] 266 R. M. 梅则持如下的观点：

（1）“‘复杂’系统比‘简单’系统决不是更稳定，而通常是稳定性较小”；“作为一个数学概括，复杂性增大有利于动态脆弱性，而不是有利于动态坚强性”。（2）“一个可以预测的（‘稳定的’）环境可以允许一比较复杂的和精巧地平衡的生态系统存在；一个不能预测的（‘不稳定的’）环境更为可能的是要求结构上简单的，坚强的生态系统”。（3）“一个包含 *r*-选择的种的具有其相对大的窝仔数或仔苗的一个系统，在扰乱之后很好地适应于反射（bounce back），而 *K*-选择的集合在一次不平常的严重扰乱之后可能不能恢复”。（4）“人所强加的巨大的和前所未有的扰乱，可能使复杂自然系统比简单系统要更易受外伤”。[15] 162-164

生态系统的稳定性（stability），或“稳态”指系统抵抗变化和保持原有平衡状态的倾向。生态系统稳定性与复杂性的关系，倾向性的观点是从相互排斥的两个方面——抵抗力与恢复力去观察。抵抗力稳定性（resistant stability）表示生态系统抵抗干扰，保护自身结构与功能不受损伤的能力；恢复力稳定性（resilient stability）表示生态系统被干扰、破坏后自我恢复的能力。[17] 161，[20] 453-454

一般而言，抵抗力强的生态系统恢复力弱，恢复力强的生态系统抵抗力弱。复杂的生态系统因本身功能的复杂和潜在的反馈环路多而抗干扰能力，也即抵抗力强；而其在（足够强度的，改变系统面貌的）扰动后原来面貌的难以恢复或弱的恢复力，便在于扰动后复杂性形成、维持条件的被破坏和丢失。简单生态系统由于功能单一和反馈环路少而抵抗力弱；也正是由于简单，在受到扰动后便易于修复而具较强的恢复力。

从演化的历史看，复杂性即是生物为适应环境的严酷化而发展起来的。复杂性的

① 系统稳定性的概念，就内涵而言有恒定性、惯性、弹性、持久性、抗性、变幅、变异性和回复性；从外延看，有局部稳定性和脆弱性。[3] 74-75

形成，既需要长的生活史；她的维持，又需有比简单系统多得多的物质、能量支持，和获得足够所需物质、能量的能力。而干扰后系统原来面貌的恢复，同样需要较长时间以重新去建立各种联系，恢复各种关系——而判断（衡量）恢复力的时间尺度却不允许她这样做；更为要命的是，足够强度的，改变系统面貌的干扰，既使系统在抵抗干扰中丢掉了重建所需的大量物质和能量（系统的抵抗力越强，物质和能量的损失便越大），也使系统丧失了获得所需物质和能量的能力。①简单系统因联系和关系少而所需重建时间少；所需物质和能量不多带来的，一方面是在干扰中损失少，一方面是在重建中易于获得。

鹰的抵抗力大大强于蚯蚓，森林生态系统的抵抗力显著超过农田生态系统，而蚯蚓、农田系统的恢复力，则明显高于鹰和森林——蚯蚓被拦腰斩断可一分为二，而鹰一旦被折断翅膀，便再也不能重返蓝天；农作物颗粒无收可以明年重播，而原始森林被过砍伐之后，便只能向次生林或草原演替。但对维护地球生态系统的稳定性来说，复杂性仍然要重要得多——正如 R. M. 梅所指出的，“*r*-选择与相对不能预测的环境和简单生态系统相联系，*K*-选择与相对可预测的环境和复杂的，生物学上拥挤的群落相联系”。[15] 163

——系统稳定性的影响因子：复杂性视角

从复杂性看，影响生物多样性，进而生态系统稳定性的因子是多样的，大致可归结为以下 9 个方面。[3] 77-85、88-90, [15] 39-40、160-164、220-225, [20] 21-22、318-319、323、454-455、500-501, [27] 16-17、266、276、286-289

【系统演化的历史】进化时间长的生态系统一般稳定性高，如森林；进化时间短的生态系统一般稳定性较低，如草原。

【系统的自然环境】温和、少灾变环境（生产力高、环境胁迫弱）下的生态系统稳定性高，如湿润草原；严酷、多灾变环境（生产力低、环境胁迫强）下的生态系统稳定性低，如干旱荒漠。

【空间异质性】地形复杂，空间异质性（非均匀性）高的生态系统稳定性高；地形单一，空间异质性低的生态系统稳定性低。

【系统生物因子特征】生态幅（耐受范围）宽、食性广的生物有助于系统的稳定；由耐受性低（窄生态幅）和食性窄的生物组成的生态系统稳定性便低。

【系统的后备能力】后备能力指同一功能（同功能群）因子的“冗余”（生态功能重叠的物种）状况。同一功能因子的替代（补偿）作用，有助于生态系统稳定性的提高；缺少“冗余”将降低生态系统的稳定性。（3-17-3-2）

【系统生物因子的变化】生物因子的增加或减少，会引起食物链、食物网和营养级的变化，进而生态系统功能和稳定性的下降。如作为“天敌”（猛禽、猛兽）的特有物种、“关键种”、“保护伞物种”② 的减少或灭绝，“生态入侵”等。

【系统反馈的性质和强度】在一定范围内（如“最小种群”到“最大种群”之间），

① 笔者不主张“拯救当代工业社会”的原因，即在于此。（4-24-3-1）

② 保护伞物种即一个区域中最大的、处于营养级顶层，并在生态系统中起着极重要作用的动物，如狼、大象——她们的消失象征着该生态系统已经遭到破坏。[28] 202

负反馈维持系统的稳定，与生态系统的稳定性正相关；正反馈会破坏系统的稳定，与生态系统的稳定性负相关。

【系统的复杂程度】多样性创造多样性，复杂性创造复杂性。在物种“饱和”前，物种多样性和复杂性的增加有助于生态系统稳定性的提高，反之会带来系统稳定性的下降；当物种达到“饱和”之后，物种多样性和复杂性的增加将导致生态系统稳定性的下降，反之会带来系统稳定性增加。因此，保持适度的复杂程度，对系统的稳定是必要的——Pimm（1984）的研究表明：对于有更多物种的群落来说，需要物种间的联系变得更少；对于一个种间联系较多的群落，就必须包含较少的物种。[3] 77

【扰动强度】在扰动强度较小或适中时，生态系统的稳定性取决于以上因子；当扰动强度很大时，系统的稳定性便与其性质“脱钩”，且复杂系统将比简单系统受到更大的伤害。

——人类的“生态足迹”要轻轻地印在大地上

不论如何，复杂性对维护地球生态系统稳定性仍是至关重要的——从地质史上看，昆虫的快速进化发生在气候多变的二叠纪和三叠纪，而脊椎动物的主要盛发期，是在气候暖湿而环境较稳定的侏罗纪、下白垩纪、始新世和渐新世。[20] 367

当扰动强度变得足够大时，一切稳定性因子的影响都变得次要起来——坦克的履带将碾碎一切，而不论她是一只脆弱的鸡蛋还是一只坚强的双铃马蹄表。

为了维护地球生态系的统稳定性，人类的“生态足迹”要轻轻地落在大地上，而不要像坦克的履带那样碾碎地球上的一切。

附录1：关于平衡

生态平衡的概念系从力学、物理学和热力学平衡引申而来。

——静力学：稳定、不稳定和随遇平衡

从静力学角度看，平衡分稳定、不稳定和随遇三种。稳定平衡指系统在扰动后能自动恢复原来位置的平衡，如置于碗底的钢珠；不稳定平衡指系统在扰动后不能自动恢复原来位置的平衡，如置于倒扣碗底上的钢珠；随遇平衡指系统在任何位置都会维持的平衡，如置于平面物体（玻璃板）上的钢珠。静力学平衡的稳定程度，同物体支持面的大小正相关，与物体重心的高低反相关。

——动力学：（作用力与反作用力的）平衡和“失稳”

动力学平衡是在牛顿第三定律意义上的平衡——作用力与反作用力总是大小相等，方向相反（$F=-F$）。“失稳”是力学平衡的一个重要概念，指从一种平衡态到另一种平衡态，这是一个短暂并且会带来灾难性后果的过程——如一个人失足从山上滚下来（势能→动能/做功），或者与汽车相撞（动能/做功）。

——热力学：（物质—能量）“守恒”、“非平衡态”和“平衡态”（“热寂”）

热力学给出的重要概念是“平衡态”、“非平衡态”、宇宙的能量是个常数（物质不灭、能量守恒，热力学第一定律）和宇宙的熵趋于一个极大值（热力学第二定律）。热力学“平衡态”是一种确定的、不再有任何宏观变化的状态，熵增加至极大值时，对孤立系统和宇宙而言即是“热寂”，也可用来表示系统的崩溃；“非平衡态”指系统总是处在变化之中，“热寂”之前的宇宙，即是一个处于“非平衡态”的系统；物质不灭和能量守恒则表示自然在总体上呈“零和”过程。

——分子物理学：“涨落”、状态参量、临界状态和“相变”

分子物理学给出的是，气体分子始终处于围绕平均值的起伏或涨落的运动之中（动能＋势能≠0），状态参量（V、P、T）对系统的控制；临界状态的性质（气、液两态的共存、不分）和在临界状态的“连续相变”——气体不经过气、液共存态而由气相连续转变为液相。

——原子物理：基态、激发态、“能量最小原理”和“弹性限度”

原子物理给出的重要概念有，基态与激发态、“能量最小原理”和“弹性限度”。基态即能级最低态，最为稳定；激发态是能级大于基态的一种状态——能级越低越稳定，能级越高越不稳定。“能量最小原理”指在原子系统中，每个电子趋向于占有最低的能级；“弹性限度”则表明，系统弹性存在极限，如山体过高，重力便会超过岩石的应力限度而将其压垮。

参考文献

[1] 詹姆斯·格莱克．混沌：开创新科学[M]．张淑誉，译．郝柏林，校．上海：上海译文出版社，1990.

[2] 斯蒂芬·J. 古尔德．生命的壮阔：古尔德论生物大历史[M]．范昱峰，译．北京：生活·读书·新知三联书店，2001.

[3] 蔡晓明．生态系统生态学[M]．北京：科学出版社，2002.

[4] 李博，杨持，林鹏．生态学[M]．北京：高等教育出版社，2000.

[5] 孙儒泳，李庆芬，牛翠娟，等．基础生态学[M]．北京：高等教育出版社，2002.

[6] 李振基，陈小麟，郑海雷．生态学[M]．第 2 版．北京：科学出版社，2004.

[7] 马克·布查纳．临界——为什么世界比我们想象的要简单[M]．刘杨，陈雄飞，译．长春：吉林人民出版社，2001.

[8] 孙显元．系统科学方法概论[A]//李志才．方法论全书（Ⅲ）·自然科学方法[C]．南京：南京大学出版社，1995：166-200.

[9] 吴彤．自组织方法论研究[M]．北京：清华大学出版社，2001.

[10] 伊·普利高津，伊·斯唐热．从混沌到有序——人与自然的新对话[M]．曾庆宏，沈小峰，译．上海：上海译文出版社，1987.

[11] 赫尔曼·哈肯．协同学——大自然构成的奥秘[M]．凌复华，译．上海：上海译文出版社，2001.

[12] 张彦．复杂性科学方法[A]//李志才．方法论全书（Ⅲ）·自然科学方法[C]．南京：南京大学出版社，1995：166-200.

[13] E. N. 洛伦兹．混沌的本质[M]．刘式达，刘式适，严中伟，译．周秀骥，校．北京：气象出版社，1997.

[14] 伊·普利高津．确定性的终结——时间、混沌与新自然法则[M]．湛敏，译．上海：上海科技教育出版社，1987.
[15] R. M. 梅，等．理论生态学[M]．孙儒泳，陈昌笃，周纪，等，译．北京：科学出版社，1980.
[16] 迈克尔·博尔特．灭绝——进化与人类的终结[M]．张文杰，邓可，译．北京：中信出版社，2003.
[17] 丁圣彦．生态学——面向人类生存环境的科学价值观[M]．北京：科学出版社，2004.
[18] 卓正大，张宏建．生态系统[M]．广州：广东教育出版社，1991.
[19] 夏伟生．人类生态学初探（增订本）[M]．兰州：甘肃人民出版社，1988.
[20] 孙儒泳．动物生态学原理[M]．北京：北京师范大学出版社，1987.
[21] W. D. 比林斯基．植物、人和生态系统[M]．鲍显威，胡舜士，译．北京：科学出版社，1982.
[22] 潘树荣，伍光和，陈传康，等．自然地理学[M]．第2版．北京：北京大学出版社，1985.
[23] 爱德华·O. 威尔逊．生命的多样性[M]．王芷，唐佳青，王周，等，译．长沙：湖南科学技术出版社，2003.
[24] 张大勇，等．理论生态学研究[M]．北京：高等教育出版社，2000.
[25] 张昀．生物进化[M]．北京：北京大学出版社，1998.
[26] 奥古斯丁．忏悔录[M]．周士良，译．北京：商务印书馆，1989.
[27] R. 达若．生态学概论[M]．张绅，李克勤，苏志民，等，译．张绅，黄大燊，校．兰州：甘肃人民出版社，1981.
[28] 世界资源研究所（WRI），联合国环境规划署（UNEP），联合国开发计划署（UNDP）．世界资源报告（1994—1995）[M]．夏堃堡，柯金良，等，译．王翊亭，等，校．北京：中国环境科学出版社，1995.

自然喜欢简单。

——哥白尼

适者生存。

——T. H. **赫胥黎**

生命的原则是生存而非（在复杂性意义上）进化。

适应“等价”。

任何一个被如此强加给有机体生命历程的变化，都被那些保守的机能本能所接受，并且保存起来以供今后的重复使用。

——弗洛伊德

离离原上草，一岁一枯荣。野火烧不尽，春风吹又生。

——白居易：《赋得古原草送别》

一切产生出来的东西，都一定要消亡。

——歌德：《浮士德》

在一个地球内力耗散殆尽，表面为水覆被的地球上，尽管太阳还在天空照耀，风还在刮，雨还在下，但生命却消失了——永远地从地球上消失了……

17　生命原理

17.1　“生存适应”

17.1.1　生存原则和“生殖使命”

——生存原则

生存，即活着（进行新陈代谢）是生命的最高原则，也是生命的表现和生命与非生命物质的根本区别。

生存原则首先是群体的生存原则——个体生存、繁殖对群体生存、延续的绝对服从。种群的生存和延续，一是种群要与其所在环境容量（K）保持平衡，即不超越（$\leqslant K$）；二是使种群数量不少于“有效种群规模”，[1] 210 或“最小可存活种群”。[2] 131

在以上两种情况下，个体生存、繁殖对群体生存和延续的绝对服从表现为，死亡的增加、繁殖的减少或增大——当种群规模超出环境容量时，为避免“稳定平衡原理”（2-10-1-1）作用对种群的毁灭性打击，生物便会通过提高死亡率、降低出生率或迁移等手段减小种群的数量，如植物中的“自疏”，动物中的“集体自杀”，在种群过密时，蚁后便会自动停止产卵；提高出生率则是个体为避免种群因数量降至“有效种群规模”以下而衰退乃至灭绝所做的努力，这种努力甚至会带来非育龄期的生育，而且，灭绝压力越大，这种现象便越突出：

如“幼鱼妈妈”的出现——1989 年 6 月下旬，国家农业部东海渔政分局的资源探捕鱼轮，即在舟山渔场的不同海域，分别捕获到体重不足 100 克、肛长仅 17 厘米左右、0.6 龄的怀卵幼带鱼，而在 20 世纪 70 年代初，体重 180 克、肛长 20 厘米的 1 龄带鱼才初届性成熟，产卵率也只占 50%。①

如“灭鼠拔源区”（连续十年灭鼠）、“集体灭鼠区”（连续五年灭鼠）幼龄、高龄生育在强度上与非灭鼠区相比照的显著存在。在各个年龄组，灭鼠区的妊娠率都极显著地高于非灭鼠区，平均胎鼠数（除 2 龄组）多于非灭鼠区；“灭鼠拔源区”的妊娠率高于“集体灭鼠区”且幼龄生育十分显著，集体灭鼠区的高龄生育则高于“灭鼠拔源区”。与非灭鼠区相比，灭鼠区鼠群还呈年龄结构明显老化，特别是性别比明显下降——雄鼠减少、雌鼠增多——而呈（少数雄鼠即可使大量雌鼠受孕的）繁殖目的型的年龄结

① 《经济生活报》，1989.07.20。

构特征。[3]（表3-17-1）

表3-17-1 阿拉善黄鼠种群在不同性质鼠区的年龄、性别结构和繁殖情况（1973）

<table>
<tr><td colspan="3" rowspan="2">鼠区性质
项目</td><td colspan="2">灭鼠拔源区
（10年、11年）</td><td colspan="2">集体灭鼠区
（5年、6年）</td><td colspan="2">未灭鼠区</td></tr>
<tr><td>个</td><td>%</td><td>个</td><td>%</td><td>个</td><td>%</td></tr>
<tr><td colspan="3">种群数量</td><td>115</td><td>100.00</td><td>96</td><td>100.00</td><td>91</td><td>100.00</td></tr>
<tr><td rowspan="4">年龄（岁）</td><td colspan="2">2</td><td>39</td><td>33.91</td><td>33</td><td>34.38</td><td>34</td><td>37.36</td></tr>
<tr><td colspan="2">3</td><td>33</td><td>28.70</td><td>24</td><td>25.00</td><td>30</td><td>32.97</td></tr>
<tr><td colspan="2">4</td><td>25</td><td>21.74</td><td>23</td><td>23.96</td><td>18</td><td>19.78</td></tr>
<tr><td colspan="2">≥5</td><td>18</td><td>15.65</td><td>16</td><td>16.67</td><td>9</td><td>9.89</td></tr>
<tr><td rowspan="5">性别（雌鼠=100）</td><td colspan="2">合计</td><td colspan="2">94.92</td><td colspan="2">77.78</td><td colspan="2">127.50</td></tr>
<tr><td colspan="2">2</td><td colspan="2">77.27</td><td colspan="2">65.00</td><td colspan="2">183.33</td></tr>
<tr><td colspan="2">3</td><td colspan="2">135.71</td><td colspan="2">166.67</td><td colspan="2">87.50</td></tr>
<tr><td colspan="2">4</td><td colspan="2">78.57</td><td colspan="2">64.29</td><td colspan="2">100.00</td></tr>
<tr><td colspan="2">≥5</td><td colspan="2">100.00</td><td colspan="2">45.45</td><td colspan="2">200.00</td></tr>
<tr><td rowspan="10">生殖情况</td><td rowspan="2">合计</td><td>妊娠率</td><td></td><td>84.75</td><td></td><td>75.93</td><td></td><td>32.50</td></tr>
<tr><td>平均胎鼠数</td><td>3.58</td><td></td><td>3.97</td><td></td><td>3.07</td><td></td></tr>
<tr><td rowspan="2">2</td><td>妊娠率</td><td></td><td>90.91</td><td></td><td>75.00</td><td></td><td>25.00</td></tr>
<tr><td>平均胎鼠数</td><td>3.45</td><td></td><td>3.46</td><td></td><td>3.60</td><td></td></tr>
<tr><td rowspan="2">3</td><td>妊娠率</td><td></td><td>78.57</td><td></td><td>33.33</td><td></td><td>37.50</td></tr>
<tr><td>平均胎鼠数</td><td>3.54</td><td></td><td>4.00</td><td></td><td>3.30</td><td></td></tr>
<tr><td rowspan="2">4</td><td>妊娠率</td><td></td><td>78.57</td><td></td><td>92.86</td><td></td><td>44.44</td></tr>
<tr><td>平均胎鼠数</td><td>3.00</td><td></td><td>4.84</td><td></td><td>2.20</td><td></td></tr>
<tr><td rowspan="2">≥5</td><td>妊娠率</td><td></td><td>88.89</td><td></td><td>90.91</td><td></td><td>0.00</td></tr>
<tr><td>平均胎鼠数</td><td>3.90</td><td></td><td>4.20</td><td></td><td>0.00</td><td></td></tr>
</table>

资料来源：[3]（pp.27-29，表5、表6、表7）。

——“生殖使命”和死亡的积极意义

“生殖使命”——上一代的生存，只是为了繁衍下一代；当上一代完成生殖使命之后，便因失去存活的必要而死去——是对生存原则的无条件贯彻。在植物中，有一年生禾本植物和多年生开花即死亡的竹子。在动物中，这种表现则更令人感动：生活在北太平洋中的大马哈鱼，在每年夏、秋的一定时间内便成群结队（几万到几十万只），经长距离洄游进入远东河口，继而克服急流、瀑布等多重险阻，上溯至松花江内她们的出生地繁殖，筋疲力尽、体重大减的雌、雄鱼在完成“生殖使命”——产卵、授精后不久，便死在那里。如果说这展现的是一种令人伤感的悲壮，那么，有些“生殖使命”则近乎“残酷”——雄蜘蛛、雄螳螂在“婚礼”后（如果来不及逃跑的话）丧身雌蜘蛛、雌螳螂之腹，以为送给新娘的“礼物”——后代的营养；孤雌生殖、鱼的变性——雄性变雌性以繁衍后代等，也都是“生殖使命”的体现。①

行孤雌生殖的瘿蚊，其幼虫塞满母体并以之为食，幼虫出生后所留下的只是母体的空壳——这些幼虫发育的后代又重复着对母体同样的蚕食过程；附在母体表皮的复变甲虫的雄性幼虫，将头插进母亲的生殖器中，吸吮营养而致其死亡。作为“生命史策略”，在食物（蘑菇）充足时，瘿蚊行孤雌生殖并只繁殖雌性后代以迅速扩大自己的种群；随着食物的减少，发育出雄性及兼有雄性和雌性的后代，如雌性幼虫得不到充足的食物，便长出翅膀飞向另一株蘑菇。[4] 88-94

“生殖使命”既规定着生物（通常而言的*r*-对策物种）在生殖之后的死去，也要求生物（通常而言的*K*-对策物种）延长存活时间以多次生殖。为多次生殖而长存活既是*K*-对策物种的普遍现象，也见之于一些实行“生育集权”（为提高生命质量和生育效率）的*r*-对策物种的“后”——工蜂的寿命为3～6个月，专职生儿育女的蜂王却可活到6年；白蚁的蚁后，仅生育期便可长达50年。（3-18-3-2）

死亡在进化（生存）中具有积极意义。30亿年前生活在地球上的蓝菌——群落由数以十亿计的具有不同功能的细胞组成，有一种具备自杀功能的酶，可以从内部拆解细胞，某些个体的自杀是为了换取整个群落的延续。②由此，迈克尔·罗斯指出，“进化论是解释我们会衰老的唯一理论”——“进化，确切地说自然选择需要动物在足够的时间内保持生殖能力以繁衍。当完成了繁殖后代的任务之后，他们便没有存在下去的理由了”。③

柏拉图在《会饮篇》中写道：“孕育和生殖是有死的生物中的不朽因素。”[5] 278 “有死的本性在尽可能地追求永恒和不朽。这只能通过生殖而获得；因为生殖总是留下一个新的生命去取代过时的生命。”[5] 279 “一切生物之所以具有这种狂热和爱情，都是为了追求不朽。”[5] 280 与“生殖使命”中所表现出的个体生存对群体生存的绝对服从相呼应，黑格尔对死亡给予了如下评价：“死亡是个体的完成，是个体作为个体所能为共体（社会）进行的最高劳动。”[6] 10

---

① “生殖使命”是生物“生态目的性”之“生态使命”的一部分。同时，也是群体原则——生物个体生存对群体生存的绝对服从——的典型例证，和生物界的普遍现象。对于“生殖使命”，这里有两则非常感人的事例。

其一，在尼罗河河口，有一种叫雀鲷的鱼，受精卵（20～30枚）被雌鱼含在嘴里孵化。为了避免鱼卵被误吞入腹中，雌鱼在长达两周的孵化期中，忍饥挨饿，几乎什么东西也不吃，乃至有的母鱼在将小鱼孵化出后便因饥饿而死去。

其二，相传中国古代有一个叫周豫的读书人，嗜食鳝鱼并喜欢亲自下厨。一日做清炖鳝鱼汤时发现，锅中有一条鳝鱼为了保护腹中的鱼卵，身体向上弓起，头、尾朝下浸入滚烫的开水中，一直到被煮死。母爱令周豫感慨良久，发誓终生不食鳝鱼。

② 西班牙《趣味》月刊12月号文章. 尼克·莱恩. 十大进化发明. 参考消息，2010.01.06。

③ 美国《大众科学》1993年11月号文章. 罗伯特·兰格雷斯. 我们能活到150岁吗？

【按】迈克尔·罗斯关于“生殖使命”的观点无疑是正确的。这里要说明的是，“生殖使命”的形成，只是生物生存原则和“生态目的性”的使然，并不与“自然选择”相关。

17.1.2 “生存适应”

“生存适应”或“适应”（adaptation）①是生命特有的，和普遍存在于生物界的现象。“适者生存”（赫伯特·斯宾塞），为了生存，生物必须适应所在的环境——环境并不想影响生物，但生物却必须在自己的身上烙上环境的印记——适应环境的“性状”。“生存适应”即是生物对环境作用的“应答”，和有利于生物的状态——适应性状——通过“应答”的获得和遗传过程。

——“适应”：生存和繁衍在一定环境中得到保证的状态

第一，这种状态表现为形态与功能的对应。即生物的形态，从大分子、细胞、组织、器官到种群和群落对功能的适合，功能实现的满足或按功能实现而对生物形态的一种“设计”。第二，这种状态进一步，也即更为根本的表现为，生物的形态、功能（包括行为、习性）适合于，从而有利于该生物在一定环境下的生存和繁衍——如鱼鳃、肺的形态、功能分别对水生、陆生生物生存的适合。[8] 104-107 第三，这种状态是生物生存的必要条件，但不是充分的——适应并不能保证必然生存，如地质灭绝的存在。

——“适应”：生物适应性特征以组织（结构）变异为条件的获得过程

适应性特征的获得过程，或适应的起源是个颇具争议的大问题，既涉及演化的历史，又牵扯演化机制——偶然变异或获得性状遗传。但不论如何看，作为演化的条件和演化的适应目标，环境对生物适应的起源都是根本和关键的。作为适应性特征获得的一种过程，适应尚需包括作为其条件和环节的组织（结构）变异——通过变异，使形态进而功能适应变化了的环境。

——“适应”：生物适应性特征通过生殖的遗传过程

为了种的延续，生物需把已获得的适应性特征通过生殖遗传下去，即生育具对当前环境适应特征和能力的后代——否则，后代便无法存活，或需重新获得这些适应特征。而对后代来说，重新获得这些适应性特征既是不可能的，（即使可能）也是浪费而不经济的。为保证适应性特征通过生殖的遗传，生物还必须是保守的，即在种间实行“生殖隔离”的。

——“适应一特化”：有限资源条件下为竞争推动的一种必然

“特化”指对形态而言的固定化，对功能而言的高度专门化。“特化”对生物来说是一个十分重要的问题。“适应”充分发展造成的“特化”——“适应一特化”在使生物更有效地适应当前环境的同时，将降低变异性（环境可塑性）而危及生物在环境变化后的生存。“特化”带来的高度适应，给人的印象是十分深刻的，如马达加斯加岛上

---

① 对“适应”，恩斯特·迈尔写道：“适应多少是一个具内在目的性的过程。实际上，在达尔文对于适应过程的解释中并不存在丝毫的目的论因素。……文献中有关适应的定义多达上千个。多数人最终还是赞同这样的定义：如果生物的某一特征有助于增加适应度（不管是如何界定的）的话，也就是说这个特征有助于一个生物或一个社会群体的生存及生殖成功，那么，这个特征就是适应的。或者定义为：适应是一个生物的一种特性，这种特性可能是一种结构，一种生理特征，一种行为，或者其他特征；拥有这种特性会有利于生物在生存斗争中取胜”。[7] 135-136

的一种兰花和为其传粉蛾子的“特化”——前者的管状花冠深达 7 寸，后者的喙长竟有 1 尺。[9] 206 这种极致的适应，对双方都是特别有利但又是特别危险的——爱德华 •O. 威尔逊发现，在多米尼加以及西印度群岛的其他地方，蚂蚁的特化种类及其后代比一般物种灭绝的数量要多得多。[1] 207-208

适应过度导致的形态和功能特化，又是为竞争，进而对有限资源充分利用推动的一种必然。“适应－特化”的必然性，规定了物种灭绝的必然性——如同新种的生成那样，灭绝也在时时发生。从生成到灭绝的延续时间，即物种的寿命一般在 100 万年到 1 000 万年之间。[1] 192-195

——“适者生存”：一种具深刻内涵的“生存－演化”机制

“适者生存”（survival of the fittest）是一个颇具争议的概念，被等同于“自然选择”而受到持不同观点者的误解，被贬低和嘲讽为什么也没有说的“同义反复”——适者生存，生存下来的是适者。①事实上，“适者生存”并非“自然选择”（不论斯宾塞、达尔文、赫胥黎和其他人怎样看），而是一种具有深刻内涵的“生存－演化”机制：

第一，只有“适者”才能生存——生物只有与她的环境相适应才能生存。

第二，为了生存，生物便必须变得与环境相适应，即使自己成为适者。②

第三，进化是生物成为适者的过程。生物使自己成为适者并不一定意味着进化（零适应、退化适应，3-17-1-3），但进化（复杂化）却一定是生物变成适者的过程。

须特别强调的是，“适者生存”③ 并非一定意味着“最适者生存”，由“适者生存”也不能简单地得出灭绝的，或被淘汰的生物都是不适者的结论。在以“生态链效应”为主要机制的背景灭绝中，被灭绝的物种有两种情况，其一，不适应物种的灭绝——环境变化使不少物种成为不适者，因为只有在这样的情况下，被触发的“生态链效应”才有可能扩展开来而造成灭绝；其二，不少适者物种因被裹入“生态链效应”而灭绝——“城门失火，殃及池鱼”，只要你在这条灭绝的链上，在这个灭绝的网中，不论是不适者还是适者，统统都会被灭绝。

可见，适者照样可能会面临被灭绝的命运，在大规模的地质灭绝中，适者灭绝则更为普遍。但是，我们并不能由适者灭绝情况的存在而导出“幸者生存”[12] 25 这一排

---

① 赫尔曼 • 哈肯也认为，“适者生存”规律可以比作一只猫咬它自己的尾巴而团团转。谁能生存，谁就是适者。[10] 67-68

② 观察表明，荒漠地区胡杨的叶子有宽有窄。树冠部分宽而稍大的叶子是为了尽量多地吸收阳光，进行光合作用以维持生存。狭长的叶子，生于树冠部分是为了减少蒸发，保存体内水分以适应荒漠极度干燥的气候；生于树干下部，则是为了减小风沙的（冲击）伤害，保护自己以适应荒漠的风沙环境。

③ 对“适者生存”，赫胥黎曾说过这样一段话：“‘适者’含有‘最好’的意思；而‘最好’又带有一种道德的意味。可是在宇宙自然界，什么是‘最适应的’有赖于各种条件……如果我们的半球要再冷却下去的话，那么在植物界，最适于生存的东西，可能就是一些越来越矮小、越来越低等的生物，一直到最适于生存的只能是苔藓和硅藻，以及诸如能够把白雪染上红色的微生物；反之，如果气候越来越热……能够生存的只有热带丛林中繁殖的生物……”[11] 56-57

他性的结论。“适者生存”仍然是最根本和最为普遍的法则——灭绝发生后存在的物种是幸运者，但她首先是一个适者，并且必须是一个适者——否则，便早已灭绝。存在与灭绝，既是偶然的——适者恰好在灭绝的链条上，或幸运地躲开了灭绝的链条；更是必然的——不适者既规定了自己灭绝，也以她（作为开启“生态链效应”的“触发因子”）的存在注定了灭绝“雪崩”的必然发生。

17.1.3 “惰性原理”和“适应等价”

生物对环境的适应性变化包括生理、行为和形态三个方面。当这种变化涉及形态（组织结构）时，便会有进化（复杂化）的发生。

——“惰性原理”和“最小化适应”

生物对环境的适应性变化，遵从“惰性原理”和“最小化适应”原则。即环境变了才变，环境不变便不变，且依先易后难，先简单后复杂的原则，循生理→行为→组织的顺序递次变化：当生物能够通过生理变化——如常温动物通过扩张毛孔排汗、散热、收缩毛孔保持水分和体温——适应环境时，便不会使用行为变化——如集群效应（集聚在一起保温）、振翅（散热）、晒太阳（变温动物）、冬眠、夏眠、滞育，候鸟的季节性迁移；当生理、行为变化都难以适应环境时，生物才会改变自己的形态——如动物的皮毛，植物的被子，水生动物的鳃和陆生动物的肺。生物的行为变化，必然伴有生理变化的发生——如冬眠时新陈代谢的大幅度减弱；在生物通过形态变化适应环境时，又将带来行为和生理上的适应性变化。这样，遵循“惰性原理”的生物对环境的适应性变化便有了三种情况。

第一，当不改变自己的形态即能适应环境而生存时，生物便不进化——如数亿年保持形态不变而被称作“活化石”的水杉、银杏、苏铁、楔齿蜥、肺鱼、空棘鱼等；第二，当在“用进废退”机制作用下发生的形态简单化也能适应环境而生存时，生物便退化——如大量寄生生物结构的简化，蝙蝠视力的退化，一些岛屿鸟在缺乏天敌情况下翅膀的退化，或失去飞翔的能力；第三，当只有改变自己的形态并使之复杂化才能适应环境而生存时，生物才进化——相应地，生物对环境的形态/结构适应便有了三种变化模式：

“零适应”（不变化）、“退化适应”（简单化）和“进化适应”（复杂化）。在生物界，形态大而复杂的两栖类、爬行类、哺乳类和鸟类只是少数，大多数生物只是以小而简单的形态存在[13] 165、187-188——由此，“最小变异”、“惰性原理”使“零适应”成了生物演化的普遍模式，使简单、小型成了生物界的普遍现象。

——“适应等价”：简单与复杂、低级与高级并无优劣之分

以上讨论表明，生命的原则是生存而不是进化——形态复杂化，即进化只是生物为生存而适应环境的一种结果；生物对环境的适应是被动的——环境不变，想变也变不了；环境变了，不变也得变。对这一点，弗洛伊德指出：“原始的生物一开始并没有要求变化的愿望；如果环境一直保持不变的话，它就始终只是不断重复同样的生命历程。”[14] 1417（《超越快乐原则》）

但在持进步观的人看来，进化既是一个生物不断地进化、社会不停地向前发展的普遍现象，同时又是一个由简单到复杂、由低级到高级的过程；而且，复杂优于简单、高级优于低级。于是，对事实的陈述——蝌蚪、极地苔原是简单的，鲸、亚马孙雨林是复杂的——变成了带褒贬的情感流露和认知诉求——鲸比蝌蚪优越，亚马孙雨林比极地苔原优越。

但人们并不是要突出鲸对蝌蚪、亚马孙雨林对极地苔原的优越性（也许有人是这样），而是在特别强调人对生物的优越性，为人与生物的不平等和人类对自然的攫取张目。除“人类优越论”对简单与复杂、低级与高级以上诠释的目的性外，需要讨论的实质问题是，复杂对简单的优越性，和高级对低级的进步性？

“简单－低级－不优越”、“复杂－高级－优越”的认识链是分两步完成的。第一步是基于生物为响应环境严酷化而走向复杂的例证，对简单与低级、复杂与高级的联系；第二步是将低级与不优越、高级与优越的等同。

简单与复杂是表示特定系统内部因子多少、因子关联度高低的关于系统结构复杂程度的一对概念；属于层级的低级与高级，则是表示该特定系统自身所处空时、营养级位置的一对概念。当人们迈出第一步时，便会发现这一联系并非具有普适性。假定以复杂程度作尺度，两组概念的对应会存在三种情况：

其一，正对应，如生物演化阶梯与生物复杂程度的大体对应；其二，负对应，从生物圈到地球、太阳……再到各向同性的宇宙，呈层级越高，系统复杂性越低的图景；其三，不对应，即相同复杂程度的物种可分属不同的营养级。在自然界和生物界，大量而普遍存在的是负对应以及不对应，正对应只是发生在生物界的一个特例。

当跨出第二步，即把高级等同于优越时，人们便会发现，“简单—低级—不优越”和“复杂－高级－优越”的认识链已经被层级/尺度理论关于高层级（简单）系统对低层级（复杂）系统逐级制约和控制这一普适性规定彻底砸断了——简单系统更多地与高层级相联系；与此同时，复杂、高级而优越的斑马（哺乳类），也被简单、低级而不优越的鳄鱼（爬行类）吃掉了。(2-12-1-2)

对简单和复杂、低级和高级的优越性判断存在两种尺度——“复杂性”和“适应”。“复杂性”是人以自身特性（复杂）为尺度的一种主观认定，其结果是复杂好于简单、高级优于低级；而在“适应”——生物是否适应所在环境——的尺度下，简单与复杂的差别、高级对低级的优越性便消失了：在生物界，复杂生物适应自己的环境生存着，简单生物也同样适应自己的环境生存着；生物在陆地上生存和繁衍着，在海洋里照样生存和繁衍着；环境的和缓或是恶劣，都不能影响生物的生存和繁衍……事实上，“复杂性”判断是一种“以尺之长，比寸之短”的不公平尺度；“适应”才是优劣（如果真的存在）判断的公平合理且根本的尺度——生命的最高原则是生存而非复杂化（进化），而唯有适者才能生存。

地球上一切生物都如此地适应着她们的环境——这一普遍存在的、曾令达尔文十分惊叹的事实表明：对适应来说，生物的简单和复杂是等价的，并无优劣之别。“适应等价”即指一切生物的适应特征对各自所在环境适应的无差异——即所有生物，不论其形态是复杂还是简单，不论其生态对策、行为、习性，乃至生理反应多么千差万别，都毫无例外地使她们与各自所在环境相适合而有利于她们的生存和繁衍。“适应等价”带来的，是生命在地球表层的无处不在的广布，和从最简单的细菌到最复杂的哺乳类/人类在地球上的并存——在复杂性意义上对进化的“遍历”。

“佼佼者易污，峣峣者易折”。如果一定要比较优越性，复杂或者处于高层级的生物反倒比简单或者处于低层级的生物差：容易灭绝的是以牧草为食的牧食动物，而不是作为牧食动物食物的牧草；容易灭绝的是以羊为食的狼，而不是作为狼食物的羊。从存在时间和数量看，简单生物比复杂生物则更具优势：如果以7亿年前作为生物复杂化的开始，那么，简单的单细胞、多细胞生物不仅存在的时间更长——生物在简单状态下度过了生命史80%以上的时间，且种数和数量（生物量）更多；而复杂的生物，则因其很少的数量（物种数、生物量）而被古尔德称为“可怜的右尾端”[13] 165、191-194——地球充满细菌，在多细胞生物中，简单生物也仍然居多而占据着统治地位：昆虫约有100万种，哺乳类仅4 000种。[13] 161 ①

17.2 “适应”与“选择”

17.2.1 “获得性遗传”与“自然选择”

虽然“基因决定论”对“获得性遗传”持否定态度，但遗传源自“获得”——长时期日积月累的环境影响，还是“变异”——“遗传变异”，仍是一个颇有争议而须讨论的问题。

——“前适应”和“后适应”

第一，“前适应”或“预适应”是“子虚乌有”。

一是“前适应”需要“全知”的摩西。极其多样而千变万化的环境使“前适应”的生物，或自己就是“万能”的上帝，或需要一个“全知”的摩西——既知道环境变化的方向和如何变化，也知道人类的出现，以及她在何时、何地干什么，乃至将制造出何种当量的原子弹……以便事先告知生物“未雨绸缪”，形成对包括放射性在内的“预先适应”。因此，不少进化论者在从前门赶走“上帝”的同时，即从后门请进了耶和华的使者——摩西，否则，他们的“自然选择”机制便无法运作。二是“预适应”无从形成。“适应”的主体是生物，而生物对环境的适应则是被动的——环境不变，想变也变不了；环境变了，不变也得变——“环境不变，想变也变不了”在实际上否定了“预适应”的存在。（3-17-2-3）

① 简单事物（木棒）比复杂事物（电脑）更易适应环境；且适应的代价小——适应环境的代价，从物质、能量的耗费看，复杂生物是“昂贵”的，简单生物是“便宜”的——“便宜者”如鞭毛虫，“昂贵者”如人类。（2-15-3-1）

简单生物之所以居多数而占统治地位的原因，在于其体型小、世代短而特别强的繁殖能力。体型小使其能与环境有特别大的接触面积而利于营养物质吸收、废物排泄和新陈代谢，进而极快的繁殖和极多生物量的保持。如在合适环境下，大肠杆菌每小时可消耗自身重量2 000倍的糖。[15] 14-15

第二，“后适应”既是逻辑的，也是客观的。

进化是生物对环境异质性的“适应”（多样性）和环境严酷化的“应答”（复杂性）。进化作为对环境的一种“适应”，尚为“前适应”的存在留下些许余地；而作为“应答”，便彻底清除了“预适应”——“应答”只能在环境变化之后，而不可能在环境变化之前。“后适应”的客观性，则展现为生物进化——多样性、复杂性——与环境“严酷化”的同步：生物多样性随环境（自然环境、生物环境）异质性的增加而增加；复杂性随自然环境的“严酷化”而上升——大气中 CO_2 含量减少使地球变冷、变干，把生命推上了复杂化的道路；生物环境的严酷化（复杂化），则在次一层级上强化着生物的复杂性，并通过“竞争一分化”增加着生物的多样性。(3-17-3-1)

“环境变了才变”——生物对环境适应的“惰性”，也为“后适应”提供着逻辑和客观性的证明：“适应”的发生在环境变化之后而不是环境变化之前——生物本身即是一种判据，她用自己的行为否定了“前适应”而肯定了“后适应”。

——“性状”与“变异”：“前变异”、“后变异”和“突然变异”

“变异”是生物进化的材料。“前变异”或“彷徨变异”和“不定向变异”因要提供许多“变异”以供“选择”而是浪费，从而悖于自然在本质上是节约的这一普适性原则的，也是自然所承受不起的。(3-17-2-4；4-30-6-2)

“突然变异”大多是有害而不是有利的——它可能的最大贡献是，马戏团需要一个“侏儒”而恰好他是个矮子。如果生物是通过“突然变异”来适应环境的，生命的演化将被带进“死胡同”，我们也就不会在这儿讨论与之有关的问题了。

生物为适应环境“需要”进行的变异——“后变异”或“正常变异”、“定向变异”，则与“后适应”一致，并符合于自然“从不多做一件事”的节约原则。

海里的鱼为什么不会因“突变”而生出 4 条腿，陆地上的马为什么不长出鳍来？这是“基因决定论”和“突然变异”所无法回答的，“自然选择”给出的答案也是苍白的：大量类似于 4 条腿（鱼）、鳍（马）的众多变异被“淘汰”，只有鳍（鱼）、4 条腿（马）经过严格的“选择”而被保留了下来——合理的解释是，也只能是，作为进化材料的变异，是严格受环境制约的和“后变异”的。①

① “后变异”是，也只能是：以环境可塑性为前提——“特化”使生物失去环境可塑性，生物为适应变化了的环境，并借助变化了的环境——环境不变，生物想变也变不了——对自己组织结构的改变。实际上，“后变异”即是“后适应”，“后适应”即是“后变异”——一枚钱币从“变异”、“适应”不同角度看的两个面。

处于海洋与陆地之间，与海洋、陆地植物十分迥异的红树林树种的生态学特征，可视为对环境的“后适应”，由环境规定的“定向变异”，而非“前适应”和随机的“非定向变异”：

为抵御风浪冲击和在缺氧环境下的呼吸而根系发达——有表面根、支柱根或板状跟；树皮为抵御海水腐蚀而富含单宁；为在获取水分的同时拒绝盐分，木质部分高负压而具非代谢超滤作用；为保持身体组织的盐分平衡，叶片形成高渗透压并发展起了具排盐功能的盐腺；为减少蒸腾以适应炎热的气候，叶的表皮组织变厚并角质化；为避免自身的局限（种子体积小，容易在萌发过程中陷入或溺死在泥沼中）以保证在变动不居环境中繁殖的成功，她们发展起了“显胎生”（种子在母体上发芽、长成幼苗后才落下，直接插入海滩淤泥之中，生根固定，如红树科的秋茄、红树、红海榄、木榄、海莲等）和“隐胎生”（种子在母体上发芽后，随同果实一起掉入水中或泥土上，幼芽在果实吸水、膨胀而破裂后，伸出果皮生根固着，如非红树科的桐花树、白骨壤等）而把自己变成“营哺乳动物胎生习性的植物”。[16] 278-279

生物的“性状”为“基因”所严格地规定，而“性状”又使生物如此地适应着她的“环境”表明，环境不仅仅是作为引起“基因突变”的原因，而且还通过对“性状”的规定和要求——生物只有具备适应环境的“性状”才能生存——控制着生物的变异，并通对“性状”的遗传而影响着“基因”：“活化石”——如生活在环境相对稳定深海里的“空棘鱼”——的存在即表明，环境不变，生物的“性状”就不变，（由“性状”可知）其基因也就相对稳定。

——“自然选择”与“获得性遗传”

“前变异”的浪费，“突然变异”的有害，“预适应”的“子虚乌有”表明：作为一种进化机制，“自然选择”是无从运作而不存在的——正如瓦尔丁所指出的，“仅靠一连串发生于偶然性的畸形变异和自然选择理论来解释进化，就好比随便抛出几块砖来堆砌一下，就想造成一座理想的房子一样”。[17]186“自然选择”的形成，在很大程度上是以达尔文对环境的忽略为背景，在“人工选择”误导下的一种虚构——达尔文也承认他对环境的忽略和“人工选择”对他的巨人影响。①

“获得性遗传”即是生物为生存而适应环境的一种“需要”——把在对环境的适应中获得的“性状”留给后代。这既是必须的——生物必须依赖“获得性状”以适应环境，否则便无法存活和延续；而且也是节约和合理的。下一代取得“获得性状”有两种途径，一是通过遗传从上一代获得，一是通过适应重新获得。下一代重新获得适应环境的“性状”因受时间限制而是根本办不到的；即使不受时间限制，也是不符合节约原则的。因此，作为一种“需要”，“获得性状”必须遗传——斯宾塞（在批评魏斯曼时）即指出：“如果获得性不能遗传，那也就没有进化”。[18] 328，②

17.2.2 “人”成为人：“生存适应”还是“自然选择”？

“劳动创造了人”是一个广为人知并被认可的命题：③ 气候变化造成的生存环境的

---

① 达尔文在自传里宣称，选择思想源自对动物驯养的研究。[18] 205 在“人工选择”那里，选择是由“动植物驯养者”来实现的；对“自然选择”来说，则是通过“生存斗争”来完成的——物竞天择，适者生存。[18] 207

② 美国南佛罗里达大学的生物学家悉尼 • 皮尔斯发现了一半是动物，一半是植物的生物——迄今已知唯一具有双重遗传基因，能够产生叶绿素而进行光合作用的多细胞动物。皮尔斯说：生长在新英格兰、加拿大盐沼中的海哈蝓，是通过进食藻类“窃取”到这一能力的——它不仅从藻类身体中窃取了产生叶绿素所需的基因，还窃取了藻类体内的微小细胞——叶绿体以进行光合作用。在进食了足够的海藻以获取一定数量的叶绿体之后，海哈蝓便能自主进行光合作用，通过叶绿体将太阳光转化为能量而无须进食；它甚至能够将这一功能传给下一代，使新生的小海哈蝓保有这种自造叶绿素的功能。这一发现，是研究海哈蝓已有 20 年的皮尔斯在芝加哥召开的综合与比较生物学协会年度研讨会（2010.01.07）上发布的。（美国趣味科学网站 1 月 12 日报道. 参考消息，2010.01.14）

③“劳动创造了人类本身”是一个由恩格斯在《自然辩证法》“劳动在从猿到人转变中的作用”一节提出的，[19] 552 虽存在广泛争论但基本得到认可的命题。与之有关的要素，自拉马克、达尔文、马克思以来，国内外研究者也多有论述和新见解。

严酷化——第四纪冰期导致全球性降温，气候进一步变得寒冷、干燥而使森林向低纬地区退缩，留下了大片缺乏隐蔽物的草原，和食肉动物的威胁——为人类的诞生创造了必要条件；借助于劳动，“人”（尚未成为人的“人”，全书同）变成了人，或人把自己从动物中提升了出来——“劳动创造了人”。这里的问题是：

“劳动创造人”是一个“自然选择”过程，还是“生存适应”的过程？

——“适应”和“选择”的伦理学意义

对“劳动创造人”，“自然选择”式的解释是：在“人”那里，发生了能使“人”变成人的“变异”——如直立行走、双手的运用、大脑的发达等，自然“选择”了这些“变异”，把“人”从动物中提升了出来。由之而来的问题是：为什么其他动物没有发生这些能使自己成为人的“变异”呢？对此，“自然选择”是无法解释的，因为对她来说，“变异”是“随机的”（“彷徨的”、“不定向的”）而且存在着优劣——优劣是“选择”的前提条件，否则便不需要“选择”。因此，答案只能是人类优越论——正如达尔文所言：“人所以能在世界上达成他今天的主宰一切的地位，主要是由于他能运用他的双手。”[20] 68

从“变异”的随机性出发，使人优于其他动物的这些“变异”，在其他动物那里也可以发生但并未发生，只有在“人”那里出现了——这便为“人是万物之灵”、“人是自然的目的”、“宇宙为人而创造”埋下了“伏笔”。

“生存适应”/“进化适应”的解释是：“人”变人和其他动物未变成人只是一个对劳动而言的，从生物进化看的复杂性“剔除”问题，和从物理学、力学看的“需要”与否的拉马克问题。“生存适应”的解释表明，“需要”劳动的不只是“人”，也非只有“人”能够劳动——“人”并不注定要成为人和会成为人；“人”之所以通过劳动把自己变成了人，在于她既“需要”劳动，同时又“能够”劳动。

“进化适应”的解释的伦理学意义即在于对人类优越论、“人是自然的目的”的否定——“人”变人，其他动物未变成人并非是一个优劣问题；人并非“万物之灵”而只是万物的一种，宇宙的存在也同样与人无关。

——能够从事劳动的有灵长目动物而不只是“人”

环境严酷化对所有生物提供的机会都是相同的，缘何该环境下的其他动物没有利用这一条件而把自己变成人？回答是生物进化——复杂性“剔除”：复杂性是根本性的——只有足够复杂的灵长目动物——狐猴、懒猴、眼镜猴、猿猴、大猩猩、黑猩猩、“人”等，才有可能进行劳动，并在环境的压迫下，通过劳动把自己从其他动物中提升出来。观察发现：某些雀类用喙衔住树枝，插入树洞取食里面的昆虫；水獭可用石块敲碎坚果——将坚果放在腹部，上肢捧着石块敲打；黑猩猩可以用棍棒取物、用树枝插入白蚁巢中取食白蚁，还能够将两根竹竿套起来，增加长度以摘取高处的食物，[8] 244 一种条文章鱼也会用触手搬动半个椰壳，将自己的身体罩在下面，有的章鱼甚至把椰壳清空，搬运到数十米远的地方，然后把两个半椰子壳拼成一个球形的巢穴。[①]考古研究告诉我们：猿类会使用工具，黑猩猩在史前便使用工具。对西非科特迪瓦考古发现的研究表明：生活在4 300年前的黑猩猩即会使用“石锤”（大小差不多而非自然形成，体积较大也不可能为人类所用）砸坚果。[②]

——“需要”劳动的有其他一些灵长目动物而不只是“人”

接下来的是，为什么灵长目的其他动物——狐猴、懒猴、眼镜猴、猿猴、亚洲猩猩、长臂猿和非洲黑猩猩、倭黑猩猩、大猩猩等不抓住气候变化提供的机会，通过劳动把自己从动物中提升出来呢？这是一个要从“需要”出发回答，并与物理学有关的问题。

在生物演化的意义上，“需要”——生物为适应环境而改变自己的组织机构，并把这种改变了的“性状”遗传给自己的后代——是进化的动力。生命是“惰性”的，没有对环境适应的“需要”，生物便不会改变自己，从而便没有生物在复杂性意义上的进化——改变自己的组织结构以适应环境。（3-17-1-3，3-17-3-2）

因此，虽然灵长目能够从事劳动，但并不是所有灵长目动物都“需要”劳动以应对变化了的环境。在严酷化环境——缺乏隐蔽物的草原，和大型食肉动物如狮子、豹子的捕食——中，变人“需要”的产生，物理学因素——体型和力气是关键性的：对体小力弱的狐猴、懒猴、眼镜猴、猿猴、人等灵长目动物来说，严酷化的环境对她们的生存构成了威胁，使之可能生出通过劳动把自己变成“人”的“需要”；对体大力强的大猩猩、黑猩猩等灵长目动物来说，变化了的环境并未对她们的生存构成威胁，她们也就不存在通过劳动把自己变成“人”的“需要”。

对物理因素——体型－力气在生成“需要”上关键性的证明是，黑猩猩[③] 很少使用工具，比黑猩猩更强壮的大猩猩则从来不使用工具；黑猩猩中相对体小、力弱的雌性，使用工具又比雄性为多。美国艾奥瓦州立大学的吉尔·普吕茨、帕科·贝尔托拉尼所提供的新近研究是对后一情况的证明：在塞内加尔南部大草原上（19天中）他们连续发现，雌性黑猩猩把自己制造的矛（把树枝修理成合适的形状，然后把一头咬尖）插入树洞，猎杀躲在里面的丛林猴。而与雌性相比身体更强壮、力气更大的雄性，却从来不用矛。普吕茨对此的解释是，雄性更容易利用自己的力量和身材来抢夺食物和

---

① 这种现象是澳大利亚墨尔本维多利亚博物馆软体动物专家朱利安·芬恩和同事在1999年到2008年间发现的。这种条文章鱼的生存环境非常险恶，布满各种天敌，因此进化得更加聪明。这是人类第一次发现无脊椎动物会使用工具，芬恩认为，条文章鱼绝不是唯一会使用工具的无脊椎动物。（埃菲社雅加达12月15日电. 参考消息，2009.12.17）

② 法新社美国芝加哥2月12日电. 参考消息，2007.02.14。

③ 黑猩猩与人类有着最密切的血缘关系（人类与黑猩猩在血缘谱系上分离发生在500万年前）——人类与非洲猿类（非洲黑猩猩、倭黑猩猩、大猩猩）十分相似而与亚洲猿类（亚洲猩猩、长臂猿）不同。化石资料表明，人类是由南方古猿（阿法种，400万～300万年前），即黑猩猩类型进化而来的。[21] 118、124、132

杀死猎物，而雌性则必须想出办法来。①

——只有“人”适合应对环境变化的劳动

进化论意义上的复杂性，使灵长目动物能够从事劳动；由于物理学原因造成的“需要”缺乏，大猩猩和黑猩猩放弃了劳动。至此，判断的尺度主要成了力学——在既具复杂性又有“需要”的狐猴、懒猴、眼镜猴、猿猴和“人”等灵长目动物中，挑选出能够劳动，即通过劳动能够把自己变成为人的动物来。

体型上比“人”小的灵长目动物虽然存在被劳动选中的可能——复杂性和“需要”，但条件不充分——只能拿起小而轻的工具，这既不能防卫大型食肉动物以自保，也不能对猎物形成有效打击而得到食物——而不能入选；而“人”，则具备被劳动选中的充分条件——复杂性、“需要”和适合从事应对环境变化劳动的力学条件：适中的体型使她们拿得动既能够（通过合作）防卫大型食肉动物以自保，又能（通过合作）对猎物形成有效打击而得到食物的工具——如棍棒等。

对体型在使“人”成为适合应对环境变化的劳动上的关键性，古尔德提出了“大型身体是我们进化进步中的控制因素”的命题：[4] 193“我并不是认为我们拥有世界上可能最好的特征，只是认为我们身体的大小制约着我们的活动，而且在很大程度上定型了我们的进化”——“如果我们的身体再小一半，我们将没有足够的力量使用棍棒猎捕大型动物（因为动能会减少16至32倍）；我们没有足够的力量使用矛和弓箭，我们无法用原始的工具劈开木头，或用镐和凿子采矿。因为这些都是我们历史发展的本质活动，所以我们必然认为，我们进化的途径只有由与我们身体大小接近的生物来完成”。[4] 195

——“适合劳动的人”通过劳动把自己变成了人

于是，（在复杂性、体型上）“适合劳动”而又“需要劳动”的“人”，便通过劳动把自己变成了人：为适应缺乏隐蔽物的草原环境和大型食肉动物的威胁，被迫站了起来，学习用后肢走路——直立行走会少消耗一些能量——节约也可能是人类采取直立行走的原因；[21] 135 手脚由此分工而为劳动创造了条件，抑或为了劳动而手脚分工；劳动促进了语言，进而大脑的发展和相互的强化——于是，“人”便把自己从动物中提升了出来。

“自然选择”的解释传达了这样的信息：“人”之为人，在于她选择了劳动。该解释的“漏洞”是允许这样的推理存在：其他动物之所以未成为人，在于她们没有选择劳动——如果她们选择了劳动，也会成为人；“生存适应”的解释则是确定的：在“需要”从事劳动的动物之中，只有“人”能够进行劳动——所以，“人”凭借劳动把自己变成了人。“人”成为人，既是偶然的——环境变化；也是“必然性”——只有“人”具备成为人的充分条件。

---

① 路透社华盛顿2月22日电. 参考消息，2007.02.25.

17.2.3 环境的“各态历经”和生物进化的“预适应”

——“预适应”

以物种为主体，“预适应”有两种情况：一种是我们所要否定的，作为“自然选择”机制意义上由“变异－选择”形成的“前适应”（3-17-2-1），一种是之前为了别的“需要”而形成的“前适应”——生物为适应环境变化而需要的“适应性特征”——结构和功能，在环境变化，即“需要”产生前已经存在。但它是为着别的“需要”而生成的——如同一些可用于耕作的技术、工具，在人们转向农耕前为着别的目的和用途早已被发明出来了一样。（2-14-6-1）在实质上，这仍是一种“后适应”。如某些鱼类用于调节躯干比重并具某种程度呼吸功能的“鳔”，后来演变成承担呼吸功能的“肺”；海洋双壳类扇贝的贝壳和闭壳肌的最初用途是保护躯体和取食的，贝壳通过强有力闭壳肌伸缩的一张一合，则发展起了第二功能——使扇贝快速地游泳。[8] 107

与变异关联的“预适应”是不存在的，但“特化”——进化“死胡同”的存在，则要求生物在复杂性意义上的进化必须是“预适应”的。此种“预适应”的实现，则以环境的“各态历经”为背景。从地质年代看，地球环境趋于严酷化（变冷、变干）和异质性的增强；从空间看，地球环境的严酷化和异质性又呈显著的“各态历经”——气候从低纬度到高纬度的“梯度性”，干旱与湿润、酷热与寒冷的共存——且环境愈严酷，异质性便愈强，“各态历经”便愈显著。

——“接力式进化”：环境的“各态历经”和生物进化的“预适应”

“各态历经”使在总体相对和缓的环境中，存在着局部相对严酷的生存条件。在相对严酷的生存条件下，相对简单但远未“特化”的生物，为生存而发生了复杂性增加的适应性变化。当总体环境变得相对严酷时，相对复杂的生物便通过“适应辐射”，替代因环境变化成为“不适者”的物种（灭绝或衰退）而成为新的“霸主”——在两栖类兴盛的早期，局部干燥的环境导致了形态相对复杂爬行类的发生；在爬行类兴盛的早期环境中，气候在局部地区的进一步变干、变冷，则导致了形态复杂的哺乳类和鸟类的出现。

生物形态复杂化是一种“接力”——进化的“马拉松”不是由某一选手单独跑完的，下一棒的选手早已“预备”在那里——这种以异质性和环境“各态历经”为条件，预先生成对进一步严酷总体环境的适应者，即是生物从复杂化意义上对环境的一种“预适应”。以环境的严酷化为背景，“预适应”带来了生物在形态复杂化演替过程中的“接力式进化”。

——环境“异质性”和“预适应”对生物进化的根本性

“预适应”对生物进化具有根本性的意义——没有形态复杂化生物的事先存在，便不会有进化。生物组织结构或身体形态变化的条件，一是必要性即环境变化，一是可能性即早期强“可塑性”物种，三是环境变化的非灾难性——为生物改变自己身体形态留出足够的时间。而在作为进化背景的灭绝过程中（3-10-3-1，F-3-19-1），生物组织结构变化的条件只满足了必要性即环境变化，另外两个条件则因老物种的“特化”、环境变化的灾难性即迅即性而并不存在——可见，灾难性的环境变化并不会带来生物结构复杂化意义上的进化，她所能做的，只是导致老物种的灭绝和退缩而为已经存在的、新的复杂物种腾出“生存空间”。地质史上周期性的生物大灭绝，即是对生物组织结构变化必须满足以上三个条件的证明。

是故，没有生物对环境在组织复杂性意义上的“预适应”，便不会有生物的进化。而如果没有环境的“异质性”，即环境从“和缓”到“严酷”在地球上的“遍历”，也就不存在相对严酷的环境，进而无法生成适应相对严酷环境的物种——从结构复杂化意义上的“预适应”物种，生物的进化也就无从发生——环境“异质性”和生物对相对严酷环境“预适应”对生物进化的根本性，即在于此。

17.2.4 “选择”：自然无力承受的代价和进化难以逾越的障碍

——“选择”：自然无力承受的代价

“选择”既意味着存在优劣，也意味着会出错，并必然会出错——出错是“选择”的前提条件，否则，就不需要“选择”——和被淘汰。假定以公路代表环境，汽车代表物种，那么，从“获得性遗传”、“自然选择”看，在进化的每一阶段，都会有两幅截然迥异的图景——拉马克的“车队”和达尔文的“车队”。

拉马克的“司机”是“获得性遗传”，在“生存适应”（对路况的了解）上，行“后适应”的她是“贫穷”的，没有选择且不能出错，她必须始终遵从自然的“节约”原则“如履薄冰”地前行；达尔文的“司机”是“自然选择”，行“前适应”的她是“富有”的，多有选择且可以出错——选择即意味着（理论上）必然出错、（事实上）存在出错和允许出错（“富有”），她“心猿意马”地开着车，听凭“基因突变”的指引而前进。由是，“拉马克的车队”小心翼翼地通过了蜿蜒曲折、布满荆棘的盘山公路；而“达尔文的车队”则在付出重大代价后方到达目的地——一个个“汽车”（物种）撞到了山崖上，掉进了山沟里。

“选择”的前提是“存在”——现存的（每一演化阶段、地质年代）和被淘汰（“自然选择”意义上被淘汰的，并非存在过而已灭绝的）的物种。由是，为了在经过地球生物圈每一演化阶段、地质年代而到达目的地时保有和“拉马克的车队”一样的规模，“达尔文的车队”在出发时便须“存在”比这一数量大得多的规模以供“优胜劣汰”的“选择”。

按 1.5∶1 的胜出率“选择”，需要 1.5 个地球（演化—地质环境），按 1∶2 的胜出率“选择”，需要 2 个地球——这显然是生物圈所无法承受，因而不可能存在的。自然不存在“选择”的原因即在于：“选择”所必须付出的代价是她所无力承受的。[①]

---

① 面对沙漠甚为严酷的生存环境和其上生物极其顽强的适应能力，人们常说：只有最具生命力的生物才能在沙漠里生存下去。对此，“自然选择”式/达尔文主义的理解是：不具极其顽强适应能力的生物——对沙漠来说的“不适者”被自然“选择”掉了，在沙漠里只留下了最具生命力的生物——对沙漠来说的“适者”；“生存适应”式/拉马克主义的理解是：沙漠极其严酷环境所形成的高度生存压力，把生活在其上的生物训练成了最具生命力的物种，或生物通过对严酷环境的“生存适应”，使自己成了沙漠里的“适者”。在沙漠里，“自然选择”意味着“浪费”和“死亡”，“生存适应”则带来“节约”和“生机”。（4-30-5-2）

——“选择”：进化难以逾越的障碍

（生物）对环境（包括生物环境）异质性的“应答”推动了生物多样性的发展，（生物）对环境严酷化的“生存适应”——“进化适应”——使生物沿进化的阶梯攀升而走上形态复杂化的道路。（3-17-1-3，3-17-3-1）如果说“环境说”/“适应说”解释了生物演化的多样性和复杂性指向，那么，“自然选择”则关闭了生物进化之门——最低限度而言，她并未回答生物演化为什么指向多样化和复杂化。

对“自然选择”来说，（前）“变异”意味着多样性的增加，“选择”则通过淘汰“不适者”而减少着由（前）“变异”带来的多样性——生物演化的多样性指向由之变得模糊了起来；而且，她也未能从理论上回答为什么会存在“退化适应”和“零适应”（3-17-1-3）——当引入“用进废退”和“适应”来予以解释和说明时，就成了拉马克而不再是达尔文了。

更为根本的是，要实现生物在结构复杂性意义上的进化，作为进化材料的“变异”便必须是指向复杂性的，且必须是定向的——沿着复杂性的方向，逐渐复杂起来，“非定向”和“随机的”变异并不能保证生物结构的复杂性，即进化的发生——而“自然选择”，恰是坚持随机的“非定向变异”而反对“定向变异”的。

17.3 生命原理

17.3.1 多样性、复杂性：“应答”和限制

以38亿年前古细菌的出现为界，生物的演化分化学演化与生物演化两大时期；以7（8～6）亿年前多细胞后生生物的出现为界，又分细胞演化和系统（形态）演化两大阶段。进入系统演化，特别是从海洋来到陆地之后，生物便踏上了迅速演化之路。[9] 45 如果说细胞进化——原核细胞（35亿年前）→真核细胞（20/19亿年前），单细胞→多细胞——提供了“精良的砖瓦”，[8] 98 那么，与生物“协同演化”的环境，便是用这些“砖瓦”建造演化大厦的“总设计师”。

生物演化即是对环境变化的应答，主要表现为多样性的增加和形态的复杂化——斯宾塞对进化的定义，即是结构复杂性增加的组织化，和由同质趋向异质的异质化——多样化。[18] 302

——生物多样性：对环境异质性的“应答”

生物多样性① 可分为相互关联的生物遗传多样性、生物物种多样性、生态系统多

① 《联合国生物多样性公约》对“生物多样性”（biodiversity）的定义是：指所有来源的形形色色生物体，这些来源除其他外，包括陆地、海洋和其他水生生态系统及其所构成的生态综合体；包括物种内部、物种之间和生态系统的多样性。[22] 53

样性和景观多样性。① 而作为关键的生物物种多样性，则既指物种的丰富性——生态系统中物种种数的多寡，种数愈多，系统的多样性便愈大，又指生态系统的异质性——各物种的相对密度，相对密度愈均匀，系统的异质性，进而多样性便愈大。[24] 398

生物多样性同环境异质性是紧密关联的，物种的分异既是竞争—分化的结果，也是生物对环境异质性的应答。[8] 127 环境异质性为生物多样性提供了基础和条件，如多样性的食物、多样性的气候、多样性的地貌，进而众多的“小生境”以及“地理隔离”；环境的异质性越强，生物的多样性也就越高。生物对环境异质性的这一应答，从空间看，是生物多样性的海陆差异——陆地环境的异质性强于海洋，生物多样性也高于海洋；显著的纬度地带性——在北半球，从高纬度到低纬度，生物的多样性随环境异质性的增强而上升；和垂直地带性——从山底到山顶，生物多样性随环境异质性的减小而下降。从时间看，是生物多样性随构造运动造成的地表自然地理系统异质性增强在地质年代的有所增加。②

——形态复杂化：生物对环境严酷化的适应

如果说物种的分异是生物对环境异质性的应答，那么，形态复杂化便是生物对环境严酷化的一种适应。自然环境的严酷化主要表现为气候的严酷化：由暖变冷、由湿变干，气温的年较差和日较差增大，季节差异出现并不断加剧——冬季越来越冷（冷冬）。与均质（水）的海洋相比，高异质性的陆地本身即是一个严酷的环境，当生物从海洋来到陆地之后，她所面临的环境便变得严酷了。根据生存和“适者生存”的生命原理，在环境由和缓转向严酷的情况下，生物只有提高“内环境”（有机体的内部环境，如“常温”/“内温”的鸟类、哺乳类）的稳定性和增加个体的独立性，才能适应严酷的环境并生存下去，而要提高“内环境”的稳定性和增加个体的独立性，便必须改变形态，使结构复杂化——于是，生物便走上了复杂化（进化）的道路。

为了适应由水生向陆生环境的转变，植物首先形成木质化的维管（相当动物骨骼）以使自己能够在空气中“站”起来，继而分化出根、茎、叶；为了适应水分的缺乏，植物又形成了输导组织并使之发展；为了适应干燥、寒冷的气候，植物还经历了由孢子→被子，薄被子（单子叶）→厚被子（双子叶）的过渡，以种子的复杂化保障繁殖的进行。

动物结构的复杂化，同样是对严酷化环境适应的结果。为了适应复杂的陆地生活，动物进一步发展起了支撑和保护身躯的骨骼系统，长出了四肢，皮肤变厚，表皮与真皮分化，角质层与生长层分化，出现肺、呼吸系统发展，心脏发展，心耳、心室增加……

① 遗传多样性（genetic diversity）也称基因多样性，指广泛存在于生物体内、物种内，以及物种间的基因多样性，主要包括分子、细胞和个体三个方面遗传变异的多样性；物种多样性（species diversity）指物种水平上的生物多样性；生态系统多样性（ecosystem diversity）指生境、生物群落和生态过程多样性；景观多样性（landscape diversity）指不同类型景观在空间结构、功能机制和时间动态方面的多样性和变异性。[23] 68-69

② 有所增加而非持续和显著增加的原因，是“饱和效应”的限制，和地质灭绝对多样性增加相应的中断。[1] 171-174

为了适应增大的温度差异，保证机体生化反应的正常进行，动物由变温（外温）转变为常温（内温），并在体外披毛以抵御寒冷；为了保证在严酷条件——干燥、寒冷、敌害下种的繁衍，动物由卵生变为胎生，卵在演化过程中由无羊膜保护发展到有羊膜保护；为了协调复杂起来的身躯和适应复杂的环境——严酷、多样、竞争的生存条件，动物的神经系统也不得不复杂起来，由原始的神经管演化出复杂的大脑。

环境的严酷规定了生物结构的复杂，环境的持续严酷化则规定了生物结构由简单到复杂的复杂化。E. S. 弗尔巴（1985）指出：生物进化是环境变化的直接函数[25] 160——无论是旧物种的灭绝，还是新物种的出现，都是与环境——主要是全球气候的变化同时发生的。

——生物的多样化和复杂化：通过竞争－分化机制的相互促进

作为环境——每一生物即是另一生物的环境，每一种群即是另一种群的环境——的一部分，生物则通过竞争－分化机制，在自身多样化和复杂化上发挥着重要的作用。其一，多样性创造多样性。作为环境异质性的一部分，多样性的生物增加着环境的异质性进而自身的多样性——热带雨林异常高的多样性即缘于此。其二，复杂性创造复杂性。环境（自然）的严酷化规定了生物的复杂化，生物的复杂化则强化着环境（生物）的严酷化——面对更聪明的对手，你必须变得更聪明才能捕获猎物，或避免被捕食——而使自己进一步复杂起来。

——自然对多样性和复杂性的限制

环境——食物、生态位——的有限性，规定了复杂性——多样性、相互关联性增加在推动系统趋于稳定的同时，也埋下了导致系统失稳、结构破坏的种子——多样性“饱和”、连通性过度。因此，自然在增加系统复杂性的同时，也时时对之进行着强有力的限制。自然对复杂性的限制，是在（物种）多样性限制、复杂性（载体）限制、（物种）直接关联限制三个相互关联的方面进行的：

【物种多样性限制】即限制物种的种数以维持与环境的平衡，避免过度“饱和”对生物圈稳定性的“侵蚀”。灭绝（背景灭绝、大灭绝）是自然限制生物多样性的主要手段，结果是生物物种数量在各地质年代的大致稳定而只有少许增加。

【复杂性载体限制】复杂性限制的对象并非与环境严酷化对应的复杂性本身，而是作为复杂性载体的物种数量——组织/结构复杂的生物，只能有少量物种。自然限制复杂性载体的手段，一是能量在营养级转化过程中“阶梯式”的锐减，即极低的“消费效率”——能被下一营养级利用的能量，平均只有上一营养级的十分之一（“林德曼效率”）；一是生物耗能强度沿营养级“阶梯式”的陡增——这是维持生物金字塔稳定性的规定。① 自然对复杂性限制的结果如古尔德所言，地球充满了单细

---

① 生物耗能强度沿营养级陡增带来的，是速度、力量和灵活性远强于低营养级物种在高营养级的形成；能量沿营养级锐减带来的，是高营养级少的生物量和由之规定的少量的物种和小的种群规模——而这两个结果，又都是生物金字塔维持稳定的必须：前一种结果保证着生态系统营养关系的贯彻——捕食者对被捕食者在速度、力量、灵活性上的优势，后一种结果则保证了生物金字塔的正置和稳定。

胞的细菌，在多细胞生物中，简单生物也占据着统治地位，复杂的生物只是“可怜的右尾端”。

——物种间的“直接关联”限制

限制物种间的“直接关联”是保证生物圈结构完整和有机性的根本。

通过营养关系织成的食物链、食物网，所有生物被组织到一个相互关联、相互作用，具一定层级结构的生态系统之中。没有物种间的这种相互关联和相互作用，食物链、食物网，进而生态系统的层级结构便无法形成；而如果这种相互关联和相互作用得不到限制，食物链、食物网便会破碎，生态系统的层级结构便会崩溃——生物圈便会出现“超级掠食者”——以一切动物、植物为食的顶级食肉动物——和因其种群不加限制的膨胀而崩溃。因此，生物界的相互关联、相互作用是受到严格限制的——除食物链上下、左右因（捕）食与被（捕）食的营养关系，和竞争、共生、寄生等少量直接关联、部分依存外，大部分物种之间的联系是间接的——即无相互作用的，而且必须是间接的。①

野外的观察和研究也证实：群落中的大部分物种是没有直接联系的：无相互作用的物种最多，有部分依存关系的物种次之，直接作用——必然的正关联和必然的排斥——的物种最少。R. H. Whitaker 即认为，如果把群落中全部物种间的相互作用搞清楚，那么，其类型的分布将呈钟形的正态曲线，即大部分无相互作用的生物围绕中点，少数有直接作用的物种出现在曲线两端。[26] 123-124

自然对物种间直接关联的限制，主要是通过极其严格的“生态位”限制实现的——所有生物，都必须在一定时空范围内活动，在一定食物链、食物网环节和“营养级”上取食一定的食物，且不得“越雷池一步”。而这一规定的贯彻，在于生物没有违背“自然秩序”的必要，也许更为重要的是，自然没有赋予生物——以“体能”而不是“文化”适应环境的生物——违背自己意愿的能力。②

——“自然喜欢简单”

“自然喜欢简单”。（哥白尼）对复杂性的限制使简单、小型成了生物界的普遍现象。无独有偶，在无生命的自然界，复杂的东西也是少于简单的东西——如宇宙中化学元素的电子或质子数与丰度在总体上的反向变化：电子或质子数在宇宙中的相对丰度，为 1 的氢（H）最高达 10^{12}，为 6 的碳（C）即降至 4.8×10^{8}，为 19 的钾（K）再降至 1.3×10^{5}，29 的铜（Cu）是 1.9×10^{4}，38 的锶（Sr）是 10^{3}，82 的铅（Pb）则只

① 作为“超级掠食者”人的出现和对生物圈的破坏，毫无疑义、强有力地证明了，自然限制物种间“直接关联”对维护生物圈稳定的必要性和根本性。

② 所有捕食者与所有被捕食者（猎物）不能同时发生关系——捕食者不会捕食所有猎物，猎物不会被所有捕食者所捕食——的原因，在于能量和时间的限制。由于能量和时间限制，对捕食者来说，无法（在组织上）形成对所有猎物的有效生态对策和捕食策略，即使能做到，也是不经济的——猎物最佳尺寸的形成，即在于此；对被捕食者来说，同样无法（在组织上）形成对所有捕食者的有效生态对策和逃避策略，如为所有捕食者所捕食者，物种便会灭绝——这既为“自然秩序”所不允许，也是捕食者所不愿看到的。

有 1.11×10^2，92 的铀（U）仅为 0.011×10^2……相对丰度的“极差”（最大值与最小值之差）以数十万亿计。[27] 266-267

17.3.2 “需要”：“节约”和“冗余”

生态学家 L. B. 斯洛勃德金把进化比喻为一场“生存的扑克游戏”。[28] 121

在这场游戏中，环境变化是殊难预料的；生物拥有的资源因自然按“最小化”的配置而又是有限的——因此，为了生存——继续玩下去而不被淘汰出局，生物便必须采取“尽可能最便宜的反应策略”以“保持灵活性”[28] 121 而对“需要”的节约和限制，则是生物为“保持灵活性”所必需，也是最为根本的“尽可能最便宜的反应策略”。（2-15-2-2，2-15-3-1）

“需要”即“需求”和“欲求”。从系统层面看，是贯彻“生态目的性”，保证生物圈的和谐、稳定和持续（3-18-2-2）；从生物演化层面看，“需要”，或“生存需要”指生物为适应环境而改变自己的“性状”（行为、生理、组织），和把这种改变了的“性状”——“获得性状”遗传给自己的后代。“需要”是拉马克生物进化论的重要概念——“满足动物适当行为所必须”和“产生新器官的某种新的需要”；① “需要”是生物行为的起点，如果老鼠起初没有尾巴，为了保持身体平衡的“需要”，她也会长出尾巴来；如果她不再需要尾巴，便如同在人那里所发生的那样，长尾巴的“程序”就会变成“垃圾 DNA”。

---

① 拉马克对“需要”的表述是：“从其体制的构成上所示的进展（Progression）及各类特殊器官之获得且结果又从获得的新器官发生的相当新能力加以考察起来，就会立刻明白：最初一些没有而以后渐次增加之数的必要（besoins），原来是满足动物适当行为的倾向所必须的；成为习性成为强力的行为，原来是使动物器官发达的必需条件……”。[29] 绪论4（《动物哲学·上》）“在动物体内，新器官的产生来自动物体内觉得不断存在的某种新的需要”。[30] 484（《无脊椎动物学》）

“需要”的本意常被误解为在用目的性解释生物的“前行发达”而遭到嘲笑。达尔文即说过：“天（Heaven）之进展倾向，若谓恰与动物纾缓之欲求（Willing）相适应，实不啻一呓语耳；余殊不能同意拉马克之所云”。[29] 解说22 对此，玛格纳指出：法语“besoin”常被误译为英语“want”——“想要”，或“desire”——“想望、希望”，而不是符合拉马克本意的“need”——一种客观的“需要”。[30] 484 而斯宾塞下面的一段话，则可以看作是对拉马克“需要”的一种“阐释”：

当一个新的结构进化出来后，身体的其他所有部分都必须适应这种发展。于是通过一系列变异来调整整个结构，以便与这种新的结构相契合。[18] 328

冬眠、夏眠时动物的新陈代谢虽然极大地减缓了，但仍然会产生如不排除便会危及生命的废物——由是，将有害物质排除体外以维持生命的“需要”，使行冬眠、夏眠生态对策的动物发展起了在长期睡眠状态能将废物排出体外，其他非冬眠、夏眠动物所没有的特殊机能。对“需要”，我们还可以作这样的通俗理解：

由于生存的“需要”，小角马一生下来就必须站起来并尽快跟着成年角马一起奔跑，雌角马更没有时间“坐月子”；生存压力在人类那里的极大减小，使“产妇”学会了“坐月子”，刚生下来的婴儿也不再有像小角马那样“站起来并尽快地奔跑”的“需要”，于是，在“惰性原理”作用下，不论是富人的“千金”还是穷人的“野丫头”，都无例外地在一岁左右才摇摇摆摆走路，七八岁才能稍快地跑，且永远也达不到角马的速度。

——生物对“需要”的节约和节制

生物对“需要”的节约和节制，展现在适应、数量、取食等多个方面。在取食（食和捕食）上，生物在满足对食物“需要”的同时，又给这一“需要”以严格的限制而从不多取——斑马在吃饱的狮子旁边是安全的原因即在于此。在数量上，生物为满足种群数量不少于“有效种群规模”而增殖自己，同时又对这种增殖“需要”尽量进行限制——在“他律”的同时实行“自律”，以把种群规模控制在对生境容量——环境在最小季节所能提供的食物——的不超越。对“需要”在取食、数量上的节约和限制，使生物得以适应她所在的环境和环境的波动，最大限度地规避了“稳定平衡原理”作用对种群的毁灭性打击。(2-10-1-1；3-17-3-3）

在适应层面，如“惰性原理”和“适应等价”（3-17-1-3）处所述，生物在改变自己（行为、生理、组织）以适应环境的同时，又把这种适应性改变限制在最小的范围之内——该退化就退化（简单化），不“需要”就不进化，“需要”进化时才进化（复杂化）。对“需要”最大限度节约的极致，是在不需要时，动物既不愿意拿起工具，也不会去“做人。”（3-17-2-2）

——“冗余”和“冗余种”：食物链、食物网完整性的保证

从贯彻“生态目的性”，保证生物圈的和谐、稳定和持续看，与节约、限制相反的“滥费”和“冗余”，也是生物的一种“需要”和在“生存游戏”中为“保持灵活性”所实施的“尽可能最便宜的反应策略”。生物在利用资源上的“滥费”，通过增加食物链——碎屑食物链——和生物多样性，为生态系统的稳定提供着物质基础（3-18-3-1）；而就物种对生态系统来说的“冗余”，则在储备意义上提供着对食物链、食物网完整性和生态系统结构稳定、功能正常的保证。

“冗余种”（species redundancy）是一些在生态上等价（“生态等价”）、功能上重叠（“同资源种团”）的物种，她们分居同一生态位，扮演同一生态角色，执行同一生态功能。“冗余种”的去除，并不会引起所在系统其他物种的丢失，对整个群落、生态系统的结构和功能也不会造成太大的影响——在短时间内，“冗余种”的存在似乎是多余的；但在长的时间尺度上，环境变化可能会使一些“冗余种”变为“关键种”（或“优势种”），以替代在环境变化过程中丢失的“关键种”。[23] 81-85

“冗余种”存在的意义，便是基于“关键种”（Keystone-species）在长期变化过程中的可能丢失。“关键种”的消失或削弱，可能导致一些物种丧失，或者一些物种被另一些物种所替代，引发“生态链效应”而使整个生态系统发生根本性的变化[23] 81——如，作为“关键种”海獭的消失，造成海胆数量的急剧增加，使从阿拉斯加到南加利福尼州近海岸从海底到海面广袤的海藻林一度退化为海底沙漠。[1] 148 在地质年代，可能有95%～96%的物种、78%～84%的属和54%的科消失了（Erwin，1989），但地球主要生命支持系统，如生物地球化学循环在运行方式上与过去并不存在本质差异——“冗余种”的存在，也许是一个不可忽略的因素。[23] 82

17.3.3 “平衡原理”：自律、他律和“前限制”

——“平衡原理”和“限制”

马尔萨斯认为，超越生活资料的增殖是生物固有但受到限制的本能——“植物和无理性的动物……全都听命于繁殖自己的种类的本能的冲动，而这种本能并不受供养子嗣的顾虑的阻碍。……这种繁殖过多的情况到后来终被空间和滋养料的缺乏所抑止”。[31] 2 ① 从增殖本能出发，马尔萨斯构建了自己以“增殖原理”为核心的“人口原理”，并给出了关于“人口波动”（或“平衡原理”或“种群调节”）的运作机制：“增殖－限制－平衡”。（1-1-3-1）

斯宾塞和达尔文对“限制”给予了更多的关注。在《物种起源》（1859）中，达尔文写道：生物“大量产卵的真正意义，在于补偿某一生命期内个体的大量减少。对绝大多数生物来说，这个时期是生命的早期。如果一种动物能以某种方式保护自己的卵或幼体，则少量的繁殖即可保持它的平均数量，如果卵或幼体死亡率极高，则必须多产，否则这种生物就会绝灭。[33] 47 斯宾塞也说过类似的话：“能活到成熟年龄的鱼是这样少，为补足未孵化的鱼、小鱼以及半成长的个体的毁灭，所以鳘鱼一定得产上一百万个卵，其中只有两个能达到放卵② 的年龄”。[34] 298“维持鹰及小鹰之生存，便包含着许多小鸟之灭亡；为使小鸟得以繁殖，其后裔必牺牲无数的蚯蚓和虫类为食料”。[34] 302（《伦理学原理》，1892）

因此，与“平衡原理”或“种群调节”有关的三个问题就被提了出来。其一，超越生境容量的增殖潜力，是生物固有的本能还是获得性的；其二，生物缘何不懈努力进行超越生境容量并给自己带来死亡的增殖，也即是说，生物为什么不把生殖潜力控制在对生境容量的不超越，而要借助残酷的死亡予以限制；其三，外源性限制与内源性限制的关系是什么。

——“前限制”和“增殖潜力”的形成

达尔文和斯宾塞的看法提醒我们，对于生殖潜力，重要的问题是分析其之形成。为方便讨论，我们提出“前限制”的概念，假定它给了“增殖”以必要并造成了物种千差万别的“增殖潜力”。

被（捕）食、食物、水、疾病（寄生）、气候波动等生物和环境因子的限制，出生的一部分个体，注定要提前死亡而不能为种群必要规模的维持发挥作用——因此，为保持一定的种群规模，生物便必须多出生一些个体以弥补将要发生的死亡。在这里，

---

① 对生物的增殖本能和大自然的限制，马尔萨斯以极具文采的话写道：“我们这个地球上的生命种子，若得到充足的食物和空间，经过几千年的繁殖，会挤满几百万个地球。但贫困这一专横而无处不在的自然法则却可以把它们限制在规定的范围内。植物与动物都受制于这一伟大的限制性法则。人类虽然有理性，也不能逃避这一法则的制约。在植物和动物当中，自然法则表现为种子不发芽，害病和夭折；在人类当中，自然法则表现为苦难与罪恶。苦难是贫困的绝对必然的结果。罪恶也是贫困很可能会带来的后果，因而我们看到到处都有罪恶……”[32] 8

② 即产卵、繁殖。

死亡尚未发生而只是观念、意识上的或虚拟的，而正是这种“死亡意识”、“虚拟死亡”刺激着“增殖”，并由于刺激强度的不同而形成千差万别的“增殖”——这种“死亡意识”即是“前限制”。

“前限制”由每时每刻发生的实际死亡形成并与之在强度上正相关，其作用是通过“死亡预警”维持增殖潜力。与“前限制”对应的是“后限制”——即现时的、实际存在的死亡限制，其作用是消灭在“前限制”——“死亡警告”下多出生的个体以维持生物种群与环境的平衡。因此，“后限制”不停地转换为“前限制”进而“增殖潜力”，而“增殖潜力”经过“死亡警告”的常期和反复刺激，则成为生物为保证一定种群规模（不小于“最小种群规模”）的一种获得性而被固定了下来。[35]

——“为生而生”、“为死而生”，种群的调节机制和“生殖适应”

在引入“前限制”后，“种群调节”的机制便可修订为：“（前）限制－增殖－（后）限制－平衡”。这样，“平衡原理”便有了“（前）限制－增殖”、“增殖－（后）限制”、“（后）限制－平衡”三个相互关联的阶段。

在“（前）限制－增殖”中，生物是“为死而生（增殖）”——为注定的死亡而增殖，且增殖力与死亡限制正相关：弱限制、低死亡力使 *K*-对策物种在低增殖力下便可保持必要的种群规模；而强限制、高死亡力则规定 *r*-对策物种必须具有很高的增殖力。

“增殖－（后）限制”所体现的，一是生物为维持必要的种群规模而增殖——“为生（生存）而生（增殖）”；二是死亡限制与增殖力正相关——生物的增殖力越高、数量越多，其受到的限制便越强、死亡压力便越大。由此，种群的数量、密度愈趋近“最大数量”，其受到的限制便越强，进而死亡率便越高；反之，种群的数量、密度愈趋近“最小数量”，其受到的限制便越弱，死亡率便越低。[35]

因此，“充塞地球之势”的增殖能力并非生物的固有本能，而是在应对“死亡压力”时形成的一种“生殖适应”。典型的 *r*-对策物种到典型的 *K*-对策物种在生殖力上的千差万别表明，生物只是看似而在实际上并不具备如马尔萨斯所言的使自己“充塞地球”的“增殖潜力”。[31] [8] 生命的最高原则是生存而非生育更多的后代，生殖只是生存——生命目的——的手段而非生命目的本身。

——生物的自律与他律：相互关联的外源性限制和内源性限制

在讨论他律与自律，即外源性限制与内源性限制（3-16-3-2）关系之前要说明的是，以上“前限制”形成中所指之“后限制”仅为外源性限制。内源性限制诚然也与增殖力正相关，但它并不参与“前限制”的形成，并不构成对“增殖”的刺激——为了能够自律而让自己生出多余的个体，然后亲自将它们杀死——这对任何一种生物来说，无疑都是毫无意义的资源浪费，和愚蠢透顶而不会为之的行为。

如果把“增殖潜力”视作生物为维持一定种群规模而通过“前限制”发展起来的，对“他律”——外源性限制的一种能动适应，那么，“自律”——内源性限制也是生物为了消除或减弱外源性限制对种群毁灭性打击发展起来的，与“他律”正相关的一种能动适应——与其生出来让别人消灭我们，倒不如少生以主动“清理门户”（自律）来减少损失。由此，平衡原理运行的具体机制便是：外源性限制→“前限制”→增殖→

外源性限制、内源性限制→平衡，其中还内涵着外源性限制→内源性限制——在这个内涵的过程中，内源性限制形成并成为生物的一种随时可以启动的本能。

外源性限制不仅从形成到强度规定了内源性限制，而且也比内源性限制强大得多，如果没有生物/环境因子的外源性限制，一对家蝇从春到秋的后代即可在地面上积起厚厚的一层而把地球裹了起来。[①] 如果外源性限制是确定的，那么，生物只要出生维持一定种群规模所需的和弥补外源性限制损失的数量即可做到对生境容量的不超（$\leqslant K$）。但外源性限制恰是不确定的，被食、被捕食引起的数量减少，因食者、捕食者种群的波动而是不确定的，食物缺乏造成的数量减少因被食、被捕食者种群数量波动也是难以预料的，疾病导致的死亡也处在变化之中……因此，为了保持一定的种群规模，生物还要比在限制确定情况下的增殖，再多生出一些个体来应对外源性限制的不确定性。由此，生物的增殖潜力进一步增大，超越生境容量并在“稳定平衡原理”作用下的大量死亡，便成为一种不确定但难以避免的必然。

17.4 生命的维持与消亡

17.4.1 协同演化

——协同演化

自38亿年前生命诞生以来，生物与环境在地球上的协同演化——生物、环境在相互影响中的整体性变化——便不间断地进行着，且十分显著和巨大。生物与环境演化中的根本性事件有：生物光合作用的发展（由不释氧到释氧，由叶绿素a光系统到叶绿素b光系统），大气组分和性质的变化（O_2浓度上升、CO_2含量下降，由还原性大气转变为氧化性大气），环境严酷化（趋冷、趋干，四季和冷冬的出现）和生物多样化、组织复杂化（进化）的相互协同。

生物的光合作用有不释氧（光系统Ⅰ）和释氧（光系统Ⅱ）两种。菌绿素光系统（波长870纳米，1纳米＝10^{-9}米）35亿年之前便存在，由光合细菌以H_2S（硫化氢）为氢源，行不释氧光合作用——$CO_2+2H_2S \longrightarrow [CH_2O]+H_2O+2S\downarrow$；叶绿素a光合系统（685纳米）出现在35亿年前，由原核生物的蓝藻以水为氢源，行释氧光合作用——$CO_2+2H_2O \longrightarrow [CH_2O]+H_2O+O_2\uparrow$；叶绿素b光系统（650纳米）发生于20（19）亿年前，由真核生物行效率更高的释氧光合作用。在真核生物和叶绿素b光系统出现之前，生物光合作用效率低，产生的少量氧很快被氧化作用（充填“氧窟”）耗尽，只是在叶绿素b出现的20（19）亿年前，大气中的氧浓度才增加到相当于今天大气的1%，开始了还原性大气向氧化性大气的转变。距今6.0亿～5.6亿年前（元古代末）、5.44亿～5.20亿年前（早寒武纪），氧浓度相继增加到相当今日的7%和10%，与之相

① 在自然状态下，这种恐怖的情景是不会出现的。人类行为的“可憎”之处，便在于使许许多多类似情景的发生成为可能。

应的是能有效利用自由能的有氧代谢、生物多样性和复杂性的大发展：元古代末无壳后生动物的兴盛（埃迪卡拉动物群）、早寒武纪大型带壳后生动物的大爆发（澄江动物群）——从38亿年前诞生到7亿年前，在经历了32亿年漫长的历程之后，生物终于由单细胞演变为多细胞。[1] 168-174，[8] 45-47、70-86，[9] 44-46，[36] 36-39、85、95-97、100-104、108-119

光合作用带来O_2浓度上升和CO_2含量的减少：在无机碳转化为有机碳（$[CH_2O]$）的同时，碳同位素发生“分馏”——^{12}C（轻碳）相对富集于有机碳化合物，^{13}C（重碳）则被留在碳库并沉积而形成碳酸盐。充填“氧窟”氧化作用①对O_2的吸收（二价铁的氧化：$2Fe_2+3O_2 \longrightarrow 2Fe_2O_3\downarrow$），使大气迟至20（19）亿年前才形成游离氧；$CO_2$含量的减少，则与光合作用同步：据火山大气推测，在40亿～20（19）亿年前的次级原始大气（大气Ⅱ/火山大气）阶段，大气中CO_2的浓度为5%～7%，是现代大气（0.0135%）的370～518倍；在20（19）亿～10亿年前的类金星阶段，大气中CO_2含量升至最高达98%；从10亿年前开始，光合作用逐渐增强，CO_2浓度开始递减并随光合作用的增强而加速，4.7亿～4.5亿年前已降至今天的20～16倍。② O_2的增加，使还原性的原始大气转变为氧化性的现代大气（20%，4.7亿～4.5亿年前已接近今天水平）并提高了生物的代谢水平；臭气（O_3）层的形成，为生物提供了免遭紫外线辐射伤害的屏障。CO_2含量的减少，则从根本上改变了地球的气候——根据对太古宙海相燧石稳定氧同位素比值数据的分析，在生命诞生的初期，海水的温度高达80℃，CO_2的“温室效应”使地球长期处在高温、高湿状态；CO_2含量减少导致的气温下降，带来地球环境的严酷化和多样化——趋冷、趋干，四季和冷冬，迫使生物复杂化并推动着生物多样化的发展。与大气中CO_2含量减少同时发生的碳酸盐沉积，又为保护生物的壳和支持身体的骨骼提供了建筑材料。[8] 70-71、82、87、203，[9] 43-46、89-91，[23] 94，[36] 83-86、115、119

——“趋同演化”和“同步演化”

生物之间演化的趋同和同步，表明了环境演化对生物演化的规定性。

与环境有关的“趋同演化”指，在相似的环境中，不同单源群的成员各自独立地演化出相似的表型，使不同分类群的物种具有功能相似的同功器官或同功特征，或者如迈尔所言，完全无关的生物进入开放的生态灶或生态区后，就会变得与该生态区原有生物非常相像。如爬行类的鱼龙，哺乳类的海豚、鲸，在进入海洋之后，就变得与海洋的原有生物，如鱼类的鲨非常相像——适于游泳的流线型体形，执行同样游泳功能的同功器官鳍。[7] 142，[8] 159 “趋同演化”在异质性低，即选择性小的环境中发生的频度，大于异质性高，即选择性大的环境——在水中，游泳是最有效的行为方式，而流线型的体形、鳍又最适于游泳：在异质性高的陆地上，动物的移动则可爬、可飞或采用四肢行走。

“同步演化”指生物复杂性的增加与环境严酷化在速率上的大体一致。即环境和

① “整个世界生锈了”——J. 威廉·斯科普夫即是这样来形容这种地质史上巨大的、全球性氧化作用的。[1] 168

② 与因构造运动出露新生岩生成各种碳酸盐的化学作用，也是大气中CO_2减少的重要原因。

缓、变化慢，生物的复杂化进程便慢；反之，复杂化的进程便快。在太古代、元古代温暖、和缓的海洋中，由古细菌（38亿年前）到原核生物（35亿年前）用了3亿年；由原核生物到真核生物（20亿/19亿年前）用了16亿～15亿年；由真核生物到后生生物（7亿年前）用了13亿～12亿年——生命在单细胞阶段整整滞留了31亿年，占到生命史（至2.2亿年前哺乳类的产生）的87%。陆地严酷、变化快的环境，则大大加速了生物复杂化的进程——演化所用的时间，蕨类植物（4.1亿年前）到裸子植物（3.6亿年前）0.5亿年；裸子植物到被子植物（2.5亿年前）1.1亿年；鱼类（4.5亿年前）到两栖类（3.7亿年前）1.2亿年；两栖类到爬行类（3.1亿年前）0.6亿年；爬行类到哺乳类0.9亿年。

17.4.2 合作与竞争

——物种间的合作与竞争

种间关系包括竞争、捕食、共生、寄生等。由于利益的普遍性，物种间的相互作用——不论是合作还是竞争，带来的相互变化都是适应性的。

合作是种间关系最为普遍的形式，典型表现是共生——偏利共生、互利共生、防御性互利共生、（动物组织或细胞内）共生性互利共生。[37] 117、131-133 ① 在生物的协同演化中，共生，特别是互利共生起到了特别重要的作用，如真核生物（细胞）的起源——按照"细胞内共生说"，真核生物起源于若干原核生物的共生，宿主可能是一种异养而较大的原核生物；线粒体由内共生的，可进行有氧呼吸的细菌发展而成；质体来自内共生的光合细菌、蓝藻或原绿藻……。[36] 54-56，[38] 5-8、23-36、83 ②

再如被子植物与传粉昆虫的协同演化——中生代是昆虫的繁盛期，与风力传粉相比，昆虫传粉提供了新的有效的"生殖隔离"，带来植物成种速率的提高，同时也使传粉在低居群密度区，和大区域内能够更有效地帮助植物进行远缘杂交而有利于种系的延续。昆虫传粉的报酬是花蜜；而植物花的演化——花瓣愈合乃至成管状，则使昆虫

---

① 沙漠中的蝎子栖于蜥蜴的洞穴中乘凉，作为"回报"，是帮其对付入侵者和伸进洞穴里企图抓蜥蜴的"黑手"。

② 细菌和古菌等单细胞生物或许是30亿年间地球上仅有的统治者。原核生物和真核生物的主要差别在于细胞核。一种普遍接受的观点认为，原核生物变成真核生物是具有不同功能的细菌间相互交换基因物质的过程；有人说，真核生物是细菌和古菌融合产生的，其中源自好氧细菌的线粒体是关键。线粒体是细胞的动力中心，虽然能够保存遗传物质，但似乎并不是储存基因的最佳场所。于是，真核细胞发明了细胞核储存遗传分子，而线粒体则用来确保细胞的能量供应。（西班牙《趣味》月刊12月号文章. 尼克·莱恩：十大进化发明. 参考消息，2010.01.06）

使"合成理论"变得不需要的新发现是，爱尔兰都柏林大学学院和德国海德堡欧洲分子生物学实验室的科学家们，在腐败发酵的泥塘和污水处理厂的污水里发现了连接（无细胞核的单细胞生物）"细菌"与（具细胞核的）"真核细胞"的污水细菌——带DNA细胞核的细胞（PVC细菌——浮霉菌门、疣微菌纲和衣原体门）。这一发现的可能意义是，找到了生命进化的"缺失环节"而使"合成理论"变得不再需要。（美国《科学新闻》网站11月29日文章. 题. 污水细菌：早期地球生命进化的"缺失环节"？参考消息，2010.11.30）

为采到深藏管底的蜜而加长喙的长度……在被子植物与传粉昆虫这种互惠共生的过程中，双方都得到了进化和发展。[9] 205-206

竞争指对有限资源共同利用引起的有机体间的相互妨碍，有种间竞争与种内竞争、利用性竞争与干扰性竞争、对称性竞争与不对称性竞争、竞赛性竞争与掠夺性竞争之分。[2] 151-152 由于同种个体通常分享共同资源，种内竞争可能激烈，但由于种群规模通常维持在生境容量之内，和共同的“生态角色”、“生态功能”和“生态目标”，种内个体之间的争斗一般都是有限的：如，从结构上看，角仅仅是用作雌性伙伴的标识，特别是雄性仪式性竞赛中——这些竞赛的功能是通过在雄性中确立容易识别及服从的统治等级，以避免可能导致受伤或死亡的争斗——的“道具”、“展示”，而非过去一直被视为攻击性的武器；[4] 84-85 从行为上看，如蛇类雄体之间的扭缠打斗，从不使用它们的毒牙，其他动物雄性之间也不攻击对方的要害部位，很少互相残杀——相残、自杀只出现在种群密度过高或食物资源极度短缺的情况下。[2] 59，[23] 134

——种间竞争：生态位分化和共存

种间竞争在大多数情况下采取生态位分化带来物种间共存的形式，而生态位分化带来的种间共存，往往会强化种内个体间的相互妨碍。造成生态位分化和共存的因素有：[2] 151-152、158-159、166、169-171、182-185

（1）空间异质性。尽管每个斑块只有一个或少数几个种竞争排斥其他所有种，但不同斑块有不同资源供应比率，不同物种有不同摄食比率——由此，不同斑块的竞争优势种便会不同——许多种即可在拥有大量斑块的同一生境内共存。

（2）环境随机波动。环境波动——竞争平衡前的环境改变，会把竞争引入另一种格局，阻碍竞争平衡（一个物种排斥另一物种）的实现。

（3）空间聚集分布。共同的生存需要，如繁殖、捕食协作、抵御天敌和入侵、改善小生境、聚集的规模效应等，使绝大多数物种取空间聚集态而带来生态位分化。

（4）资源差异利用。不同种利用不同资源，和以不同方式利用相同资源。

（5）两性遗传冲突。雄性个体在配偶竞争中采取的最优对策，经常会导致雌性个体适合度，进而种群增长率下降，由之减少了种间竞争压力而有利共存。

（6）捕食、寄生作用对竞争的抑制。

——“世界是绿色的”：捕食作用在协同演化中的意义

捕食作用在生物协同演化中起着推动进化和共存的重要意义。

在捕食中，为了捕到猎物，捕食者发展出了锐齿、利爪、尖喙、毒牙等适应性特征，诱饵追击、集体围猎等行为；猎物则形成了保护色、警戒色、拟态、假死、快跑、释放臭气、集体抵抗等逃避对策——通过捕食作用，双方的智慧都得到了提高，功能都得到了强化，种群质量和遗传素质，也由于老弱病残（作为猎物易于被捕食，作为捕食者难以捕到猎物）的被淘汰而得到改进。① 在食草作用中（食草是广义捕食的一

① 捕食老弱病残而尽量不捕食正当繁殖年龄的个体，对捕食者和猎物都是有利的——既有利于保护猎物种群的生产力，也可防止疾病的传播。[37] 125

【按】对“捕食作用”（捕食或被捕食）的脱离，是人类遗传素质在生物界最低的根本原因。

种类型），动物一方面给植物造成伤害，一方面使整株、系统叶面的光合效率得到提高，并刺激植物发展出一系列避免被食的防御机制——使自己有毒和味道很差的化学防御，使动物难以接近的刺、钩等机械防御。不论是在食草还是捕食作用中，食与反食、捕食与反捕食斗争的另一重要结果是食物链环节上生物数量的动态平衡——而这正是协同演化的基础和前提。[37] 117-119、124-128

捕食抑制着猎物种群的增长，进而保证了多个物种的共存——“世界是绿色的”（Hairston et al. 1960）的观点，即是建立在对食草动物的捕食作用之上的。① 一旦捕食作用消失，便会对生态系统带来灾难性的影响。例如，长江中下游湿地植物的物种多样性曾非常高，随着觅食芦苇的麋鹿种群的灭绝，这一地区的植被便很快为单一的芦苇所替代。[2] 211

17.4.3 海陆差异和生命的维持

——生命维持的条件

生命的演化和维持，首先与太阳、地球的大小、二者的距离和地球的大气状况密切相关。

恒星的大小与寿命反相关，与温度正相关——恒星越大，寿命越短，不能使行星有足够的时间演化出生命；恒星越小，温度越低，不能使行星为生命提供足够的热量。为能够在行星上演化出生命，恒星的大小便必须适中，这样才能保证行星既能为生命提供足够长的演化时间，又有可能形成不太高又不太低而适宜生命维持的温度——太阳，即是这样一个不大不小的恒星。[36] 73，[39] 275 在地球的邻居中，水星温差高达593 ℃（−253～340℃），金星简直是座炼狱（427℃），天王星、海王星则冷至–170℃。[40] 4-5

地表适宜温度的形成，还与其距太阳的适中距离和大气状况密切相关：距太阳太近，接受的辐射能多而太热，如金星；距太阳过远，接受的辐射能少而太冷，如天王星和海王星。行星的有效温度（从行星表面发射的红外线所显示的温度），水星、金星、地球为160℃、−40℃和−18℃，温室效应对行星表面的加热，没有大气的水星为0，CO_2浓度为96%的金星为510℃，地球33℃——由之使地面温度在有效温度的基础上升高到对生命适宜的15℃。[41] 33 （2-13-3-3）

地球的大小也是生命维持的重要条件。月球小，引力小，大气逃逸而无法形成大

① Murdoch（1966）认为：“地球是绿色的”并不在于捕食者对食草动物的捕食作用——植物已经进化出自我保护功能防御动物取食；即使植食动物的数量已经受到捕食的限制，他们仍然会对有限资源进行竞争；由于猎物有限，同样的竞争也会在捕食者中展开。Oksanen（1988）则提出“地球并不总是绿色的”的看法：在生产力极端低下的系统（“白色”生态系统）中，生产者不能提供有效的食物来维持植食动物的种群；在生产力极高的系统（“绿色”生态系统）中，由于捕食行为的限制，植食动物对植物的取食依然很轻微；在介于二者之间的系统（“黄色”生态系统）中，由于捕食行为不足以限制植食动物，植物的生长由之受到抑制。[23] 136

气层；地球大，引力大，大气被束缚而形成大气层。① 地球、月球都具有因放射性元素衰变的内能产热，月球体积小，面积/体积（*S*/*V*）比相对大而有较大的耗散，耗散大于产热使月球表面早已固化而有很厚的外壳（800～1 000 千米），虽有地震但不能形成构造运动；② 由于同样的原因，比月球稍大而壳厚、内力作用小的火星也只有远小于地球强度的构造运动。地球体积大，面积/体积比相对小而耗散较少，产热大于耗散而使固化地壳较薄（洋壳 5～8 千米、陆壳 33～35 千米、青藏高原最厚为 70 千米），构造运动强烈而活跃[4]206-212——而正是由于构造运动的存在，才会有巨大的海陆差异、地表差异，进而在太阳能推动下的全球性大气、水和生命化学物质的循环。

就本质而言，不论是在个体、群体，还是在总体水平上，生命都是一个通过循环与环境不断进行物质、能量交换，从而有效抑制熵在系统内增加的开放系统。由此，在适宜温度背景下，能量的流通、物质的交换，进而地表自然系统的开放便成为生命维持的必要条件。生命的循环，是一个物质、能量的耗散过程——这个耗散过程，在个体水平上是新陈代谢，在群体水平上是通过出生（繁殖）与死亡的世代更替，在整体水平上则是沿食物链、食物网，以“生产者－消费者－分解者”为载体的物质、能量流转。

从能量角度看，地球是一个开放系统——源源流入的太阳辐射能，在经过生命系统的转化利用（热能→生物能）和推动地表自然系统的循环之后，被以废热的形式扩散到了外层空间；从物质角度看，地球是一个封闭系统，生命物质的供给，全赖地球化学物质的全球性循环。全球性的水和大气循环，在地球生命的维持中扮演着至关重要的角色——推动生命物质循环以保证物质供给，把生命、自然过程中耗散的废热扩散到外层空间，使地球得以维持对生命来说的适宜温度。

——海陆差异：生命维持的关键和根本

海陆差异——由于对观察者的相对恒定而常被忽略——是除太阳辐射能的推动外，使水、大气循环保持足够强度，和剥蚀→搬运→堆积外力过程存在的另一个根本条件。海陆差异——海洋与陆地、陆地内部在高度、物质进而比热和热容量上的差异——对生命的根本性在于，它的存在维持着水和大气循环的足够强度，并构成外力风化（剥蚀）搬运—堆积作用的条件——由此，才会有对生命系统源源不绝的物质供给，才会有地表废热向外层空间的扩散、适宜温度的保持和系统的开放，进而生命的维持。一旦海陆差异消失，维持生命的条件便不复存在或受到极大削弱。生命的维持要

① 对地球适宜温度的形成，太阳、地球的大小和地球距太阳的适中位置提供了前提性条件和可能，而使之实现的——如协同演化（3-17-4-1）处所述，则是生命与环境协同演化中光合作用导致的大气中 CO_2 浓度的大幅度减小——若地球 CO_2 浓度同金星一样多，生命根本是不会存在的。

② 月球至少 20 亿年来便不再有火山活动。她几乎释放完了所有内部能量而震动十分微弱——每年月震释放的能量，只有地球的 $1/10^9$ 。[36]78

求全部条件的同时满足，故对生命来说，地球既须是一个存在水循环的“水球”，① 更应是一个存在海陆差异的“水的行星”——没有了海陆差异，也就没有了足够强度的水循环、大气循环，进而废热向外层空间的扩散和提供生命物质的全球地化循环。

对生命来说，风化（剥蚀）→搬运→堆积的外力过程是一柄“双刃剑”——在作为生命重要条件参与全球物质循环的同时，又不遗余力地消除海陆差异，破坏生命存在的基础。陆地高出海平面的全部固体物质约有 17×10^{16} 吨，按最快的侵蚀速率 58.1×10^{9} 吨/年（富尼尔，1960）估计，外力夷平地表的时间不到 300 万年；按最慢的侵蚀速率 12.7×10^{9} 吨/年（苏帕金，1952）估计，也不过 1 300 万年——对以数十亿年为尺度演化的地球来说，皆不过短暂的一瞬；以适中的剥蚀速率——26.7×10^{9} 吨/年（詹森、帕特，1974）计，地球自诞生至今即已被夷平过 700 次之多。[40] 156-158 ②

我们今天之所以还能看到一个存在着海陆差异的地球，即我们之所以还能在这儿，全赖在地球内力作用下异常活跃的构造运动——在外力力图把地表夷成一个光滑的、连续的、没有差异的球面时，内力支持下的构造运动则不断地在地球表面制造隆起和凹陷，维持着海陆和陆地表面差异的存在。随着地球内部放射性元素的蜕变衰减，地球的内力必然会有再也无力在地球表面制造凸凹不平的一天。而一旦构造运动停止，外力便会很快将地表夷平——海陆差异消失，地球为水覆盖而变成一个名副其实的“水的行星”。

17.4.4 物质循环的中断和生命的消亡

——物质循环在“水球”上的中断和减弱

当地球内力消耗殆尽，继而海陆差异消失，地球变成名符其实的“水球”之后，除太阳仍一如既往地向地球输送能量之外，全球性地化物质的循环将极大地削弱或中断。海陆差异消失的结果之一是，水和大气循环的极大减弱——在为水包围的地表，水的海陆大循环和次一级的陆地循环消失，（由于偏转力的存在）水的海洋循环仍旧存在，洋流也依然生成，但气势已不能同往昔相比，均质的水导致的下垫面的单一，又大大地减弱了大气环流的强度，由此，水和大气循环对废热的扩散，即地表系统的开

---

① 日本学者槌田 墩、室田 武提出的“循环说”认为，自然循环，尤其是水循环对生命的维持——地表自然地理系统的开放和适宜生命温度的形成，以及生命循环——具有根本性和不可取代性：没有水循环便不会有生命和生命的维持。[42]在全国第二届熵与交叉学科研讨会上（兰州，1989），一些与会者认为，“循环说”是继克劳修斯根据热力学第二定律指出系统的必然崩溃，普利高津应用“耗散结构理论”，和哈肯应用“协同理论”解决生命创生问题之后对自然与生命关系研究的又一重大贡献。

“循环说”无疑是具重要理论价值的，但其重要性显然是被夸大了。而之所以这样，在于人们习惯把地球表面当作一个固定不变的存在，从而难以意识到海陆差异的存在和变化对水循环、大气循环、地球化学物质循环，进而生命维持的关键性和根本性——没有海陆差异，也就没有了水循环和自然循环。[43]

② 由于剥蚀强度随陆地高度下降的递减，地表被夷平的时间必然要长于按固定剥蚀速率计算的结果。

放程度也将极大地减弱。

地球内力告罄的另一必然结果是，陆地到海洋物质循环的中断，土壤圈的消失和生命物质循环的中断或减弱。碳、氢、磷、硫、氮是重要的生命物质，在构造运动停止和地表为水包围的环境中，作为完全气体型的碳、氮循环可能会一直进行下去，但以构造运动和外力作用为背景的岩石风化、火山活动对碳、氮补充作用的消失，以及碳、氮在水底的沉积，则意味着碳、氮循环将极大地减弱；在岩石风化补充不复存在的情况下，作为沉积型的磷循环的中断将是一种必然——循环中的磷不断在水底沉积，直至完全为地壳所束缚；作为沉积型的硫循环，也将由于岩石风化补充的断绝，和硫在水底的不断沉积而逐渐减弱，直到完全中断；作为气体型的硫循环，在进入大气通道（火山喷发）消失和减弱（海面散发将因硫酸盐的沉积而减少）的情况下，也将会极大地被削弱。

——“物质循环中断”：生命消亡的一种“假设”

在一个太阳仍在照耀，假定已变得微弱的水和大气循环仍能勉强维持地表系统开放的水球上，生命的前途则视氮、磷、硫等生命物质的循环状况。对生命来说，CO_2 和 H_2O 只能合成碳水化合物一类简单的有机物，高级的有机物——作为生命存在形式的蛋白质——的生成，除氧、碳、氢之外，至少还需氮、磷、硫的参加。磷、硫、碳、氮、氧、氢诸元素，缺少一种便不能生成蛋白质的基本形式氨基酸和催化酶——而在缺少催化酶的情况下，生成碳水化合物的光合作用便无法进行下去。是故，只要有任何一种生命元素的循环中断，生成蛋白质的生命活动便会停止。由于对生命具特别重要意义的磷（生物体，特别是腺苷三磷酸——ATP，核酸——DNA、RNA 中不可缺少的元素）循环在地球为水覆盖情况下的必然中断，生命在海陆差异消失后的消亡便成了一种必然。

对生物来说，从行为、生理到组织上适应水生环境是能够做到的——如同现今的水生生物那样，也如同生物当年从海洋来到陆地，和一些生物（如鲸）又由陆地回到海洋那样。生命继续存在的关键是，用新的元素代替因海陆差异消失而循环中断了的原有生命元素来重新建造自己——而这一点，则是不可能的。从简单生物到复杂生物的蛋白质稳定的结构，和对磷、硫、碳、氧、氢、氮等基本生命元素的必需——生命在大爆炸发生 100 亿多年后的诞生，即是在等待碳、氧、氮、磷等重元素以构建自己（3-21-1-2）表明，在分子水平上，生命从诞生之日起便走上了“特化”的道路——这既是对生成时环境的记忆，又是亿万年对环境“适应”和自然“趋同”的结果。

地质年代自然物理环境的严酷化，使为生存而改变自身生理结构和行为以适应环境的生物走上复杂化之路；以自然物质化学组成不变为背景的生命元素在地质年代的稳定循环，使生物在分子结构上以磷、硫、碳、氧、氢、氮为主要组分的“特化”得到巩固。对生物来说，能够变化以适应环境的组织结构一旦“特化”，便难以随环境变化而把自己引出进化的死胡同，对生物在分子水平上的结构——蛋白质来说，尤为如此。本质而言，生命就是蛋白质，就是磷、硫、碳、氧、氢、氮的有机结合体，而不是什么别的东西——如果当时的物质条件不是生命生成时那样，生命，或现今形式的生命也许便不会发生。①

从生命的生成看，原始生命形成时的条件已发生了根本性的变化而不再会有新形式生命的生成；从生命的维持看，由于构成蛋白质的基本生命物质在水球环境下通过循环供给的极大削弱，特别是中断，即使假以时日，生命也不可能用新的物质重新构造自己。

“一切产生出来的东西，都一定要消亡”；[44] 69（“万物既然生成，理所当然也有毁灭”——歌德）“一切生命的最终目标乃是死亡”。[14] 1417（弗洛伊德，《超越快乐原则》）在既往的演化中，地球生命业已历经了多次地质灭绝，即使生命今后能逃过各种劫难——从自然界的小行星碰撞、周期性的冰期，到人类制造的“核冬天”和“温室效应”，在其因太阳膨胀而被干死、烤死之前，仍可能会因海陆海异消失导致的生命物质循环的中断而消亡——生命来自海洋，最后终结于海洋。（附录1）

人们常说，“只要太阳还在天空照耀，地球上便会有生命”——而在一个地球内力耗散殆尽，表面为水覆被的地球上，尽管太阳还在天空照耀，尽管风还在刮，雨还在下……但生命却消失了——永远地从地球上消失了……

附录1：对地球生命的挑战

对地球生命的挑战，从地球获得太阳辐射能量的状况看，主要来自五个方面。

——冰期

在距今 1.8 万年达到盛期的最后一次冰期时，冰层覆盖了欧洲和北美大陆的绝大部分地区，虽然地球的冷却和冰盖的扩大是缓慢进行的，使得生物来得及重新选择温暖的栖息地，但仍有大量物种灭绝。在过去的170万年中，地球先后发生过10次冰期，其间隔分别为10万，4.3万，2.4万和1.9万年。根据（前）南斯拉夫天文学家米留丁•米兰科维奇的解释，这恰与地球公转的偏心率，地球自转轴的倾斜度，地球到达近日点时间的变化周期——10万，4.3万，2.3万和1.9万年相一致。在以后的年代里，生命将始终面临周期性的地球变冷和冰川覆盖的威胁。[45] 10-13（F-2-13-4）

——碰撞

小行星或彗星与地球的碰撞，对生命的威胁要比冰期严重得多，也急剧得多。在过去的7亿多年中，已知发生过9次大的地质灭绝，其中6 500万年前白垩纪末期大灭绝结束了恐龙对地球2亿多年的统治（3-19-3-1，B-3-19-5）。美学者阿尔瓦雷斯、路易斯对这次灭绝原因的解释是，一颗直径 6 英里的小行星与地球相撞，将相当于它体积60倍的岩石粉末抛到空中，其中有10亿吨进入同温层并滞留数年，逐渐蔓延至整个地球上空，太阳辐射和光合作用受到极大削弱，导致植物，进而动物，特别是大型草食

① 美国国家航天局资助的一项研究称，在加利福尼亚的一个湖中发现了一种依靠砷生存的陌生细菌——DNA由砷，而不是生物学家普遍认为的磷元素构成。（法新社华盛顿12月2日电. 参考消息，2010.12.04）

动物大量灭绝。[45] 5-10 ①

——“核冬天”

“核冬天”产生的效应与碰撞的结果类似但要严重得多——会对生命造成毁灭性打击。核爆炸将数亿吨核烟云、核尘埃抛向高空，造成阳光在数月内严重衰减，导致光合作用极大削弱和北半球温度大幅度下降。[45]

——“温室效应”（2-13-1-2，2-13-3-2，2-13-5-1）

——太阳衰竭

“只要太阳还在天空照耀，地球上便会有生命”——这既表明了太阳对生命维持的根本性，也告诉人们，对生命来说，太阳衰竭造成的打击是不可抗拒的。关于太阳衰竭与地球生命的前途，过去的看法是，地球随太阳的熄灭而冷却，生命因得不到能量而消亡。② 新的补充是，太阳在衰竭的“红巨星阶段”将剧烈膨胀，把包括地球在内的行星重新投入“太阳的熔炉”而化为灰烬[46]7-8——地球温度由于太阳的膨胀而急剧升高，大气逃逸殆尽，水分被蒸干——在地球被太阳化为灰烬之前，生命因高温、缺水和维持条件的丧失而消亡。

参考文献

[1] 爱德华・O. 威尔逊．生命的多样性[M]．王芷，唐佳青，王周，等，译[M]．长沙：湖南科学技术出版社，2003.

[2] 张大勇，等．理论生态学研究[M]．北京：高等教育出版社，2000.

[3] 李涛，孙成金，冯文邦．阿拉善黄鼠活动性及种群结构的调查[J]．定西科技，1982（2）：25-32.

[4] 斯蒂芬・杰・古尔德．自达尔文以来：自然史沉思录[M]．田洺，译．北京：生活・读书・新知三联书店，1997.

[5] 苗力田．古希腊哲学[M]．北京：中国人民大学出版社，1989.

[6] 黑格尔．精神现象学（下册）[M]．贺麟，王玖兴，译．北京：商务印书馆，1979.

[7] 恩斯特・迈尔．进化是什么[M]．田洺，译．上海：上海科学技术出版社，2003.

[8] 张昀．生物进化[M]．北京：北京大学出版社，1998.

① 小行星在地球上的某个海洋溅落可能会引发一系列毁灭性的化学变化，从而摧毁一半的臭氧层，迫使人们在白天待在室内，过上吸血鬼似的生活。新的研究模拟了在特定地点、特定时间，一颗直径 0.6 英里（1 英里＝1 609.34 米）和 0.3 英里的小行星撞击海洋的情况：1 月份在北纬 30°处，一颗直径 0.3 英里的小行星撞击海洋，会对臭氧层造成局部冲击——形成一个遍布北半球的臭氧空洞；一颗直径 0.6 英里的小行星撞击海洋，导致全球紫外线防护能力下降。（美国趣味科学网站 10 月 26 日报道. 题. 小行星撞击可能会迫使人类过上暮光之城般的生活. 参考消息，2010.12.28）

② 恩格斯曾对这一前景有过如下概述：“那时日益衰竭的太阳热将不再能融解从两极逼近的冰，那时人们愈来愈多地聚集在赤道周围，但是最后就是在那里也不再能找到足以维持生存的热，那时有机生命的最后痕迹也将逐渐消失；而地球，一个像月球一样的死寂的结了冰的球体，将在深深的黑暗里沿着愈来愈小的轨道围绕着同样死寂的太阳旋转，最后就落到它上面……代替安排得和谐的、光明的、温暖的太阳系的，只是一个冷的、死了的球体在宇宙空间里循着自己的孤寂的道路行走着……”[19] 505-506

[9] 郝守刚，马学平，董熙平．生命的起源与演化——地球历史中的生命[M]．北京：高等教育出版社，2005.
[10] 赫尔曼·哈肯．协同学——大自然构成的奥秘[M]．凌复华，译．上海：上海译文出版社，2000.
[11] 托马斯·亨利·赫胥黎．进化论与伦理学[M]．进化论与伦理学翻译组，译．北京：科学出版社，1971.
[12] 许靖华．大灭绝：寻找一个消失的年代[M]．任克，译．北京：生活·读书·新知三联书店，1997.
[13] 斯蒂芬·J. 古尔德．生命的壮阔：古尔德论生物大历史[M]．范昱峰，译．北京：生活·读书·新知三联书店，2001.
[14] 莫蒂默·艾德勒，查尔斯·范多伦．西方思想宝库[M]．《西方思想宝库》编委会，译编．长春：吉林人民出版社，1988.
[15] 蔡晓明，尚玉昌．普通生态学（下册）[M]．北京：北京大学出版社，1995.
[16] 陶思明．湿地生态与保护[M]．北京：中国环境科学出版社，2003.
[17] 浅间一男．人为什么成为人——达尔文进化论质疑[M]．宋成有，刘甚秋，编译．沈阳：辽宁大学出版社，1992.
[18] 皮特·J. 鲍勒．进化思想史[M]．田洺，译．南昌：江西教育出版社，1999.
[19] 弗·恩格斯．自然辩证法[A]//马克思恩格斯选集（第三卷）[C]．北京：人民出版社，1966：492-612.
[20] 达尔文．人类的由来[M]．潘光旦，胡寿文，译．北京：商务印书馆，1983.
[21] 戴维·皮尔比姆．人类的起源和进化[A]//A. C. 费比恩主编．起源——剑桥年度主题讲座 [C]．王鸣阳，译．北京：华夏出版社，2006：111-145.
[22] 生物多样性公约[A]//迈向21世纪——联合国环境与发展大会文献汇编[C]．中国环境报社，编译．北京：中国环境科学出版社，1992：52-73.
[23] 蔡晓明．生态系统生态学[M]．北京：科学出版社，2002.
[24] 孙儒泳．动物生态学原理[M]．北京：北京师范大学出版社，1987.
[25] 徐钦琦，刘时藩．史前气候学[M]．北京：北京科学技术出版社，1991.
[26] 李博，杨持，林鹏．生态学[M]．北京：高等教育出版社，2000.
[27] 休伯特·里夫斯．宇宙演化[M]．苏文平，刘苓，译．北京：北京大学出版社，2000.
[28] F．普洛格，D.G. 贝茨．文化演进与人类行为[M]．吴爱明，邓勇，译．黄坤坊，审校．沈阳：辽宁人民出版社，1988.
[29] 拉马克．动物哲学（上）[M]．沐绍良，译．北京：商务印书馆，1936.
[30] 洛伊斯·N. 玛格纳．生命科学史[M]．李难，崔极谦，王水平，译．董纪龙，校．武汉：华中工学院出版社，1985.
[31] 马尔萨斯．人口原理[M]．第6版．子箕，南宇，惟贤，译．北京：商务印书馆，1961.
[32] 马尔萨斯．人口原理[M]．第1版．朱泱，胡企林，译．北京：商务印书馆，1996.
[33] 达尔文．物种起源[M]．舒德干，等，译．北京：北京大学出版社，2005.
[34] 周辅成．西方伦理学名著选辑（下卷）[M]．北京：商务印书馆，1996.

[35] 原华荣．生命原理与人口控制[J]．西北人口，2001（3）：39-42，38.
[36] 康育义．生命起源与进化[M]．南京：南京大学出版社，1997.
[37] 孙儒泳，李庆芬，牛翠娟，等．基础生态学[M]．北京：高等教育出版社，2002.
[38] 林恩 • 马古利斯．生物共有的行星——进化的新景观[M]．易凡，译．上海：上海科学技术出版社，1999.
[39] 刘波．天地人巨系统观[M]．合肥：安徽教育出版社，1993.
[40] 牛文元．自然地理新论[M]．北京：科学出版社，1984.
[41] E. G. 尼斯比特．逝去的伊甸园——人类生存环境的状况及其变化[M]．郭彩丽，吴向东，徐晶，译．北京：中国青年出版社，2001.
[42] 槌田 敦，室田 武．水、生物、人类与熵理论[J]．洪时明，译．世界科学，1986（9）.
[43] 原华荣．论生命和自然的本质[A]//四川攀枝花市物理学会. 熵理论的一场大辩论[C]．成都：四川科学技术出版社，1993：335-341.
[44] 歌德．浮士德[M]．杨能武，译．合肥：安徽文艺出版社，1998.
[45] M. R. 罗宾森．火与冰——核冬天[M]．江凌飞，等，译．北京：中国人民大学出版社，1986.
[46] 罗祖德，等．地理之谜[M]．上海：文汇出版社，1990.

自然就是目的。

——亚里士多德

内在合目的性，……它的这个原则、同时也是它的定义是说：一个有机的自然产物是这样的，在其中一切都是目的而交互地也是手段。在其中，没有任何东西是白费的，无目的的。

——康德

“有限目的性”是说：宇宙的生成既不是为人的，也不是为生物的。

“生物共同体”的“生态目的性”，即在于维护地球生物圈的多样、和谐、美丽、稳定和持续。

按“最小化”原则和所扮演“生态角色”对资源在物种间的自然配置，在指向多样性、“种际平等”的同时，还保证着捕食者在速度、力量、灵活性上对被捕食者的优势，进而营养关系和“生态目的性”的贯彻。

“代际平等”的生存模式，对 *K*-对策物种而言是“小种群—代际共享”，对 *r*-对策物种来说是“短存活—分代利用”。

“种内平等”的“伦理硬壳”是说：不平等会使生物无法完成“生态使命”并导致种群崩溃——部分猫太肥抓不住老鼠，部分猫太瘦抓不动老鼠，部分猫被被禁止抓老鼠——而是反自然的。

一切自然只是艺术，你所不知；一切机会都是方向，你所不见；一切冲突都是和谐，你所不解；一切局部的恶，都是普遍的善，傲慢之恶，寓于错误理性之恶；一条真理分明，凡是存在的都正确。

——A. **蒲柏**

18 “生态目的性”

18.1 退化与进化

18.1.1 两种时间箭头：退化与进化

退化与进化是自然界演化（evolutionary）的全部形式。进化既指序（组织、结构）的形成，也指物质和能量的获得；反之，退化指组织性、结构性的下降和物质、能量的耗散。根据物质不灭定律和 R. J. 克劳修斯的“宇宙基本原理”——宇宙的能量是常数；宇宙的熵趋于一个极大值，[1] 181 退化和进化的基本特征及相互关系是：

——宇宙在创生时刻，必然处于可能的“最小熵”和最大的物质/能量态

从宇宙的熵趋于一个极大值出发，宇宙在创生时刻必然处于可能的“最小熵”和最大的物质/能量态[2] 372-373——这是熵增加或时间不可逆的规定。在 $t=10^{-43}$ 秒，即开始“暴胀”的瞬间，宇宙处于“伪真空”的量子态，其能量密度高达 10^{88} 焦耳/厘米 ^{3}（或 10^{87} 焦尔/厘米 ^{3}），质量 10^{64} 吨/厘米 ^{3}（可观宇宙的总质量为 10^{48} 吨），温度 10^{28} K（或 10^{27} K）。[3] 309-310，[4] 25-26

——退化是自然演化普遍存在的、总体性的不可逆过程，其终极态是热平衡

退化是自然演化普遍存在的、总体性的不可逆过程，其终极态是热平衡——“热寂”。退化，既表现为恒星从主星序阶段开始，经红巨星（或超红巨星）阶段、变星阶段演变为白矮星、中子星，最后成为黑矮星而终其一生的过程，也表现为由其组成的星系的崩溃；既是地球自转速度的减慢——9 亿年前每天只有 18 小时，5 亿年前、3.7 亿年前、2 亿年前相继增至 21 小时、22 小时和 23 小时——，也是其上土壤的流失和每时每刻生命的死亡。

在总体上，则展现为宇宙温度、密度随空间扩大，物质和能量耗散的下降。在不到 10^{-30} 秒时，从 10^{-43} 秒开始的指数式“暴胀”（每 10^{-32} 秒增加 1 倍，在远小于 1 秒的时间里，宇宙半径增大了 1 030 倍）结束，宇宙由“伪真空态”经“冻结”过渡到“真真空态”。在“暴胀”结束时，“冻结”所释放的热，再次将宇宙加热到接近 10^{28} K（或 10^{27} K），10^{-5} 秒、10^{-4} 秒、10^{-2} 秒、1.1 秒、13.8 秒、3 分 46 秒，宇宙的温度依次降至 10^{13} K、10^{12} K、10^{11} K、10^{10} K、3×10^{9} K 和 9×10^{8} K。10^{-36} 秒时，宇宙的能量为 10^{15} GeV（电子伏特），对应的温度为 10^{28} K，10^{-12} 秒时为 10^{3} GeV 和 10^{16} K，10^{-5} 秒时为 1 GeV 和 10^{13} K。在 $t=10^{6}$ 年时，宇宙的平均密度已降至每升体积里只有

1 000 万个原子，今天，大约每 1 000 升空间才有 1 个原子——平均密度降至宇宙早期的 $1/10^{10}$。[3] 177-188、296、309-310，[5] 118，[6] 200-202 ①

——进化以退化为条件，与退化“共时态”并在空间上镶嵌

进化也是自然演化普遍存在的，以退化为条件，与退化“共时态”，在空间上镶嵌，连续交替但局部性的过程。宇宙因“暴胀”导致的“大一统”（GUT）的破坏，带来巨大数量的各种粒子，而其温度随时间自创生至 3 分 46 秒期间的连续下降，则为物质的生成创造了条件——与温度下降、辐射强度减弱相伴随的，是质子对中子的增加，粒子对、电子对湮灭与生成相比的减少和终止，质子、电子对反质子、正电子的剩余（每 10 亿个中多 1 个），进而电中性原子的形成。[3] 181-185、295-304

个体生物的死亡与诞生、文明的兴盛与衰亡、恒星的生成与毁灭、星系的演替，构成了退化与进化在时间上的演替；生成与死亡、诞生与毁灭的并存，则构成了进化与退化在空间上的镶嵌。地表在内外力共同作用下形成的进化与退化在时间上的演替，在空间上的镶嵌即是自然图景的典型例证。构造运动在地表造成隆起和凹陷——隆起区因获得物质、能量（势能）而进化，凹陷区因物质、能量的减少而退化；在外力作用下，隆起区因剥蚀失去物质、能量而退化，凹陷区则因堆积获得物质、能量而进化。（3-18-1-2）与总体性的退化相比，进化是局部性的，当宇宙的熵达到最大时，一切进化便都停止了。

——进化获得的物质、能量远远小于退化所耗散的物质、能量

“有序孤岛”——秩序，明亮的、（内部）热的恒星与“混乱海洋”——无序，黑暗的、寒冷的微波之海并存，但规模远小于“混乱海洋”——进化的局部性、退化的总体性的根本原因即在于此。这是宇宙的熵趋于最大的保证，确切说是热力学第二定律的规定，否则，熵定律便不具普适性，永动机便会成为可能。

——退化/进化速率与时空尺度反向关联且呈不均匀性

物质、能量耗散强度，或退化/进化速率在时空上存在与尺度反向关联的不均匀性。即，时空尺度越小，物质、能量耗散的速率便越大、强度便越高，退化/进化便越显著、越剧烈；反之，时空尺度越大，物质、能量耗散的速率便越小、强度便越低，退化/进化便越平稳。在极短时间、极小空间，最大限度地耗散能量并创造出宇宙全部物质的大爆炸，即是这种不均匀性的极端；宇宙在可能长的时间、可能大的空间保持的各向同性——所有物质的不均匀性小到 10^{-5}，“微小的”宇宙岛并不对之构成影响，[2] 381 则是这种不均匀性的另一极端——极均匀。猛烈的火山喷发、地震、全球性热传导，划过夜空的流星和绕太阳运行了几十亿年的行星，都是物质、能量耗散与时空尺度反向相关的例证。

---

① 在世界上最强大的粒子碰撞机（位于日内瓦郊外欧洲核子研究中心的大型强子对撞击）上工作的科学家们发现：在宇宙刚刚诞生时曾产生过温度高达 10 万亿℃以上的“黏稠液体”——由原子和离子融化形成的，奇异的“夸克－胶子等离子体”浓汤，而不是人们通常认为的类似的“气体”。（英国《每日电讯报》网站 11 月 20 日报道. 记者理查德 • 格雷，题. 宇宙是如何从液体演化而来的. 参考消息，2010.11.22）

——事物持续存在的时间长度与物质、能量的耗散强度反相关

划过夜空的流星，为发出耀眼的光芒而一次性地燃烧了自己；缓慢爬行的乌龟，则为自己赢得了长的存活时间。自然是节约的，也并不急着去死。自然对浪费的惩罚是，你越剧烈地耗散，（在给定物质、能量条件下）便会越快地毁灭自己——文明愈是辉煌，她持续存在的时间便越短。

——引力是宇宙诞生、演化和进化的关键

第一，引力与反引力的相互作用，使巨大的能量集聚在一起而为宇宙的诞生提供了暴胀推力。

在“伪真空态”，巨大能量的高密度集聚形成了巨大的引力和负压力——反引力。巨大的引力保证着巨大能量的集聚并与反引力保持超临界平衡，当反引力取得胜利时，便形成把宇宙冲开的巨大的暴胀推力。[4] 24-26

第二，引力与暴胀推力的精确平衡决定着宇宙的命运。

若暴胀推力不那么强，宇宙便会很快在一场崩塌中缩回去；若暴胀推力更强一些的话，宇宙物质便会迅速离去而不会形成星系——宇宙的存在全赖两种力的精确平衡，而且精确到了 $1/10^{60}$。同时，恒定不变的累积引力，又抑制着宇宙的膨胀而使之减速。[5] 114，[6] 194-195①

第三，引力与由其启动的热核反应产生的负压力、电磁力的平衡，使星系相对稳定而保证着宇宙演化——退化/进化过程的持续。

在引力作用下，由大爆炸产生的弥散气体聚集而形成恒星（行星）、星系、星系团……若只有引力，太阳、地球便会在几分钟之内因加速的引力收缩而坍缩为黑洞，只是在引力与热核反应形成的负压力（外推力）、电磁力（行星外壳的硬度）保持平衡状态下，地球才得以存在，太阳才能持续发光。恒星的热核反应，则是引力收缩把恒星加热到一定温度时被启动的。[2] 371-372，[6] 194-195②

18.1.2 “免费午餐”：“退化是进化之梯”

以上的叙述表明，宇宙间同时存在着退化与进化两种时间箭头。但这两种过程是不等价的，且这种不等价达到了宇宙岛的存在并不构成对宇宙的各向同性有丝毫影响的程度。

---

① 引力虽只及电磁力的大约 $1/10^{40}$，但却是一个不会消失的，在很大尺度上都能施加影响的长程力——而能够尺度大，又恰因为它是一个弱力。如果引力稍为强一些的话——不是 $1/10^{40}$，而是微观物理学那几种力的 $1/10^{30}$，就只能有一个尺度非常小的，能量只有太阳的 $1/10^{15}$，维持不到一年的膨胀宇宙。正是由于引力的微弱，才会有广袤、弥散，演化的时间尺度长达数十亿年的宇宙的存在。[7] 23

② 马丁·J. 利斯写道：“对于‘宇宙正在发生什么事情？’这样的问题，如果只允许用一句话来回答的话，大概可以这样说：‘把万物拽到一处的那种引力结合能正在被释放出来，导致恒星、星系和星系团不停地收缩，而这种不可避免的趋势多亏了转动、核能，还有天文学系统那样无比巨大的规模，才得以进行的不似那样快速，延缓了事态的进程，阻遏了引力的得逞。’”[7] 23

——生命的存在是否使宇宙更加混乱进而总熵增加

两种时间箭头并存给我们带来的新的问题是：其一，在地球上，是生命的进化带来或导致了退化，还是退化支持着生命的进化；其二，如果地球生命的进化带来退化，导致熵增，那么，生命的存在是否会增加宇宙的混乱而使总熵增加。

对此，杰里米·里夫金和特纳·霍华德写道：“再生能源实际上是非再生能源。也就是说，尽管再生能源不断地再生，但今日每多长出一片草叶或一个微生物，明日就少一片草叶，少一个微生物。按照乔治斯库-罗伊根的话说‘物质不含糊’。虽然太阳能流是无限的，但组成地球表层的物质一能量却不是这样。地球上的物质正在不断地衰退和耗散。自然循环只为未来回收了部分用过的物质一能量。其他部分则无可挽回地损失掉了。所以，不管太阳能照耀多久，我们系统内的物质一能量流动越迅速，我们就能越快地耗尽再生能源。”[8] 224

“我们已习以为常地认为生物进化就是进步，然而我们现在却发现在进化之链中，越是高级的生物，就要把越多的能量从有效状态转化为无效状态。进化过程中，越是新的种类就越为复杂，它转化有效能量的能力就越强。然而真正让我们难以接受的，是意识到进化之链中越是高级的生物，它的能量流通就越大，它给宇宙带来的混乱也就越大。……熵定律向我们表明，进化过程耗散着对地球上的生命有用的总能量。然而我们的进化观恰恰相反。我们相信进化神奇地在地球上创造着更大的价值和秩序。只是在我们环境的耗散和混乱变得如此显而易见，我们才开始重新反省我们的那些进化、进步和创造物质财富的观念。”[8] 51

以上文字所表达的，一是没有“免费的午餐”——进化总是要付出代价，“有序孤岛”的形成必然造成“混乱的海洋”；二是地球上生命的进化与人类进步一样给宇宙带来混乱；三是必须对人类关于进步、创造观念从熵定律出发进行反省。里夫金、霍华德的看法无疑是符合热力学第二定律的，但我们却确实看到“免费午餐”的存在——如，绿色植物的光合作用并不会减少太阳的寿命，地球生命的进化亦未带来太阳的熵增加……

——地球系统的自然演化：为生命提供“免费午餐”的熵过程

为克劳修斯在 1865 年所定义的熵，在希腊文中即含“演化”之意。“退化是进化之梯”——地球系统 ① 的自然演化，即是一个提供“免费午餐”的熵过程。② 这一“退

① 地球系统分地球内部系统与地球表面系统。地球表面系统又分为地表自然系统——自然地理系统，包括水圈、大气圈、岩石圈、土壤圈，和生命系统——由包括人类在内的所有生物组成的生物圈。

② 宇宙的创生，即被 E. 特莱恩（1973）定义为“免费午餐”。特莱恩认为，我们宇宙的能量有两种形式，一种是与引力有关的负能量，一种是与质量有关的，由爱因斯坦质能公式 $E=mc^2$ 定义的正能量。普利高津推测，空无一物的宇宙总能量为零，大爆炸可能与保持能量守恒的真空中的涨落有关。非平衡结构（如贝纳尔涡旋或化学震荡）的产生（其中能量守恒）也相应于“免费午餐”，因为非平衡结构的代价是熵，而不是能量。[9]140“免费午餐”模型表明：大爆炸将引力能转化为物质而宇宙的总能量守恒（引力场＋物质）。[9]141-143

艾伦·古斯的看法更为直截了当：“人们常说没有免费午餐这回事，然而，宇宙就是免费午餐”。[6]236

化—进化”模式，包括两个相互关联的过程：地内系统的退化与地表系统的进化；地表自然系统的退化与生命系统的进化。[10]

【过程Ⅰ：“地内系统退化—地表系统进化”】为地表系统（自然地理系统、生命系统）进化和生命演化奠定基础的地球内部系统的退化指，地内能量（U^{238}、U^{235}、Th^{232}、K^{40}等长寿放射性同位素衰变、裂变，以及其他形式的核反应所释放的能量）通过转换（热能→功能→地表势能，构造运动），耗散（火山、地震等），传导（地等热）的减少，和熵值相应的增加。

构造运动带来海洋与陆地，和陆地内部的高度差异，使部分地表（陆地，特别是高原和山体）获得巨大势能，海洋和另一部分地表则相应减少了势能。以此为基础，在太阳辐射能推动和以太阳能为主要动力的外力参与下，为地球生命的维持提供了两个根本性条件：一是通过“地表循环”和“地质循环”的联合，形成足够强度的化学物质，包括生命物质的全球性“物质循环”，源源不绝地保证着对生命的物质供给；一是形成足够强度的“废热扩散”功能——通过强大的水、大气的全球性循环，把自然，包括生命过程中产生的废热扩散到外层空间而保证着地球系统的开放和适宜生命温度（18℃）的维持。（3-17-4-3）

在外力推动下化学物质的“风化/剥蚀—搬运—堆积”既是作为全球物质循环一部分的“地表循环”和土壤圈生成，从而地表系统进化的必要条件，同时又不停地使物质散失，造成陆地高度下降，势能减少，地表物质循环强度减弱，进而地表系统的退化。

地球内部能量的减少不仅为地表系统的进化奠定了基础，而且还通过持续的退化为这一进化提供着保证——永不停歇的构造运动（在内部能量因耗散再也无法在地表制造凹凸不平为止），一方面使陆地抬升，保证着海陆、山川高度的差异从而水、大气、化学物质循环的足够强度；一方面使地表循环过程中散失的化学物质，经“地质循环”——“聚集—沉积—成岩”后重新出露，并给以势能而保证着全球性化学—生物循环的物质供给。

【过程Ⅱ：“自然系统退化—生命系统进化”】地表自然系统也同时存在着退化与进化两种相反的过程。构造运动导致的地表隆起部分获得势能而为原生进化过程；凹陷部分势能减小而为原生退化过程。在“风化/剥蚀—搬运—堆积”作用下，隆起部分物质流失、势能下降，由“原生进化区”变为“次生退化区”；凹陷部分物质聚积、高度抬升而势能增加，由“原生退化区”变为“次生进化区”。

由于构造运动对物质、能量耗散的不均匀性，在原生的进化区和退化区内，又存在着多层次的高度差异——由此，次生的退化和进化便成了一个在“原生进化区”、“原生退化区”都存在的，多层次的全球过程——而形成进化区与退化区在空间的多层级镶嵌：原生进化（退化）区内镶嵌着若干次一级的退化（进化）区，次一级的退化（进化）区镶嵌着若干再次一级的进化（退化）区……——而下一次的构造运动，又会改变这一格局而使退化与进化的空间镶嵌变得更为复杂和多样。

当免费获得物质供给和系统的开放后，以环境的严酷化（地球因大气中CO_2含量大幅度减少的变冷、变干，四季和冷冬的出现）为背景，地球生命便沿着“退化一进化之梯”拾阶而上，由简单到复杂并最终演化出人类——生物在复杂性意义上的进化；进化区与退化区在空间多层级镶嵌的意义是，在保证“物质循环”/生命物质供给的同时，强化着环境的空间异质性（“斑块”、“地理隔离”）而推动着生物多样性的发展——生物在多样性意义上的进化。

对太阳而言，她把阳光洒向地球和金星而毫无偏私；对地球来说，以地内和地表自然系统退化为阶梯而演化出的所有生命，也不会为地球乃至宇宙制造混乱——即有资格享用“免费午餐”而是等价的。

18.2 “生态目的性”

18.2.1 “自为目的性”和“自在目的性”

——亚里士多德：“自然就是目的”

“目的论”（teleology）是一个备受批判的观念。在用神的有目的的计划和安排解释事物的依据——是这个样子而不是那个样子的“外在目的论”（苏格拉底、柏拉图）受到批判的同时，“内在目的论”（亚里士多德、莱布尼茨、康德）也因对人类优越论和人的“宇宙至尊”地位的挑战而受到拒绝。虽然“隐德来希”（Entelechies，内在目的）常被人们所诟病，但亚里士多德仍然坚信：“自然就是目的”、“形式就是目的”。

“如果早期的共同体是自然的，那么城邦也是自然的。因为这就是它们的目的，事物的本性（phusis，也作‘自然’——译者注）就是目的……终极因和目的是至善，自足便是目的和至善”——“自然，就像我们常说的那样，不会做徒劳无益之事”[11] 4（《政治学》）“当事物的一切部分结合得仿佛就像为了某种目的才生出时，那些由于自发而形成得很适当的东西就保存下来，不这样就毁灭了，就像恩培多克勒所说的人面牛一样”。[12] 431（《物理学》）

对“自然为什么是诸种原因中的目的因”？亚里士多德的回答是：“自然是一种原因，是有所为的”。“人的牙齿必然地是门齿锋利适宜撕扯，臼齿宽厚以便咀嚼，这种情形的出现难道不可以是为了某种目的，而并非是由于巧合吗？其他被认为好像是有目的因在其中的部分也都是这样”。[12] 431“这些以及所有由于自然的事物都是长远如此或经常如此地生长着，没有一个是由于巧合或自发的”——“既然行为是有所为的，那么，自然生长也当然要有所为……在植物中，也是有所为而生长出了那些器官来的，例如叶片的长出就是为了遮掩果实。因此，如果说燕子垒巢、蜘蛛结网是由于自然，那也是有所为的，同样地，植物生叶为了果实，根不往上窜而向下伸是为了汲取养分”[12] 432——“所以很明显，在由于自然而生成和存在的东西中，是有目的因的”。[12] 432-433（《物理学》）

“形式也就是自然”[12] 424和目的：“既然自然一词有两层含义，一是当作质料，一是当作形式”[12] 433——所以，“形式就是目的，其他都是为了这一目的的，那么，形式就应该是这个‘所为’的目的因”。[12] 433 而且，目的与达到目的的手段也是同一的——“‘所为的东西’和目的与达到目的的手段是同一的。而自然就是目的和‘有所为’”。[12] 425（《物理学》）

——康德：“内在合目的性”与“外在合目的性”

“目的就是一个概念的对象，只要这概念被看做那对象的原因（即它的可能性的实在的根据）；而一个概念从其客体来看的原因性就是合目的性”。[13] 441 作为“判断力的一个先验原则”，[13] 404“自然的合目的性”有主观与客观、内在与外在之分。“主观合目的性”指，对象“好像本来就完全是适合着我们的判断力而设置的那样”；[13] 490“客观合目的性”则只是“自然物的可能性原则”——其之现实性是“连经验也不能向我们证实”的，[13] 490 它“远离了与自然概念的必然联系，以至于客观合目的性毋宁正是人们主要援引来由以证明它（自然）的及它的形式的偶然性的东西”。[13] 491 在康德看来：（《目的论判断力批判》）

第一，有机物是“作为自然目的之物”并“内在合目的性”的。

有机物（动物和植物）——这个“有组织的和自组织的存在者”[13] 494 是“作为自然目的之物”。[13] 492 对“内在合目的性”和评判准则，康德写道：“它的这个原则、同时也是它的定义是说：一个有机的自然产物是这样的，在其中一切都是目的而交互地也是手段。在其中，没有任何东西是白费的，无目的的，或是要归之于某种盲目的自然机械作用的”。[13] 497

“自然目的就必须涉及自然产物中所包含的一切东西”——“在动物的躯体中，有些部分作为固化物（如皮肤、骨头、毛发）是有可能按机械律来理解的。然而为此弄到合适的材料，把它变形和塑造成这样并放在它们应处的位置上……总是要从目的论上来评判的，以至于在这个躯体中的一切都必须被看作是有机的，而一切也都在与该物本身的某种关系中又是工具”。[13] 498

第二，自然物是“外在合目的性”的并在这种“外在合目的性”的关系中形成目的论体系。

山川、河流、植物、动物……“不会提供任何充分的辩护理由，来既把自己作为自然目的而用作解释这些自然物存有的根据，同时又把这些自然物的偶然合目的的结果在理念上按照目的因的原则用做它们存在的根据”——“这些事物中没有一样人们有理由将之独自看做目的，对于它们的这种外部关系只能在假设中被评判为合目的性的”。[13] 499

“外在合目的性是一个完全不同于内在合目的性概念的概念，后者是与一个对象的可能性结合着的，而不论这个对象的现实性本身是不是目的”——“在那里一个自然物充当了另一个自然物达到其目的的手段。现在，那些不具有内在合目的性之物，或不以内在合目的性为其可能性的前提之物，如土、空气、水等，仍然可以是外在地、即在与其他存在物的外在关系中很合目的性的；但这些其他存在物必须任何时候都是有机物，即自然目的，因为否则的话那些东西也就不能被作为手段来评判了”。[13] 525

在“外在合目的性”的关系中，自然物形成了目的论体系——食草动物为了食肉

动物而存在，食草动物、食肉动物和各种自然界，则为了人类而存在。[13] 527

——“自为目的性”和“自在目的性”

在一些人看来，一个缺乏“目的性”的世界给人们带来的，必定是“索然无味”。① 物理学家保尔·戴维斯在《宇宙的最后三分钟》一书的末尾即写道：“要是宇宙有一个目标，并且它达到了那个目标，那么宇宙一定会寿终正寝，因为它的继续存在既没有理由也毫无意义。相反，如果宇宙会永远存在下去，那么不难想象，对宇宙来说根本不会有任何最终的目标。这样，宇宙的死亡也许正是为宇宙的成功所必须付出的代价。因此我们只能希望在宇宙的最后三分钟结束之前，它的目标也许会被我们的后裔所认识。”[4] 118

随着生态学知识的普及和对自然了解的深入，人们已越来越认识到，生物的“内在目的性”不只是一种好像、可能、假设的“先验的合目的性”，而是一种“实践的合目的性”，[13] 405 一个具“需求”而在本质上别于非有机物的生物，（借康德的话来说，她）“不需要任何别的东西作为它的可能性的条件”[13] 535——即生物既具外在价值（工具价值）又具内在价值，而首先是具有不以人主观意志为转移的内在价值。（3-21-2，3-21-3，3-21-4）生物学家J. 莫诺在《偶然性与必然性》（1970）中便明确指出：生物是赋有目的或计划的客体，这种目的性寓于生物的结构之中，通过生物的动作显示出来，生命的特点就在于“目的性”——有机体的功能结构执行或实现某种具体计划，蛋白质则是这种目的性行为的承担者。[14] 657

泰勒“有机体是生命的目的中心”的要点是：“一切有机体的生命，都是以目的为中心的生命，它们都是具有统一性、融贯性、与条理性的系统，分别以目标为导向而活动，以保护并且维护其生命机体的存在和发展”。[15] 528 当罗尔斯顿提出自然价值论时，则无疑是把目的赋予了生态系统——系统价值既是部分价值的总和，又是完善和创造（个体）价值的价值：生态系统是宇宙中最有价值的现象，创造万物的大自然是价值之母。[16] 255、269-270、301、306

对“目的性”，还可从能动性和层级性两个方面来观察。从能动性看，有“自在目的性”与“自为目的性”之别；从层级性看，“目的性”既属于个体、群体，也可为群落、生态系统、景观和生物圈所拥有。

“自为目的性”指生物“自为”或“能动性”行为所具有的目的性。对饥而食、寒而衣、困而眠的人，和（捕）食、自卫、逃避伤害的动植物来说，“自为目的性”在本质上是同一的，区别仅是能动性和“目的性”的强弱差异。“自在目的性”指生物圈运行所具有的“目的性”。除生物行为后果所具有的“目的性”外，还包括生物环境变化所具有的“目的性”——在这里，狼吃羊是生物的一种“自为目的性”，而其后果，则是一种维持食物链动态平衡的“自在目的性”。生物群落、生态系统、景观、生物圈的“目的性”是“自在的”；而生物个体、群体的“目的性”，则既是“自为的”，也是“自

① 伯兰特·罗素确信：生存最终是徒劳无益的；[4] 117 温伯格也说，“看来对宇宙理解得越多，好像就越感到索然无味”。[4] 118（《宇宙的最初三分钟》）

在的”。

——“有限目的性”：对“宇宙为人而创造”、“人择原理”的颠覆

“人是自然的目的”和“万物有灵论”是“目的性”的两个极端。这里的问题是，若人是自然的“终极目的”（康德），那么，当人从地球上消亡之后，宇宙还有存在的必要吗？若“万物有灵”，当生命从地球上，乃至茫茫太空中消失（假定地球不是唯一的“诺亚方舟”）之后，宇宙——也即没有了生物的无机界的目的又是什么？因此，界定“目的性”的范畴——主体和时空，就成了一件必需的工作。

当我们定义“自为目的性”和“自在目的性”时，“目的性”的主体和与之关联的时空便已给出了——“目的性”只属于具“自为目的性”的生物，和具“自在目的性”的生态系统/生物圈——生物和她的环境；“目的性”只限于生物和存在着生物的自然界的有限时空。当“目的性”在范畴上被做了，也必须做这样的限定——对茫茫宇宙来说，地球、地球上的生物、生物圈和她的存在在时空上无疑是极其有限的——之后，自然就没有了“终极目的”；接着，“宇宙为人而创造”、“人择原理”等人类中心主义的说法，也随之失去了凭据——宇宙的生成，既不是为人的，也不是为养育万物的。

有限“目的性”——生物、生态系统在时空上的有限性——虽然不是全部，但却在一定程度上给自然带来了——并非自然固有的——目的和意义，使生存变得不再在罗素看来的“徒劳无益”，使宇宙变得不再如温伯格认为的那么“索然无味”。

18.2.2 “生态目的性”

——“生态目的性”的概念

“生态目的性”即是一种有限的，内涵“自为目的性”的“自在目的性”——地球生物圈是她的形式，“自然秩序”是她的贯彻。当奥尔多·利奥波德在关于“大地伦理”的讨论中写下如下一段话时，他便正式播下了“生态目的性”的种子——“一个事物，只有在她有助于保持生物共同体的和谐、稳定和美丽的时候，才是正确的；否则，她就是错误的。”[17] 233-234（3-21-4）

“生态目的性”即“生物共同体”在生态学意义上的“目的性”——维护自然生态系统的多样、和谐、稳定和持续。① “生态目的性”是对“生存原则”的贯彻，在根本上是一种“生存目的性”——生物为了自身的生存而维护生物圈的多样、稳定和持续；和“集体目的性”——“生物共同体”（种群、群落、生态系统、景观、生物圈）和其所有成员（生物个体、种群、群落、生态系统、景观、）共同的“好”和共同的目的；也是共同体最为本质的特征。亚里士多德和康德的见解，则表明了“生态目的性”的必要性：

“当事物的一切部分结合得仿佛就像为了某种目的才生出时，那些由于自发而形成

① “趋稳”是所有系统的“目的”，具“生态目的性”的生物圈也是如此。钱学森先生在谈到哈肯的贡献时即指出：“所谓目的，就是在给定的环境中，系统只有在目的点或目的环上才是稳定的，离开了就不稳定，系统自己要拖到点或环上才能罢休。这也就是系统的自组织。”[18] 245

的很适当的东西就保存下来，不这样就毁灭了……"[12]431（亚里士多德，《物理学》）"我们也可以跟随林奈爵士走一条表面看起来相反的路并说：食草动物的存在是为了抑制植物界的过度生长，这种过度生长会窒息许多的植物种类；食肉动物是为了给食草动物的贪吃建立限制……"[13]527（康德，《目的论判断力批判》）

——"生态目的性"的层级性特征

具"集体目的性"的"生态目的性"的总体特征是："生物共同体"的层级越高，她的目的性便越明确；"生物共同体"的层级越低，她的目的性便越具体。

"生态目的性"，对某一生态系统来说，即是为系统内各种群、群落和所有生物个体的共同利益而维护生态系统的多样、稳定、和谐、持续——限制各群落、种群的过度发展而使她们保持相互间的平衡；对该系统内的某一种群来说，即是为种群内所有生物个体的共同利益而维护种群的存在和稳定——接受生态系统的限制并限制种群内的个体数量；对某一种群内的生物个体而言，即具体展现为生存、繁殖，和为了种群利益的自我限制——如动物的出生率下降、死亡率上升、（集体）自杀、外迁，植物的自疏、自毒。

贯彻"生态目的性"带来的，是生物界的平等，生物圈的稳定、和谐和持续；丢失"生态目的性"造成的，则是人对自然的异化和劫掠、人与人的不平等，人类社会的不和谐和文明的非持续性。（3-18-4；3-20-3）

——"生态目的性"的关键词："生态角色"、"生态义务"和"生态使命"

"生态目的性"的关键词是："生态角色"、"生态义务"和"生态使命"。

"生态角色"即生物（物种）在"共同体"中的"生态分工"——如捕鼠的猫和为猫提供食物的鼠，吃羊的狼和为狼提供食物的羊，食草的羊和为羊提供食物的草。

"生态义务"指贯彻"生态分工"或扮演"生态角色"的不可推卸性——生物在"共同体"中扮演着一定的"生态角色"，而且必须扮演一定的"生态角色"——猫抓老鼠而且必须抓老鼠，鼠为猫食而且必须为猫食；狼吃羊而且必须吃羊，羊被狼吃而且必须被狼吃……

"生态使命"即"生物共同体"的总体目标——维护地球生物圈的多样、稳定和持续，"生态任务"或"生态目标"是"生态使命"对某一生物物种而言的具体化——维持所在食物链取食环节物质、能量的正常流转，或营养关系中生物数量的动态平衡。"生态使命"有三个方面的含义：

第一，生物和生物的所有行为，都是"共同体"总体目标不可或缺的一部分。

"生态使命"之于生物（物种），是"一个都不能少"；对生物的所有行为来说，是"恪尽职守"地扮演一定的"生态角色"，承担一定的"生态义务"、完成一定的"生态任务"——这样，地球生物圈的多样、稳定、持续便得到了维护和保证。

第二，扮演"生态角色"……执行"生态任务"是对所有生物的一种强制。

扮演"生态角色"、承担"生态义务"、执行"生态任务"是对所有生物不得拒绝的强制——草、鼠、羊拒绝给羊、猫、狼吃，或羊、猫、狼拒绝吃草、鼠、羊，都无疑是对"共同体""生态使命"的背离和"生态目的性"的破坏。

第三，完成“生态任务”是对生物行为的一种限制。

完成“生态任务”，实现“生态目标”是对生物行为的一种限制。对猫来说，是把老鼠控制在一定的数量而不能将其统统杀死；对狼来说，是把羊控制在一个不多不少的数量而不是把她们全部吃光；对羊而言，是“游牧”而非在一个地方过度啃食使草场退化——否则，群落、生态系统、生物圈的多样、稳定、持续便得不到维护和保证。[①]

18.2.3 “生态目的性”的贯彻

“生态目的性”是生物界“秩序”的“总纲”——从蝌蚪和她的一洼水到北美草原，从亚马孙雨林到生物圈，所有层级和尺度上的生态系统和她们的关联，都是按照贯彻“生态目的性”而组织起来的；所有生态系统的运作和一切生物的行为，都是按照和遵从“自然秩序”，以实现地球生态系统的多样、稳定、持续为宗旨进行的。（2-10-1-1；3-16-2-3，3-16-3-3；3-17-1-1，3-17-1-3，3-17-3-1，3-17- 3-2；3-18-3-1，3-18-4；3-22-1；4-25-2-1；4-30-6-2）

——“生态目的性”在系统层面的贯彻

在系统——生物圈、生态系统和群落层面，贯彻“生态目的性”的“组织”和“秩序”，主要展现在以资源配置为中心的 7 个方面：

第一，组成“生物共同体”。

生存和存在是“生态目的性”在目的性意义上的根本体现，离开种群、群落、生态系统和生物圈，个体生物、种群、群落和生态系统是无法存在的——由是，她们必须联合起来，组成具“集体目的性”的有机整体——“生物共同体”。

第二，坚持“适应等价”，实行“种际平等”。

食物链、食物网的完整是系统生态功能正常和贯彻“生态目的性”的组织、物质保障。为此，物种必须是多样的，之间必须是“种际平等”（“一个都不能少”）和“适应等价”的。“适应等价”指，简单生物与复杂生物尽管在结构上不同，但在保证生存的意义上，她们都能毫无差异地适应各自所在的环境而无优劣、高低之分，即在对环境“适应”上的等价——生物物种数百万年、数千万年乃至上亿年的存续即是证明——而且，简单物种比复杂物种的寿命更长。

第三，贯彻指向多样性、系统稳定性的资源配置原则。

自然的资源配置原则，一是“最小化”——尽可能少地为每一生物物种配置资源以求生物圈多样性的最大化，并防止出现像人这样的“超级掠食者；二是“滥费利用”——通过低采食率的浪费性利用，形成尽可能多的“碎屑食物链”；三是“差异利用”——通过对资源在时空上的差异利用以维持尽可能多的生物物种；四是物质、能量沿营养级配置的“阶梯式”陡减——由此保证上一（低）营养级在大量耗散的转化（“十分之一定律”）中对下一（高）营养级物质能量的供给；五是耗能强度沿营养级“阶

① 自然界没有懒汉，也没有劳动模范，因为除了生存权之外，鼠和羊还有其吃草、节制草生长的“生态使命”，进而作为“共同体”一部分所具有的“生态目的性”。

梯式”的陡增——由此保证（捕）食者物种对被（捕）食者物种在速度、力量和灵活性上的优势以贯彻营养关系。

第四，按“生态使命”配置资源。

根据“生态角色”、“生态义务”和“生态任务”为每一生物物种配置资源，并通过营养关系对营养级之间（捕）食与被（捕）食物种在数量、生物量上动态平衡的维持来贯彻。

第五，贯彻节约和“简单化”原则。

为了持久和稳定，生物圈必须是节约和简单的。其一，简单、低营养级的生物在种数和数量上占绝大多数并持有大部分生物量和能量；其二，对多样性、复杂性的发展进行限制。即通过“饱和效应”限制多样性，结果是生物物种在地质年代的大致相同；限制复杂性载体（而不是复杂性本身），结果是简单生物在物种数、生物量上对复杂生物的绝对优势；限制物种间的“直接关联”以维护生态系统和生物圈的有机性。

第六，信息化、智能化和负反馈自调节。

生态系统是个信息网，生物（植物、动物）之间永续传递着把她们联系在一起的信息；并对信息进行处理和依此权衡决策。生物圈的自动调节，则既为生物在地球上38亿年的存在和繁荣的事实所证明，也为“盖娅假说”的自调节模型——“雏菊世界”给予了理论说明。

第七，物质循环、系统开放和“循环－消纳－扩散”机制。

物质循环和系统开放是实现“生态目的性”的根本保证——地球系统在物质上是封闭的，她必须通过循环保证对生命的物质供给；为了避免孤立系统热力学“平衡态”（“热寂”）的出现，她又必须（在能量交换上）是开放的。而生命物质的供给和系统的开放，则是通过“循环－消纳－扩散”机制完成和保证的。全球性物质循环的封闭性，在生物圈各层级上体现为系统尽可能多地持有生物量的指向；在系统发育（或正态演替）中展现为物质循环的趋于闭合。

——“生态目的性”在个体层面的贯彻

在个体——物种、种群和个体层面，“生态目的性”的贯彻赖于：

第一，执行“生态使命”。

每一生物物种，都毫无例外地扮演一定“生态角色”，承担一定“生态义务”，完成一定“生态任务”。

第二，生态对策的“关联－限制”。

生物的生态对策必须是“关联－限制”的——体型、生存力、存活时间长的物种只能有低的生殖力和“小规模”的种群——在“*r*-*K* 连续谱”上，一极是“小种群”的 *K*-对策物种，一极是“短存活”的 *r*-对策物种。

第三，实行种内平等。

一两只狮子不能控制斑马的种群数量，几只猫也只好任由老鼠泛滥——生物种群的所有成员都必须扮演“生态角色”，共同承担“生态义务”，而不是由“共同体”的部分成员去完成“生态任务”。由是，“生态目的性”便赋予了“种内平等”以“伦理硬壳”或道义基础和必要性——不平等将导致种群崩溃而是反自然的；而对“生态义务”的共同承担，则确立了“种内平等”的权利基础。

第四，实行代际平等。

代际平等之于 *r*-对策物种，是通过“短存活－分代利用”模式实现的；之于 *K*-对策物种，是通过“小种群－代际共享”模式实现的。

第五，维持适度的种群规模。

为了能够有效完成“生态任务”并生存，生物必须维持适度的种群规模——下限是不接近“有效种群规模”，上限是不超越“最大种群规模”。

第六，“体能适应”、“自律”和“他律”。

为“恪尽职守”地贯彻“生态目的性”，生物必须不折不扣、百分之百地遵从“自然的秩序”——营养关系、“生态位”……的限制而不能“越雷池一步”——由是，生物必须是“体能适应”（无能力破坏“自然的秩序”）、“自律”和接受“他律”的。

第七，个体利益服从整体利益。

其一，个体利益服从整体利益是维护“自然秩序”，贯彻“生态目的性”和保证种群稳定的必须；其二，生物的“生存原则”、生存权首先是群体的；其三，营养关系的存在排除了个体生存权的绝对性——它意味着个体因被（捕）食的死亡是一种不可避免的必然；其四，个体利益寓于整体利益之中。

18.3 资源的自然配置

18.3.1 资源的自然配置：“最小化”和差异利用

资源自然配置的总原则是保证“生态目的性”的贯彻——即通过资源配置，保证生物多样性、营养关系的实现和生态系统的稳定。资源自然配置原则有：

——“最小化”配置原则

生存资源不是被分配给少数物种、种群和生态系统，而是要使有限资源支持尽可能多的物种、种群和生态系统，达到生物多样性的最大化。在资源一定条件下，没有（资源配置的）最小化便没有（生物多样性的）最大化，最大化要求最小化——由此，自然必须按最小化原则，即尽可能少地（下限是“最小可存活种群”）为每一物种、群落和生态系统配置生存资源。资源的“最小化”配置保证了自然界生物巨大的多样性——从生态目的来看，资源的最小化配置原则也即生物多样性的“最大化”原则。

——“滥费”和差异利用，或效益最大化原则

即通过生物对资源的“滥费”和差异利用，使生存资源得到充分利用，达到最大限度的节约和效益最大化。牲畜对牧草的利用不到牧草生物量的 1/4，盐沼中活植物被动物吃掉的仅占 1/10——“滥费”（极不充分）利用是生物界的普遍现象，而“滥费”则使大部分资源进入诸多碎屑食物链，形成尽可能多的食物链和复杂的食物网，达到对资源的充分利用和对多样性的支持。对此，亨利·梭罗在《在我们的工厂里》写道：“在自然界里，没有东西是无用的。每片腐烂的叶子、树枝或须根，最终都会在某个适当的其他地方做更好的用处，而且最后都会聚集在大自然的混合体之中。”[19] 89-90①

按“生态效率”（“十分之一”定律），能量沿营养级的每一次转化都会造成大约90%的平均损失——食物链长度（大多数食物链有3到4个营养级，5或6个的较少）的有限，也是减少能量沿营养级转化损失，提高资源利用效率，进而生物多样性的重要对策——有限性规定，食物链过长既是不经济的，也是不可能的。

生物对资源的差异利用，也是以资源的异质性——物质差异、时空差异为背景，通过竞争—分化，分别利用不同资源，并形成对同一资源在组分、时空上的差异利用，求得效益最大化，促进物种分化进而生物的多样性为目的的。如，鹰和猫头鹰的猎物大体相同，鹰在白天觅食，猫头鹰则在晚间活动；在狮子、豹子同时出现的地方，狮子捕食较大的猎物，豹子捕食较小的猎物。[20] 26

在非洲的萨旺纳牧草群落中，生活着水牛、斑马、角马、大羚羊和瞪羚。湿季时，它们一起采食高地上的短禾草。旱季开始后，便依次转移到较湿润的低地上，通过相互协作而高度有效地利用着牧场：首先是水牛，利用其他动物几乎不吃的河岸禾草很大的叶子；斑马采食低蛋白的禾草茎，并通过踩踏使草木层变得适于接着来到的角马和大羚羊——颌与牙适应性的不同，规定了角马、大羚羊分别以席状短禾草（低地西北部）和直立禾草的叶子为食；禾草总量因角马、大羚羊采食的减少，则为喜食阔叶双子叶植物的瞪羚的草牧提供了方便。[21] 96②

——物质、能量沿营养级“阶梯式”的陡减/陡增原则

由低营养级到高营养级，物质（生物量）、能量呈“阶梯式”陡减；物质密度（单位生物物质所含的热量和养分）、耗能强度（推动单位质量生物体运动所消费的能量）呈“阶梯式”陡增。

——“生物共同体”资源持有的“最大化”指向

即在“最小化”配置原则下，“生物共同体”（种群、群落、生态系统）趋向于保持尽可能多的生物量——如从幼年期到成熟期，群落演替、生态系统发育的总趋势是，现存生物量、组分的增加，和净产出量的减少。生物量是多样性、复杂性、稳定性的物质基础，趋于持有尽可能多的生物量，则为“生物共同体”的维持和持续提供了保障。（1-5-2-3；3-16-2-3）

——“生态目的性”原则

“生态目的性”既是自然资源配置的宗旨，也是自然资源配置的实施原则。

即自然按所赋予的“生态使命”为每一生物物种配置资源；或每一生物物种的资源配置能力为其所扮演的“生态角色”所严格规定并与之相对应——低于所必需的资

① 梭罗还指出：“与自然的经济体系比较起来，我们的经济体系是多么片面并带有偶然性。”[19] 89

② 人类对“生态目的性”的破坏，即在于他有能力什么草都“吃”；“富人”之所以“富”，同样在于他有能力（技术、权力……）什么草都“吃”——他们既是水牛、斑马，也是角马、大羚羊和瞪羚。

源配置能力和配置的资源少于所必需的，生物便不能尽其“生态义务”，完成其“生态使命”；高于所必需的资源配置能力和配置的资源多于所必需的，生物圈的宁静便会被打破，自然的和谐便会被打乱——之于前者，是猫少与老鼠的泛滥；之于后者，是猫多与老鼠的灭绝，进而猫群的崩溃。

“滥费”（食物链增加）、差异（充分）利用带来对自然资源的节约和充分利用；节约、差异利用和特化（特化是差异利用的条件，为竞争所推动，生物为取得竞争优势而特化），保证着资源“最小化”配置/利用原则的贯彻，进而生物多样性的形成。物质密度沿营养级的陡增，为耗能强度沿营养级的陡增提供了条件；耗能强度沿营养级的陡增，保证着营养关系的实现；营养关系施加的限制，则保证了资源“最小化”配置原则的贯彻。资源“最小化”配置是多样性的必要条件，但只有在系统资源“最大化”指向下才能有生物的多样性；同样，系统资源配置“最大化”指向和尽可能多的生物量并不能保证系统组分的多样性——只有辅之以物种资源最小化配置才能实现组分的多样性。

贯彻“生态目的性”的资源自然配置原则也是一种“自然的秩序”。她既可被视为自然秩序的规定和要求，也可被看做自然秩序的基础和原因——其一，由诸原则形成的生物多样性和复杂性，是构成复杂营养关系和食物链、食物网的物质基础；其二，由物质、能量沿营养级上升的“阶梯式”减少，和系统现存生物量、组分随生态演替的增加，保证着生态金字塔的正置和生态系统的稳定性；其三，亦即最为关键的是，物质密度、能耗强度沿营养级的“阶梯式”增加，和生物体型随“*r*-*K* 生物连续谱”的增加，使食者形成取食能力，使捕食者具备了对被捕食者的力量、速度和灵活性——由此，保证着营养关系的形成、实现和死亡压力的维持，进而物质、能量沿食物链、食物网源源不绝的流转。

18.3.2 生态对策的“关联－限制”和数量规定

生态对策也称生活史对策或生存适应，指生物为生存而对环境在数量、体型、生殖力、存活时间、分布、迁移、习性等方面的适应性反应。通过这些对策，可使生物对其环境的适应性发挥到最大程度。持续时间的稳定性——特定地理位置上某种生境类型保持的时间长度——对不同对策的物种有着不同的意义，取决于生物的世代间隔（*T*）与生境保持有利时间长度（*H*）二者的关系。[22] 27

——*r*-、*K*-对策物种和“*r*-*K* 连续体”

当 *T*/*H* 接近 1 时，上一世代不影响下一世代的资源，超过生境容量也不致危及下一代的生存和带来进化上的不良结果，此类物种是开拓者和机会主义者，被称作 *r*-对策者（*r*-strategists）；而 *T*/*H* 小于 1 的物种，则要求生境容量（*K*）的稳定，超过生境容量会对后代造成食物和进化上的不良影响，由于其他物种对稳定生境的侵占，包括捕食在内的各种形式的种间竞争强烈——此类占有稳定生境、*T*/*H* 值小于 1 的物种，被称作 *K*-对策者（*K*-strategists）。[22] 28

r-对策物种和 *K*-对策物种是两种极端的对策类型，二者之间存在一个包括所有生

物在内的连续谱，称作“*r-K* 连续统”（*r-K* continuum strategies）[22] 28-29 或“*r-K* 连续体”（*r-K* continuum）。[23] 366-367 *K*-对策物种的生存策略是强的防御机制、高的生存竞争能力、低死亡率、长的世代间隔；*r*-对策物种的生存策略是高的生殖力和适应能力、很短的世代间隔，以及不停的迁徙。*r*-对策与 *K*-对策相比最显著，对她来说也最为根本的生存策略是极高的增长率，*K*-对策则力图与它的环境保持平衡 [24] 99-102——“对繁殖的高能量分配是 *r*-对策的特征之一，而 *K*-对策者把更多能量分配给逃避死亡和提高竞争能力”。[22] 45-46

——生态对策：体型适应、生殖适应和存活时间适应

生物的生态对策有体型适应、生殖适应和存活时间适应。

【体型适应】也称生存/竞争能力适应，指生物的体型与生存/竞争能力正相关，与数量反向相关——凡数量少的物种，其体型便大，生存/竞争能力便强，典型者如 *K*-对策物种；凡数量多的物种，其体型便小，生存/竞争能力便弱，典型者如 *r*-对策物种。对数量少的物种来说，大的体型、强的生存/竞争能力不仅是保证种群生存和延续的必须，而且因其数量少也是可能的；对数量多的物种而言，小体型、弱生存/竞争能力并不构成对种群生存和延续的威胁——种群的生存和延续，为其众多的数量所保证，而为了能拥有庞大的种群规模，也只能有小的体型和由之而来的弱生存/竞争能力。

【生殖适应】指生物的生殖力同数量正相关、同体型和生存/竞争能力反向变化——即数量多、体型小和生存/竞争能力弱的物种生殖力高；反之，生殖力便低。生殖力适应是数量的一种规定，同时也与体型、生存/竞争能力的适应相协调：体型大、生存/竞争能力强的物种要不超越生境容量便只能有少量的个体，进而低的生殖力——长的妊娠时间和生育间隔，以及低的产仔（卵）数；体型小、生存/竞争能力弱的物种要维持生存所必需的“有效种群规模”，便须有大量个体应对高的死亡压力，为此，便须有高的生殖力——短的妊娠时间和生育间隔，以及高的产仔（卵）数。

【存活时间适应】即寿命适应，指物种的存活时间同数量、生殖力反向相关，与体型、生存/竞争能力正向变化——数量少、生殖力低、体型大、生存/竞争能力强的物种寿命长；反之，存活时间便短。存活时间适应直接是生殖适应的要求：为在产仔（卵）数少的情况下保有一定的子代数量，进而一定的种群规模，便须有长的抚幼期以减低死亡率，长的生育期/多次生殖以补充死亡的损失——为此，便须有长的寿命；在大量产仔(卵)的情况下，完成“生殖使命”只需很短的时间，故只需短的存活时间。(3-17-1-2)

——生态对策的“关联－限制”

为维持生存、扮演好“生态角色”和避免种群规模对生境容量的超越，每一生物物种的生态对策组合都是，也必须是“关联－限制”，即相互关联和内在制约的——每一生态对策都必须为另一生态对策所制约和限制：或低生殖力、小规模种群对大体型、强生存力、长存活所构成环境（栖息地、食物）冲击量的限制；或小体型、弱生存力、短存活对高生殖力和大规模种群所构成环境冲击量的限制。

生态对策的“关联－限制”，反映在物种之间，是捕食者与被捕食者生态对策——体型/生存力、数量、生殖力、力量、速度——上的反向关联：鹰大－兔小（体型/生存力、力量、速度）；兔多－鹰少（数量）和为此必须的在生殖力上的兔高－鹰低——前一种情况支持了营养关系的成立，后一种情况则保证了食物链各取食环节生物数量的协调和营养级生物量的平衡。

——生态对策的数量/生殖力规定

如果说以物种为主体，按自然原则进行的物质、能量“最小化”分配是生存资源的第一次配置，那么，给定物质、能量在各生态对策之间的分配，便是为进一步贯彻“生态目的性”而对生存资源的第二次配置。而且，这一再配置既是保证生态对策“关联－限制”的，也是围绕生物的数量（生殖力）进行的——即生物的生态对策、生态对策的“关联－限制”是由数量/生殖力所规定的，或物种的数量/生殖力是由其生态对策、生态对策的“关联－限制”所规定的。

以 P、E、M、N、J 分别代表总生物量、总能量、个体生物量（与体型相一致）、个体数和能耗强度，则 $M \cdot J$ 表示生物个体的耗能而与生存/竞争能力相一致——于是：总生物量 $P=M \cdot N$，总能量 $E=J \cdot M \cdot N$，个体数量 $N=P/M=E/J \cdot M$，个体生物量 $M=P/N$，个体能耗量 $J \cdot M=E/N$。

在生物量 P、总能量 E 给定条件下，当种群数量 N 确定之后，体型（个体生物量 M）大小、生存/竞争能力（个体能耗，$J \cdot M$）强弱，和与数量反相关的性质便一起被确定了。生殖力与数量的正相关是不言而喻的，在一定死亡条件下，当种群数量被选择后，生殖力的高低也便被确定了——而且，这一确定与数量对体型、生存/竞争能力的规定也是相互协调的。数量与（个体）存活时间的反向变化，则并不十分直观而需进行分析：

第一，数量与存活时间反相关是二者与死亡率、体型相互关系的逻辑推论。

存活时间与死亡率反向变化，死亡率与体型－生存/竞争能力反向变化，体型－生存/竞争能力与数量反向变化——由是，数量与存活时间反相关。

第二，数量与存活时间反相关是生殖模式实现的一种规定。

“生殖使命”规定：对产卵数多的单次生殖物种来说，个体存活时间不必长；对窝仔数少的多次生殖物种而言，个体存活时间必须长。当生殖力，也即数量被确定后，便形成“数量多－生殖力高（窝仔数多）－存活时间短”，和“数量少－生殖力低（窝仔数少）－存活时间长”两种对应。在这两种对应中，数量都与存活时间反相关。

第三，数量与存活时间反相关是资源利用时间与种群规模关系的一种规定。

从物质、能量的配置看，一种是与“小种群”相联系的生存－竞争型物种，一种是与“大种群”相联系的生殖型物种。在总量一定情况下，资源利用的时间长度与种群规模反相关——因此，生殖型物种因一定资源对“大种群”在时间上的有限支持而只能维持个体的短存活；生存－竞争型物种则因种群规模小而能得到资源在时间上的长期支持而可以长存活，这与第一点推论是一致的。

第四，存活时间与数量反相关是维持生物生存和生物扮演“生态角色”、承担“生态义务”、完成“生态使命”的必需。

假定存活时间与数量正相关，则存活时间与生殖力正相关，与体型、生存/竞争能力反相关——由此会出现4种可能的组合：(1)“大种群－高生殖力－长存活”；(2)“小种群－低生殖力－短存活”；(3)“大种群－高生殖力/长存活－小体型/弱竞争力”；(4)“小种群－低生殖力－短存活－大体型/强竞争力”。

显而易见的是，第一、二种组合——即存活时间与数量和生殖力正相关——指向种群的毁灭而不会存在于自然界；第三种组合不能实现长存活；第四种组合则存在以下问题：大体型物种的短存活是资源的极大浪费而为自然所不允许，大体型－强生存/竞争能力与短存活不相容——没有时间完成发育而保证生物的生存，由之，(*K*-对策）生物便无法扮演“生态角色”、承担“生态义务”、完成“生态使命”。所以，存活时间必须与数量反相关——而且：在种群数量少的情况下，个体寿命的延长既是保证“有效种群规模”的必需，也是为环境所许可的——父代的存在不构成对子代生存的威胁；在种群数量多的情况下，个体的长时间存活既不是保证“有效种群规模”的必需，也为环境所不许可——上一代的存在构成对下一代生存的威胁。可见，物种的寿命与其种群数量不可兼得——物种因其数量少而可，且必须长时间存活；由于其数量多而只能，且必须短寿。

数量对策选择的根本性便在于，选择数量便是在选择其他生态对策，当生物物种的数量确定之后，其生态对策——生殖力、体型、存活时间——便被确定了，生态对策的组合——“关联适应”也随之被确定了。

18.4 生物平等和“体能适应”

生物平等——“种际平等”、“代际平等”和“种内平等”——既是“生态目的性”的规定，又是资源自然配置原则在不同关系——物种之间、代际之间和个体之间——的贯彻；而“体能适应”或“生存智慧”，则在生物圈平等和稳定中发挥着根本性的作用。

18.4.1 “种际平等”：“生态目的性”的规定

“种际平等”既是“生态目的性”的一种规定——“一个都不能少”，又是生物多样性——惟其平等，才能多样，进而生物圈稳定、和谐、持续的根本保证——以多样性为不可或缺条件的食物链、食物网的完整和物质能量流转的通畅。“种际平等”包括作为其展现、保证的生存权平等、需求平等和生物多样性。

——生存权平等和群体优先

生存权平等指一切生物都有平等的生存权。按自然法则对生存资源的“最小化”配置和多样性指向，为生存权的平等提供了物质基础；营养关系——（捕）食与被（捕）食，则在通过对前述各资源配置原则的贯彻而保证生存权平等实现的同时，还对个体生存权的绝对性作了排除。由是，生存权平等首先是对群体而言的，即群体的生存权是绝对的，个体的生存权是相对的，她要求个体对群体的服从——生存原则，首先是群体的生存原则。

——需求平等和“按需配置”

需求平等指一切生物都有获得生存所必须资源的权利。作为生存权平等保证的需求平等，亦由资源自然的“最小化”配置、多样性指向和营养关系所保证。这里要强调的是，需求平等并非平均分配，而是一种在根本上受到限制的，以需求满足为中心的“按需配置”和“差异配置”。

其一，生物的需求为其在食物链、食物网中的位置和作用，即扮演的“生态角色”、承担的“生态义务”所规定（确定）；其二，为了使生物具备完成“生态使命”的能力，自然必须满足生物的需求而实行“按需配置”——尽管她的原则是“最小化”；其三，生物要完成的生态目标不同，对生存资源的需求便不同，“按需配置”也就成了以生态目标为尺度的“差异配置”。事实上，资源的自然配置即是一种差异配置——物质、能量沿营养级的梯次减少，物质密度、能耗强度沿营养级的梯次增加，生物个体/生存—竞争力沿“*r-k* 连续体”的增大。资源的按需/差异配置既满足了生物的需要，又保证着营养关系的贯彻。

——受限性

受限性是生物需求的根本特征。生物需求的受限性是全方位的，不仅需求本身为扮演的“生态角色”所限制，而且需求的满足方式也为承担的“生态功能”/“生态义务”所规定——在一定食物链、网环节取食，在一定“生态位”范围内活动；不仅需求是受限的，而且物种之间的需求差异也是受到限制的。

生物需求的根本特征在于，生物的需求在被限制中获得了满足，在资源配置差异（扩大）被限制中得到了保证。生存资源按需/差异配置的意义还在于，从生态学看，是“生态目的性”的贯彻、地球生物圈的稳定和持续；从伦理学看，是生物种与种之间平等的保证和像人类这样“超级掠食者”出现的防止——人类的出现，无疑是对“生态目的性”的毁灭性打击和生命平等的根本性破坏。

——生物多样性：“种际平等”的展现和保证

作为资源自然“最小化”配置结果并为营养关系所保证的生物多样性，既是“种际平等”的标志和展现——惟其多样，才是平等；又是“种际平等”的保证——惟其多样，才（会）有平等；而“种际平等”——生存权平等、需求平等，同样为维护生物多样性所必须。

18.4.2 “小种群”和“短存活”：“代际平等”的保证

作为资源的再次配置，上一代对生存资源的利用不影响下一代对生存资源的利用是生物“代际平等”的保证。这一保证，是由生态对策和“生存模式”提供的——*K*-对策物种的“代际平等”，为其“小种群”的生态对策和“小种群－代际共享”的生存模式所保证；*r*-对策物种的“代际平等”，为其“短存活”的生态对策和“短存活－分代利用”的生存模式所保证。

——“小种群－代际共享”模式

就生物种群维持和延续的关键生态对策而言，*K*-对策者坚持的是“小种群”策略。

对数量少、生殖力低而体型大、生存/竞争力强和存活时间长的*K*-对策物种来说，少的数量既是经济和被允许的——避免因“稳定平衡原理”作用导致的不必要的损失，而与之关联的（大的体型）强的生存/竞争力和长的存活时间，则构成对种群数量的保证；又是必须和道德的——在长存活（数代数年、数十年长时间共存）的背景下，上一代的存在会与下一代争夺生存资源而危及种群的延续，而“小种群”则可化解上下代的矛盾而做到资源的“代际共享”。为了持续生存，*K*-对策物种只能有小规模的种群——她们的数量很少，而且必须很少。

——“短存活–分代利用”模式

r-对策者采取的是“短存活”原则。对数量多、生殖力高而体型小、生存/竞争力弱和存活时间短的 *r*-对策物种而言，短的存活时间既是可能的——与之关联的高生殖力和多的数量保证着种群的延续（一些极端的*r*-对策者往往采取“生态爆发”的策略)；也是必须和道德的——大规模的种群数量不允许资源的“代际共享”，而“短存活”则避免了代际之间在资源利用中的矛盾，使数量极多的上一代不构成对数量同样极多的下一代生存的威胁而形成对资源的“分代利用”。为了持续生存，*r*-对策物种只能有短的存活时间——她们是短命的，而且必须是短命的。

18.4.3 “伦理硬壳”：“种内平等”的守护神

生物的生存竞争主要发生在种间，种内个体间的竞争要和缓得多，这是生物种内平等的大环境。而生物种内平等形成的根本原因，亦是资源配置的“生态目的性”的使然——不平等将导致种群崩溃——和为此必须的个体之间资源配置能力的几无差异的等同。生物“种内平等”的形成和展现主要有以下五个方面：

——种内平等的“伦理硬壳”：不平等将导致种群崩溃而是反自然的

资源自然配置的“生态目的性”为“种内平等”提供了一个“伦理硬壳”——不平等将导致种群崩溃而是反自然的——并使之成为一种规定。

自然按所扮演的“生态角色”和承担的“生态义务”为每一生物物种配置资源——而且，是配置给该物种“生物共同体”全部成员的，只有如此，才能贯彻资源自然配置的“生态目的性”：“生态角色”是由种群内所有成员一起来扮演的，“生态义务”是由大家共同承担的，“生态使命”是由集体协作完成的——一只猫绝不能把鼠群数量控制在合理程度而需要所有的猫都来抓老鼠。

如果猫类社会像人类社会那样，对生存资源实行个体占有、控制而只由个别或少数“精英猫”来抓老鼠——有的人类理论家就认为，80%的社会财富是由 20%的“精英们”创造的，80%的“芸芸众生”只生产了 20%的社会财富——如是，猫群便不能完成自然规定的“生态任务”、“生态使命”而失去其存在的依据，种群也将因之而崩溃——部分猫（“精英猫”）因吃的过多而不再能去抓老鼠（太肥、食欲下降，而且也不知道如何去减肥），部分猫因吃不饱而抓不动老鼠（“穷人猫”），部分猫（“失业猫”）被禁止抓老鼠而被饿死。（F-3-20-4）可见，生物的种内平等是自然为其承担“生态义务”，完成“生态使命”而设定的一种“生态目的性”和“集体目的性”规定。

——种群数量与生境容量的动态平衡：“种内平等”的物质基础

种群数量与生境容量的动态平衡保证着种群内每个个体需求的满足，为种内平等提供了物质基础。生存资源在时空上存在很大差异，生物的应对之策，一是种群数量与资源的丰富程度相协调；二是种群数量常常被控制在生境最小支持力而不是最大支持力的水平上——如与旱季或冬季的最小食物量相一致——以适应生境容量的波动（现代社会的有些原始部落，即是以体重减少来应对食物的季节性匮乏的，他们的体重在每年收获季节开始时降至最低）。由此，除大的波动外，生境的食物一般是能够满足种群每个成员需求的。（1-5-4-3）

——生理需求的有限性：种内不平等的动机缺失

生理需求的有限性使动物没有必要对生存资源进行个体占有和控制——由是，种内不平等的动机缺失。动物的全部活动基本是围绕满足生理需求进行的，而生理需求又是有限的——羊一次只能进食那么多草，老虎一次只能吃那么多肉。这样，在种群数量与生境平衡而对食物需求通常能够满足的情况下，便没有必要对之进行个体占有和控制——如同自诞生至早些时候人类不对洁净的空气、水进行占有和控制那样。①

——被限定的资源配置能力：种内不平等的技术手段缺失

被限定的资源配置能力使动物无法实现对生存资料的占有和控制——因此，种内不平等的技术手段缺失。动物的食物，如草、肉具易腐性而难以保存；被限定的资源配置能力——没有如人类的技术——又使动物没有能力把食物储存起来使之较长时间保持新鲜，这样，占有便成了一种愚蠢行为。同时，被限定的资源配置能力，也使动物不能对资源进行控制而不让其伙伴利用——一只羊没有能力不让另一只羊吃草，一只狮子不能禁止另一只狮子捕食斑马。

即使动物存在占有和控制的动机，技术手段的缺失也使不平等无法实现——动物只是各取所需，也只能各取所需而保持种内的平等。②

——“遗传平等”：种内不平等的资源配置能力缺失

对子代而言的“遗传平等”，使个体拥有大致等同的资源配置能力——由是，阻止了不平等的发生——即使存在技术，也无法形成资源配置能力的差异。生物的资源配置能力来自遗传，而对后代来说的遗传平等使种内个体都拥有大致等同的资源配置能力——这样，便排除了因资源配置能力差异而导致的不平等的发生，生物的种内平等便由之得到了维护。

而且，共同的生态职责也要求对后代的“遗传平等”——每只猫都须具捕鼠的本领而不只是个别或部分猫会抓老鼠；小角马生下来 5 分钟即可站起来，5 个小时后便可以每小时 60 千米的速度同成年角马一起奔跑——而且，这种能力是每个小角马都能从双亲那里获得的，否则，她便不能活下来。一些动物不平等的婚姻—遗传制度（对父

① 在人口过剩和社会“进步”的背景下，洁净的空气和水已成为稀缺品，部分为权力和市场所控制，对部分无权、无钱的穷人来说已成了一种奢侈品。

② 在资源配置能力存在差异的物种之间，对共同资源，如水的控制也是无法做到的——大象不可能不让羚羊喝水，除非她们把水坑围起来，而这既是不经济的，对大象自身也是有害的行为。

代而言），则使这一对后代的“遗传平等”更为明显：蜂、蚁的后代来自同一母亲（“后”），一些体型较大的哺乳类动物的后代，也多来自同一父亲（首领、王）。[①]

18.4.4 “体能适应”与“生存智慧”

——“体能适应”：生物圈平等和稳定的根本保证

“体能适应”即生物通过生理、行为、结构变化对环境的适应——“生存适应”。在人们看来，这种消极、被动的“后适应”，却在保证生物平等，维护生物圈稳定、和谐、持续中发挥着根本性的作用。

“体能适应”在生物圈平等和稳定中的这种根本性作用，一方面是，万物借助“体能适应”而存活了下来；一方面是，万物因“体能适应”对“自然的秩序”的绝对遵从，进而对“生态目的性”贯彻。“体能适应”使生物没有能力对自然说“不”，只能百分之百、绝对地遵从“自然的秩序”和“自然的意志”——由此，所有生物物种，都在食物链、食物网一定环节取食和被食，在一定“生态位”活动而从不越雷池一步；都在扮演一定的“生态角色”、承担一定的“生态义务”、执行一定的“生态使命”而毫无例外；都按自然根据其生态功能、扮演的“生态角色”的配置利用自然资源而从不多取分毫。这样，像人这样的“超级掠食者”的出现被避免，“生态目的性”得到不折不扣的贯彻，生物的种际、代际、种内平等得以实现，生物圈的多样、稳定、和谐、持续得到实现和维护。

“文化适应”是“体能适应”对维护生物圈平等和稳定根本作用的“镜像”：

如果说以“体能适应”环境的生物是自然的“乖孩子”，那么，以“文化适应”环境的人类便是自然的“坏孩子”——“文化适应”使人类获得了对自然说“不”的能力，把自己变成了地球上的“超级掠食者”而使“自然秩序”、“种际平等”、生物圈的稳定和持续遭到根本性的破坏。

——“生存智慧”与“体能适应”

作为遵从“自然秩序”、贯彻“自然意志”的奖励，自然既保证着生物的生存——尽管要付出血的代价，又赋予了她以“生存智慧”——或者说，生物只有因“体能适应”对自然的遵从，才能通过“用进废退”发展起她的“生存智慧”。

“生存智慧”既是一种“体能适应”，也是基于“体能适应”发展起来的各种“适应”——有利于生物符合环境而尽量长久地生存下去的各种“适应”。[②]

对个体而言，这种“体能适应”和“生存智慧”表现在组织、结构适应，“获得性遗传”；生态对策适应——数量、体型、生殖、存活时间，和生态对策的“关联—限制”；

① 与“遗传平等”关联的“生育集权”，在人类看来是对人权的根本性侵犯和“荒诞不经”，在动物那里则是生存的必须——在提高生命质量、生育效率的同时，保证“种内平等”，并像小角马那样逃避敌害。

② 生物为贯彻“生态目的性”，基于“体能适应”发展起来的“生存智慧”，与“生态目的性”丢失，基于“文化适应”发展起来的人类的“生存智慧”，是本质上不同的两种类型。（3-20-2-1，3-20-2-2；F-3-22-1）

“体能适应”——生理、习性、行为；自律——“自杀”、“自疏”、“自毒”……；“生存策略”适应——“协同”、合作、“共生”、“伪装”、冬眠、夏眠、滞育……；对“自然秩序”的绝对服从。

对“共同体”来说，则有“生态目的性”、“整体主义”、“生物平等”；营养关系——食物链、食物网；“生态位”限制；种群调节；多样性、复杂性调节和限制；资源“最小化”配置，物质密度、耗能强度沿营养级“阶梯式”的陡增；“正向演替”……

——“生存智慧”的根本特征

【“从不多做一件事”】生物是节约的，从不多做任何一件事。生物的节约，一方面是在生存资源利用中对“最小化”原则的遵从；一方面是在适应性变化中遵循“惰性原理”，运用“最便宜的策论”——依次通过生理、行为、结构的变化去适应环境，而不是一开始就用结构的变化去适应环境，并把这种适应性变化控制在最小限度内。(2-15-2，2-15-3-1；3-17-1-3；4-30-6-2)

【遵从自然】“体能”的有限性，使生物不具备按自己愿望（自由意志）适应环境和变化的能力而不得不严格地遵从自然的限制：在一定食物链、食物网环节取食或被食；环境变了就变——且不得不变，环境不变便不变——想变也变不了。正是由于生物对自然百分之百的遵从而从不多做一件事，才保证了“自然的秩序”，[①] 才使进化——复杂化和多样化成为可能。(3-16-2；3-17-1-3)

【“中庸之道”】自然是辩证法的源泉，生物则是贯彻自然辩证法——“过犹不及”的“中庸之道”的“大师”。[②] 如猫抓老鼠，不会多抓也不会少抓——多抓或少抓都会使鼠种群和猫种群崩溃，影响物质、能量沿食物链、食物网在相关营养环节的正常流转，进而生态系统稳定性的破坏。(3-18-2-2)

【“宿命论”】生物所扮演的“生态角色”和在营养关系中的位置，是听任自然安排、命中注定而毫无“自由意志”可言的——生物所奉行的，即是“是这样，也必须是这样”的“宿命论”。为“生态角色”规定的小种群，使捕食者无法把大种群的猎物吃光而维持着生态系统的动态平衡；有限“体能”带来的能力限制，使生物不能在种内制造不平等……也正是遵从、“中庸”和“宿命”，才使所有物种都能够“恪尽职守”地扮演自然赋予的“生态角色”，“尽心尽力”地执行自然赋予的“生态义务”……才会有地球生物圈的多样、和谐、稳定和持续。

---

① 自然从不多做一件事——因为没有能力多做一件事；也不能多做一件事——多做一件事便会破坏“自然的秩序”和生物圈的稳定、和谐和美丽。演化出人类这一“超级掠食者”是自然多做的唯一一件事——这也许是自然在寻找“终结者”的一种“宿命”。

② 历史上的文明兴衰和当代的自然危机、社会危机表明，人类一直是按“唯意志论”行事的；人类虽然发明了辩证法，但从来就是作为一种“炫耀”或“珍藏品”，也许人从来就没有真正理解自然的辩证法——因为她（人）在本质上是外部性和反自然的。

“过犹不及”出自（孔子）《*论语·先进篇第十一*》；“中庸之道”（“中庸之为德也，其至矣乎！”）出自（孔子）《*论语· 雍也第六*》。

——“精妙绝伦”和“叹为观止”的“生存智慧”

“生存适应”的“精妙绝伦”和“叹为观止”，是生物“生存智慧”的极致展现。（附录1、附录2；3-16-2；3-22-1-3）

【“精妙绝伦”的“黄金数”】植物花瓣、萼片、果实的排列，严格遵照斐波那契数列——1、2、3、5、8、13、21、34、55，从3开始，每一数字都是前两项之和，且相邻数字比值接近“黄金数”（0.618 0）；叶子排列的角度（137.5°）也接近“黄金角”（137.577 6°）——花瓣、萼片、果实、叶子符合“黄金分割”原理的排列，既带来“精妙绝伦”之美，更使植物最大限度地利用了空间和阳光。[25]①

【精明的“生物数学家”，“睿智”的“生物战略家”】在一些动物和植物，如竹、蝉那里，人们则会发现“生物数学家”的精明和“生物战略家”的“睿智”。为了避开（捕）食者的追踪，竹、蝉的开花期、出土期，皆采用素数年份且比较长——如蝉，有的每隔13年出土一次，有的17年出土一次，这样，每一次重合便需65年或85年而使捕食者无法掌握她的行踪；同时，她们还采用“捕食者满足”的策略——竹子同时开花结子、幼蝉同时出土，数量多得使捕食者无法吃尽——以保护自己的种群。[26] 99-101

【“叹为观止”的“生存智慧”】如果说通过寄主的“控制作用”，寄生植物的种子可在保持发芽能力的情况下在土壤中待上10年，[27] 173 那么，由于哺乳（幼鼠吸吮乳房形成的刺激）引起的“滞育”（胎儿不发育），澳大利亚的雌袋鼠便可同时养育3个小袋鼠——“叹为观止”的“生存适应”或“生存智慧”在生物界到处可见：为了保持食物的新鲜以便慢慢享用，昆虫对猎物使用麻醉剂，使之像“植物人”那样；为了少接收一些太阳辐射，许多昆虫在白天使身体与阳光相平行，具“指南针”作用的澳大利亚白蚁的窝，其朝向总是位于南北线上；通过降低冰点和浓缩体内甘油，甲虫可承受–40℃的低温；通过降低新陈代谢，昆虫可使在0℃时只够用10天的营养，维持其在–23℃低温下3年（1 000天）的生存；蜗牛以夏眠对付过分的干旱，并可维持生命达4年之久；许多荒漠地区的生物，如仙人掌在没有水状态下可维持数月乃至数年的生命，单峰驼可10年不喝水，沙鼠、袋鼠、印度羚一生中从不饮水；为了减少水分的消耗，一些爬行类、昆虫及陆地软体动物以固体形式（尿酸盐）排尿……[28] 102-110、112-118

附录1：动物的智慧和英雄行为

——动物的智慧②

美国纽约市立大学的研究表明，海豚的智商可达1岁儿童的水平，是继人类之后最聪明的动物。海豚的性格各不相同，具有很强的自我意识并能够思考未来可能发生的情况。宽吻海豚能够识别镜子中的自我，并能利用镜子观察自己身体的不同部位——过去

① 美即自然，自然即美——美即节约，节约即美；美即效率，效率即美；美即实用，实用即美；美即健康，健康即美，“选美”即是选择节约和健康。（4-30-6-2）

② 智利《第三版时报》1月4日报道. 题：海豚是继人类之后最聪明的动物. 参考消息，2010.01.06。

的看法是，只有人类和大型灵长类动物拥有这样的能力。

有研究表明，失去自由的海豚具有学习一种以符号为基础的初级语言的能力；还有研究表示，海豚可以解决复杂问题，在自然环境里的海豚，能够建立复杂的社会结构，具有极为细腻的情感。最近发生的一件例子是，一只被从自然环境中解救出来的海豚康复三周后，在澳大利亚的一家海豚馆学会利用尾巴当作下肢行走。被放归自然后，其他野生海豚也从这只海豚那里学会了这门技巧。

——动物的英雄行为[①]

巴黎大学的埃丽斯·诺巴哈里博士说，海豚、猴子、果蝇，甚至蚂蚁都会无私援助同伴，越来越多的证据表明，宁愿冒生命危险去帮助同伴的行为在许多物种中都是很常见的。海豚会冒险救助被困的同伴，把受伤的海豚抬出水面，帮她呼吸；猴子会把袭击者从弱小的雌性或幼崽身旁赶走；雌果蝇会在其他雌果蝇产卵时帮忙；蚂蚁常常会帮助陷入困境或遇到捕食者的同窝蚂蚁（但它们的行为不会延伸到其他窝的蚂蚁，尽管后者“大喊救命”）。诺巴哈里博士说：“我们可能低估了野生环境下救援行为的普遍性。”

附录 2：植物的智慧[②]

——能预测未来

有灵性的东西就一定没有叶子吗？提到“圆白菜”或“蔬菜”，人们首先联想到的一定不会是天才。如果有人说我像天竺葵一样有远见，我也不会认为这是在夸我。爱丁堡大学的托尼·特里瓦弗斯告诉我们：植物被过于低估了。植物能够计算，有远见，并记得曾经经历过的事情；人类和动物与我们绿色远亲之间唯一真正的区别是，动物能够随处移动。人们习惯于通过行为判断智力水平，因此，缄默和固定的植物自然被视为没有智力。

但是，植物确实能够行动并对周围环境作出智能反应——预测将来会出现的问题并决定如何避免这些问题。植物学家早就认识到，植物（绿叶吸收红光而反射红外线）能够通过识别从红光到红外线的光度变化，感知周围植物的存在和附近绿色植被的情况，并可以预测这种情况将会产生的后果，认真筹划将来最有可能在那里遇到的竞争和遮挡，并采取必要措施——可能改变它的整体形状、叶片的数量和大小、茎的结构，以便处于尽可能最佳的采光位置。这些行为并非天才之作而仍属于适应性的可调节反应。

——具规避行为

非同寻常的是，植物还能采取躲避措施。如高脚棕榈树的茎长在支持根上，举出

---

① 英国《每日电讯报》网站 1 月 7 日报道：科学家们说，动物的英雄行为比人们从前想象得多. 参考消息，2010.01.11。

② 英国《新科学家》周刊 7 月 27 日文. 海伦·菲利普. 并非徒有其表. 参考消息（植物：再别说我傻），2002.08.17。

地面。当周围植物妨碍它采光和吸收养料时，它会采取非常明显的规避行为：它向有阳光的一侧长出新的支持根，阴影中的根系则渐渐凋萎，整株植物就移到了阳光充足的地带——这是否可以说是智能的又一种标志呢？

但并不是所有人都这么看，伦敦帝国学院的植物学家安德鲁·戈兹沃西认为，大多数植物的反应更像人类的反射作用，本能或者恐惧。植物一旦“发现”附近植物，便会比它们的“邻居”更快地生长，或者它们形成一种折衷的生长模式，来对付相互冲突的各种信号。这时候，它们看上去就像是聪明、复杂的决策者——但这实际上只是由遗传密码决定的机械反应。

特里瓦弗斯则说，很多植物表现出的行为适应性，已远远超出了反射或受遗传密码控制的程度——植物的根可以根据土壤中矿物质和水分的梯度分布而生长，但它们并不总是采取这种简单模式。萨塞克斯大学生物学家迈克尔·哈钦斯及其同事，研究了一种名为活血丹的匍匐草本植物的“觅食”行为——如果扎根在肥沃土壤中，它们就生长出更多的枝、芽和叶，也会更快地形成盘状的根，以充分吸收养分；然而，如果扎根在贫瘠的土壤中，它们便伸展得更快、更广，就好像正在逃离此地一样，同时根状茎变细，分支形成变少。

这意味着新芽距离母株更远，积极寻找新的肥沃土壤。生长幅度不单纯取决于一块土壤的质量本身，还与它和周围土壤的联系有关。不仅如此，实验还表明，活血丹的同系植物可以感觉到竞争者根系的存在——即使周围还有充足的养料，它们也会转向其他地区发展。

——具适应能力

特里瓦弗斯表示，植物具有智慧的重要证据，是它们的反应有微妙差异——即它们不仅有适应性，而且这种适应性还具有可变性。每株植物都是一个个体，没有两粒种子会长成完全相同的植株，即使它们具有相同的基因，或生长在看上去完全相同的环境下。不仅如此，它们还能对15种以上的感官信号——包括光、化学物质、水、重力、土壤质地、损害等——作出反应，并对这些信号加以综合和比较——每种反应都是各种因素综合作用的结果。很明显，植物确实有很强的适应能力。

正如简单的神经系统系统一样，这些信号系统具有推断和学习的潜能。达尔文在一个半世纪前就指出，“在某些方面，植物对光的反应几乎和动物通过神经系统对光做出的反应如出一辙”。但直到现代分子生物学发展起来后，才显示了动物的神经系统和植物的信号系统是如何相似。

植物利用细胞膜之间的电压变化把电子信号从一个细胞传递到另一个细胞，类似于我们神经中传递的行为电压。正如我们有感觉神经一样，这些电压可以报告植物有一部分受到了伤害。在植物细胞内，传递信息的化学物质有很多和人类脑细胞内负责加工信息的物质完全相同。

动物和植物进行学习和记忆的分子基础也是相似的。当动物受到重复威胁 ——例如某种使它们吃了就生病的食物或者它们不断碰触的电网——而学会更迅速地避开时，电子信号的速度和强度都会在几分钟内提高。一种由钙离子、称为“第二信使”

的化学物质和一些酶构成的系统，能形成暂时的、可以更加迅速地传递信息的离子通道。但如果威胁一直持续，这种被强化的警惕将导致基因编码和蛋白质结构永久性地改变，在细胞间建立更多的通道和连接。

——智能生命

当一种植物感觉到缺水，与动物类似的信号细胞便会命令植物建立更多的感觉渠道，关闭气孔并采取其他控制细胞内水分的措施。长期如此，植物的基因表现形式和蛋白质合成率就会改变，细胞壁变厚、叶子变小——最终，这种植物将长出更多的根，更少的芽和叶。

特里瓦弗斯认为，地球上 99%的生物数量都是植物，这一事实表明它们非常善于适应周围的环境。他表示，“没有大脑的植物能够在整体基础上估量自己的环境”——这是非同寻常的。即使他所说的“没有大脑的技能”不是智能的表现，植物的行为显然也没有任何差错。也许这将促使我们重新思考，如果没有中央神经系统的帮助，人类自身能达到何种程度的复杂性和计算能力。

参考文献

[1] 阎康年．热力学史[M]．济南：山东科学技术出版社，1989.

[2] 罗杰·彭罗斯．皇帝新脑——有关电脑、人脑及物理定律[M]．许明贤，吴忠超，译．长沙：湖南科学技术出版社，1995.

[3] 约翰·格里宾．大爆炸探密——量子物理与宇宙学[M]．卢炬浦，译．上海：上海科学技术出版社，2000.

[4] 保尔·戴维斯．宇宙的最后三分钟[M]．傅承启，译．赵君亮，校．上海：上海科学技术出版社，1995.

[5] 史蒂芬·霍金．时间简史——从大爆炸到黑洞[M]．许明贤，吴忠超，译．长沙：湖南科学技术出版社，1996.

[6] 保罗·戴维斯．上帝与新物理学[M]．徐培，译．长沙：湖南科学技术出版社，1995.

[7] 马丁·J. 利斯．宇宙的起源[A]//A. C. 费比恩主编．起源——剑桥年度主题讲座[C]．王鸣阳，译．北京：华夏出版社，2006：1-33.

[8] 杰里米·里夫金，特德·霍华德．熵：一种新的世界观[M]．吕明，袁舟，译．上海：上海译文出版社，1987.

[9] 伊·普利高津．确定性的终结——时间、混沌与新自然法则[M]．湛敏，译．上海：上海科技教育出版社，1987.

[10] 原华荣．地球生态系统的退化与人类社会的进化[J]．开发研究，1998（1）：52-54.

[11] 亚里士多德．政治学[M]．颜一，秦典华，译．北京：中国人民大学出版社，2003.

[12] 苗力田．古希腊哲学[M]．北京：中国人民大学出版社，1989.

[13] 康德．康德三大批判精髓[M]．杨组陶，邓晓芒，编译．北京：人民出版社，2001.

[14] 中国大百科全书总编辑委员会《哲学》编辑委员会．中国大百科全书·哲学（II）[M]．北京：中国大百科全书出版社，1987.

[15] 冯沪祥．人、自然与文化——中西环保哲学比较研究[M]．北京：人民文学出版社，1996.

[16] 霍尔姆斯·罗尔斯顿：环境伦理学——大自然的价值以及人对大自然的义务[M]．杨通进，译．许广明，校．北京：中国社会科学出版社，2000.

[17] 奥尔多·利奥波德．沙乡年鉴[M]．侯文蕙，译．长春：吉林人民出版社，1997.

[18] 钱学森．论系统工程[M]．长沙：湖南科学技术出版社，1982.

[19] 唐纳德·沃斯特．自然的经济体系——生态思想史[M]．侯文蕙，译．北京：商务印书馆，1999.

[20] 查尔斯·哈珀．环境与社会——环境问题的人文视野[M]．肖晨阳，晋军，等，译．马戎，等，校．天津：天津人民出版社，1998.

[21] C. B．科克斯，P. D．穆尔．生物地理学——生态和进化的途径[M]．赵铁桥，杨正本，译．北京：高等教育出版社，1985.

[22] R. M．梅，等．理论生态学[M]．孙儒泳，陈昌笃，周纪，等，译．北京：科学出版社，1980.

[23] 孙儒泳．动物生态学原理[M]．北京：北京师范大学出版社，1987.

[24] 孙儒泳，李庆芬，牛翠娟，等．基础生态学[M]．北京：高等教育出版社，2002.

[25] 祁云枝．植物的数学奇趣[J]．读者，2004（9）：33.

[26] 斯蒂芬·杰·古尔德．自达尔文以来：自然史沉思录[M]．田洺，译．北京：生活·读书·新知三联书店，1997.

[27] 蔡晓明，尚玉昌．普通生态学（下册）[M]．北京：北京大学出版社，1995.

[28] R．达若．生态学概论[M]．张绅，李克勤，苏志民，等，译．张绅，黄大燊，校．兰州：甘肃人民出版社，1981.

上帝死了。

——F. 尼采

宇宙需要永恒。

——博尔赫斯：《永恒史》

人在地球之上但在生物圈之外。

昆虫和其他节肢动物对整个生物界非常重要。一旦节肢动物灭绝，不出几个月，人类很有可能就会随之消失。

——爱德华·O. 威尔逊

瓦罐对邀请他一起漂流的铜罐说："如果你离我远点，我会平平安安地漂下去。如果我碰了你，就会被碰碎的"。

——古希腊寓言

我们不想提醒您，那样会使您羞愧；在您来到之前，这里的一切都很完美。

——坦桑尼亚门雅拉公园的告示

大自然的链条，不管你砸哪个环节，第十节还是第一万节，同样会把它砸断。

——A. 蒲柏

人类制造了一个垃圾的天堂。他将人口成倍成倍地增加，犹如瘟疫蔓延……他像一个残暴的婴儿，站在最后的大规模灭绝和太阳系中生命的绿洲将被彻底消灭的边缘，凝视着这流星般上升的趋势。

——绿色和平组织

19 人与自然

19.1 人与自然

19.1.1 “自然的进化”与“反自然的进化”

自然界的两类时间箭头，可分别表示为“创序—退化”和“退化—创序”。“创序—退化”是一个因“创序/进化”而带来混乱的退化过程，这是一种“付费午餐”模式；“退化—创序”是一个利用退化所提供的条件而“创序/进化”的过程，这是一种“免费午餐”模式。“没有免费的午餐”是熵定律的规定，“付费午餐”遵守这一规定，“免费午餐”同样没有违背这一规定：如果以“退化”作为用餐的费用，那么，“付费午餐”模式的费用是由进化支付的——“进化以退化为代价”；“退化是进化之梯”——“免费午餐”模式的费用，则是由退化替进化支付的。(3-18-1)

“退化是进化之梯”。宇宙大爆炸即是一个为宇宙演化提供“免费午餐”的熵过程——物质生成，行星、恒星、星系的形成；地球系统的自然演化也是一个为地球生命提供“免费午餐”的熵过程——地球内部系统的退化与地表系统的进化（Ⅰ）；地表自然系统的退化与生命系统的进化（Ⅱ）。(3-18-1-2)

“免费午餐”的熵过程是这样的一个过程：不以进化为目的，且不论有无进化，退化照样发生——宇宙大爆炸不是为了演化出恒星和星系乃到生命，没有这些进化，大爆炸照样发生；地球内部能量的减少，海陆差异的形成，剥蚀—搬运—堆积……的熵过程，也不是以生命为目的，即使没有生命的发生和进化，进而人类的出现，地球系统的退化照样进行——如同太阳系乃至许许多多恒星的卫星上所发生和正在发生的退化那样。生命严格遵从着热力学第二定律，而且也如里夫金、霍华德所言，越是高级的生物，它的能量流通就越大……但生命活动并不会给宇宙增添混乱，也不会给地球增添混乱——地球自然系统的退化、太阳的退化，已为地球上生命的创序和进化之所需买了单。

对太阳而言，地球和金星是等价的——同样把阳光洒向她们而毫无偏私；对地球而言，人类和其他生命也是等价的——都是以地球自然系统退化为阶梯的产物，故同地球上的生物一样，人类也是不会为宇宙乃至地球制造混乱的——不论人类做什么，地球都会一如既往地按照自然的过程绕着太阳旋转并自转着。

但里夫金他们并没有说错，即对人类而言，“进化过程耗散着地球上的生命有用的总能量”，[1] 51 “自然循环只为未来回收了部分用过的物质—能量。其他部分则无可挽回地损失掉了”[1] 224——人类不给宇宙和地球增添混乱，但却给地球生态系统增添混乱，这即是地球系统熵过程的第三个方面——生物、生态系统的退化与人类和人类社会系统的进化（III）。

对人类来说，当他乘凉、晒太阳，或只利用自然按一个物种配置给他的资源生活——即尚未脱离动物界时，是不会给生物造成伤害而享受着“免费午餐”的；但为了成为人，她便必须利用比自然配置给自己多得多的物质和能量——对生物、自然进行攫取而造成地球生态系统的退化。生物的午餐是免费的，进化的费用是由自然（地球内部系统的退化、地表自然系统的退化）来支付的——“退化是进化之梯”；人类的午餐不是免费的，费用由生物和生态系统来支付——进化导致退化，如生物的人为灭绝和生态系统退化。

退化与进化中的宇宙演化，如同逐节爆炸并在每一级都生成绚丽图案（进化）的烟花，所不同的是，烟花的过程是“预设”的——如果存在上帝，进化出人类的宇宙演化，按“人择原理”也是“预设”的。除生物的进化外，大爆炸后宇宙演化过程中的每一自然的进化都具有两重性——如恒星的生成，以大爆炸为背景，这是一个“退化－进化”的过程；从物质、能量集中造成宇宙空间其他地方物质、能量的减少看，这又是一个“进化－退化”的过程。

而生命——不论是生物还是人，其进化的性质则是单一的，要么是“退化－进化”，要么是“进化－退化”。对生命来说，“退化－进化”是一个自然的进化过程，“进化－退化”是一个反自然的进化过程。“自然的进化”指作为退化结果的进化，当退化作为进化的原因，而进化作为退化的结果时，这种进化便是自然的——自然的进化是这样的一种进化，不论有无这种进化，作为原因的退化照样发生；“反自然的进化”指作为退化原因的进化，当退化作为进化的结果和代价，而进化作为退化的原因时，这种进化便是反自然的——反自然的进化表明了与自然进化截然相反的事实，只是由于这种进化，才导致了与之有关的退化。[2]

生命的进化是一种与“免费午餐”相对应的“自然的进化”；人类的进化则是一种与“付费午餐”相对应的“反自然的进化”。（3-19-1；3-20-4-2）

19.1.2 适应与和谐

人与自然被认为是协同演化的，协同演化也被作为人与自然相互依存和和谐最为有力的证据。[3] 153 视人与自然在本质的和谐是一个得到广泛认同的观点——否则，人们便不会将其作为在广泛领域追求的目标。世界环境与发展委员会在《我们共同的未来》中即写道：“从广义来说，持续发展战略旨在促进人类之间以及人类与自然之间的和谐”。[4] 42 然而，这却是一个普遍存在的，对人与自然关系的误读——“人与自然的协同演化”是一个假命题。正如瓦罐对（邀请他一起漂流的）铜罐所说的：“如果你离我远点，我会平平安安地漂下去。如果我碰了你，就会被碰碎的”——人与自然的关系，就像这则古希腊寓言中的铜罐（人）与瓦罐（自然）。[①] 对人与自然关系的误读，早已为人类对生物的灭绝史所证实，此处的讨论，则是从适应、和谐的概念和协同演化的内涵对人与自和谐见解的分析。

和谐（和通常讲的协调）既表示一种状态——合在一起的事物相互配合得一致或符合客观需要，又体现一种作用过程——合在一起的事物为取得配合一致或符合客观需要结果的相互合作。适应是指与实际情况或客观需要相符合，以及为符合实际或客观需要而进行活动的过程——如生物为生存所作的符合环境的努力，或通过这种努力形成的符合环境的性状。(3-17-1-2)

显然，符合实际或客观需要是和谐（协调）、适应的共有之义，但这种状况在和谐（协调）那里是通过事物的相互合作、相互符合——每一事物都以他事物为参照而改变自己——达到的；而对适应来说，是通过事物改变自己以与客观环境相符合达到的。和谐（协调）是一种相互适应；而适应，则可以是相互的，也可以是单向的——主体通过改变自己对不以主体为转移的客体的适应，尽管客体在主体的适应过程中也发生了变化。协同与适应的含义相近而包括适应的两种情况——相互适应的和谐，主体对不以主体为转移的客体的单向适应。

生物与环境协同演化的显著事件有，自养生物和光合作用的出现，氧气浓度的增加和原始大气经次生大气向现代大气的转变，CO_2 浓度的减小，地球变冷、变干、四季和冷冬的出现，以及这些变化带来的生物演化的加速；生物作为主导因子对土壤形成的参与，以及土壤作为基质、交换库对生物生存的根本性和对演化的促进。在生命史上，生物间的协同演化更是一个普遍的存在。

在生物与环境的协同演化中，适应是单向的，环境（自然部分）的变化由于不存在利益（如生存问题）而是非适应性的——即环境的变化并不是为了对生物的适应，也不是为了生物的利益；适应性的变化，只发生在存在利益的生物一方——生物为生存而适应环境，为适应环境而改变自己，为适应不断变化的环境（环境由于自身的原因和生物的影响，也在不断变化着）而不断改变自己……在生物与环境的协同演化中，生物对环境的影响是显著的、巨大的，但这并不能改变环境对生物的适应性规定——为了生存，生物必须改变自己以适应环境。

利益的普遍性，使演化中生物与生物的相互变化都是适应性的——和谐的、协调的，而不论这种适应是合作还是竞争（营养关系、竞争和生态位分化、生态对策的互适应），抑或看起来的“破坏行为”。从严格的意义上来说，生物与生物是和谐的、协调的，即相互适应的；从不那么严格的意义来说，生物与环境也是和谐的、协调的——虽然是

---

① 继西班牙与比利时科学家发现移动电话基地发射的电磁波会对鸟类造成伤害后，印度国立旁遮普大学的研究调查小组也证实，手机和机站发射的电磁波容易破坏鸟蛋和蛋中的胚胎。负责人柯立说：暴露在机站电磁波辐射下的 50 只鸡蛋，5～30 分钟后即全部遭到破坏，就像“从微波炉拿出来一样”。配合进行研究的印度南部孔巴托鸟类学暨自然史研究中心的研究员丹尼亚证实，手机和机站发射的电磁波频率在 900～1 800 兆赫（MHz）之间，属于微波，但可以穿透薄弱的蛋壳和其中雏鸟的脑壳。（中央社新德里 10 月 3 日电. 印度时报网 3 日报道. 参考消息，2008.10.06）

单向适应但不违背自然，即通过不断改变自己适应不断变化的环境——也正是这种协同意义上的适应、协调、和谐，推动着生命的演化并把人类带到生命的大花园。当“人”尚未变成人时，她与自然（生物、环境）是和谐的；当“人”成为人之后，她与自然的和谐便彻底消失了。

从与环境的关系，即单向适应——不那么严格的和谐规定看，人已不再通过改变自己的组织（身体构造）和生态对策以适应环境，而是借助文化，按自己的“自由意志”去改造自然，由之带来生态/环境的严重破坏。从与生物的关系，即相互适应——和谐的根本规定看，人与生物的和谐更是不存在：由于不再扮演“生态角色”，不再承担“生态义务”，人用“文化适应”替代了“体能适应”，即不再通过改变自己和生态对策去同生物相协调；人与生物的竞争不再导致生态位分化和物种多样性的增加，而是用文化去扩大自己的生存空间——由于“文化适应”，人的行为不再像生物那样只是“看似外部性”，而是“真正的外部性”，由之而来的是生物栖息地的大量破坏和物种的大规模灭绝。（3-19-2-1，3-19-3-2，3-19-3-3；3-20-1-4）

奥尔多·利奥波德在提出“大地伦理”时曾对“和谐”做过这样的说明：“所谓和谐，是指这个共同体的完整和复杂——保留至今尚存的一切生物；所谓稳定，则是土地的完好无损——维持生物链的复杂结构，以使其能具有发挥功能和自我更新的作用；美丽，则是伦理上的动力——不要仅着眼于经济，还要从更高的价值观上去看问题。和谐、稳定和美丽是不可分割的三位一体。”[5] 234

人是一种异化的、外部性的存在，本质在于反自然——因此，并不存在人与生物、自然的和谐——当然，和谐作为一种社会动员口号是积极的，但这并不妨碍人们从“环境伦理”出发，实现与自然的和解——在可持续发展到更为广泛的领域，人们所要做的，而且必须做的是（以和谐、协调的名义），尽量遵从自然，保护生态/环境、保护生物多样性，以求与自然长期共存。必须指出的是，人们一方面大谈与生物界的和谐，一方面却在屠杀她们——在一长串名单里，既有维护海洋生态系统稳定的濒危物种鲸，也有作为人类忠实朋友的狗——而表现了人类的虚伪、残忍和背信弃义。（F-3-21-1；F-3-23-2）

19.1.3 “零和”还是“双赢”？

“零和”还是“双赢”？是人与自然关系中又一个根本性且颇具争议的问题。

对此，哈丁已有精辟分析（1-4-3-3），这里给出的理解有以下诸点：

——“零和”：有限世界中物质关系规定的基本法则

物质关系是宇宙万物的基本关系。作为万物之间关系的根本法则——有所得必有所失——自然在总体上失与得的“零和”，是“物质不灭”和“能量守恒”——宇宙的能量是一个常数，物质既不能被消灭也不能被创造——的一种规定。如，地壳与地核在物质上的“零和”，海洋与陆地在物质上的“零和”，地表凸起与凹陷在物质上的“零和”，河流上游与下游在物质上的“零和”。

物质世界是这样，生物与自然、生物与生物，人与自然、人与人的关系同样如此。

“今天长出的每一茎青草，都意味着将来同一个地方将少长出一茎青草来”。[1] 33 在生长一棵草的地方，昨天没有长草，今天可能长出两棵草；今天长出两棵草，到明天就可能会变成荒漠；一个地方长出三棵草，另一个地方便只能长出一棵草或不长草——自然界和人类社会所发生的一切，由于有限性和物质关系而皆是一个在时空上伟大的“零和”过程。①

这里的问题是：同样都是物质关系，缘何生物与自然、生物与生物会是“双赢”的，而人与自然、人与生物、人与人只能是“零和”的？基于以下讨论所涉及的原因，在生物与自然的物质关系中，生物“赢”了但自然并未输；在生物与生物的物质关系中，实现了由“零和”到“双赢”的转变；而在人与自然、人与生物、人与人的物质关系中，由“零和”到“双赢”的转变并未发生。

——生物和人类：“自然的进化”与“反自然的进化”

生物的进化是“自然的进化”——即生物的进化并未引起自然的退化，自然以自己的退化——不论有无生命进化照样发生的退化——为生物的进化买了单；人类的进化则是导致自然加速退化的“反自然的进化”。在生物与自然的物质关系中，生物赢了而享受“免费午餐”——但自然并未输；在人与自然的物质关系中，人赢了但自然输了，是以只存在“付费午餐”。（3-18-1-2；3-19-1-1）

——生物对环境是适应的，生物之间的关系是和谐的；在人与环境、生物之间，则不存在适应和和谐

生物对环境的适应，使之得以通过协同演化而得到进化；生物与生物的关系是和谐的——这种和谐，不论是采取合作还是竞争的形式，都在推动着生物复杂性和多样性的增加，并推动着各自质量的提高。当人把自己从动物中提升出来之后，他对环境的适应，与生物的和谐便全部消失了。在生物与环境的物质关系中，生物赢了但自然并未输；在生物与生物的物质关系中，每一生物物种都赢了；在人与环境、人与生物的物质关系中，人赢了，而环境和生物都输了。（3-17-4-1，3-17-4-2；3-19-1-2）

——在生物圈中，生物的外部性得到了消解，人类的外部性却无法消解

在生物圈中，生物的外部性能够并得到了消解，人类的外部性不能和得不到消解。（3-20-1）因此，生物界到处都存在着“看似外部性”，实则“双赢”的“破坏行为”——狼吃羊是这样，由大象破坏开始的连锁效应也是这样；

在非洲的热带大草原和干燥林地上，（作为关键种的）大象将树木推倒、折断或连

① 你不可能同时拥有世界上最美好的东西——有所得必有所失的。以有限性为背景的“零和”法则的普适性，之于生物，是物种生态对策的反向关联——数量与体型、数量与存活时间……之于人类社会，是高产与高效、高产与稳产、多快与好省……这些最美好事物的不能共存——高产必然低效并带来系统的不稳定，多快必不会好省。

高产必然低效并带来系统的不稳定，是系统产出与系统稳定性反相关的规定，所谓的“高效”，也只是人类玩的一种“投入—产出”的“价格游戏”。（1-5-2-3）“忙和尚做不了好道场”，多快必不会好省则因于多快与好省的并存违背数量原理（第九条规律）——数量变化的速度与事物质量（品质）反相关。（2-12-1-1）

根拔起，作为替代，速生的再生灌木、草地便占领了树木所留下的空间；这一由“破坏”引起的替代，为小型食草动物提供了更多、更容易吃得到的繁茂绿叶，并由于替代灌木缺少化学防卫机制而加速了整个生态系统的营养循环；而白犀牛、河马的过度啃食，则把高度适中的草地蹂躏成一块块高低不平的马赛克状草地，使营养高的草变得丰富而更加适合小型、食性更杂的食草动物。[6] 149

而以“文化适应”支配的人类的行为，不再像生物那样只是“看似外部性”，而是“真正的外部性”。由之而来的，是在人与自然物质关系中人的“赢”和自然的“输”——生态/环境、生物栖息地的大量破坏和物种的大规模灭绝。

——生物通过“生态目的性”的贯彻实现了“双赢”；“生态目的性”的丢失和破坏，规定了人与自然、人与生物、人与人关系的“零和”（3-18-2-2，3-18-2-3，3-18-4；3-20-3-1，3-20-4-2）

以上讨论告诉我们：在人与自然之间，涉及物质的只有转移，如同泥土从上游的流失和在下游的堆积——人与自然、人与生物的关系，只能是“零和”而绝不会是“双赢”——自然玩的是“零－和游戏”，资本增值－盈利、“双赢”的“正－和游戏”，只是人类的一种自欺。

19.2 生境冲突

19.2.1 多样性危机

生物多样性危机包括相互关联的物种、遗传、生态系统多样性的减小。生境的减小和退化，则既是生态系统多样性减小的标志，又是物种，进而遗传多样性减小的首要和根本性因素。（表 3-19-1、表 3-19-2、表 3-19-3）

表 3-19-1 全球每千种植物中受威胁物种（1991） 单位：个/％

物种/种	— 250	— 150	— 100	— 50	— 40	— 30	— 20	— 10	—
合计	4/2.6	3/1.9	6 3.8	11/7.0	5/3.2	9/5.7	10/6.4	24/15.3	85/54.1
非洲	2/3.8		1/1.9	2/3.8	2/3.8	1/1.9	1/1.9	10/19.2	33/63.5
美洲			2/6.3	3/9.4	1/3.1	3/9.4		9/28.1	14/43.8
亚洲		3/13.0		2/8.7	1/4.3	1/4.3	4/17.4	2/8.7	10/43.5
欧洲			1/3.7	1/3.7		3/11.1	5/18.5	2/7.4	15/55.6
大洋洲	2/15.4		2/15.4	3/23.1	1/7.7	1/7.7		1/7.7	3/23.1
OECD 国家*		2/8.3	4/16.7	1/4.2		2/8.3	1/4.2	1/4.2	13/54.2

资料来源：[9]（pp.530-538 表 20-5）。

* 加拿大、美国、日本、土耳其、奥地利、丹麦、芬兰、法国、前西德、爱尔兰、意大利、卢森堡、荷兰、挪威、葡萄牙、西班牙、瑞典、瑞士、英国、澳大利亚和新西兰。

表 3-19-2 全球受威胁动物物种比例（1990） 单位：个/ %

物种/%	—— 50	—— 30	—— 20	—— 15	—— 10	—— 5	—— 1	——
哺乳类动物	5/4.0	5/4.0	6/4.8	4/3.2	19/15.3	62/50.0	17/13.7	6/4.8
鸟类	1/1.0	6/5.8	2/1.9	1/1.0	5/4.9	16/15.5	48/46.6	24/23.3
爬行类动物	4/4.7	3/3.5	3/3.5	3/3.5	1/1.7	6/7.0	29/33.7	37/43.0
两栖类动物	3/2.4	4/3.1	2/1.6		2/1.6	1/0.8	6/4.7	109/85.8
淡水鱼					1/0.9	2/1.7	10/8.6	103/88.8

资料来源：[9]（pp.523-529 表 20-4）。

表 3-19-3 OECD*国家受威胁动物物种比例（1989） 单位：个/ %

物种/%	—— 50	—— 40	—— 30	—— 20	—— 15	—— 10	—— 5	——
哺乳类动物	2/10.5	3/15.8	1/5.3	2/10.5	2/10.5	5/26.3	1/5.3	3/15.8
鸟类	1/4.8	1/4.8	5/23.8	2/9.5	2/9.5	2/9.5	6/28.6	2/9.5
爬行类动物	4/23.5	1/5.9	1/5.9	2/11.8	1/5.9		1/5.9	7/41.2
两栖类动物	4/25.0	2/12.5	2/12.5	2/12.5		1/6.3		5/31.3

资料来源：[10]（pp.511-518 表 20-2）。

* OECD 国家同表 3-19-1。

哺乳类、鸟类的背景灭绝速率为每 500～1 000 年 1 种，在人类影响下，灭绝速率已达地质灭绝的 100～1 000 倍，区域性的灭绝，尤其是热带雨林物种丧失的可能性，又比世界平均快 3～8 倍。[7] 14 据世界自然保护同盟（IUCN）发布的“红皮书”（2000），哺乳类的 24%、1 130 种，鸟类的 12%、1 183 种处于灭绝的危险之中，与 1996 年相比，极度濒危的哺乳类由 168 种增加到 180 种，鸟类由 168 种增加到 182 种。1970 年以来，有 9 种鸟类（国际鸟类组织，2000），58 种鱼类和 1 种哺乳类动物灭绝（新近灭绝生物委员会，2001）。[8] 117

IUCN 的“红皮书”还显示：各地区受威胁的脊椎动物——哺乳类、鸟类、爬行动物、两栖动物、鱼类的种数，非洲有 723 种，其中极度濒危 160 种占 22%，濒危 140 种占 19%，脆弱 423 种占 59%；亚太地区 1 469 种，对应数字为 14%、204 种，24%、357 种和 62%、908 种；欧洲 260 种，对应数字为 14%、36 种，24%、63 种和 62%、161 种；拉美和加勒比地区 873 处，对应数字为 17%、145 种，27%、240 种和 56%、488 种；西亚 71 种，对应数字为 8%、6 种，17%、12 种和 75%、53 种；极地 14 种。[8] 117、127、130、133、136、139、142 据分析，100 年后脊椎动物的灭绝速率可能会高于 15%～20%。[8] 117

在 25 万～27 万植物中，已知或怀疑会灭绝的有 751 种，受到威胁的占 12.5%、33 047 种；[7] 14 全球面临危险的树木有 10 万种。[7] 100 在非洲，受到灭绝威胁的树木有 1 000 种左右，植物几百种；1980—1985 年，南部非洲有记载的灭绝植物由 39 种升至 58 种；[8] 124 斯里兰卡的水稻品种，1959 年被发现的有 2 000 多个，到 80 年代只

剩下5个主要品种；[7]14 全世界的珊瑚礁，58% 处于危险之中，27% 处于高度危险之中（1998）。[7] 82

非洲的大象，则由20世纪80年代的130万头减少到50万头（1995）。[8] 124 在肯尼亚（1975—1990），大象减少了85%，目前约2万头；犀牛种群减少了97%，目前不到500只。[7] 131 在加拿大，即将或可能灭绝的生物有352种（2001）；美国濒危或受威胁的生物有1 231种（2001）。[8] 136

造成多样性危机的重要因素有，生境丧失、生物入侵，强度干扰——过度垦殖、过度放牧、过度捕捞、过度砍伐等，生境污染——化肥、农药、工业三废、生活垃圾、富营养化、石油泄漏等，生境破坏，野生生物的消费和交易，臭氧层破坏、气候变化……[7] 16、19、56

1600年以来，已知其原因的动物（哺乳类、鸟类、软体动物和其他非植物物种）灭绝，39%由于生物入侵，36%由于生境破坏，23%由于狩猎。[11] 200-201 目前，过度捕捞使约75%的主要海洋鱼类资源耗竭，破坏性捕鱼、旅游和污染使58%的珊瑚礁受到潜在威胁，27%处于高度危险之中，伐木和转变（改变用途）则使世界森林减少了一半……[7] 16、24、51、81-82 对鱼类衰退定量分析的结果是，栖息地破坏、生物入侵、污染、杂交、过量繁殖分别影响到73%、68%、38%、38% 和15% 的物种。[6] 225

——生境丧失和生物多样性下降

生境丧失①——减小、退化、分割、污染，特别是生境减小，是当今生物多样性下降最为根本的原因。野生生物生境的减小是与农业生态系统的扩大相一致的——以耕地、牧场为主，包括城市、道路等人类用地的面积，今天已达37×10^8公顷，占到地球陆地表面（未计南极洲和格陵兰）的28%，20世纪 50年代为25%、33×10^8公顷，1880年为18%、23.6×10^8公顷。[7] 24、48、51、56-57、254-255 表FG.2 据联合国中期人口增长预测，未来的100年中，全球现有土地另外的1/3将被陆续转变为农业用地。[7] 24（Walker等，1999）人类和他所驯养动物的消费，及他所破坏的地球陆地第一性生产力（NPP），20多年前接近40%，[12] 151-152② 2050年预计将增至80%。[13] 224

人类的农业活动用地，主要来自森林、草地及湿地等的转变，人类农业活动用地的扩大，即是野生生物栖息地——森林、草地、湿地的减少。森林是陆地上最大、最稳定、生物多样性最高的生态系统，拥有1/2乃至2/3的生物物种。[7] 87 森林之中，又以热带雨林的生物量最大、生物多样性最高——覆盖地球陆地面积的6%，拥有40%的生物量。在一片4英里^2（10.4千米^2）典型的雨林中，有1 500种开花植物、750种树、125种哺乳类动物、400种鸟类、100种爬行动物、60种两栖动物、150种蝶类，和可能超过50 000种的昆虫（整个雨林中的昆虫可能超过2 000万种）。[14] 17

对森林的威胁，主要来自森林向农业用地的转化、木材进出口、生境碎化、砍伐、

---

① 生态学的原则之一是：物种最终会以一个等于已失去栖息地面积的6次方根到3次方根的数量减少。[6] 295

② 最近的估计已有60%。

生物入侵、酸雨等。森林的丧失，将对生物多样性造成重大损失——研究表明，在物种丰富的热带，森林转变导致物种灭绝达每小时 2～5 个种（植物、昆虫、鸟类或哺乳动物，Hughes，1997），[7] 17 一些森林的大型哺乳类动物、半数灵长目动物、近 9% 的树木种正面临灭绝的危险——若目前热带雨林丧失的速度继续下去，则所有森林物种的数量将减少 4%～8%。[7] 88 20 世纪 80 年代中期的一项研究表明，如果亚马孙雨林的破坏持续下去，21 世纪森林继续被毁，物种丧失的比例最终将接近地质史上的大灭绝，在最坏的情况下（如其荒野减少到相当目前保护区那么大），鸟类、植物物种的损失将达到 69% 和 66%。[15] 128

——野生生物森林生境损失的特点

野生生物森林生境的损失，有以下四个特点。

第一，森林损失的范围广、规模大、速度快。

迄今为止，已有 20.6×10^8 公顷的森林转化为农业用地[7] 24——损失量约相当于史前（按 60×10^8 公顷计）的 34.3%。① 2000 年，全球森林覆盖面积为 38.66×10^8 公顷（占全球陆地的 29.7%），[8] 87 比 1954 年（40×10^8 公顷）[16] 77 减少了 3.35%、1.34×10^8 公顷，其中 20 世纪 90 年代损失最大，达 0.939×10^8 公顷（939×10^4 公顷/年），占 70%。实际减少量 $14\,590\times10^4$ 公顷（$1\,459\times10^4$ 公顷/年），增加量 $5\,200\times10^4$ 公顷。[8] 87

第二，热带雨林、原始林损失最为严重。

热带雨林的面积，1979 年已减少到只有史前的 56%，到 1989 年则少于史前的 1/2。[6] 243-244 1975—1990 年，超过 2.2×10^8 公顷的热带雨林遭到破坏，年均达到 880×10^4 公顷；[8] 60 1990—2000 年，年均减少达 $1\,520\times10^4$ 公顷，增 73%、640×10^4 公顷。[8] 88 在过去的 30 年中，原始森林减少了 4.18×10^8 公顷，平均 $1\,393\times10^4$ 公顷/年，其中 20 世纪 90 年代损失最多，年均达 $1\,610\times10^4$ 公顷。[8] 103

以 8 000 年前的情景为参照，差不多 1/3 流域的原始林覆盖减少了 75% 以上，其中 17 个流域超过 90%，大于等于 98%的有 9 个，6 个为 100%；原始林的损失，大于 100×10^4 千米 ^{2} 的有长江和刚果河，50～100×10^4 千米 ^{2} 的有恒河、湄公河、鄂毕河、伏尔加河、密西西比河、亚马孙河和巴拉那河等 7 条。[7] 101-102

第三，森林生境碎化和被分割。

道路及其对生物生境在不同尺度上的分割碎化，增加了野生生物灭绝的风险 ——路通到哪里，自然便在那里消失。一方面，使野生生物生境成了一个个被人类要素包围起来的“孤岛”，对野生生物的捕食、迁徙、繁殖带来阻碍，并改变了那里的小气候；一方面使野生生物更易受人类——道路为狩猎、伐木、耕种开荒提供了方便——和入侵物种的干扰。[7] 92、94，[15] 129 生境分割造成的生境丧失已构成对温带地区生物物种生存的最大威胁——大型动物需要广阔连绵的空间。研究表明，在 1 公顷和 10 公顷的林地中，树木的死亡率高于较大的地块。[15] 129

① 一种说法是，史前的森林面积为 76×10^8 hm^2，19 世纪减少到 55×10^8 hm^2（中国科学院生态环境研究中心、甘肃省环境保护局.甘肃省生态功能区划，2004）。

在没有公路时，中非森林大片连绵生境≥10 000千米^{2}的面积占到83%，公路的出现，则使这一比例降至49%；[7] 92、94 如不考虑道路的影响，美国90%的草地每块都在10 000千米^{2}以上，当考虑道路影响时，70%的草地平均面积小于1 000千米^2，没有一块超过10 000千米^2。[7] 125

第四，森林损失基本发生在发展中国家。

1980—1995年，发展中国家森林净减少9.2%、2×10^8公顷（期间，发达国家增加2.7%、2×10^7公顷），亚太地区、非洲、拉美和加勒比地区的森林，分别减少了6.5%、10.5% 和9.7%。[7] 90-91 在20世纪90年代，全球森林净损失9.39×10^7公顷，发展中地区（除欧洲、北美）为11.09×10^7公顷；[8] 87 同期，印度尼西亚天然林年平均减少了1.3×10^7公顷，居世界之首；[8] 128 在80、90年代的20年中，巴西的热带雨林减少了3.772×10^7公顷。[8] 133，①

——淡水和草地生态系统的丧失

淡水生态系统有着较高的生物多样性。全球淡水生态系统面积占陆地的0.8%，拥有2.4%的物种，生活着12% 的动物物种，更多的物种则与之息息相关。在欧洲，有25%的鸟、11%的哺乳类以其为繁殖、养育基地。淡水生态系统破坏严重，主要因素是污染、破碎化（堤坝、运河）和湿地消失，[7] 116-117 淡水物种是地球上受威胁程度最大的物种②——灭绝的速度比陆地和海洋物种快4～6倍。

全球的湿地，估计在20世纪失了1/2。[7] 107 近几十年来，东非的湿地减少了50%以上，西班牙则失去其60%的湿地，[8] 124、130 在1976年尚未遭到破坏的美索不达米亚沼泽，如今只留下很小的一块（10%）；[8] 57 自18世纪80年代至20世纪80年代的200年间，农业扩展使北美洲失去除阿拉斯加和加拿大不发达地区之外全部湿地的50%以上，在欧洲，这个比例约为60%。[7] 107，[8] 136

湿地大量丧失给物种多样性带来了严重打击——1 万种已知淡水鱼的 20%在几十年里已经灭绝或濒临灭绝，在澳大利亚，受威胁的比例则升至 42%；全球的两栖类近几十年来也大量减少，在西欧、北美、南美，被研究种群分别减少了53%、54% 和60%，澳大利亚、新西兰的比例为70%；在美国，受到威胁和已灭绝的有37% 的淡水鱼种、67% 的贝类、51% 的小龙虾和 40% 的两栖动物；美索不达米亚沼泽的毁灭性缩减，导致了沼泽几种特有哺乳类动物和鱼类的灭绝，并使40种迁徙物种处于

① 联合国粮农组织（FAO，2011.11.30）发布的一份报告指出，南美是全球当前砍伐森林最多的地区——世界上每年砍伐森林500×10^4 hm^2，其中4/5、400×10^4 hm^{2}在南美洲——但情况比以前已有所好转：如，巴西（占南美地区森林的70%）在亚马孙地区砍伐林地的面积，1988年为21 050 km^2，2005年、2010年相继降至19 014 km^{2}和7 000 km^2。（据英国BBC报道，人民网，管彦忠，2011.12.01）风险分析和规划公司Maplecroft 根据FAO最新数据所做的计算表明，在2005—2010年，每年流失的森林（按，包括原始林、再生林的森林覆盖率），巴西为220×10^4hm^2，尼日利亚逾200×10^4hm^2，印度尼西亚大约 100×10^4 hm^2。很多发展中国家持续砍伐森林的原因，主要是食品、生物能源需求的上升，人口增加和贫困等。（据路透社报道，人民网，贺娇，201.11.30）

② 路透社奥斯陆10月11日电. 参考消息，2009.10.13。

危险之中。[7] 104、116-118，[8] 57、119、124、130、136

草地是陆地上面积最大的生态系统（53×10^8 公顷，约占 41%），也是繁殖鸟类、迁徙鸟类、冬鸟，和野生动物等许多生物的重要生境，有世界 19%的植物多样性中心和 11%的特有鸟类区域。对草地生态系统和以其为栖息地生物最大的威胁是农业扩张、过度放牧、生物入侵、荒漠化和生境碎化等。[7] 24、119-120、123-126、129-130，[8] 81-82

——生物入侵

生物入侵是生物多样性下降仅次于生境丧失的重要因素。通过捕食、栖息地改变或对生态过程的改变，外来物种已构成对本地物种的主要威胁。在北美，入侵物种将造成 21 世纪当地淡水物种 4% 的灭绝速率；在加拿大，濒危物种的 25%、受威胁物种的 31%和脆弱物种的 16% 系由外来物种所致。[8] 121、137 生物入侵的速度，则随人类活动规模的扩大和全球化而迅速上升——就水生入侵而言，1800 年前只有 47 种（淡水 7 种，海洋 40 种，下同），1800—1899 年增至 183 种（124，59），1900—1939 年增至 497 种（327，170），1940—1979 年增至 1 611 种（921，690），1980—1998 年即升到 2 214 种（983，1 231）。[8] 121

历史上人和其他生物对岛屿入侵导致的生物灭绝也是十分显著的。地域隔离是形成新种，进而生物多样性的重要机制。在作为地域隔离典型的岛屿上，通常由于种间竞争相对和缓而使一些生物没有生成防御机能或防御机能退化——如不会飞的、对人和其他动物缺乏戒备心的鸟，不长刺或不能分泌刺激性物质的植物。当人类和其他生物进入后，这些缺乏防御机能的岛栖种便会很快灭绝，或数量急剧减少而濒危。近代灭绝的哺乳动物和鸟类约有 75%为岛屿种，而以大洋洲濒危物种的比例最高。在马达加斯加，高 3 米、重 450 千克的大象鸟在 200 年前灭绝；毛里求斯岛上的渡渡鸟，则因没有形成对人的恐惧，又失去飞翔能力而成为因生物（人类）入侵灭绝的典型——灭绝始于 1497 年首批欧洲人的来到，完成于 1662 年凡 170 多年，大多数是被人轻易捕捉杀食的。[15] 132-133，[17] 180-181

——猎杀和捕捉

为消费、贸易的猎杀、捕捉是野生生物多样性减小的又一重要因素。中国青藏高原和四川近 20 多年来流入日本的麝香达 4 万～5 万两之多——按取得 1 两麝香平均至少要猎杀两头雄性麝计，即有 8 万～10 万头麝因之死于非命；[18]为了向日本提供麝香鹿囊油，在 1987 年的头 4 个月中，便有 5.44 万只喜玛拉雅麝鹿（尼泊尔、不丹、印度的保护动物）被屠杀；为了满足日本作为第一消费国的需要（首饰、装饰），濒危的玳瑁海龟仍处在被捕捉之中；来自非洲的象牙，85%被运到了香港和日本。[15] 140 1988 年，全球合法——经过批准的对猫科动物、爬行类动物——“大屠杀”的“画面”是：活灵长类进出口 41 644 只，活鹦鹉 625 595 只，猫科动物皮 136 825 张，爬行动物皮 6 634 678 张；[9] 509（表 20-2）1997 年的数字虽有明显下降，但（对应的数字）仍有 25 733 只、235 336 只、21 864 张和 3 945 938 张（其中鳄鱼皮 850 198 张、蜥蜴皮 1 637 973 张、蛇皮 1 457 767 张）。[7] 250（表 Bl-4）当前全球野生生物贸易额为 350 亿美元，仅次于军火、毒品而居第三。

19.2.2 “阈空间”和“阈密度”

生境冲突主要发生在人与K-对策物种之间——如在各地时有发生且频现的大象与人争地造成的人象冲突，猴子与人争食导致的人猴矛盾。

为了生存——取食、繁殖、育幼、防御，乃至隐密性，每一生物种群都需一定的空间，而所需空间的下限——最小或边界地理空间则可称作“阈空间”，可用千米^2/个或千米^2/群表示。决定某一生物种群“阈空间”的因素有五：一是最小种群数量（“有效种群规模”或“最小可存活种群”），二是生境内资源的丰富程度，三是食性，四是体型，五是物种的营养关系。“阈空间”与资源丰富程度反相关，与最小种群数量、食性广狭、体型大小正相关，并沿营养级的上升而扩大。

在以上因素中，以营养关系和体型对“阈空间”的影响最大——体型大、营养层次高的K-对策物种所需空间大，体型小、处于低营养级的r-对策物种所需空间小——由此，从r-对策物种到K-对策物种，“阈空间”沿营养级呈“阶梯式”陡增。猛禽，如毛脚鵟、游隼需有12～28千米^{2}的空间方能正常生存，[19] 288 人参种群的生存仅需几平方千米（有天然红松林时几十公顷的空间即可）。东北虎的“阈空间”为5 400千米^2（300千米^2/只×6只/1个家庭×3个家庭）；犀牛所需最小空间达13 000～15 000千米^2（沼泽、丘陵林地，种群生存密度6～7头/100千米^2，需3个种群保持繁殖系列良好，每个种群30头）。[20] 68-71

营养关系把生物种群的“阈空间”联结了起来——一定的生长着绿色植物的地域构成食植动物的生存空间，食植动物进而为捕食它们的食肉动物提供着生存基础……这样，处于食物链前面物种“阈空间”的变化，便会影响到后面物种的“阈空间”。假如在自然状态下，羊种群的“阈空间”为覆盖度0.3的草场48公顷（0.48千米^2）——1.2公顷/只×40只/群；狼种群的“阈空间”为覆盖度0.3的草场540公顷（5.4千米^2）或450只羊——1.2公顷/只×15只羊/狼×30只狼/群。当草场覆盖度由0.3上升到0.4时，羊种群的“阈空间”减小为覆盖度0.4的草场36公顷（0.36千米^2）——0.9公顷/只×40只/群，相应地，狼种群的“阈空间”降至405公顷（4.05千米^2）；若草场覆盖度由0.3降至0.2时，则羊、狼的“阈空间”相应增至72公顷（0.72千米^2）和810公顷（8.1千米^2）。

每一生物物种，都对人口密度有一个最大的承受或忍耐限度，超过此界限，人类活动便会胁迫（干扰、威胁）生物的生活，生物也会感知这种胁迫——这一最大限度的密度即是人对生物的“阈密度”（人/千米^2），或人对生物的干扰密度和生物对人的敏感密度。生物的“阈密度”，中国犀牛为2～3人/千米^2；东北虎为26人/千米^2（“阈空间”0.54×10^4千米^2）；黑熊65人/千米^2（“阈空间”为数百平方千米，1只约需10～20千米^2）；红松40人/千米^2（“阈空间”为300～500千米^2）；野生人参45人/千米^2（“阈空间”为几千米^2）。[20] 70-71，[21]

同“阈密度”有关的概念是“阈密度效应”——即当人口密度达到或超过“阈密度”时，（即使不猎杀）生物种群便会在人口数量压力的胁迫下衰退或消失。“阈密度”

与“阈空间”反向相关——随着生物由 *r*-对策向 *K*-对策的过渡，“阈空间”上升，“阈密度”下降。而且，生物的“阈空间”愈小，便愈易形成和维持，对人口密度的上升便愈不敏感，便愈能容忍高的人口密度，如 *r*-对策物种；反之，生物的“阈空间”愈大，便愈难形成和维持，由此对人口密度的增加便愈敏感，便愈要求低的人口密度，如 *K*-对策物种。

动物对人口密度容忍限度的形成，除对“阈空间”的需求外，安全感——自我保护（成体、幼体）、对人的恐惧——也是一个重要因素，且体型越大，安全感便越强。*K*-对策物种由于体型大和承担的生态功能，不能像兔子那样躲在地洞里——为了安全而必须远离人类，通过空间距离与人形成隔离，于是，*K*-对策物种对人口密度的敏感性便得到了强化而需要更大范围的地理空间。

人类从幼年起便开始对动物的大规模猎杀，则进一步增强了动物对人的恐惧并通过遗传把这种恐惧传递给后代——即使奥巴马总统盛情相邀并绝对保证安全，老虎也不敢去白宫做客；而随着生物谱的左移，高死亡率和与之对应的高出生率，则使生物的自我保护意识下降，对人口密度的敏感性减弱——即使潘基文秘书长在联合国发表演说，苍蝇也会不请自到。对相当数量的 *r*-对策物种来说，有效的生存策略使自己对人口密度的敏感性消失，乃至发展出对人口密度的负效应——人口密度越高，种群便越兴旺，如蚊、蝇、蝗、鼠。

19.2.3 生境冲突和“斩首行动”

全球物种灭绝和受威胁情况表明，体型大、营养层次高的 *K*-对策物种首当其冲地承受着人类加于生物界的灾难。而灾难最先降临 *K*-对策物种的根本原因，即在于其与人类的生境冲突，以及她们的身体对人类所具有的经济价值。

食果、肉以果腹充饥，被皮毛以护身、暖体是人（原始人）的基本需求。对人类来说，体型大在提供肉食、毛皮上是经济（猎物对捕食者的最适宜尺寸——节约体力和时间）的，而哺乳类、爬行类（大型）也是唯一生长皮和毛的动物。所以，自人类有狩猎能力起，*K*-对策动物便被人作为捕杀的首要对象，而为其招来杀身之祸的，则是对人有用的，由演化、自然分工赋予的身体特质——为提高内稳态以适应环境的严酷化使她全身被毛，为完成担负的生态功能而使她体型变大，和作为生态对策关键的低生殖力——由于人是最后来到的，*K*-对策物种在其生殖力的形成中，并未“考虑”人类猎杀带来的死亡，“死亡压力”并未，也不可能进入她的“前限制”——如果提高生殖力，她就不再是 *K*-对策者了（对人的经济价值也就下降了）。(3-17-3-3)

由于贪婪，即使人类所构成的“死亡压力”进入了 *K*-对策物种的“前限制”，熊也生不出能够为 70 亿人供给熊胆并满足其需要的后代来；老虎也繁殖不了满足未来 100 亿人对虎骨、虎鞭需求的种群数量……[①]

① 大量 *K*-对策物种的被灭绝，和熊胆、虎骨、虎鞭入药“科学”所展现的，是人类的反自然和残酷，以及人性的虚伪、无耻和令人发指——人对熊和虎说：我们和谐吧！把你的胆、骨、鞭贡献出来为我们治病和壮阳吧！

人口数量压力胁迫生物的“阈密度效应”表明，体型大、营养层次高而须有极大“阈空间”和极小“阈密度”的*K*-对策物种，必然与人类——拼命繁殖自己的数量和占领一切可占领空间且无比强大的人类——发生尖锐的生境冲突。这样，自人类诞生之日起，*K*-对策物种被灭绝的命运便注定了——面对屠杀和家园的被侵占，除偶然表示一下愤怒（如大象捣毁人类的房子）外，所做的只能是带着哀痛，悄然离开被占领、被分割、被破坏的一个个生境/“家园”，直至在最后的栖息地内消失！面对人类，老虎和熊只能无可奈何地哀叹：“我不去死谁去死”。（附录1）

犀牛、大象在中国的命运，即是*K*-对策物种随人类扩张而消亡的诸多不胜枚举的事件之一。3 000多年前，犀牛曾在中国广泛分布。商、周时的北界在海河流域，春秋时退至淮河流域，战国时继续南下，东部越过长江，……以后渐次南迁，至清，仅存西双版纳一隅，尔后即告消失。除不断的南迁外，犀牛生境消失的另一最大特点是东速西缓——这与中国的人口扩散、农业开发相一致而呈明显的“人进牛退”态。（表3-19-4）

表3-19-4　犀牛在中国的消退（1°＝111千米）

朝代	经纬度	
	北纬	东经
商、周	37°～35.5°～37.5°	107°～119°
春秋	33°～33.5°～33°	112°～121°
战国	35.5°～30.5°	108°～121°
汉	32.5°～27.5°	108°～122°
唐	30.5°～23°	108°～117°
宋	27.5°～22°	107°～109°
明	27.5°～23°	103.5°～104.5°
清	22°	101°

资料来源：[21]（据p.67图量测），[22]。

中国野象的生境退缩也是如此：周时，野象分布的北界为32°～34°N，南北朝时南移至27°～32°N，唐、宋时在24°～25°N，明时退至22°N，以广西为大本营，约3 000头；清初至鸦片战争的200年间，人口激增和相应的大规模垦殖带来的森林的急剧减少，则使之在广西绝迹。[20] 67，[22]①

① 与犀牛、大象命运相同的还有鳄鱼、麋鹿等*K*-对策物种。[23] 67 这里须强调的是，大象、鳄鱼在中国的南迁、犀牛的南迁和消失、麋鹿的南迁和灭绝，除与人类的生境冲突外，气候变干、变冷也是一个十分重要的背景性因素。

与人类尖锐的生境冲突和对人的经济价值，使*K*-对策物种在当代人口、经济态势下的灭绝已是不容置疑的必然；[①] 而生境的单一、破碎、不稳定，“富集效应”显著的有害影响（多处在食物链末端）和气候变化，则在加速着*K*-对策物种灭绝的进程。通过“斩首行动”，人类已经和正在消灭着生物金字塔“智慧的顶部”——达尔文讲的“灭祖现象”在生物界从未发生，倒是在人类身上应验了。人类在灭绝*K*-对策物种的同时，却帮助*r*-对策物种兴盛了起来：

第一，与人类生境冲突的避免。

极小的体型、极低的“阈空间”和极高的“阈密度”，使之对人类而言极少经济价值并避免了同人类的生境冲突。人类需要莽莽草原、浩瀚林海，而不是一丘、一洼，但一个小土堆便足供白蚁掘穴藏身、繁衍生息，一个小水坑更能孳生万千孑孓——*r*-对策者在人类时代成功的根本原因，即是与人类生境冲突的避免。如果人人都是“蓝精灵”（当然，如果人像“蓝精灵”那样大，也就成不了人），倒霉的大概不是犀牛而是耗子了。

第二，天敌被人类直接（屠杀）和间接地（“富集效应”）所消灭。

第三，极高的生殖力。

第四，人类为*r*-对策物种创造了一个适宜的环境和新的、扩大了的生存空间。

在生死攸关的生境问题上，*r*-对策物种不仅同人类不相冲突，反而在人类的帮助下得到了适宜的生存空间——一个单一、变动无居的环境（*r*-对策物种在本质上即是不稳定环境的适者），和新的、扩大了的生存空间——农田上未收回的粮食、丢弃的食物，城市的下水道，建筑物的地下室和空隙，垃圾堆、臭水坑……以及被一再分割而*K*-对策物种无法利用的生境。

由于在生境上的尖锐冲突和经济利益，人类最终将灭绝自然状态下的复杂演化者、顶端捕食者和*K*-对策物种——生态金字塔“智慧的顶部”和“保护伞物种”，这无疑是生命演化（进化）史上巨大的悲剧。人类欲保护一些（对他来说是“有益”的）物种却保护不了，无可奈何地看着他们从地球上一个个地消失；人类想消灭一些（对他来说是“有害的”）物种却消灭不了，无可奈何地看着它们在地球上一天天地兴盛——这是人的“悲哀”，也是对人的无限性的否定。

然而，*r*-对策者也不要高兴得太早了，得到人类帮助而兴旺起来的只是她们中的一部分——一些*r*-对策物种的濒危表明，但凡处在污染链条之上，或有些许经济价值者——对繁殖过剩的人来说，同样也逃脱不了被灭绝的命运。[②]

---

① 爱德华・O. 威尔逊写道：“正如那位射杀了世界上最后两只个体最大的啄木鸟中一只的墨西哥卡车司机所说的，‘这是好大的一块肉’。”[6] 225

② 蚱蜢腿也是肉——早些时候，不是就有研究者建议以苍蝇蛹为食吗？

【按】以大型动物为食并灭绝“巨兽”（2-19-3-2），令人产生“愤怒”；以苍蝇蛹为食，令人又生出“悲凉”——我们这个无毛的“裸猿”，为繁殖自己、保有大规模的数量而灭绝生物的狂热，竟到了如此“执迷不悟”的地步！

19.3 演化的危机

19.3.1 地质灭绝

——周期性的地质灭绝

生物灭绝是生物演化中普遍存在的现象——自生命诞生以来，地球上曾存在过的数十亿物种，99% 以上都已灭绝。灭绝在时空、频率、对象、背景上是极不均匀的，由此，灭绝被区分为背景灭绝和集群灭绝。背景灭绝也称常规灭绝，指分类群内部物种层次上时时发生的物种更替——老种的死亡与新种的生成；集群灭绝指涉及物种以上分类系统，发生频率低但速率高、范围广的大规模物种灭绝——按规模的大小，可分为小灭绝和大灭绝。对灭绝的贡献，背景灭绝、集群灭绝各占 65% 和 35%。自生物从海洋来到陆地以来，已发生了 9 次大灭绝，其中二叠纪末的灭绝强度最大——51% 的科、82%的属、95% 左右的种被灭绝。[24] 176-183，[25] 181-185，[26] 160-162，[27] 22-23（表 3-19-5）

表 3-19-5 生物登陆以来的 9 次大灭绝

灭绝事件	距今年代/ 10^6 年	科	属	种
		百分数/%		
奥陶纪末期	439.0	6	60	85±3
泥盆纪后期	67.0	22	57	83±4
二叠纪末期	245.0	51	82	95±2
三叠纪末期	208.0	22	53	80±4
侏罗纪早期	187.0		26	53±7
侏罗纪末期	145.6		21	45±7.5
白垩纪后期初	90.4		26	53±7
白垩纪末期	65.0	16	47	76±5
始新世后期	35.4		15	5±8

资料来源：[25]（p.184 表 10-1）。

生物演化如同由进化→灭绝→再进化→再灭绝……组成的一幕幕长剧——每一幕都有不同的舞台（环境），每一幕都有不同的演员（物种）；[24] 198、201-204 而且每一幕剧情都展现着同样的过程——经过长时间的低潮（少量物种）后迅速达到高潮（大量物种），然后突然谢幕（灭绝）；每一幕进化→灭绝（大灭绝）的长剧中，又都镶套着若干个次一级的进化→灭绝（背景灭绝）的短剧。[24] 178-179 在演化的每一幕，不论是在长剧还是短剧中，生物都在努力增加着自己的多样性，但"饱和效应"的存在，则使生物每一次多样化的努力最终都付诸东流——每一幕高潮中的物种都趋于恒定而只有少许增加。（附录 2）

——内部冲击：生物灭绝的新解释

外部冲击——由构造运动导致的大规模海侵、海退、火山爆发、冰期，以及小行星和彗星与地球碰撞等引起的环境、气候巨变等，常用来解释地质史上的生物灭绝。

内部冲击则是一种关于生物灭绝的新解释，该理论认为：生命系统是一个自组织的非均衡系统，任何一个生物种群、群落、景观的演化，都会自发地进入临界态——灭绝发生前的生命系统即处于这样一种临界不稳定态：系统中存在不少因特化而难以再适应环境变化的物种，因规模增大而超越生境容量和因数量减少而处于近交衰退边缘的种群，物种数量趋于"饱和"，复杂性增长进而相互关联发展——系统既因物种的特化、种间错纵复杂的相互制约而难以适应环境的变化，又因发达的相互依存网络而使环境、生态关系变化的影响得以迅速传遍各个角落。在这样一种状态下，系统中某些物种——"触发因子"的灭绝，便会引发"生态链效应"而导致灭绝的"雪崩"。生物的灭绝遵守"能量法则"——灭绝规模与频率反向变化，并大体呈"钟形曲线"过程。

同理论相比，实际发生的灭绝曲线是不对称的。据迈克尔·博尔特和他的小组（其中有来自中国西北部的迪山特·赫祖拉）的研究，在生物多样性达到高峰前，物种数量的增加表现为快速的上升，越过顶峰，经一段稳定期然后降落——多样性在稳定期后的减少存在两种情况：一种是较上升期为缓而使灭绝过程呈拖长的"钟形曲线"，一种是物种数量陡降而使灭绝过程基本呈"钟形曲线"。[17] 159-163、199-204

自组织、临界、"生态链效应"、灭绝的雪崩、能量法则、钟形曲线存在的普适性似乎表明，灭绝的根源是共同的内部冲击，即自行组织的生命系统的一种必然，外部冲击与灭绝及其后果无关或只有很小的影响，似乎不需要对确实袭击地球的冲击力了解太多便可以计算出它们的长期后果[26] 125、203-204①——在破解磁铁磁性近 4 个世纪的过程中，物理学家得出了一条深奥的教训："世界比看上去的要简单。当人们要理解什么事物的时候，细节绝对是无关紧要的。"[26] 112

19.3.2 人为灭绝

——世界各大陆巨兽的灭绝

"只要生态系统中增添了一个新的物种，整个系统便会产生惊人的连锁反应"。[28] 272 当人把自己从生态系统中提升出来时，他便成了生态系统凶残无比的入侵者，人对自然所做的第一件事，便是为了食物而灭绝了世界各大陆几乎所有的巨兽。

大规模的灭绝，始于 4.3 万年前工具有了显著改进的"旧石器时代"后期。在人类的故乡非洲，大屠杀开始于 10 万年前，约有 1/4 的大型哺乳类动物被灭绝，到 1 万年前农业革命开始时，这一比例已上升到 40%，被灭绝的有巨大的狒狒、三趾的马、长角的长颈鹿等。[6] 224，[17] 9

① 外部冲击力对生物灭绝的影响——特别是当冲击力十分巨大时——仍是不可忽视的。如小行星碰撞对白垩纪末期（6 500 万年）大灭绝的影响。

4.2 万年前，人类从东非来到亚洲东南部，接着便开始了向欧亚大陆和澳洲的扩散，世界各地大型哺乳类动物被广泛灭绝的悲剧也就由此开始了。由于缺乏与人类相处的经验，猎人便能够轻易杀死各种对人毫无戒备心的大型动物而使他们灭绝——这样，其他大陆动物的灭绝速率便大大高于同人类一道生活了 500 万年而对人类保持高度警惕性的非洲的同类。[17] 174，[28] 274-275，[29] 106-107

在 3 万～1.5 万年前的欧亚大陆，大型哺乳类被灭绝了一半，有猛犸象、犀牛、鬣狗、狮子、美洲豹、熊等。在欧洲，仅在 2.1 万年前冰河作用的顶峰期，人类就灭绝了猛犸象、有毛的犀牛、麋鹿、鬣狗、狮子、熊和老虎。[17] 9、173

在澳大利亚，大型动物的灭绝率更是高达 86%，灭绝过程持续了约 3.5 万年。被灭绝的动物为有袋目的狮子、身高 2.5 米的巨型袋鼠，以及类似于穴居树懒、犀牛、貘、土拨鼠之类的动物等。[6] 223-224，[14] 39，[17] 173，[29] 106①

1.2 万年前，最后一次冰期高峰导致的海平面下降把白令海峡变成了一座陆桥，[14] 34 人类由西伯利亚穿越白令海峡来到阿拉斯加，开始了对美洲大型哺乳类的大屠杀——更新世末期的大型哺乳类动物在北美有 73%被灭绝，在南美的灭绝率为 80%。灭绝的动物有野牛、猛犸象、羚羊、长着锐利牙齿的猫、体形硕大的狼和貘、树懒，以及秃鹰等——而且仅用了 0.3 万～0.4 万年时间。[6] 219 -220、224，[14] 39-40，[17] 10、172，[29] 106

——生灵杀手：人类走到哪里，便把死亡带到哪里

证据表明，第四纪动物的大规模灭绝在时间、空间上，与“新石器时代的猎人”② 在全球各大陆的扩散是一致的、同时发生的——巨型动物是人类能够获得的最富吸引力的大餐，是人类祖先杀死了地球上几乎所有的大型动物。[28] 274-275，[29] 106-107 保罗·马丁提醒人们注意：当年人类殖民者不仅到达了美洲，而且还去了新西兰、马达加斯加和澳大利亚，无论那里的气候变化与否，大部分大体型的哺乳动物、鸟和爬行动物不久后就绝迹了。[6] 221

事实证明，造成动物绝迹的根本原因是人类而不是气候[6] 219、221——保罗·马丁（20 世纪 60 年代中期）假定，人类祖先每年迁移 16 千米，1 000 年中即可由加拿大到达南美洲，30 万猎人便能够在 3 000 年的时间里将 1 亿头大型动物猎杀光；约翰·阿尔罗伊指出（2001），哺乳动物遭人类猎杀从而灭绝是不可避免的——假定最初的人数是 100 人，年增长率不超过 2%，一个 50 人的集体每年捕杀 15～20 头大型动物，照此速度，人类便可在 1 000 年里把哺乳动物全部消灭光。[17] 172-173（附录 3）

麦尔维尔指出，“普天下的野兽绝不会痴心妄想，认为人类在疯性大发的时候，不会把它们大批杀害”。[30] 23（《莫比·迪克》LXXXⅦ）事实上，人始终处于一种“疯性

① 65 000 年前，人类从帝汶岛来到澳大利亚西海岸，灭绝了岛上 250 千克重的牛顿巨鸟（不会飞），2 吨重的双门齿兽（最大的哺乳类动物），6 米长的巨蜥（地球上曾存在过的最长的蜥蜴）等巨兽——这些巨兽的消失，至晚发生在 5 万年前（中央 6 台，电影国际频道《燃烧》，2010.04.12）。

② 人们通常以 1 万年前的“农业革命”作为新旧石器时代的分界。据本节所引资料，各大陆巨兽的灭绝，主要发生在“农业革命”之前——据此，人类灭绝者主要是“旧石器时代后期的猎人”，而并非“新石器时代的猎人”。

大发”的状态——“人类狩猎者对任何物种都构成威胁”，[6] 225（威尔逊）“所谓土著人是与环境和平共处的观点也是错的”，[29] 107（尼斯比特）“人们无论出现在何处，野生动植物——自然界的心脏——就结束了她的生活”。[31] 67（奥雷利奥·佩西，1981）

人类走到哪里，便把死亡带到哪里——狩猎时期是这样，农业革命开始后也是如此：4 900—4 300 年前，大象、犀牛、长颈鹿从尼罗河流域消失；3 000 年前马达加斯加和新西兰包括恐鸟（大部分 6 英尺高，一种达 12 英尺，1 英尺＝30.48 厘米）在内的全部大型岛屿动物被消灭，而且仅用了 600 年；2 200 年前，狮子、豹子在希腊、小亚细亚沿岸灭绝；公元头几个世纪，大象、犀牛和斑马在北非，河马在尼罗河地区，老虎在波斯北部及美索不达米亚灭绝；700 年前，海狸在英国和欧洲绝大部分地区灭绝。[14] 37-39、181-183

——狩猎和皮毛贸易

纪元以来人类对动物的灭绝除以经济利益为根本目的外，还具有显著的享乐和感情色彩——为了享乐而狩猎（不同于作为经济活动的狩猎），为了好恶而捕杀乌鸦、老鹰、狐狸、黄鼠狼、刺猬、翠鸟……为了保护畜群杀死狼，为了保护鱼群（如鲑鱼）而杀死鱼鹰，为了避免粮食受损而捕捉麻雀。[14] 183-186① 为得到兽肉和皮革，从来到北美中部大平原开始到 19 世纪末，欧洲人便消灭了规模多达 4 000 万～6 000 万头的野牛群，至 1900 年灭绝了数量多达 50 亿只的旅鸽。[14] 189-191②

皮毛贸易则令屠杀和灭绝的范围扩大到了从大到小几乎所有的动物——松鼠、野兔、山鹑、貂、海狸、海獭、虎猫、鸭嘴兽、熊、老虎、海豹、海象、鲸……和地球各大陆、各大洋的几乎每个角落。[14] 200-215 即使在人们已意识到必须保护野生动物的当代，对她们的屠杀仍在以“合法贸易”的名义进行着；大量濒危物种，仍被大规模偷猎，或在“科学研究”的名义下被杀死，如鲸，她们的肉，则在被“考察”——以科学名义进行的屠杀，单是 1988 年就有多达 1 万头的鲸被捕杀——后变成（日本等国）餐馆的美味。[14] 215-216 物种灭绝的惨痛历史给我们的教训是：“高尚的野蛮人从来就不存在”，“被占据的伊甸园就是一个屠场”，“发现天堂就等于失去天堂”——威尔逊指出，“迄今为止，人类一直都充当着生灵杀手这一角色”。[32] 143（F-3-21-1）

——“猎人”斩其首，“农人”砍其足，“工人”毁其体

原始人不仅猎杀“巨兽”，而且还破坏着生物的栖息地。[17] 173-174，[28] 107-108 经农业革命变得文明的野蛮人，除继续对动物的屠杀外，则以日益扩大的规模、增加的强度，侵占、破坏、碎化着她们的家园：森林、草地、沼泽——这样，生物/生态金字塔的顶端、中部被“斩首”和毁坏了，基础也被大规模摧毁了。在这个过程中，被驯化的畜群、庄稼成了人类向自然开战的有力“帮凶”。晚近发生的工业革命所带来的现代技术、“石油农业”、人口数量和欲望的爆炸性增长、遍布所有空间的污染，则给生物和她们

① 人类行为在许多方面是相似的：大规模捕杀麻雀并非中国（1958 大跃进期间）所特有——为了增加粮食产量，英国政府在第一次世界大战期间就曾下令捕杀麻雀。[14] 185

② 最后一只野生旅鸽约 1900 年死于俄亥俄，最后一只幸存者（29 岁的雌性旅鸽玛莎）1914 年 9 月 11 日死于俄亥俄州辛辛那提动物园。在威斯康辛的怀路森州立公园，建有纪念碑。

的生境、生物－生态金字塔毁灭性的一击。

“猎人”斩其首（对 *K*-对策物种采取“斩首行动”，在幼年期灭绝“巨兽”），“农人”砍其足（大规模改变地表覆被），“工人”毁其体（大规模污染）①——人类的历史，即是一部人口增长史、技术进步史，对生态/环境的破坏史、对生物的屠杀史和地球生命的灾难史。在对生物的大屠杀中，不仅动物不能幸免，植物也不能幸免；不仅大型动物不能幸免，小型动物乃至一些繁殖力极强的昆虫，也由于捕杀、生境破坏、污染和“生态链效应”而不能幸免——这便是人与生物和自然的全部关系史。对始于生境冲突的这种人为灭绝，约翰·斯图尔特·穆勒在 160 多年前就曾写下这样一段话：

“一想到世界将丧失其生机盎然的景象，变得一片光秃，每一寸能为人类种粮食的土地都将被耕种，每一块长满花木或青草的荒地都将被翻耕，所有野生禽兽都将因为与人争食而被灭绝，人工栽种的每一棵灌木或多余的树木都将被砍除，野生灌木和野花都将在农业改良的名义下被当作野草而予以铲除，想到这样的世界，就叫人不舒服”。[33] 322

19.3.3 演化的危机

——麦克·泰勒：“如果青蛙消失，地球的末日就会到来”

当 *K*-对策物种灭绝的时候，生态系统还能假以时日，如同 10 多万年开始的灭绝一直尚延续至今日那样；而适应性极强的“机会主义者”——*r*-对策物种的濒危，则表明生态危机已极度严重，留给我们的时间已不多了。针对青蛙——这一个体不大，与人类几无生境冲突且繁殖力极强的物种——在 140 个国家的急剧减少，麦克·泰勒指出：青蛙是鉴定任何污染的最好指示剂，“如果青蛙消失，地球的末日就会到来”。②，③

——演化的危机：第六次大灭绝

当今物种灭绝的速度和由之展现的信息，据哈佛大学爱德华·O. 威尔逊教授的估计为背景灭绝（每 100 万个物种每年消失 1 种）的 1 000～10 000 倍。热带雨林（假设有 1 000 万个物种）注定要灭绝的物种，保守估计为每小时 3 种，每天 74 种，每年 27 000 种——“我们正处于某一地质史上突发性物种大灭绝之中”。[6] 248 许多科学家都认为，世界正在经历“第六次物种大灭绝”。

对全球物种灭绝的估计，2007 年国际生物多样性日（5 月 22 日）前一天由联合国《保护生物多样性国际公约》执行秘书艾哈迈德·朱格拉夫给出的情况是：每天超过 150 个物种彻底消失，每年有 1.8 万～5.5 万个变成濒危物种——我们正处在恐龙消失后最大的一次生物灭绝浪潮之中。此外，由 95 个国家的 1 300 多名科学家共同撰写的

---

① 在对生命的大屠杀中，处在第一线的猎人、农人和工人充当了“刽子手”的角色。而最应对生物灭绝和生物圈退化负责的，是人类中那些既不狩猎、务农，也不做工的人：向自然开战取得的大部分成果——物质财富——为他们所据有。

② 法新社 1996.04.16 悉尼电。

③ “人类时代”是一个令“适者生存”——一个已统治地球生物圈 38 亿年自然规律——失效的时代，若拉马克、达尔文、赫胥黎、斯宾塞泉下有知，不知他们会作何感想。在这个“如火如荼”的“人类时代”，如果有人宣称“万有引力消失”，我也是会相信的。

《千年生态系统评估》显示：地球 2/3 生态系统的逐步恶化，可能在未来 50 年内给人类的生存带来灾难性的后果。①, ②

发表在《科学》杂志的一份报告（据一场大规模的地球生物调查结果）显示，世界上 1/5 的哺乳类、鸟类、鱼类、爬行类和两栖类动物正面临灭绝的威胁。濒危脊椎动物数量仍在不断增加。全世界 20%的脊椎动物是濒危物种——25%的哺乳类、13%的鸟类、22%的爬行类和 41%的两栖类；33%的软骨鱼类，15%的多骨鱼类。平均每年有 52 种哺乳类、鸟类和两栖类动物进入“红名单”而逼近灭绝的边缘。威尔逊警告说：“这仅仅是全球生物正在灭绝的冰山一角”。如果没有自然资源保护人士的努力，每年濒危等级提升——例如提升至“危险”或“极端危险”——的物种还会增加 20%。③（附录 4）

总部设在剑桥的国际鸟类联盟发表的一项综合研究表明，全世界鸟类也已陷入了非常糟糕的困境。就连常见的，曾为人熟知的鸟类——从欧洲的斑鸠到印度的秃鹫，从美国的鹌鹑到阿根廷的黄雀，从非洲的鹰到南海的信天翁……的种群，如今在世界各地的数量也在急剧下降。④（附录 5）

迈克尔·博尔特和他的小组的研究表明：一般灭绝的曲线有如被拖长的“钟形曲线”——多样性在高峰前快速增加，高峰过后，经过一小段平稳期（稳定降落期）后随之缓慢减小，特点是曲线上升速而下降缓；大灭绝则呈“钟形曲线”——多样性在高峰前更快速地上升，高峰过后经一段稳定期，随之陡降而急剧减少。哺乳类的高峰期出现在中新世的早期（科的数目最高曾达 172），按一般灭绝曲线，哺乳类还将存在 9 亿年而长期保持繁荣。但对化石记录的研究表明，过去的 1 000 万年中，全世界科的数目已由 160 个急剧减少至 124 个。在北美，陡降的速度更快：在过去的 30 万年中，科的数目由 34 个减少到 10 个，幅度高达 70%；期间，335 个种灭绝，幸存 210 个，幅度为 60%。[17] 161-168、199-204

这些情况符合大灭绝曲线所描绘的态势，恐龙灭绝前的情况即是如此。博尔特对此指出：“大量的证据表明，哺乳动物正在以极快的速度走向灭绝。除此之外，这个事件的规模和速度是以大灭绝的比例发生的”。[17] 202“我们正在经历一个大灭绝期，这个结论的真正可怕之处在于，它是建立在对 30 万至 8 000 年间化石标本分析的基础上的。这些化石提供了统计学上重要的证据，表明哺乳动物大约 1/3 的科已经灭绝

① 埃菲社 2007.05.21 联合国电。

② 2007 年的资料显示，受调查的 4.1 万个物种有 1/3 濒临灭绝——包括 1/4 的哺乳类动物、1/8 的鸟类、1/3 的两栖动物和 70%的植物。灵长目动物更是岌岌可危，在亚洲，70%的已知物种处境危险。（法新社巴黎 10 月 3 日电. 题：专家称物种也许正在灭绝. 参考消息，2008.10.05）

③ 英国《每日邮报》网站 10 月 27 日报道. 参考消息，2010.12.28。

④ 在欧洲，多达 45%的常见鸟类的数量正在减少，其中，斑鸠的种群数量 25 年来减少了 62%；同期，澳大利亚的涉水鸟种群数量下降了 81%。北美 20 多种常见鸟类 40 年来减少了一半还多；在亚洲，曾经是飞满天的白背秃鹫数量已骤减 99.9%而濒临灭绝。（英国《独立报》9 月 22 日报道. 迈克尔·麦卡锡. 数量灾难性下降表明，全球鸟类的种群面临危机. 参考消息，2008.09.24）

了”。[17] 204

——人类：第六次大灭绝的“元凶”

灭绝是生物演化中普遍存在的现象。作为一个异化于自然的物种，当人把自己从动物中提升出来之后，便开始了对其他生物的伤害，随着规模的不断扩大，便一步步走上了同自然对抗→尖锐对抗→超临界对抗——毁灭自然和生命的道路，并最终把自己变成第六次大灭绝的“元凶”——自1600年以来，75%的物种已被人类灭绝，由之开始了被古生物学家称之为地质史上继前五次大灭绝的第六次大灭绝。[34] 290 正如博尔特在他们的研究总结中所强调的，“现代人类的入侵是造成现在大灭绝事件的根本原因，这次的灭绝从上个冰川期的末尾就已经开始了”——“开始是大部分来自非洲、亚洲和欧洲的大型哺乳类动物被我们杀死，然后是尼安德特人，最近是来自美洲的野味……”[17] 204

每一次的地质灭绝并不一定同进化（复杂化）相联系，但进化总是以灭绝为自己开辟道路的——灭绝是必然的，同时也是必要和积极的。以“饱和效应”、“生态链效应”为背景和机制的自然灭绝（环境变化只是“轻轻一推”）的特征，一是减少多样性并为复杂性创造条件——这是人类之所以能出现的根本原因；二是灭绝对象的非选择性，即既消灭了“不适者”又消灭了大部分的“适者”，也不管其复杂还是简单——只要你处在灭绝扩散的生态链上和灭绝发生的区域。

人类灭绝就其结果来说则具有选择性——消灭复杂者，保留简单者——按照复杂化和多样化的进化定义，人类是在“中止”进化和“倒退”。自然演化的步伐是永不停歇的，即使经过第六次大灭绝，在生命消亡前，以地球环境严酷化、异质性增强为背景的生物演化仍旧会进行下去。① 所不同的是，由于哺乳类等复杂生物的灭绝，地球生命要恢复到今日之繁荣又得耗费以亿年计的漫长岁月——也许由于环境，特别是气候在大尺度背景下的非重复性而根本就不可能。

人类入侵造成的演化危机，遭到来自各个方面的严厉抨击。奥雷利奥·佩西认为，人类正走在“一条与遗传进化相反的道路上”。[31] 38 施里达斯·拉夫尔博士写道：“工业化人类在最近三个世纪中所做的事情就是破坏这些地球的屏障。我们打断了将地球从一个无生命的星球变成一个支持生命的星球的过程”。[13] 17 绿色和平组织更是“义愤填膺”地指控道：

人口增长和人的残暴是生物演化危机的根源——“人类制造了一个垃圾的天堂。他将人口成倍成倍地增加，犹如瘟疫蔓延……他像一个残暴的婴儿，站在最后的大规模灭绝和太阳系中生命的绿洲将被彻底消灭的边缘，凝视着这流星般上升的趋势”。[13] 18

对人类破坏生物演化的行为，宗教界人士同样给予了尖锐的批判。罗马教皇J. 保罗二世宣称：“生态危机是一个道德问题”；东正教主教巴塞洛缪一世进一步指出：“人

① 在博尔特看来，“我们现在经历的灭绝事件，也就是当那些大型的哺乳动物尤其是我们人类消失的时候，可能是第二个多样性的开端”。[17] 206

类造成了物种灭绝，破坏上帝创造的生物多样性，降低地球的完整性，改变气候，砍伐森林，破坏湿地，污染地球上的水、土地和空气，用毒药杀害生物，这些都是罪恶的行为。”[32] 220

——大自然的链条，不管你砸哪个环节，都同样会把它砸断

“生态链效应”的存在，会使任何一个关键种的灭绝成为燎原的“星星之火”而导致整个生态系统的崩溃。对此景象，威尔逊曾作过如下描述：

“昆虫和其他节肢动物对整个生物界非常重要。一旦节肢动物灭绝，不出几个月，人类很有可能就会随之消失。因为随着节肢动物的灭绝，大部分两栖动物、爬行动物、鸟类和哺乳类也会走向灭亡，然后波及大批开花植物，陆生植物、大部分森林的自然结构消失，陆地表面的陆生动物栖息地随之消失。同时，由于死亡植物的积累和干枯，自然界营养循环被关闭，植物的其他合成途径中断，植物将相继死去直到死尽，除少数陆地脊椎动物外，所有生物都将灭绝。自由生活的真菌，起初会有一个巨大的繁殖高峰，以后也将急剧下降，大部分种类将灭绝。陆地将返回到接近古生代时期的状况，陆地表面被一丛丛不活跃的风媒植物所覆盖，到处散布着一团团的小树和小草，基本上没有存活的动物”。[6] 125（附录 6）在美国发生的蜂群崩溃及扩散的可能影响，① 即是对威尔逊“末日前景”理论描述的证明。

英国诗人 A. 蒲柏指出，“大自然的链条，不管你砸哪个环节，第十节还是第一万节，同样会把它砸断”。[30] 1385 人类现在是在从第 1 节到第 1 万节的所有环节上同时砸，有的已经砸断，有的正嘎嘎作响而欲裂——以全球变化为背景，第六次大灭绝即将进入高潮，大厦之将倾已不再是危言耸听——正如罗伯特 • 梅（2000 年，时任英国政府首席科学顾问）所指出的：我们现在对环境所做的一切，只不过相当于给一副棺材钉上的最后一颗钉子。[17] 序言 XIV

不论第六次大灭绝什么时候发生，人类都必须立即停止以任何名义、任何方式对生物进行的一切大屠杀以保护多样性和复杂性。而保护生命复杂性和多样性的根本之道，便是把本属于生物的栖息地——森林、草地、湿地还给她们，而欲能如此的根本之道，则是大大减少我们的数量和节制我们的欲望。从疾病对人和驯养动物现存的控制（如采采蝇→牛→人）看，E. G. 尼斯比特对非洲大陆动物灭绝率较低的见解，对控制人类数量以保护物种灭绝无疑是十分有益的：“只有在非洲大部分的动物种群幸免于难，可能是因为它们已经与人类共同进化，更有可能的也是因为在非洲，已经进化出

① 世界 1/3 的食物与蜜蜂传播花粉的行为直接相关，没有了蜜蜂，对人类至关重要的若干作物将消亡。如大豆、棉花、云苔、巴西果、杏仁等各种干果、葡萄、苹果，以及作为世界上相当大一部分食用油来源的葵花。如果蜜蜂灭绝，那么，严重的食物匮乏、饥荒、暴力和骚乱必然随之而来。美国出现的蜂群崩溃及扩散，即预示着这种可能的存在：2008 年冬天，美国 1/3 的商用蜂巢毁于蜂群崩溃紊乱——一个蜂群中的工蜂突然全部死亡而只剩下孤单的蜂后——已扩散至法国、比利时、意大利、葡萄牙和西班牙。而且根源不明，应对无策，由于不断有新的国家出现此种情况，全球大流行导致蜜蜂灭绝的可能性日益真切。（英国《每日电讯报》网站 12 月 21 日文章.题：世界末日理论背后的真相.参考消息，2010.12.23—24）

了寄生虫和疾病威胁着人类。我们可以把许多动物的幸存归功于采采蝇”。[29] 106-107

附录 1：伦理的“困惑”

令笔者一直感到困惑的是，为什么吸毒为人所不齿并要受到制裁，制（种）、贩毒要受到高至死刑的严厉打击，而在对生物影响更深远、性质更严重且令人发指的“种间犯罪”行径——活剥貂皮、活取熊胆，为吃“燕窝”而摧毁燕子的家园，为喝鱼翅汤而大规模屠杀鲨鱼，[①] 为商业利益而大规模捕鲸（F-3-21-1）……面前，却显得那么无动于衷和软弱无力——对前一种犯罪不惜动用武力，对后一种犯罪仅诉诸于良知觉醒或“公益广告”？由之表明的，一是在人类中心主义长期浸淫下“种间犯罪”意识的极度缺乏——杀人是犯罪，杀死人类之外的生命则不是犯罪或只是轻罪。二是资本利益高于一切——如以“维护传统饮食文化”对捕鲸、屠鲨的“辩护”，对“年饭零鱼翅”活动的“零响应”（响应的饭店只有一家）。三是贫富歧视。毒品的消费者以穷人居多——在肮脏的贫民窟，昏暗的灯光下“腾云驾雾”，消磨自己的生命；“燕窝”、鱼翅的消费者则以富人居多——在富丽堂皇、高雅的酒店或幽静的居所，摇曳的烛光下享受“人生”，屠杀生物。

“换位思考”是文明人经常讲的一句话。如果我们是熊、大象、老虎、鲨鱼、燕子……面对理性、文明人的屠杀、侵占家园，我们将何以处？我们——尤其是人类中心主义的伦理学家，及藏在“君子远庖厨”遮羞布下而忘记天下还有“羞耻”二字的美食家和饕餮之徒——将怎样看待我们这些大讲“自由”、“平等”、“博爱”的，身上无毛的“裸猿”？

令人备感欣慰的是，在这个人性泯灭的时代，拒绝鱼翅已开始成为世界性的风潮——美国（2010）、欧盟（2011）先后通过了“捕鱼取翅”的法案。在过去的一年中（2011），加利福尼亚州参议院（2011.09.06）通过了一项“禁止出售和持有鱼翅”的法案（AB・376），使加州成为继夏威夷、华盛顿、俄勒冈和关岛之后美国第五个禁鱼翅的州；多伦多市议会（2011.10.25）也通过了类似的法案，成为加拿大继布兰特福德市、奥克维尔市及密西沙加市后，大多伦多地区第四个引入此禁令的城市。在“鱼翅之都”香港，也开始拒绝鱼翅——愈 600 名中小学生（2011.07.09）宣誓担任“护鲨大使”，为拒吃鱼翅进行誓师仪式；半岛酒店也率先响应，令旗下的酒店禁售鱼翅。在大陆，同样有越来越多的动物保护组织、个人意识到鱼翅贸易和消费给鲨鱼带来的巨大危害，发起拒绝鱼翅活动——在全国人民代表大会上，一名代表提案要求禁止买卖鱼翅；包括媒体、环保、动物保护及行业协会在内的百家机构，则在春节前（2012.01）共同倡议发起了“年饭零鱼翅”活动（北京）。

我们既要期望良知的觉醒，更要诉诸于法律——愿美国、加拿大更多的州，愿中国和世界所有的国家都制定同样的“鱼翅法案”，则幸甚！

---

① 每年有多达 1 亿条鲨鱼遭到捕杀，其中因“捕鲨取翅”——割下鳍而将鲨鱼抛入海中——而被杀害的每年约为 8 900 多万条。在过去的 30 年中，鲨鱼已减少了 90%。

附录 2：地质灭绝与生物进化的“悖论”

周期性地质灭绝带来的，是生物进化的“悖论”——即反复发生的灭绝，缘何未能阻挡住生物的持续进化？对此的解释是：生物进化是在物种多样性和（组织）结构复杂性两个方向上展开的。物种多样性是对环境多样性（自然环境异质性、生物多样性）的“响应”并为“竞争—分化”所推动；（组织）结构复杂性则是生物对环境严酷化（趋冷、趋干，四季和冷冬的出现，物种间竞争的加剧）的适应性“应答”——使组织结构变得复杂以使自己成为“适者”而生存。多样性的基本单位是持续时间有限的物种——平均寿命 500 万～1 000 万年，且灭绝后便永久消失；复杂性的载体则是参加物种间“接力”的物种。

多样性、复杂性的不同性质，使灭绝只是就多样性（连通性）而言的。由是，生物的演化史，从多样性看是进化→灭绝→再进化→再灭绝……的一幕幕长剧；从复杂性看，则是生物在“适者生存”原则指导下，组织结构随环境严酷化的复杂化——虽然存在对多样性的周期性消减，但以地球环境的严酷化为背景，生物还是通过环境的“各态历经”和“预适应”(3-17-2-3)，一步步走上了复杂化的道路——在植物界，是藻类→蕨类植物→裸子植物→被子植物；在动物界，是鱼类→两栖类→爬行类→哺乳类、鸟类和人类。

而且，也正是生物物种的这种周期性大消减，为以复杂生物作载体的生物组织结构的复杂化，不断地提供着发展的空间而使之成为可能——如二叠纪末、三叠纪末的大灭绝，使爬行类替代两栖类而成为地球的统治者；哺乳类和鸟类在第三纪的盛发，即在于恐龙在白垩纪末期的灭绝和爬行类的极大衰退——生物周期性灭绝既是生物进化的“悖论”，也是生物在复杂性意义上进化不可或缺的条件——而且，作为地质灭绝“诱因”的环境变化，即是环境严酷化进程中的一部分。(3-19-3-1，B-3-19-5)

附录 3：生物灭绝：“人为说”与“气候说”/ 安德鲁·古迪

对“气候说”和“人为说”——更新世晚期以来各大陆“巨兽”令人困惑灭绝的原因，马丁（1967）写道：“放射性碳年代、同灭绝动物遗迹相关联的花粉线以及新的地层考古证据表明，随地区不同，更新世晚期灭绝或是发生于冰期最后导致的世界性气候变冷之后，或是正当其时或稍前……除非洲大陆和东南亚以外，尚未发现史前人到达以前就发生过的大规模灭绝。以非洲为例，大规模灭绝是同遍布整个大陆的河舍利（Acheulean）狩猎文化的最终发展阶段相吻合的……1 万～1 万 5 千年前（在非洲为 4 万多年前）的史前狩猎者竟会比配备有现代化武器和先进技术的现代人造成多得多的大动物灭绝的想法确实是惹人恼火，或甚至是烦扰人心的”。[35] 75-77

“人为说”的依据是：第一，北美动物大灭绝似乎同具杀死大批动物能力的人——数量已足够多，并具备足够的技术能力以制造适当的石器工具（双刃面克罗维斯）——

到来的时间相吻合。第二，在欧洲，旧石器时代的狩猎者有较显著的灭绝效率。在法国索鲁特埃（Solutre）一个皮里戈德后期（Late-Perigordian）的地层里，埋有 10 万具马的遗骸。第三，许多未见过人的动物在人的面前都非常驯服和呆笨，在学会一看到人或一闻到人的气味就逃避和躲藏之前的相当长的时间里，则容易为人所捕杀；而人，对大型猎物则是杀死方休。第四，人与动物为特定食物、水源进行竞争。[35] 77

此外，对“人为说”的支持还来自对气候模型的异议：首先，气候带的变化一般相当缓慢，兽类来得及随植被的转移而转移或对气候进行选择——北美现今的环境，在不同地区、不同程度上与更新世晚期很类似；其次，研究表明，同多次冰期、间冰期、洪水期、间洪水期相联系的气候变化，似乎未曾引起像更新世晚期那么大的突发性灭绝。[35] 77

“气候说”则认为：其一，迁移——对急剧气候变化的反应——受阻。据此，非洲之所以拥有相对丰富的大型哺乳类动物群，便在于不存在对动物迁移的不可逾越的地理障碍。其二，传染病蔓延。冰期的隔离使动物免疫力下降，导致传染病在冰后期（冰层的融化在许多地区发生在距今 11 000 年前）的蔓延，而低生殖力，则使大型动物首当其冲，造成突发性大灭绝。[35] 77

“气候说”的例证有：适应寒冷干草原环境（最后一次冰期北欧的优势环境）的猛犸象、有毛犀牛、麝牛和干草原鬃羚等欧亚大陆北部的哺乳动物——特别是猛犸象和干草原鬃羚，在几万年里一直是人类猎狩的对象，但仍然度过最后一次冰期存活了下来。而其在间冰期（Allerod）的温暖环境里，似乎仅经过几百年便几近消失（迪特，1970）。北美鸟类在更新世末期和大型哺乳类动物灭绝比例的相同，也是对人类过度猎杀理论的挑战（格雷森，1977）。在澳大利亚等国家，人类同大动物的几个种，也曾经共同生活过相当长的时间（Gillespie 等，1978）。[35] 77-78

附录 4：第六次物种大灭绝①/ 伊丽莎白·科尔伯特

目前，1/3 的两栖动物，大约 1/3 的珊瑚虫，1/4 的哺乳类动物和 1/8 的鸟类被列为“濒危物种”。这些数字还不包括被人类消灭或尚不掌握确切数据的物种。当然，我们也无法预见几乎已成为家常便饭的可怕的灾难是什么样子。

——地质灭绝和生物环境重组

据估计，地球上曾存在过至少 5 000 亿个物种，其中 99%以上已经消亡了。全世界都可以发现这种消亡的痕迹，而且这种痕迹是很难被忽视的。

在过去的 5 亿年里，地球上至少发生了 20 次物种大灭绝的现象。其中最具破坏性的有 5 次，造成了物种多样性的严重丧失。第一次发生在大约 4.5 亿年前的奥陶纪晚期，造成 80%以上的海洋生物灭绝。第五次发生在 6 500 万年前的白垩纪晚期，不但

---

① 西班牙《对外政策》双月刊 12 月一期文章.题：第六次物种大灭绝？参考消息（物种大灭绝对人类意味着什么），2009.12.23。

终结了恐龙家族，地球上 75%的物种都在那次事件中消亡了。

大灭绝的重要性远不止受影响的物种数量。与造成那些因为各种原因已经不适应地球环境的物种灭绝的自然灭绝不同，大灭绝还消灭了有适应能力的物种。大灭绝之后，生命需要花费成百上千万年的时间才能恢复，而一般来说，届时已产生了新的角色分配——在白垩纪晚期的物种大灭绝之后，哺乳类动物就取代了灭绝的恐龙。因此，可以说大灭绝不同于自然进化的过程，而是重组生物环境，从而创造出新生命模式的重大事件。

——新的物种大灭绝和人类的影响

大多数生物学家一致认为，新的物种大灭绝事件正在发展过程中。尽管很难说明确切的灭绝数字，但如果目前的趋势继续下去，到本世纪末，至少地球的一半物种将消亡。很难说明目前的灭绝过程具体是什么时候开始的，但很可能将起点追溯到大约 5 万年前。当时的澳大利亚是大量巨型动物的家园，甚至有体积相当于甲壳虫汽车的陆龟。但包括 19 种体重超过 100 千克的有袋目动物，和三种爬行动物在内的巨型动物后来都逐步灭亡了。

这一过程几乎和人类从亚洲东南部登陆澳大利亚的时间相符。由于澳大利亚地域广阔，最初不可能有很多垦殖者，因此在很长一段时间内，人们都没有注意到这一巧合。但地质学家和人类学家近年来的研究成果却为世界呈现出一幅清晰的图景。大约 1.1 万年前，北美 3/4 的大型动物开始消亡，这碰巧也是人类开始穿越白令海峡，进入美洲大陆的时期。

大约在 2 000 年前，人类迁入马达加斯加，紧接着岛上所有体重超过 40 千克的哺乳类动物都灭亡了。毛利人在大约 800 年前来到新西兰，当时新西兰有 11 种名为恐鸟的巨鸟，几个世纪以后，所有的恐鸟都灭亡了。虽然这种因为“第一次接触”而灭绝的事件更多地发生在大型动物身上，但绝不仅于此。人类在大约 1500 年前发现了夏威夷群岛，不久之后，岛上的原生鸟类就灭亡了。

人类对地球的影响不断增强。农业、砍伐森林和建筑等活动已经使地球 1/3 到 1/2 的土地发生了改变，这一数字很可能还没有反映出真实的影响程度，因为那些人类没有主动开发的土地也可能发生变化。世界上最重要的水路大部分要么改道了，要么已经有了水坝，或者以其他方式被人类操纵，目前世界上的淡水资源有一半已被人类利用。通过国际贸易和旅行，人类将大量物种运送到并不适合她们生存的生态环境中。我们向大气层释放了太多的二氧化碳，造成气候和大气层的构成都发生了变化。

关于物种大灭绝，一个悬而未决的问题是，为什么在特定时期，生命资源的总量会大幅度减少。美国地质学家沃尔特·阿尔瓦雷斯说：“现在我们正在目睹人类可能造成的新的物种大灭绝。”

——致命的速度

哈佛大学古生物学家安德鲁·诺尔指出：人类可以在不造成重大损失的情况下发生大变化，例如冰河时代。他说：“地质学告诉我们，当改变的速度过快时，就应当担心了”。关于二叠纪末期的灭绝事件，诺尔和很多其他研究人员都认为，火山的剧烈活动是主要原因，岩浆喷发形成的烟雾覆盖了现在的西伯利亚地区，释放出大量二氧化碳，造成全球变暖和海洋成分巨变。

人类活动最致命的一面可能是速度。仅在过去的一个世纪，大气层二氧化碳含量的改变速度就相当于10万年冰川周期的改变。另一方面，50年海洋酸化的速度超过了此前5 000万年海洋发生的任何变化。短短一个下午的时间，像蛙壶菌这样的病原体就可以搭乘联合公司或美国航空公司的航班周游半个世界——在人类出现之前，这样的移动需要花费数百甚至数千年的时间。

附录5：“拯救”生命的努力

世界自然基金会和野生动物专家们说：在过去的一个世纪里，拥有老虎栖息地的国家由25个减少到13个，8个老虎亚种中已有3个灭绝，野生老虎数量锐减95%——从100年前的约10万只减少到现在的约3 200只；如果各国不迅速采取措施，对老虎的栖息地进行保护并加强对偷猎行为的打击力度，那么，野生虎可能会在12年内灭绝。除偷猎外，野生虎锐减的主要原因还有：身体的不同部分在其主要栖息地亚洲被作为治疗疾病的药材；生存环境遭到破坏和气候变暖；相互孤立和小群体生活对存活几率的降低。

“不要让2010年成为最后一个虎年”既是人们对老虎灭绝命运的担忧，也是对人类残酷行径的谴责。世界自然基金已将老虎列为世界极度濒危的十大物种之首，计划到2020年使老虎的种群数量翻一番。有幸的是，13个有野生虎的国家，也在继世界自然基金的计划之后召开了全球虎保护会议，决定采取行动。在由俄罗斯总理普京主持的全球“老虎峰会”（圣彼得堡，2010.11.21～24）上，通过了一项广泛的，得到与会国（孟加拉国、不丹、柬埔寨、中国、印度、印度尼西亚、老挝、马来西亚、缅甸、尼泊尔、泰国、越南、俄罗斯）支持的“保护老虎宣言”——“全球老虎恢复计划”，旨在2022年之前使全球野生老虎数量翻番。[①,②]

令人感到欣慰的消息还有：经过此前长期而艰巨的谈判，近200个国家和地区的代表在《生物多样性公约》第十次缔约方会议（日本名古屋）上，就遏制物种消失达成了《获取与惠益分享名古屋议定书》。一致同意保护渔业资源，阻止自然物种灭绝和退化，扩大陆地和海上自然保护区——各国同意，在2020年之前，要在17%的陆地和内陆水系，以及10%的沿海和公海水域建立保护区（目前有13%的陆地和1%的海洋被辟为保护区）。与会代表认为，眼下物种灭绝速度是自恐龙6 500万年前灭绝以来最快的。[③]

① 西班牙《世界报》1月14日文章. 题：2010年，拯救老虎. 参考消息，2010.01.14。

② 美联社俄罗斯圣彼得堡11月21、23日电. 参考消息，2010.11.23、25。

③ 路透社名古屋10月30日电. 题. 各国就拯救自然达成历史性协议. 参考消息，2010.10.31。

附录 6：人类消失后的地球[①]/ 刘易斯·史密斯

迄今为止，智人在地球上只存在了 15 万年，而恐龙则在这个星球上生活了 1.65 亿年。如果人类今天从地球上消失，那么从地质学角度讲，人类在这个星球上留下的足迹存在的时间也将是短短的一瞬。根据《新科学家》周刊的一篇报道，随着人类的消失，她给自然环境带来的影响很快就会减弱。

由于发电站不再输送电能，首先消失的就是光污染。到了明天，曾经在这个星球上居住过的人们留下的街灯和房间里的灯将开始熄灭。接下来，街道和农田也会发生变化——几个月之后，耕地会被杂草占领，不出 20 年，乡村街道和公路就会被茂密的野草覆盖，城市里的街道存在的时间可能稍长，但即使像伦敦和伯明翰这样的大城市，街道也会被植物迅速占领。

建筑物会迅速变得破烂不堪。首先倒塌的是遭虫子啃食的木结构建筑，这样的房子在 100 年之内将全部化为乌有；玻璃和钢结构建筑大多也会在 200 年之内倒塌；砖石、混凝土结构存在的时间稍长——但除了一些例外，比如金字塔就已经存在了 5 000 年之久——到下一个千年，绝大多数建筑都会变成一片废墟。

人类消失后，地球会变成野生动植物的天堂——受到威胁的 15 589 种生物会立即复苏，逐渐恢复到原有数量，1 000 年后，一切都将回到工业化之前的情景。两万年之内，人类留下的所有痕迹将荡然无存。5 万年后，假如外星球的一名考古学家登陆地球，他也许会失望地发现：根本就找不到我们存在过的证据。

参考文献

[1] 杰里米·里夫金，特德·霍华德．熵：一种新的世界观[M]．吕明，袁舟，译．上海：上海译文出版社，1987.

[2] 原华荣．环境寿命与文明兴衰[J]．西北人口，1997（3）：38-41.

[3] 刘培哲，等．可持续发展理论与中国 21 世纪议程[M]．北京：气象出版社，2001.

[4] 世界环境与发展委员会（WCED）．我们共同的未来[M]．国家环保局外事办公室，译．夏堃堡，校．北京：世界知识出版社，1989.

[5] 奥尔多·利奥波德．沙乡年鉴[M]．侯文蕙，译．长春：吉林人民出版社，1997.

[6] 爱德华·O. 威尔逊．生命的多样性[M]．王芷，唐佳青，王周，等，译．长沙：湖南科学技术出版社，2003.

[7] 联合国开发计划署（UNDP），联合国环境规划署（UNEP），世界银行，世界资源研究所（WRI）．世界资源报告（2000—2001）：人与生态系统——正在破碎的生命之网[M].王青，方莉，等，译．胡姗姗，等，审校．北京：中国环境科学出版社，2002.

① 英国《泰晤士报》10 月 12 日文章．刘易斯·史密斯. 20 万年就会让人类在地球上留下的所有印记消失．参考消息，2006.10.19。

[8] 联合国环境规划署（UNEP）. 全球环境展望·3：过去、现在和未来[M].刘毅，陈同斌，邵雪梅，等，译校. 北京：中国环境科学出版社，2002.

[9] 世界资源研究所（WRI），联合国环境规划署（UNEP），联合国开发计划署（UNDP）. 世界资源报告（1992—1993）[M]. 张崇贤，柯金良，程伟雪，等，译. 朱耀祥，等，校. 北京：中国环境科学出版社，1993.

[10] 世界资源研究所（WRI），联合国环境规划署（UNEP），联合国开发计划署（UNDP）. 世界资源报告（1990—1991）[M]. 叶汝求，柯金，等，译. 夏堃堡，等，校. 北京：中国环境科学出版社，1991.

[11] 世界资源研究所（WRI），联合国环境规划署（UNEP），联合国开发计划署（UNDP）. 世界资源报告（1994—1995）[M]. 夏堃堡，柯金良等，译. 王翊亭，等，校. 北京：中国环境科学出版社，1995.

[12] 世界自然保护同盟（IUCN），联合国环境规划署（UNEP），世界野生生物基金会（WWF）. 保护地球——可持续生存战略[M]. 国家环保局外事办公室，译. 夏堃堡，校. 北京：中国环境科学出版社，1992.

[13] 施里达斯·拉夫尔. 我们的家园——地球——为生存而结成伙伴关系[M]. 夏堃堡，等，译. 张坤民，等，校. 北京：中国环境科学出版社，1993.

[14] 克莱夫·庞廷. 绿色世界史——环境与伟大文明的衰落[M]. 王毅，张学广，译. 上海：上海人民出版社，2002.

[15] 世界资源研究所（WRI），国际环境与发展研究所（IIED），联合国环境规划署（UNEP）. 世界资源报告（1988—1989）[M]. 王之佳，张崇贤，柯金良，等，译. 夏堃堡，等，校. 北京：中国环境科学出版社，1990.

[16] 世界资源研究所（WRI），国际环境与发展研究所（IIED）. 世界资源报告（1986）[M]. 孟纪斯，张崇贤，梁思萃，等，译. 夏堃堡，陈德彪，校. 北京：中国环境科学出版社，1988.

[17] 迈克尔·博尔特. 灭绝——进化与人类的终结[M]. 张文杰，邓可，译. 北京：中信出版社，2003.

[18] 刘晓滨. 无法转让的灾难[J]. 读者，2006（18）：26-27.

[19] 孙儒泳. 动物生态学原理[M]. 北京：北京师范大学出版社，1987.

[20] 高群，尚金成，李森林，等. 经济社会生态环境协调发展[M]. 长春：吉林大学出版社，1991.

[21] 王振堂，吴宪德. 自然种群承受人口压力阈值的研究[C]. 中国改革开放人口与发展研讨会（上海）交流论文，1990.

[22] 何兆雄. 中国野象南移与森林破坏（下）[J]. 沈阳：生态学杂志，1984（5）：48-51，58.

[23] 周昆叔. 塑造现今地质环境的划时代事件——2 500年来气候变凉干及其影响[A]. 周昆叔、巩启明. 环境考古研究（第一辑）[C]. 北京：科学出版社，1991：223-229.

[24] 张昀. 生物进化[M]. 北京：北京大学出版社，1998.

[25] 恩斯特·迈尔. 进化是什么[M]. 田洺，译. 上海：上海科学技术出版社，2003.

[26] 马克·布查纳. 临界——为什么世界比我们想象的要简单[M]. 刘杨，陈雄飞，译. 长春：吉林人民出版社，2001.

[27] 郝守刚，马学平，董熙平．生命的起源与演化——地球历史中的生命[M]．北京：高等教育出版社，2005.

[28] 艾尔弗雷德 • W. 克罗斯比．生态扩张主义——欧洲 900—1900 年的生态扩张[M]．许友民，许学征，译．林纪焘，校．沈阳：辽宁教育出版社，2001.

[29] E. G. 尼斯比特．逝去的伊甸园——人类生存环境的状况及其变化[M]．郭彩丽，吴向东，徐晶，译．北京：中国青年出版社，2001.

[30] 莫蒂默 • 艾德勒，查尔斯 • 范多伦．西方思想宝库[M].《西方思想宝库》编委会，译编．长春：吉林人民出版社，1988.

[31] 奥雷利奥 • 佩西．未来的一百页——罗马俱乐部总裁的报告[M]．汪帼君，译．王恩光，校．北京：中国展望出版社，1984.

[32] 爱德华 • O. 威尔逊．生命的未来：艾米的命运，人类的命运[M]．陈家宽，李博，杨风辉，等，译．上海：上海人民出版社，2003.

[33] 约翰 • 斯图亚特 • 穆勒．政治经济学原理及其在社会哲学上的若干应用（下卷）[M]．胡企林，朱泱，译．北京：商务印书馆，1997.

[34] 孙儒泳，李庆芬，牛翠娟，等．基础生态学[M]．北京：高等教育出版社，2002.

[35] 安德鲁 • 古迪．人类影响——在环境变化中人的作用[M]．郑锡荣，等，译．张遵敬，张崇华，审校．北京：中国环境科学出版社，1989.

认识你自己。

——古希腊箴言

罪恶生于自觉，这是一个深刻的真理。

——黑格尔

一切文化的本质都是要把肉食畜牲般的人驯化成为驯服而文明的动物。

——F. 尼采

迄今为止，人类一直都充当着生灵杀手这一角色。

——爱德华·O. 威尔逊

“他是唯一有组织地捕食同类的猛兽”。

——威廉·詹姆士

人的本质是反自然——不反自然，人就不成其为人；为了成为人和继续做人，人便必须反自然。

他是一根能思想的苇草……他知道自己要死亡，以及宇宙对他所具有的优势，而宇宙对此却是一无所知。

——布莱斯·帕斯卡尔

“财富—个体目的性”是私有制的“灵魂”——伦理支柱；私有制是“财富—个体目的性”的“躯壳”——组织建构。

有国有家者，不患寡而患不均。

——孔丘：《论语·季氏第十六》

20 人类的本质

20.1 人类的外部性

20.1.1 外部性的不同观点

——“外部不经济性”的成因：主体未考虑行为的外部影响

对外部性（externality）的一般经济学定义是：一个人的行为直接影响他人的福祉，却没有承担相应的义务或获得回报，亦称外部成本、外部效应、界外成本、界外效应或溢出效应。这一定义，在经济学之外也得到了认可——外部性一般被人们视为任何活动主体未全面考虑自己的行为对他人影响的一种现象。负面的影响称作外部成本，正面的影响称作外部收益。[1] 419

当庇古继马歇尔提出“外部性”而使用“外部不经济”的概念时，便表明经济学并不完全赞成这样的见解——“看不见的手”为我们带来的只是人与人的“双赢”和“和谐社会”，即正外部性——这与其“没有免费午餐”的格言也是一致的；但当涉及“外部不经济性”的成因时，经济学在理论上则给出了违背了自己格言的答案：人类行为的负外部性是可以消除的——“外部不经济性”只是“活动主体未全面考虑自己的行为对他人影响的一种现象”。（附录 1）

——“废物是放错地方的资源”：并非本质的“外部不经济性”

当“外部不经济性”的产生在理论上被归于“主体未考虑行为的外部影响”时，其可消除性便成了一种逻辑的必然——只要行为主体全面“考虑自己的行为对他人影响”就可以了。于是，便有了林林总总关于“外部不经济性”成因的理论解释——市场失灵、政府失灵、制度失灵、科技失灵/技术失灵、产权不明晰……；应对之策——体制创新、市场创新、明晰产权，循环经济、低碳经济……；和生态保护的环境－经济手段——税收/收费、补贴、押金/退款的“庇古手段”，自愿协商、排污权交易的“科斯手段”……

当“外部不经济”在理论上可以消除时，人类行为的负外部性便成了一个非本质的现象——由此，废物变成了“放错地方的资源”，人与自然的“双赢”与“环境倒 U 形曲线”可以循环论证、相互支持。对此，世界银行也深信不疑而表示：只要实施税收、产权等各种强有力的环境－经济政策，就能“既提高经济效益又能改善环境”，使发展与环境“二者兼顾”——而且，“在很多情况下，经济增长正在与环境污染‘脱钩’，

因为无害于环境的做法正在愈来愈多地融合在资本股本中”。[2] 1、40

——对“双赢”、“社会和谐论”和“看不见的手”的挑战

对“双赢”、“社会和谐论”和“看不见的手”的挑战，在实践中来自当代相互关联的社会—自然危机。“社会危机”告诉我们：人与人的关系不一定都是“双赢”的，在“看不见的手”指引下所建立的社会也不一定是“和谐”的；“自然危机”则表明：人与生物、人与环境的“双赢”是不存在的——由于历史的局限，“双赢”的“社会和谐论”并未把自然纳入到自己的理论视野之中。

对“双赢”、“社会和谐论”和“看不见的手”在思想上的挑战，来自以“拯救地球”为宗旨的田园主义、浪漫主义、马尔萨斯主义和环境伦理，而具“颠覆性”的生态学，则在提出挑战的同时又提供了锐利的批判武器。（3-22-6-2）

生态学法则告诉我们的根本要义是：“自然界没有废物”，和作为全部经济学知识精要的“没有免费的午餐”——经济增长必然是以资源耗竭和生态/环境退化为代价的。如，密布的公路、铁路网，对人们而言是经济发展、交通便捷、收入增长和生活水平的提高；对生物，特别是体型稍大动物带来的，却是生境被分割碎化而成为一个个被人类要素包围的孤岛，对其捕食、迁徙、繁殖带来阻碍，使之更易受人类和入侵物种的干扰而增加了灭绝的风险。[3] 158、241，[4] 92、94

——“公地的悲剧”和“零一和游戏”

对“双赢”、“社会和谐论”和“看不见的手”重要而直接的批判，是由哈丁在“公地悲剧”和“零一和游戏”的讨论中给出的。

哈丁对“零一和游戏”的讨论以有限性——“宇宙飞船经济学” 为背景并与复利密切关联。他指出：在汤姆＋杰利＝（汤姆＋a）＋（杰利＋b）的交换中，如果 $a-b=0$，等式成立，这是一场“零一和游戏”——汤姆/杰利所得为杰利/汤姆所失；当 $a-b$ 为正数时，这是一场汤姆、杰利皆有不等所得的“财富被创造了出来”的“正一和游戏”。生态学家则认为，必须使自然加入进来：汤姆＋杰利＋自然＝（汤姆＋a）＋（杰利＋b）＋[自然–（$a+b$）]——这是一个可信的“零一和游戏”：“人们从自然中所取得的是自然损失的”。[5] 109-116 （1-4-3-3）

哈丁认为，在“看不见的手”指引下牧民追求最佳利润的“理性选择”——“在公共牧场增加一头属于自己的牛”，将使“每个人都陷入一个迫使其无限扩大畜群的系统”而造成“公地悲剧”——在一个有限的世界里，公地自由使用对土地承载能力的超越必然导致系统的崩溃，并最终带来所有人的毁灭。[5] 340-343 从“公地悲剧”的成因出发，哈丁提出了三条非技术对策：第一，摒弃“看不见的手”带来“社会公益”的自由放任思想；第二，通过私人产权或私有制避免“公地悲剧”；第三，放弃自由生育，把人口控制在极限——土地承载力之内。[6] 150-151、154-155 （1-4-3-2）

哈丁对“看不见的手”带来“社会公益”的思想和人与自然“双赢”的观点做了有力的批判，但对“负外部性”属性的看法却是矛盾的：“零—和游戏”表明，“负外部性”是本质的，无法消除的；而当他把“私有产权”作为摆脱“公地悲剧”的对策时，“负外部性”似乎成了非本质而可以消除的。而且，这也是许多人的看法，彼得·休伯即认为，“赋予私人产权是促进污染的最中性、一般和最有效的方法”。[7] 227 阿瑟·扬则把“私有产权”捧上了天：“赋予某人对光秃秃的岩石以可靠的所有权，他将把岩石变成花园；让他租用一个花园9年，他会把花园变成沙漠”。[5] 344

外部性是本质的还是可以消除的？依然是要进一步讨论的问题。

20.1.2 外部性的边界和本质判断

——普遍存在的外部性

休伯认为，所有生命都产生废物（新陈代谢），都有外部性即“伤害”——食、捕食在人类和生物界普遍存在，植物会产生对付虫子的有害物质，污染则是市场的副产品。“所有生命都将外部性排放到周围的环境”——植物释放CO_2和与人类杀虫剂同样含“致癌物质”的化学防卫剂，而人的外部性又远小于自然；大自然是人类废物非常卓越的再生工厂，有的污染可被自然分解、稀释，CO_2的增加会推动绿色的增长，向河流中倾倒污水则养育而不是抑制更多的生命。[7] 27-37、32-33、97-98、138-142、250-251

休伯的看法是经济学的也是生态学。从外部性的普遍存在出发，他主张抵制“麦克白夫人综合征”（指洁癖）那样的微观环境主义，在宏观层面上减小外部性。即污染治理和环境保护应针对那些界定明确、严重和大规模的问题，且应有明确的目标——如森林减少、草场退化；对“芯片上的污染”穷追会导致昂贵的代价：效应迅速下降、成本很快上升，如同“烧房子烤猪”那样得不偿失——而且，还会造成新的环境问题并危及更多的生物。[7] 前言18-19，正文28、42、141、161、167、251-252

——生物圈：外部性的参照系

从个体、低层级系统看，休伯的见解无疑是正确的——自然和人同样具外部性；从更高的层级，即地球系统看，人类也是可以享用“免费午餐”而没有外部性的——任何规模的人类活动，即使毁灭了生物圈，地球都会一如既往地自转和绕着太阳旋转——在这一点上，经济学家也无疑是正确的。由是，判断外部性的首要问题便是界定参照系，即在什么样的层级和多大尺度上谈论外部性。

当把层级、尺度确定为地球系统时，外部性因人和生物都享用“免费午餐”而消失；当把层级、尺度确定为个体、低层级时，讨论又因外部性到处都是，且（按休伯的观点）自然的外部性又大于人的外部性而失去了意义——显然，把参照系界定为地球生物圈，和其内的高层级系统、整体是恰当而有意义的：整体是个体的参照系，高层级系统是低层级系统的参照系，生物圈是生物和人类的参照系。

——“生态目的性”：外部性的本质判断

“自然的进化”与“免费午餐”和本质上的非外部性相关联，“反自然的进化”与“付费午餐”和本质上的外部性相关联——因此，本质上的外部性判断，即是进化性质的判断。（3-18-1-2；3-19-1-1）

地球生物圈既是外部性的参照系，也是维持所有生命生存的根本。是故，在行为外部性普遍存在的情况下，对生物和人类来说，贯彻“生态目的性”，维护地球生物圈的多样、和谐、稳定和持续，其进化便是“自然的”，外部性便是非本质的；反之，其

进化便是“反自然的”，外部性便是本质的。（3-18-2-2）

而生物、人类是否和能否贯彻“生态目的性”，即外部性是本质的还是非本质的直接判断，则在于她们是否扮演“生态角色”（捕鼠的猫）、承担“生态义务”（捕鼠）、完成“生态使命”（控制鼠种群的规模），遵从“自然秩序”而使自己成为生物圈有机整体的一部分。（3-18-2，3-18-3；3-23-1-2）

——“自然的秩序”：“体能适应”，资源配置“最小化”，复杂性（多样性、复杂性载体、直接关联）和“生态位”限制

生物圈之所以能够成为外部性的参照系，还在于她既包容着生物、人类的目标和利益，又以其之多样、和谐、稳定、持续而保证着生物、人类目标和利益的实现。而生物圈的多样、和谐、稳定和持续，则须由“自然的秩序”来保证。（3-16-2-2，3-16-3-2；3-17-3-1；3-18-3-1；3-19-3-1）

“最小化”配置资源为生物多样性提供了物质保证，并在物质层面避免了“超级掠食者”在生物圈的出现；物种间的直接关联限制，则从结构层面避免了“超级掠食者”在生物圈的出现；生物多样性限制避免了物种过度“饱和”对生物圈稳定性的“侵蚀”；对复杂性载体（物种、种群）和“生态位”的限制，则保证着“最小化”原则、营养关系的贯彻，物质、能量流转的正常和生物圈的稳定。

“自然的秩序”的得以贯彻，既在于生物没有违背自然限制的必要——按“自然秩序”运行的生物圈为所有生物的生存提供了保证，也许更为重要的是，以“体能适应”环境的生物没有违背自然意志，对自然说“不”的能力。生物圈的多样、和谐、稳定和持续，就在“自然的秩序”这里得到了保证。

20.1.3 生物界外部性的消解

——生物界外部性的消解

对“生态目的性”的贯彻——扮演“生态角色”、承担“生态义务”、执行“生态使命”——和“自然秩序”的遵从，使以“体能适应”环境的所有生物物种都成了食物链、食物网中享用“免费午餐”，或作为“免费午餐”被享用，进而维护生物圈多样、稳定、持续不可或缺的有机部分——由此，生物界各层级的外部性，便在生物圈得到了最终消解。

第一，种群限制对个体的外部性，消解于对种群和个体生存的必要性之中。

对生物个体而言，种群的限制是一种外部性。但这种限制对种群、个体生存的必要性，则使由限制产生的外部性，转化为对种群和个体的有益性。

第二，由营养关系产生的个体层面的外部性，转化为对种群的必要性。

在（捕）食与被（捕）食的营养关系中——如羊吃草、狼吃羊，对被（捕）食者——草、羊个体来说的外部性，则既有益于狼群，也有益于羊群和草地：羊的采食刺激草的生长，狼的捕食在维持自身种群的同时，又控制着羊群的膨胀并使草地避免了被羊群的过度啃食——群落（生态系统）的“和谐”由之得到维持。① 植物防卫机制（物理的、化学的）产生的对采食者的外部性，也同样在种群层面得到了消解——在保护自己不被过度采食的同时，避免了采食者因过度采食造成的种群膨胀，和最终因食物匮乏而导致的种群崩溃。

第三，物种、群落、生态系统层级的外部性，在生物圈得到了消解。

物种、群落、生态系统因相互妨碍在各个层级产生的外部性，由于对生物圈多样、和谐、稳定、持续的支持，即“生态目的性”的贯彻而最终在生物圈得到了消解。

在生物界，许多“看似的”外部性实际上都是有益的。如，在非洲的热带大草原和干燥林地上，大象将树木推倒、折断或连根拔起所引起的外部性的消解——通过对营养循环的加速，转化为对其他食草动物的支持。[8] 149（3-19-1-3）

——“循环－扩散”：外部性的消解机制

以地表在高度、物质（密度、热容量）上的差异为背景，由内力（构造运动）、外力（太阳辐射能）联合推动的全球性物质循环和废热扩散既是地球生命维持的根本条件，也是消解其活动所产生废物、废热的根本机制。如前所述，自然的这一“循环－扩散”机制包括“物质循环”和“废热扩散”。“物质循环”在空间上由关联着的“地表循环”和“地质循环”组成；在物质上包括“化学循环”和“生物循环”。（3-16-2-2；3-17-4-3；3-18-1-2）

第四，在生物圈层级上形成废物的可能性，因物质循环的闭合性而被排除。

通过“生物循环”——沿食物链、食物网、营养级进行的“生产者－消费者－分解者”的循环，“化学循环”——“风化/剥蚀→搬运→堆积”和“地质循环”——“聚集－沉积－成岩”，使生物在各个食物链环节、营养级上产生的废物，都直接得到了利用或进入循环而排除了生物圈层级上废物的形成。

第五，水、大气循环将废热扩散到外层空间，保证着地球系统的开放。

足够强度的全球性大气和水循环，把生命过程中产生的废热，同自然过程产生的废热一起扩散到外层空间而避免了其在地球的积累——由是，地球系统的开放和生物圈的稳定和持续，便得到了最后的保证。

生命之所以延续了38亿年之久，我们之所以能在这里讨论外部性问题，便在于“自然界没有废物”——生物界低层级、部分的外部性，在高层级、整体和生物圈中得到了消解。

20.1.4 人类在本质上的外部性

在生物与自然的关系（“协同演化”）中，生物赢了但自然并没有输；在人与生物、自然的关系中，人赢了但生物和自然却输了。生物的外部性是“看似的”，非本质而可以消除的——正如生态学家所言，“自然界没有废物”，“一切事物都必然有其去向”；[9] 30 人类的外部性则既是“看似的”，也是“真实的”——本质的而无法消除。人类不

① “世界是绿色的”观点，即是建立在“捕食作用”基础上的。（3-17-4-2）

给宇宙和地球增添混乱，但却会给生物圈增添混乱，这即是地球自然系统演化的第三个过程：“生物/生物圈退化一人类/人类社会进化”（Ⅲ）——从“人”脱离动物界成为人起，这个“进化一退化”的熵过程便开始了。[10]（3-18-1-2；3-19-1）

——“生态目的性”的丢失和生物圈的“破碎”

对人来说，当他乘凉、晒太阳，或只利用自然按“最小化”原则配置给她（尚未脱离动物界的“人”）的资源生活时，是不会给生物圈造成伤害而享用“免费午餐”的——但这充其量只能使她成为狮子、苍鹰一类动物而不能成为人。“人”为了成为人并生存下去，便需要耗散比自然按“最小化”原则配置给她的多得多的资源——如同物体为脱离地球、太阳而要提高自己的速度一样。（3-20-2-3）由此，人便必须在最低限度上：第一，违背资源自然配置的“最小化”原则和自然对物种的“直接关联限制”，使“生态位”泛化而在生物圈所有食物链、食物网的各个环节，和所有营养级取食、获取生存资料；第二，违背“生物共同体”资源持有的“最大化”指向，以“人工物”的形式，源源不绝地将生物量从自然系统中取出；第三，为提高产出而使生态系统长期处于“幼年状态”（“幼态保持”），即“逆向演替”的低稳定状态。（1-5-2-3；3-17-3-1；3-18-3-1，3-18- 3-2；3-20-2-3）

凭借“文化适应”（技术、知识等）而有能力对自然说“不”的人这样做了并把自己从动物中提升了出来。由之而来的，一是人类因不再扮演“生态角色”导致的“生态目的性”丢失；一是人把自己变成了一个“超级掠食者”和“非有机物种”而使生物圈的有机整体性遭到根本性破坏；一是生态系统“无缝之网”的被撕裂和地球生物圈的破碎。由是，人作为一个物种的进化便具有了“反自然的”性质：人类的进化是因，生物圈的退化是果——且只有当人类的进化发生时，才有了与之相应的生物圈的退化。

“没有免费的午餐”，当“人”把自己从动物中提升出来而成为人之后，她的午餐便由“免费的”变成了“付费的”——以生物圈的退化为“餐费”，她的机体也就被深深打上了“外部性”的“烙印”。而且，这种外部性又是一种属人的本质而无法消解——“人”借助外部性使自己成为人，人借助外部性使人类社会得到发展，在本质上消解外部性便是要取消人做人的资格和社会发展。

在人因不再扮演“生态角色”、承担“生态义务”、执行“生态使命”而丢失“生态目的性”的同时，她的“生态义务权利”——在做“人”时因承担“生态义务”而获得的权利（“天赋生存权”）——也便随之失去了。按人类自己的“义务一权利”说，人亦没有资格吃“免费午餐”了，自然也不再负有消纳和扩散人类活动所产生废物、废热的义务了。

——自然“循环一扩散”无法消除的外部性

人的外部性既是本质的——“生态目的性”的丢失，破坏生物圈多样、稳定和持续的“反自然的进化”，也是机制和功能性的，即自然的“循环一扩散”无法消除的。

在生物与生物的“协同演化”中，生物的变化是适应性的、协调的，即生物与生物一起改变着自己以“相互适应”；在生物与自然的“协同演化”中，生物的变化是适应性的——通过改变自己以“适应”环境并（就其结果而言）改变着环境，环境的变化则是非适应性的——即环境的变化，并不以符合生物的需要为目的。

生物与生物、生物与自然的“协同作用”——适应、协调——既保证了生物的演化，也把生物与生物、生物与自然通过物质循环密切关联了起来，并规定了自然循环在机制上的适应－协调性和功能上的耦合性——即自然循环是通过生物与生物、生物与自然的适应－协调实现的；自然、生物界废物、废热的产生，与自然的“循环－扩散”功能在量上有如马的体重与马的支持力而是“等当”的。生物的适应性变化和自然的非适应性变化，则使“生物循环”有着比“化学循环”更显著的机制适应－协调性和功能耦合性——如，通过“营养关系”形成的环环相扣的食物链，由相互交叉的食物链所织成的，将所有生物网罗于其中的“无缝之网”——地球生物圈，食物链各环节和营养级之间生物物种在种群规模、生物量上“严格的”比例、数量关系，和数量锥体、生物量锥体、能量锥体的形成。

自然循环在机制上的适应－协调性和功能上的耦合性表明：脱离“生物循环”而非有机性的人的进入，对经亿万年形成的自然循环机制有如“砂粒”进入“手表”而是破坏性的——康芒纳指出：“任何在自然系统中主要是因人为而引起的变化，对那个系统都有可能是有害的”；[9] 32 而且，自然循环也不具备消纳－扩散人类活动所产生废物、废热的“额外”能力——正如亚里士多德所言，自然是节约的而从“不做徒劳无益之事”，[11] 4 她不会为人而改变自己，也不会由于人的出现而发生任何非破坏性变化。“自然从不多做一件事”——改变自己以适应人类的需求，在于她没有能力多做一件事——而自然没有能力多做一件事的原因，同样因于自然循环在机制上的适应－协调性和功能上的耦合性形成的制约。①

关联着的物种、基因（遗传）、生态系统多样性与食物链、食物网结构完整性的相互支持，维护着“生物循环”——系统物质、能量流转的通畅和功能——调控、补偿、自我修复机制——的正常。对生态系统来说，“非有机性”的人的进入所导致的，一方面是生物灭绝、生物多样性的减小和群落组分/结构由之的缺损和“生物循环”机制的破坏——如，草原系统中鹰、狼缺失所造成的食物链“草－鼠－鹰”、“草－羊－狼”的断裂和不完整；一方面是系统功能受损——生态系统“循环”功能因组分/结构缺损的破坏，如鼠、羊数量因鹰、狼缺失而不受限制增加，带来过度啃食而导致鼠、羊种群膨胀和草原退化。

环境各要素组分/结构的稳定，特别是在时间上的低变异性，是维护“化学循环”和废热扩散功能的根本保证。人工物进入的“有害性”，即在于引致环境要素组分/结构的变异并导致环境功能的退化：如，水体中营养物质过度增加带来富营养化和赤潮，pH 值下降造成水体酸化而危及水生生物安全；大气中 CO_2 等“温室气体”浓度的大幅度上升，使大气环流扩散废热、调节全球热量平衡的功能下降，带来“全球变暖”和

① 自然循环不具备对人类活动所产生废物、废热消纳、扩散“额外”能力等，在这里虽只是逻辑推理和思辨的，但却是能为生态/环境支持能力的有限性和其退化所验证的。

气候异常。

——自然“冗余功能”的消减和供给与需求的“跷跷板效应”

如同群落中为维护生态系统稳定的“冗余种”的存在，为应对地球能量、物质耗散的不均匀性（地震、火山喷发）和系统稳定性的波动而保证自然“循环－扩散”机制的正常运转，以生态系统的有机整体性和环境的稳定性为基础，自然也同样发展出了“冗余功能”/“功能冗余”，也即人们常说的“生态韧度”。(3-17-3-2)

对生物圈和自然的“循环－扩散”机制来说，人类是一种强行进入。人类废物的消纳、废热的扩散，即是在人类强行进入后对自然“冗余功能”如马驮人式的利用——马不愿驮人，但又不得不为人所骑。显然，这并不意味着人类外部性的消解，所发生的只是废物、废热向生物圈的有害转移——否则，便不会有自然危机的出现。人类依赖自然吸纳废物、扩散废热，而其外部性导致的生物栖息地缩小、破坏，生物灭绝、多样性下降，和废物、废热对系统成分、系统环境改变所造成的系统结构破坏、生物量下降……又在消减着自然的承载力、降低着自然系统的生态弹性——即自然对人类废物、废热可利用的吸纳和扩散能力。人类承载力的“他承载”性质，在这里又一次得到了证明。(1-5-2-5，F-1-5-2；3-17-4-3；3-18-1-2；3-19-1-3)

随着人类活动规模扩大发生的，一方面是人类所生产废物、废热，即对自然“冗余功能”占用（人工物的低降解性）和需求指数式的增加；一方面是自然“冗余功能”因生物圈有机整体性破坏、环境稳定性下降和被占用的相应指数式的消减[①]——由此，形成对自然“冗余功能”需求与供给“剪刀差”不断扩大的“跷跷板效应”。

当代人类的耗能强度，仅从消耗的第一性生产力看（计），即为除植物外地球宏观生物的63 000多倍。(3-20-2-3) 人类生产外部性能力的扩大，显著表现为人口、经济规模的扩大，和对能源、物资的高耗散——自然在27年多时间，即10 000天储存起来的太阳能，仅在24小时内便会被人类的公用事业、小汽车、家庭、工厂、农场燃烧和释放掉。[12] 25

20.2 “文化适应”

20.2.1 “文化适应”：“驯化”与退化

——“驯化”与“退化”

退化是驯化的必然结果。蛋鸡、肉猪、奶牛、高产小麦对人类来说是优良品种，对动植物自身而言则是退化——这种退化，既表现在速度、力量的减少和抗逆性的下降，也表现在组织结构的退行性变化和多样性的丧失。埃里奇·伊萨克在《驯化地理

① 越来越多的生物量离开自然循环，食物链变短、食物网支离破碎。与大规模、低效率背景下化石能源、地质矿藏利用和化学合成物制造，使大量废物、废热和有毒、有害物质进入循环对应的，是自然组分的改变和毒害物质的富集。

学》一书中写道："例如牛，缩短而增宽的脑壳、眼缝和耳孔的缩小、脊骨的变短、躯体的变小——总之，全面的幼弱——是驯化变种区别于野生变种的特点。引人注意的是，许多变化是许多不同的动物种所共有的：毛卷曲而不直；婴体毛的保存；毛色杂而不纯；雌、雄性差异的减弱……某些特性的极其片面的发展，如奶的生产；有时还有病理的变化，如戴克斯特（Dexter）牛的短腿病，它的有关基因在纯合时是致命的。"[13] 26

驯化生物多样性的下降源自人类对产量的追求。历史上，人类曾以 7 000 多种植物为食，农业革命则使之减少到现在的二十几种；斯里兰卡的农民在 1959 年还种植着近 2 000 种大米，如今只剩下 5 种；超市里的苹果只有五六种，而在 19 世纪末，仅北美就有 100 多种苹果在种植和销售。[14] 103-105 在 20 世纪，约 75%的农作物基因已丧失了多样性；60 年代兴起的"绿色革命"，使印度 3/4 的水稻种植地现在只种植着 10 种，甚至更少的水稻——而在 50 年前，农民种植的大米即达 3 万种之多；在美国，70% 的玉米地里仅种植着 6 种玉米。[15] 79（F-2-11-1）

虽然驯化生物的种群数量增加了，但由于驯化导致的适应性下降，使他们一旦离开人类提供的条件便会濒临灭绝——许多适合大规模专业化生产的动物，正在面临着这样的命运。联合国粮农组织在《世纪物种监视清单》中指出，对遗传物种多样性的最大威胁，来自现代畜牧业的高度专业化——全球目前家庭饲养动物的遗传资源有 4 000～5 000 种，其中 1 200～1 500 种正处在消失的危险中。①

——"文化适应"和"自我驯化"

"文化适应"指人类借助文化——知识、技术、工具、物质设施、制度、观念等获取生存资料和适应环境。

人是"文化动物"，同时也是"驯化动物"。"文化适应"的本质即是"驯化"——"一切文化的本质都是要把肉食畜牲般的人驯化成为驯服而文明的动物"；[16] 805（尼采，《道德的起源》，1887）文明人"在某种意义上也未尝不是家养或驯化了的，而且还是高度驯化了的"；[17] 60（达尔文，《人类的由来》，1871）"我们所认识的人，只是我们经过驯化和教育，我们叫做文明的东西"。[18] 23（叔本华：《拾遗与补充》II）对动物（牲畜）、植物（农作物）的驯化，"使得畜牧经济和农业经济的发展成为可能，从而使得人口众多的、复杂的人类社会能够生存下去。因此，事实表明它是人类对其环境所曾经做出的最重要的一项干预。正如哲学家埃里克·霍弗所指出的那样：'从技术上来说，新石器时代在西欧甚至延续到是 18 世纪末期'"。[13] 绪论 1 对人的驯化——社会化、学习即是一种驯化——则是社会生产、生活、政治、经济秩序，以及观念、习俗得以维持的保证。

主体与客体是相对的，驯化也是相互的。正如迈克尔·波伦所指出的："在一种共同进化的联系之中，每一个主体都是客体，而每一个客体也是主体。"[19] 9 "一只蜜蜂很可能也把它自己视为园子里的主体，把它正在采集的花蜜视为客体。但我们知道这

① 拉美社 1995.12.11 哈瓦那电。

不过是它的一种错误幻想。事情的真相是：花朵聪明地利用了蜜蜂，利用蜜蜂在花朵之间搬运花粉”。[19] 2 同时，“我认识到，所有这些植物——我总是把它们视为我的欲望的对象——同样也是主体，也在对我起作用，诱使我去为它们做它们自己做不了的事情”。[19] 3

驯化既是相互的，① 也皆具“自我驯化”的性质——人在驯化动植物，动植物也在驯化人；人、动植物在被驯化的同时，也都在进行着“自我驯化”以相互适应②——由是，人在驯化动植物的同时也驯化了自己。当我们用“难以置信”、“精美绝伦”、“叹为观止”来评价动植物（野生种）对环境适应的极致时，既是在盛赞她们的“生存智慧”，也是在哀叹人类躯体适应能力因驯化——相互驯化和“自我驯化”——而导致的退化，和体能、抗逆性、遗传素质之低下。（3-18-4-4）

20.2.2 “浮士德式”的交易

——“浮士德式”的交易和“生存智慧”的丢失

对人类因驯化造成的退化，卢梭（法，1712—1778年）曾明确指出：野蛮人由于对酷暑、严寒的适应，日常生活的锻炼、裸体和对抗猛兽的迅速奔跑而具有了“一种强壮的、几乎不会变坏的体质”。[20] 75 “森林里的马、猫、雄牛，甚至驴子，比在我们家里所饲养的大都有更高大的身躯，更强壮的体质，更多的精力、体力和胆量。它们一旦变成了家畜，便失去这些优点的大半，而且可以说，我们照顾和饲养这些牲畜的一切细心，结果反而使它们趋于退化。人也是这样，在他变成社会的人和奴隶的时候，也就成为衰弱的、胆小的、卑躬屈节的人；他的安乐而萎缩的生活方式，把他的力量和勇气同时消磨殆尽。而且野蛮人和文明人之间的差异，比野兽和家畜之间的差异必然还要大一些。因为自然对人和兽虽然一视同仁，而人给自己比给他所驯养的动物安排的种种享受要多得多，这便是人的退化所以更为显著的特殊原因”。[20] 80

“文化适应”的发展，使人类获得了运用知识、科学、技术、工具改变自然，满足需求的能力，这种能力即是文化，即是内涵着知识、科学、技术、工具的文化。卢梭把这种能力视为“自我完善化的能力”，[20] 83 ③ 特别是“各种智慧”，[20] 85 并对由此而来的得与失做了如下的评价：其一，通过“自我完善化的能力”获得的一切，使人“坠入比禽兽还不如的状态”——“这种特殊而几乎无限的能力，正是人类一切不幸的源泉”。[20] 84 其二，作为“自我完善化的能力”之理性的发展，是使人成为不幸的一切生

---

① 驯化过程中发生的退行性的“相互适应”与协同演化无关，即并不表明人与生物之间存在演化（进化）意义上的适应与和谐。（3-17-4-1；3-19-1-2）

② 相互驯化既发生在人与生物之间，也存在于种群内部——生物之间、人与人之间。对内部驯化强度更高的人类，这种相互驯化被人自己雅称为“社会化”。

③ 恩格斯解释为“往前发展的能力”——“近来海克尔在分类学中把这种兽人假定为 Alali——没有语言的原始人。但是这些彼此平等的兽人有一种比其他兽类优越的特性，这就是趋于完善化的能力，即往前发展的能力；而这种能力就成了不平等的原因。因此，卢梭把不平等的产生看作一种进步。但是这种进步是对抗性的，它同时又是一种退步”。[21] 253

理痛苦的根源——“思考的状态是违反自然的一种状态，而沉思的人乃是一种变了质的动物”。[20] 79 其三，“各种智慧”实现了人的贪婪——“野蛮人由于缺乏各种智慧……他的欲望决不会超出他的生理上的需要”。“在宇宙中他所认识的唯一需要就是食物、异性和休息；他所畏惧的唯一灾难就是疼痛和饥饿”。[20] 85 而贪婪的现代人，“当自然的需要已经得到满足的时候，意志却还提出要求”。[20] 83

事实上，“自我完善”或“往前发展”——如果它确实如此——并不是一种具指向性或目的性的东西，它只不过是“自我保存”目的在人的“文化适应”中实现了的一种结果，如同生物的目的只是生存而非进化，但却在演化中实现了进化（复杂化）一样。“体能适应”的式微，体现“自我完善”、“往前发展”的“文化适应”的发展，即是人类“自我保存”目的的规定。①

人类因驯化而体能、抗逆性的下降表明，“体能适应”与“文化适应”是相反变化的过程。一方面，“体能适应”由于“文化适应”的发达而失去了对人类生存的重要性，并逐渐为“文化适应”所替代；另一方面，“文化适应”成了人类生存的根本选择——“体能适应”式微增强了人类对“文化”的依赖，“文化适应”的昌盛则使体能对人的必要性和重要性进一步下降……这是一个此长彼消的“跷跷板过程”——“文明人制造了一辆马车，但却失去了对双脚的使用。他用拐棍支撑身躯，但却减少了肌肉的支撑作用。他有一块很好的日内瓦手表，但却不会根据太阳断定钟点。他有格林威治航海天文历……但他走在街上时，却分辨不出天空中的星辰”。[18] 1155（爱默生：《自信》）

人类因驯化的退化是全面的，除体能、抗逆性外，特别要命的还有以“愚蠢化”为标志的“生存智慧”——有利于生物（人类）符合环境而尽量持久地生存下去的各种“适应”——的丢失。显然，在生存意义上真正的智慧，并不是我们通常理解的智慧——“文化智慧”——它所内涵的智慧，只是与知识、技术……有关的，“算计”（海德格尔语）自然和同类的“小智慧”。“文化适应”的过程，即是“生存智慧”丢失的过程：人发展起知识、技术，但却失去了“大智慧”——在同“魔鬼”的“浮士德式”的交易② 中，人用自己的“生存智慧”，从“魔鬼”那里换来了知识和技术。（附录 2；F-3-22-1）

---

①“自我完善的能力”（卢梭）和“往前发展的能力”（恩格斯）与拉马克的“前行发达”相同，都是不存在，至少是一种不确切的表达——但这并不表明进化是“自然选择式”的。（3-17-1-2，3-17-1-3，3-17-2-1）

从自组织角度来看，这种“自我完善的能力”在一定程度上可理解为系统自组织能力的增强。但她是属于宇宙中所有事物的——有机和非有机的，生命和非生命的，生物和人类的；而且，对生物进化——复杂化来说，这种自组织能力的增强即是耗散物质、能量能力的增强，并以对环境的严酷化的适应为背景，与进化——复杂化同时发生的。即，“自我完善”是生物（人）对环境的一种生存适应而并不具“前行发达”的目的性——生物的目的是生存而非进化。（3-16-1-2；3-17-1，3-17-2-1，3-17-2-2）

② 浮士德（Faust）是欧洲中世纪传说中的人物，为了获得知识和权力，生前的财富和欢乐，他不惜向魔鬼出卖自己的灵魂，并以入地狱为诅咒。（虽然歌德最后并未让他下地狱）歌德在《浮士德》书斋一节中绘声绘色地创造了浮士德与魔鬼靡非斯托（用血签约）交易的过程。[22] 79-106

黑格尔指出：“‘知识’就是取消了‘自然’的统一，就是‘堕落’；这种‘堕落’并不是偶然的，而是永恒的‘精神’历史”。[18] 627（《历史哲学》Ⅲ，Ⅲ，2）对“智力进化的危险”，薛定谔也不无担忧地写道：“现在我确信，越来越高的机械化程度和‘使人愚蠢化’的大多数生产过程，包含着使我们的智力器官总体上退化的严重隐患”。[23] 113

——“文化适应”的危害

“文化适应”和“生存智慧”丢失带来的危害，一是生物和人类的生存危机。“生存智慧”或“体能适应”保证了生物界的平等和生物圈的和谐、稳定，使生物存在了38亿年并将继续存在下去——如果这个过程不被人类中断的话（3-18-4-4）；而“文化适应”——知识、技术所带来的，则是人与生物、人与人的不平等，和生物、人类的生存危机。

二是“文化依赖”和生存能力的根本性下降。“文化依赖”即人类对技术、知识……的依赖。①“技术依赖”、“知识依赖”所造成的，是人类生存能力的根本性下降。一旦离开了“文化”——生产工具、房屋、衣服……即使在对生物来说十分和缓的环境中，失去体毛，视力、听力退化，速度和力量减小，觅食能力和抗逆性大大下降的现代人类，便无法在地球上生存下去。②

三是价值观念扭曲、价值判断颠倒。价值观念扭曲、价值判断颠倒是“文化适应”送给人类的又一份“礼物”。“驴子宁愿选择草料而不愿选择黄金”（残篇9）是赫拉克利特在公元前五世纪提出的名言，亚里士多德对此的解释是：“因为对驴子来说，食物比黄金更为快乐”。[24] 49（《尼可马可伦理学》X，5）而人则讥讽“宁愿选择草料而不愿选择黄金”的驴子为“蠢驴”，只顾啄米而不理睬旁边“珍珠”的母鸡为“蠢鸡”——也许人们在因缺乏食物而行将被饿死时，才会认识到自己才是生物圈中真正且唯一的“蠢物”——既是“愚蠢的母鸡”，也是“愚蠢的驴子”。（附录3）

生物“体能适应”与“生存智慧”的对应，人类“文化适应”和“生存智慧”的丢失再一次告诉我们：你不可能同时拥有世界上最美好的东西——自然界所发生的一切，由于有限性而皆是一个伟大的“零和”过程。（3-19-1-3）

---

① 人类的“文化依赖”同吸毒者对毒品的依赖，在实质上并没有多大区别；所不同的是，吸毒者有戒掉毒品的可能——虽然是极其艰难的，而人类则永远无法摆脱对“文化”的依赖——只要他还是人和还想继续做人。

② 一旦离开了“文化”，寒冷、酷热、疫病、被捕食将会极快地使人类灭绝。北极的严冬奈何不了一只北极熊，但只需这冬日的几分钟，便能将数十亿“光屁股”的男男女女变成“冰雕”。

与体能、抗逆性下降同时发生的，是人类遗传素质惊人的下降——（据20世纪70、80年代的数据）1/3的人携带遗传缺陷，各类遗传病达4 000多种，先天性缺陷胎儿发病率超过10%，精液密度下降40%。体能、抗逆性下降是现代生活方式的“赐予”，遗传素质下降则可归因于：其一，医学发展、生活改善带来的“死亡压力”的减弱——遗传病患者活下来并生儿育女，使基因缺陷代代相传并不断交叉、加速扩散；其二，与婚姻制度、观念有关的“遗传平等”（柏拉图在2 300年前已看到这一弊病并主张优秀男女婚配）；其三，环境污染造成的基因有害突变。

20.2.3 资源的人类配置："全方位"和"最大化"

——资源的人类配置："全方位"和"最大化"

人类数量和欲望的增加，特别是二者在近代的爆炸性增长和对化石能源、地质矿藏的大规模利用，使以"最大化"为指向的资源人类配置，具备了以下四个方面的显著特征：

【资源利用的全球化和全方位化】受体能的限制，生物只能遵从"自然秩序"而在被限定的"生态位"范围内活动；借助文化打破了"自然秩序"制约的人，和规模庞大而遍及全球的人，则把攫取的范围——"生存空间"扩大到地球从陆地到海洋的每一个角落，和生物圈食物链、食物网的每一个环节。

【资源利用的高密度化和能耗的高强度化】对化石能源、地质矿藏的大规模利用，带来了资源利用的高密度化和能耗的高强度化；对化石能源的大规模利用，则是造成全球气候变化最巨大的正反馈因子——大量的废热、"温室气体"、有害气体进入环境，改变大气组分，影响热量平衡和自然循环而带来酸雨、大气污染、气候异常和"温室效应"；对地质矿藏的大规模利用，则使大量有害物质进入环境和循环，直接和经"生物富集"而危害生物和人类。

【资源利用的大规模化】对自然利用的大规模化，是资源利用全球化、全方位化、高密度化和高强度化的必然结果。人类对生物质——全球第一性生产力的利用，在 20 世纪 20 年代为 10%，80 年代即有的 40%，如今已高达 60%，预计在 2025 年便会达到 80%。[25] 223-224

【资源配置向"个体"高度集中】人类不平等的发展和扩大，是资源配置向"个体"——富人、富国——高度集中的表现。而使之实现的物质基础，则是对资源远离基本需求的大规模和高强度利用。（3-20-3-2，3-20-3-3）

——突破资源自然配置的限度：人把自己从动物中提升出来的必须

资源的自然配置允许存在差异，但这种差异被限定在毛毛虫与大象的量级之间，也即是说，只能使"人"成为狮子、苍鹰一类动物而不能成为人。从生态系统的运作看，自然需要，并且只允许存在狮子、苍鹰这样的生物，也即把物耗、能耗强度的差异保持在大象与毛毛虫之间——否则，便有可能出现破坏"自然秩序"、"生态目的性"，生物圈和谐、稳定、美丽、持续的"超级掠食者"——人的出现即证明了这一点。这便是自然根据所扮演的"生态角色"，承担的"生态义务"和"生态使命"，而不是按"弱肉强食"的"丛林法则"，按"最小化"而不是"最大化"原则给各生物物种配置资源，并通过食物链、食物网——营养关系予以严格限定和强制贯彻的原因。

按物质密度、能耗强度沿营养级"阶梯式"陡升的资源自然配置原则，"人"为了成为人并生存下去，便需要耗散比自然按"最小化"原则配置的多得多的资源——如同物体为脱离地球、太阳而要提高自己的速度一样①——由是，突破资源自然配置的限

① 当物体的运动速度达到第一宇宙速度或环绕速度（7.9 千米/秒）时，便能环绕地球运动而不会落到地面；达到第二宇宙速度或逃逸速度（11.2 千米/秒）时，便可脱离地球的引力而围绕太阳运动；达到第三宇宙速度（16.7 千米/秒）时，则会脱离太阳的引力——逃逸太阳系而到银河系去漫游。

度，便成了把自己从动物中提升出来的必需。

——攫取自然和生物：继续做人的强制性选择

与“人”突破资源自然配置限度而把自己从动物中提升出来同时发生的，是“生态目的性”和有机性的丢失。在尚未脱离动物界之时，“人”占据一定“生态位”，在一定食物链、食物网环节取食或被食，即使强大到成为顶级掠食者（如大象、鹰、狮、虎），她也是生态系统中扮演“生态角色”的“有机人”；当“人”成为人之后，她便不再承担“生态义务”而成了脱离自然生态系统的“非有机人”。失去“生态目的性”的“非有机人”，便有如离家出走而不再抓老鼠的猫——在地球之上但已不在生态系统之中，属于生命大家庭的一员但已不再是不可或缺的“有机成员”。接下来的问题是：

当人因不再扮演“生态角色”而失去“生态目的性”和“天赋生存权”的基石——“生态义务权利”（3-23-3）——按照人类社会的秩序是“不劳者不得食”时，她的那份在她看来少得可怜的“禄米”也随即被取消了。按资源自然配置的“最小化”原则，“人”无法成为人；按“不劳者不得食”的原则，把自己从动物中提升出来的人又不能从生态系统中得到资源——由此，为了继续做人和生存下去，人唯一的，也是强制性的选择，便是去做“打家劫舍”的“强盗”——因此，攫取自然、劫掠生物便成了人的一种必需和本质。

——“财富—个体目的性”：“最大化”攫取自然的动力

“生态目的性”是生物的“上帝”。当人失去“生态目的性”后，便失去了“上帝”——信仰、道德、秩序和约束；随之而来的，是“非生态目的性”——“财富目的性”和“个体目的性”在“人是自然的目的”旗帜下的孕育、发展、膨胀，和对人类行为的支配。为了实现“生态目的性”，自然按“最小化”原则给生物配置生存资源；失去“生态目的性”而在财富、个体目的性支配下的人类，则从自然、生物那里“最大化”地为自己攫取和劫掠生存资源。因此，人类的资源配置，便被深深被打上了“财富—个体目的性”的烙印。

在对自然的攫取和对生物的劫掠中，“人是自然的目的”（3-21-1-2）为攫取行为提供了合法性、合理性和正当性；“信仰”和“道德”的缺失，使“羞耻心”式微（4-25-4-3，F-4-25-3），攫取行为变得“肆无忌惮”；“秩序”和“约束”的缺失——人凭借文化（技术）打破了“自然的秩序”和营养关系的约束，使人能够“最大化”地为自己攫取生存资源；对生物在资源配置能力上的绝对优势——“文化适应”，则保证着人对自然、生物“最大化”劫掠的成功。

——物种灭绝和生态系统退化：“人口爆炸”背景下人类“最大化”配置资源的必然

物质是有限的，既不能被消灭也不能被创造，人与自然是一种“零和”关系——人之所得，必为自然之所失。正如朱霹特[①] 对请求延长自己寿命的人所讲的：“我分配给我赐予生命的一切生物的岁月是有一定数目的，我只能少给别的生物那才能多给你；

① 古罗马主神，古希腊的最高神宙斯。

请你不要以为因为我是朱霹特我就是无限的、全能的；我也有我的本性和我的限度。现在我要多给你几年寿命，那是从你所妒忌的那些个动物身上挪过来的……”[16] 10-11①（伏尔泰，《哲学辞典·论人》，1764）

人类对地球生物圈造成的冲击力，是资源利用规模和利用强度的函数。在低强度、小规模利用下，资源“最大化”配置对生物圈的影响是局部的、有限的；能对生物圈造成全球性影响的，是对资源大规模、高强度的利用——而人类对资源的利用，恰恰是以人口、欲望的增加为背景，沿规模扩大、强度提高两个方向进行的。据匡算，当代仅对生物质（不计化石能源）的耗能强度，人即为除植物之外宏观生物的63 000倍。② 由此，在人类为自己“最大化”地配置生存资源的情况下，生物的生存资源便相应“最大化”地减少了——因此，物种灭绝和生态系统严重的退化，便成了人类资源“最大化”指向在“人口爆炸”（数量、欲望）背景下的一种不可避免的必然。

20.3 人类社会的不平等

20.3.1 人类不平等的起源

——不平等既不是制度的，也不是人口的

不平等是人类社会普遍存在的问题：在历史上，展现为穷人与富人、穷国与富国，到了当代，又有南方与北方、乡村与城市、边缘地区与发展中心、土著人与文明人……的差异。对人类不平的起源，大部分思想家都归于私有制。③ 马尔萨斯则持相反的观点——不平等根源于“增殖原理”而与财产制度无关：“在人口原理的作用下，缺穿少吃者将永远存在，任何时候都不会使每一个人都吃饱穿暖。”[27] 112“贫困的主要的和最难消除的原因是与政府的形式或财产的不平等分配没有多大关系或没有任何直接关系的。”[28] 551（1-1-2-2）

如果把不平等视为私有制的产物，那么，不平等便只是一个制度，而非人类或人类社会的本质问题——公有制便是人类平等的“制度解”，只要实行了公有制，便可以消除人类的不平等；当马尔萨斯排除私有制而把不平等的根源视为“增殖原理”的时候，他便提出了“人口解”——控制人口以缓解贫困。

---

① 朱霹特或伏尔泰继续说：“这样做的条件是你得依次采取他们的生活方式”：幼年是一条爬来爬去的毛毛虫；十五岁前像蝴蝶一样轻佻；年轻时代要有虚荣心；成年后得像马一样担负苦役；五十岁时有狐狸那样的狡计；到老年变得像猴子一样丑陋可笑。[16] 11

② 据估计，生物圈活的宏观生物数量有5×10^{22}个（Fischer，1984）。除98%的微生物外，占总数2%的宏观生物（平均质量以1克/个计）有10^{18}千克。[26] 43 按1/10定律、5个营养级匡算，提供第一性生产力的植物质量为0.9×10^{18}千克，之外的活宏观生物0.1×10^{18}千克，利用第一性生产力的80.2%；人类按65×10^{8}人、60千克/人计，质量为3.9×10^{11}千克，消耗第一性生产力的19.8%。

③ 正如卢梭所指出的：“谁第一个把一块土地圈起来并想到说：这是我的，而且找到一些头脑十分简单的人居然相信了他的话，谁就是文明社会的真正奠基者”。[20] 111

我们以为，人类社会的不平等是人在本质上外部性和反自然的一种展现，私有制和“人口增殖”只是强化了人类社会在本质上的不平等——与多数思想家不同的是，不平等是无法消除的，公有制只能抑制和缓解不平等；与马尔萨斯不同的是，控制人口数量同样只能抑制和缓解不平等——虽然它们都是十分重要的。（3-20-1-4，3-20-4-2）

对生物种内平等形成的简要回顾，将有助于我们对这一问题的讨论。

生物种内平等形成的背景是，相对和缓的种内大环境，而根本原因，则是资源配置的“生态目的性”和为之必须的个体之间资源配置能力的大致等同：其一，代内平等是资源自然配置“生态目的性”的规定——不平等将导致种群崩溃而是反自然的；其二，种群数量与生境容量的动态平衡，保证着种群内每个个体需求的满足，为种内平等提供了物质基础；其三，生理需求的有限性使动物没有必要对生存资源进行个体占有和控制，不平等的动机缺失；其四，被限定的资源配置能力使动物无法实现对生存资料的占有和控制，种内不平等的技术手段缺失；其五，“遗传平等”使不平等的资源配置能力缺失。（3-18-4-3）

如果说“体能适应”使动物既不能产生对生存资料占有、控制的个体性动机和目的，也不具备使之实现的能力和条件的话，那么，“文化适应”则使人类把对生存资料占有、控制的个体性动机和目的，实现手段和条件都创造了出来；如果说生物的种内平等是一种“生态目的性”、“集体目的性”的强制性规定，那么，人类的不平等便是“生态目的性”丢失和“财富目的性”、“个体目的性”替代的一种必然；如果说由“生态目的性”规定的生物“种内平等”是自然的话，那么，由“财富目的性”和“个体目的性”带来的人类不平等便是反自然的。正如卢梭所指出的，“一小撮人拥有许多剩余的东西，而大量的饥民则缺乏生活必须品，这显然是违反自然法的，无论人们给不平等下什么样的定义”。[20] 149

——“财富－个体目的性”和人类不平等的起源

人类的不平等源于非生理欲求的无限性、技术手段的发展、“生态目的性”的丢失、资源配置的“最大化”、“财富－个体目的性”和个体资源配置能力的巨大差异性。

第一，无限的非生理欲求为占有、控制提供了目的性。

无限的非生理欲求为占有和控制提供了永不停歇的冲动，赋予不平等以目的性、必要性，并使之趋向最大化。

第二，技术手段的发展使人对生存资料的占有和控制成为可能。

技术的发展提供了手段，使人对生存资料的占有、控制成为可能——这样，不平等的可能性便全具备了。正如卢梭所指出的，“在自然状态中，不平等几乎是不存在的。由于人类能力的发展和人类智慧的进步，不平等才获得了它的力量并成长起来”。[29] 149①

第三，“生态目的性”的丢失使平等的“伦理硬壳”破碎，为生存资料的个体占有、控制消除了“平等的障碍”和道德约束。

① 在“自然状态”中，人类社会的不平等也是存在的——只是不明显而已——人类社会从来就是不平等的。

“生态目的性”是对生物平等的一种强制性和道德规定——不平等将导致种群崩溃和生物圈的毁灭，为了贯彻“生态目的性”，生物必须实行种际、代际和种内平等。（3-18-4）当人把自己从动物中提升出来后，便不再扮演“生态角色”，承担“生态义务”而变成一个非有机性的存在。于是，平等的“伦理硬壳”被打碎，人便不必再像做动物时那样，为实现自然赋予的“生态义务”、“生态使命”而保持种内平等；平等对人来说已不再是一种规定，不平等对非生态的人已不再是一种如在动物那里一样的生存威胁——于是，“平等的障碍”——对平等的强制性道德约束消失，生存资料个体占有、控制的伦理道路被扫清。

第四，“财富－个体目的性”为不平等提供了伦理支柱和道德标准，资源配置的“最大化”指向为不平等提供了物质保证，私有制为不平等提供了制度保障。

在无限、最大化欲求的驱使下，每一个体[①]——个人、家庭、团体、阶层、国家和民族——都被卷入了对财富无休无止的“最大化”的追求和争夺之中。在有限性背景下，竞争必然是一个有得有失的“零和”过程——有的个体占有多，有的个体控制少，有的“富可敌国”，有的则“一贫如洗”。

在对物质财富的竞争性追求中，“财富－个体目的性”为不平等提供了伦理支柱和道德的标准——追求个体利益、财富是正当的，实现了的利益、财富则是“人的尺度”。人类社会在本质上，或私有制即是以“财富－个体目的性”为指导建构的；资源配置的“最大化”指向——即对自然、生物不加限制的劫掠——则以自然界的退化和生物灭绝为代价，为“财富－个体目的性”的贯彻和不平等建构——私有制的运行，提供了物质保证。于是，在人类的心灵和社会的躯体上，便重重地刻上了深及骨髓的三个大字：“不平等”。

这里特别要强调的是：作为不平等制度保障的私有制只是“财富－个体目的性”的躯壳——组织建构，“财富－个体目的性”才是私有制的“灵魂”。私有制几千年的延续，打而不倒和“死灰复燃”，即在于每一次的“革命”只是暂时摧毁了私有制这个躯壳，而对不平等的伦理和精神支柱并未触动——今天，追求个体利益、财富不依然是正当和受到鼓励的吗？

第五，个体在资源配置能力上由学习（习得）而来的差异，驱走了“种内平等”的“守护神”而加剧了人类社会在本质上的不平等。

个体在资源配置能力上由学习（习得）而来的差异，驱走了“种内平等”的“守护神”——因“体能适应”而大致相当的资源配置能力——，为人类社会的不平等提供了必要条件，并在加剧不平等上发挥了关键和根本性作用。

如果个体的资源配置能力如同生物种内个体那样是大致相当的，不平等也是难以实现的，而后天通过学习获得的人类个体的资源配置能力——知识、技术、财富、资本、地位、权力——恰是存在差异，而且也是极大的。（3-22-3-1）

---

① 对生存资料占有和控制的个体，既是个人，也是相对于国家、民族的阶层、团体，和对人类整体而言的国家和民族。

这样，人类社会在本质上不平等的一切条件便全部都齐备了——于是，从“人”变成人那一刻起，不平等便产生了。

20.3.2 人类社会不平等的扩大

对人类社会不平等扩大的推动，主要来自以下六个方面：

——个人利益“最大化”

对个人利益的特别强调和对个人利益最大化追求的张目，在理论上与边沁“最大多数人的最大幸福”的功利原则密不可分。[16] 210-212（《道德与立法的原理绪论》，1789）对此，爱尔维修在《论精神》中指出，个人利益成了“人类行为价值的唯一而普遍的标准”——“假若物质世界是为运动的规律所支配，那么，同样道德世界也为利益的规律所支配。利益是世界上最有威力的魔术家……”[16] 47“所以，不论道德问题或认识问题，都只是利益，支配着我们的判断……本篇的总意见是：只是利益支配着我们对各种行为和观念予以褒或贬”。[16] 44（《论精神》，1758）其结果正如爱拉斯谟所言：“大多数人把财富放在第一位，把肉体的欢乐放在第二位，而以最末位给予灵魂。”[29] 396（《愚神颂》，1509）

对追求个人利益正当性、有益性的著名辩护是由亚当·斯密和康德做出的。亚当·斯密提出了人所皆知的“看不见的手”，认为个人利益与社会利益是没有冲突的，对个人利益的追逐将能更有效地增加社会的利益；[30] 25-27康德则指出，“恶是推动历史发展和人类进步的动力”[31] 455——“自然的历史从善开始，因为它是上帝的工作；自由的历史从恶开始，因为它是人的工作”。[31] 455-456，①（附录1）

——知识、技术和发展

人对生物无可比拟的知识、技术优势，带来人与生物根本性的不平等。人与生物不平等的故事，依然在人类内部上演，而且，激烈和悲壮程度丝毫不亚于人与生物之间所发生的。社会发展所带来的，一方面是少部分人对大部分人在知识、技术上优势的不断扩大，进而人与人不平等的随之加剧；一方面是越来越多的欲求对象因需求的扩大被创造了出来，不平等的范围也随之扩大了——贫困是不平等，受教育不足是不平等，缺乏改变现状和发展的机会是不平等，不被人尊重也是不平等……

——财富观念、内涵、源泉的转变，和农业、基本生存品、妇女、普通劳动者地位的式微

财富，在重农学派那里是农产品，在重商主义那里是金银（货币），现代人则使手段——技术、权力、地位、声望、美德——目的化，并成为财富本身，而且把手段看得比目的还重要；[16] 265-267（J. S. 穆勒，《功利主义》，1863）财富的源泉，相应地由农业转移到商业，由生产领域转移到流通领域，由物质部门转移到非物质部门，由土地

---

① 在康德之前，奥古斯丁即指出：“善良的意愿……是上帝要做的工作，因为上帝用这种工作创造了人。发生在所有人的恶的行动之前的第一个恶的意愿，是远离上帝要做的工作而堕落到为自己工作的一种意愿，决不是积极的工作。因此，远离上帝，行动的结果就是恶。”[18] 606（《上帝之城》，XIV，1）

转移到“头脑”。

共同体成员在经济、社会生活中的地位，决定于其获取财富的能力。以技术复杂化为背景的财富内涵、源泉的上述变化所带来的，是农业、基本生存品地位的式微和人类不平等的加剧：极大地提高了技术、权力、地位、声望、美德拥有者的财富获取能力和社会地位——技术使复杂劳动能够获得倍加于（数倍、数十倍，乃至上千上万倍）简单劳动的报酬，权力、地位、声望、美德则使拥有者可以透过资源配置而获取财富……相应地，极大地降低了妇女、农民、普通劳动者获取财富的能力和他们的社会地位。（附录3）

——不平等的制度安排

社会资源的配置，不是依据人的需要，而是由制度安排——财产制度（公有或私有/继承），分配制度（按劳动，知识、技术和资产，社会保障），经济制度（市场或计划），经济方式（牧业、农业、工业）和社会等级——规定的；根据各国、民族的政治、经济、军事关系形成的世界秩序（殖民主义或平等互利）也是一种全球范围的制度安排。绝大多数制度安排，都在维持和扩大着不平等，而尤以财产私有和按财产、技术、权利、地位分配为著。

对私有制、制度安排与不平等的关系，卢梭曾指出，“由于私有制和法律的建立，不平等终于变得根深蒂固而成为合法的了”；[20] 149 “权利平等是虚假的，因为用来保持这种平等的手段，其本身就是在摧毁这种平等”。[16] 133① 施里达斯·拉夫尔爵士（前圭亚那外交部长、世界自然保护同盟主席）的观点亦是如此——“人类进步还有另外一个缺陷：它一直肯定不是对大多数人来说的进步”。[25] 12 M. 塞林斯则写道：“最根本的，贫穷是人与人间的一种关系。贫穷是一种社会地位。因此，它是文化的创造物，它与文明共生共长。”[32] 77

穆勒的批判是含蓄的，但更觉深刻：“如果由于自然界的剧烈变革，空气变得极为稀薄，不足以满足人类的需要，或可以独占空气，空气便可以获得非常高的市场价格。在这种情况下，超过自己需要而占有的空气，就会成为占有者的财富，因而乍看起来，如此巨大的灾难反倒增加了人类的总财富。错误是在于没有考虑到，不管空气的所有者在损害社会其他成员的情况下变得多么富有，所有其他人都穷了，因为他们不得不为以前无偿得到的空气付款。”[33] 19

恩格斯则认为：“文明每前进一步，不平等也同时前进一步。随着文明产生的社会为自己建立的一切机构，都转变为它们原来的目的的反面。”[21] 253 （《反杜林论》）“如果说，以前在光天化日之下肆无忌惮地干出来的封建罪恶虽然没有消灭，但终究已经暂时被迫收敛了，那么，以前只是暗中偷着干的资产阶级罪恶却更加猖獗了。商业日益变成欺诈。革命的箴言‘博爱’在竞争的诡计和嫉妒中获得了实现。贿赂代替了暴

① 卢梭在脚注中写道：“所有一切国家法律的普遍精神，都是袒护强者欺凌弱者，袒护富人欺凌穷人。这个缺点是不可避免的，而且是没有例外的。”[16] 133

【按】庄子的“窃钩者诛，窃国者侯”（《*庄子·胠箧*》），则更为深刻地揭示了不平等制度安排的社会弊端。

力压迫，金钱代替了刀剑，成为社会权利的第一杠杆。初夜权从封建领主手中转到了资产阶级工厂主的手中。卖淫增加到了前所未闻的程度……总之，和启蒙学者的华美约言比起来，由‘理性的胜利’建立起来的社会制度和政治制度竟是一幅令人极度失望的讽刺画。”[34] 457（《社会主义从空想到科学的发展》）

——人口、资源、环境和经济方式

人口数量多、增长快无疑是穷人、穷国贫困的重要因素而极为显著地改变着不平等的地域分布——通过“规模效应”构成对发展基础（资源、环境）的压力并破坏着发展的基础；通过“分母效应”把每一份“蛋糕”变得更小。

不论一些人如何强调知识、技术的作用，环境、资源或“自然本底”——自然条件、土地、水、化石能源、地质矿藏、地理位置（区位）——仍然是经济的第一要素，进而影响不平等的重要力量。（1-7-3-2）

经济方式演变对不平等的影响，主要表现在三个方面：

第一，生产力的差异。

牧业、农业、工业在生产力上的差异，使经济方式演变直接改变着不平等的分布。

第二，资源基础与人口布局的地域“脱耦”。

生产方式演变打破了人口与资源、环境原有的均衡而改变着不平等的空间格局。农业、牧业的资源基础是土地、水、气候，在农、牧经济方式下，人口据此分布并与之保持均衡；工业的资源基础是具极不均衡性，而且稀缺性显著的化石能源、地质矿藏和地理位置（区位），这样，工业经济便打破了农、牧经济条件下人口与资源和环境的均衡，重新塑造着不平等的空间格局——石油的发现使拥有国一夜暴富，矿产的贫乏则使原来富庶的地方变得贫困……

第三，从业难度增加，资源配置能力差异扩大。

由牧业→农业→工业→信息产业，对从业者知识、技术的要求越来越高，而人们掌握知识、技术的难度却在增加——文化的习得性，即非遗传性要求人们掌握随时间推移而越来越多、越来越难的知识和技术（现代社会增加着的，即使接受过高等教育也不可避免的功能性文盲即因于此），于是，资源配置能力，进而不平等的差距便被不断地扩大着。

——超极限竞争、全球化、交流等对不平等和被感知的强化

超极限竞争、全球化对不平等的强化，交流——交通、通信、信息化发展使因地域差异导致的不平等被感知等，①也是人类社会不平等扩大不可忽视的原因。

---

① 不平等有事实与感知－认知之别。事实上不平等对主体（个体，群体）的影响和主体的反应，感知－认知要显著大于未感知－认知。当不平等被感知－认知之后，会给主体带来强烈的感情和精神刺激－感觉受到了伤害而有所行动。“外面的世界真精彩”是主体以对社会总体认同为背景，通过对外部世界的感知（看到、听到）而发出的对不平等的一种积极认知；而各种危害社会行为的存在，即是消极感知－认知的表现。犯罪率随社会发展——社会财富增加（为不平等提供了物质基础，事实上的不平等扩大），交通、通信、信息化发展（加快事实上不平等的被感知－认知）——的增加，即源于此。历史上统治阶级采取“愚民政策”，宣传“宿命论”的目的，即在于对不平等感知－认知和被压迫者反应的控制。

20.3.3 人类社会不平等的“画面”

——“两个民族”：富裕的和贫穷的

本质上的不平等和制度安排上的总体性“缺陷”，使人类社会成了一个“同时存在着两个民族——富裕的民族和贫穷的民族”，[35]29（本杰明·狄士累利）“一半奴隶，一半自由，一半穷奢极欲，一半缺吃少穿”，[35]265 和“私人富裕，公共污秽”的世界。[35]25 联合国第三次最不发达国家会议（布鲁塞尔，2001.05.14－20）上所展示的情景，即是对人类社会在本质上不平等，和人类社会制度安排总体性“缺陷”最为有力的诠释。

世界上最穷的 49 个国家（非洲 34 个，亚洲 9 个，太平洋和加勒比地区 6 个），人口 6.3 亿占世界的 10%，收入却不到全球的 1%；世界三个最有钱富豪的财产，超过 48 个最穷国家 GDP 的总和；225 个巨富的财产多达 1 万亿美元，相当 30 亿人口收入的总和；世界人口的 5%，即 3 亿阔佬每天花的钱，占到全球总消费的 96%；而每天花费不到 1 美元（绝对贫困）的人有 13 亿，不到 2 美元（相对贫困）的人有近 30 亿；整个 20 世纪有 2 500 万人饿死，在农产品和食品“极大丰富”的最后 25 年，死于饥饿的人口仍然有 200 万。

经联合国确定的穷国，1971 年为 27 个，30 年后增 81%达 49 个；穷国与富国的人均收入比，1990 年为 1∶60，经过短短的数年，到 1997 年便扩大到 1∶74——而这一切，都是伴随着经济的迅速增长，发生在全球性反贫困声浪中的故事。

“富人一桌饭，穷人半年粮”早已被“富人一桌饭，穷人百年粮”替代。① 联合国儿童基金会说，全球目前有 10 亿人挨饿或营养不良，② 10 亿儿童缺乏生存发展条件。③ 美国农业部发布的报告显示，2010 年有超过 1 700 万的美国家庭难以获得足够的食物，这一数字比 2007 年的 1 300 万有显著增加；④“供养美国”成员拉斯·弗雷泽说：美国每 4 个孩子中就有 1 个没有食物保障，其中一部分儿童饿着肚子上床，1/8 的人需要依靠政府发放的食品券购买食物。⑤ 欧盟委员会的资料显示，欧盟有 8 000 万贫困人口，其中 1 900 万为儿童，贫困人口比例平均 17%，西班牙 20%、希腊 21%、拉脱维亚 23%。⑥

国际食物政策研究所、“全球关注”和“救济世界饥馑组织”起草的“全球饥饿指数”（营养不良人数比例、儿童体重普遍不达标比例、儿童死亡率）报告（2010.10.11）说：贫困、冲突和政治不稳定意味着今年约有 10 亿人挨饿，其中多是生活在非洲和亚洲的儿童。在收录的 122 个国家中，有 25 个国家饥饿程度“惊人”，其中非洲有 4 个

---

① 2011.01.24（中国）某地的一则报道称：一顿年夜饭打折后为 388 888 元（原价 58 万元）。

② 路透社联合国 11 月 11 日电. 参考消息，2009.11.13。

③ 美联社联合国 11 月 19 日电. 参考消息，2009.11.20。

④ 美国之音网站 9 月 7 日报道. 题. 七分之一的美国家庭为获得食物而挣扎. 参考消息，2011.09.09。

⑤ 西班牙《世界报》1 月 6 日报道. 题. 美国存在数百万饥民. 参考消息，2010.01.08。

⑥ 埃菲社布鲁塞尔 1 月 4 日电. 参考消息，2010.01.06。

国家达到“极度惊人”的水平。① 粮农组织（FAO）总干事迪乌斯则在 2010 年伊始（2010.01.15）呼吁世人绝食一天，以唤起对全球 10 亿长期饥饿人口的关注。②

土著居民（3.7 亿，占世界人口的 5%，土地的 20%）和其文化，则成了“正在消失的过去”[36]613——“在当今世界上，有一股试图发展迄今仍然还没有工业化的那些地区的洪流，有人想捞取对‘发达’经济的好景气至关重要的资源。……不幸的是，土著居民的权力没有被纳入这些组织的计划和考虑中去……这至少会导致侵占土著民族的领土，从而剥夺了土著民族赖以为自己提供福利的资源。同时，这些民族没有受到教育和健康关怀，而这些又是他们自己要在国家社会中占据一席之地所必不可少的。这些民族反而发现：他们必须抛弃他们固有的个性而被迫接受一种模式，这种模式使他们毫不可能有自由或向上的动力，只能处于社会最低梯级。这些民族从一个有着自豪感而且有着强烈的民族个性意识的自主民族，转变为一个既无自豪感又无民族个性意识的下等阶级，他们常常被国家社会中更幸运的成员所鄙视。”[36]613

联合国（2010.01.14.）发布的一份文件也指出：极度贫困、儿童营养不良、癌症等严重疾病致使全球土著居民面临着消亡的威胁；无力与各种强势力量对抗而被现代社会以经济增张为目的的开发活动剥夺了发展权利的她们，则沦为各个国家、地区中最为贫困的群体；她们所代表的地球文化的多样性，濒临灭绝的危险也日益增大。生活在厄瓜多尔产油区的土著居民的癌症发病率，是该国平均水平的 30 倍——产油区的企业，并没有负起保护土著居民的责任。③

——富人和精英对发展成果的“攫取”

1997—2001 年，美国收入最多的 10%的人，获得了实际工资增加的 49%，其中最高的 1%的人群获得了惊人的 24%；底层的 50%的人群获得了工资增长的不到 13%。④除富人外，发展成果越来越多地为精英们所占有已成了全球不平等发展的一个主要趋势——即受过高等教育、有着国际头脑的精英阶层，成了全球化和技术革命的主要受益者。而富人和精英们，也“心安理得”地享受着发展的成果——在他们看来，这是他们的劳动所得：因为 80%的社会财富，据说是由 20%的精英们所创造的。（附录 4；F-4-29-2）

由是，“自由、平等、博爱”——这一为人文主义和启蒙学者倡导的的革命理想，早已成了一块“遮羞布”且被抛到了九霄云外——发展，越来越成了为富人和精英们的发展；⑤而“按劳分配”——这个工人阶级求生存并为之浴血奋斗的革命理想，到今

---

① 法新社华盛顿 10 月 11 日电. 题. 有报告称，25 个国家挨饿程度“惊人”. 参考消息，2010.10.12。

② 中央社日内瓦 11 月 11 日电. 参考消息，2009.11.13。

③ 墨西哥《宇宙报》1 月 15 日报道. 题. 全球土著居民面临威胁. 参考消息，2010.01.18。

④ 英国《金融时报》1 月 2 日文章. 克里斯蒂亚·弗里兰. 全球超级富豪看起来不再那么仁慈. 参考消息，2010.01.05。

⑤ 罗伯特·艾尔斯在 20 年前即写道：“唯一获利的是雇主，主要是股票持有者和高级管理者。少数人财富的增长是以大部分人的福利的丧失为代价的。”[37]133

天竟变成了自己被剥夺和贫困的正当理由——这不啻是对历史、文明、进步，特别是人类这个理性物种的极大嘲讽。而一些“不明就里”的人，却还在一旁念着“世界是平的”或“世界将被技术抹平”的“呓语”。（附录5）

——“财富尺度”：从“笑贫不笑娼”到“笑贫不笑盗”

对财富永无止境、最大化的个体追求，既推动了不平等的发展，也导致了财富和财富获取手段对人的异化：当人凭借技术使自己成为“万物的尺度”的时候，财富也成了人的尺度——如果说“笑贫不笑娼”是财富尺度在历史上的极端展现，那么，到当代已发展到“笑贫不笑盗”的地步；而且，人攫取自然、获取财富所凭借的手段——技术，和与财富、技术关联着的地位、权力、名誉……也同样成了“人的尺度”。

20.4 人类的本质

20.4.1 “认识自己”

——“认识自己”：一个永恒的话题

“认识自己”是一个永恒的话题——“世界上最重要的事情就是认识自我”。[38] 3（蒙田）

在思想家、哲学家看来，人既是高贵和善良的——“自然的目的”、“万物的尺度”、“万物之灵”、“理性动物”、“政治动物”、“社会动物”、“智慧动物”、“文化动物”、“生来为和平地统治一切禽兽的动物”、“最善于摹仿的动物”，和“会制造工具的动物”；又是低下和凶残的——“地球上的魔鬼”、“地球上的癌块”、“最粗野、最肮脏、最残忍的动物”、“残忍恐怖的畜牲”、“生灵杀手”和“唯一有组织捕食同类的猛兽”。

——对“存在”的观察

于是，人类的本质是什么便摆在了我们的面前，而从何种视角切入，则是观察人类本质首先碰的方法论问题。

萨特写道：“存在先于本质……人存在、出现、登上舞台，只是在此之后才限定自己。……他最初是虚无。只是后来，他才是某种东西，他自己形成他将来的样子。因而不存在人性，因为上帝没有设想它。人不仅是他自己设想的东西，还是他强入存在之后，希望自己成为的东西。”[18] 28（《存在主义》）叔本华的看法是：“一个人自身的真实本质客观地存在于另一个个体之中，并通过这一个体来反映自身的存在。”[39] 528 马克思则指出：“人的本质是人的真正的社会联系”——“人在积极实现自己本质的过程中创造、生产人的社会联系、社会本质，而社会本质……是每一个单个人的本质，是他自己的活动，他自己的生活……真正的社会联系并不是由反思产生的，它是由于有了个人的需要和利己主义才出现的，也就是个人在积极实现其存在时的直接产物。”[40] 24

西蒙娜·德·波伏娃认为，“人类不是一种动物，而是一种历史现实。人类社会是自然的对立物——在某种意义上，他是反自然的；它并不消极地屈从于自然的存在，相反，它根据本身的需要对自然进行控制。这种僭取不是一种内向的主观行动，而是在实践活动中客观地完成的”。[18] 1168（《第二性》III）奥尔特加·伊·加塞特的看法是，“自然是一个物……它们具有一个给定的确定的结构或坚固性……人不是一个物，谈论人的本性是不正确的，人并没有本性”；“人根本没有本性，他所有的是……历史”。[38] 217-218①（《作为一种体系的历史》）恩斯特·卡西尔在系统讨论了人的本质后指出，人是“符号动物”、“文化动物”；[38] 34、35、87、90、281-282 埃德加·莫兰则深入讨论了人在孕育文明的狩猎活动中所表现的专心、顽强、勇敢、好斗，施诡计、设陷阱、下埋伏的“算计”能力和战略能力，以及在生存竞争中所展现的狂徒性格——时而欢笑、多情、痴迷，时而放纵、焦虑和狂躁。[41] 48-49、92-96

因此，对“存在”的观察即是对人的本质的观察；对“社会联系”的观察即是对人本质的观察——而且这种观察还要在历史中进行。对“存在”和“联系”的观察，不只是通过人的文化活动和人与人的相互关系的历史来进行；而更要，也是在最为根本的意义上，是要通过人与自然、人与生物的历史关系来进行的——因为人源于自然（生物演化），又存在于自然。

20.4.2 反自然：人类的本质

对“存在”和“联系”的“历史”观察表明：人是一个丢失“生态目的性”的、外部性的、非有机的、“反乎自然”的存在——人的本质即是反自然。人的反自然，存在于从“人”成为人开始的人类文化活动的各个方面：

——人类是一个反自然的存在，一个在本质上具外部性的“本恶”物种

“退化是进化之梯”，生物的进化，是一个作为退化结果的“自然的进化”，人类的进化，是一个作为退化原因的“反自然的进化”；自然“本善”，外部性得到消解（“自然界没有废物”）而享用“免费午餐”，人性“本恶”，吃“付费午餐”而在本质上是一个具外部性的物种——在最为根本，也即人与自然、生物关系的意义上，人类的反自然即在于她的外部性。（3-18-1-2；3-19-1-1；3-20-1-4；3-23-2-2，3-23-2-3）

——人类是一个失去“生态目的性”，不再扮演“生态角色”、承担“生态义务”，执行“生态使命”的，对地球生物圈而言的非有机物种

“生态目的性”是一切生命的“上帝”，承担“生态义务”……保证物质、能量沿食物链、食物网在各营养级之间正常流转，维护自然生态系统的多样、和谐、稳定和持续，是所有生物立足自然生态系统的根据。每一生物物种，都因“生态目的性”而使自己成为有机联系的生态系统中不可或缺的一个成员。

当“人”把自己从动物中提升出来而成为人之后，他便因不再扮演“生态角色”、承担“生态义务”、执行“生态使命”而失去了立足自然生态系统的根据——“生态目的性”。对人的“客人”身份，施里达斯·拉夫尔写道：“我们面临的生存危机产生于人类破坏的倾向，包括自我破坏。……我们这个物种表现出，它一直是地球这个花

① 译者注：人不是一个物，意在强调“人不是一种自然存在物”。[38] 218

园中的客人，这确实是一种危机……这种事态的出现是万能的上帝对人类的惩罚。我们自己就是灾难的根源，我们不但正威胁着我们自己的生存能力，而且也威胁着给予我们生命的花园。”[25] 6, ①（3-18-2-2，3-18-3-1；3-20-2-3）

——人类是一个违背“种际平等”伦理原则，践踏“天赋生存权”而对生物进行大屠杀的物种

生物的“天赋生存权”是一种“存在的权利”、“演化的权利”，更为根本的，她是基于“生态目的性”和“义务权利”基石的一种“强式”权利。“种际平等”——生物与生物，生物与人的平等——既是“天赋生存权”的规定，也是贯彻“生态目的性”的必须。（3-18-4-1；3-23-3）

仅具“弱式”天赋生存权的人类，却把自己奉为“自然的目的”、“万物的尺度”，和握有对世间万物“生杀予夺”之权的“万物之灵”；违背“种际平等”的环境伦理原则，否定和践踏生物的“天赋生存权”，并凭借拥有的技术优势对之颐指气使，根据自己的需要和好恶，恣意妄为地进行劫掠。种际不平等是反自然的和背离“生态目的性”的，它把人类变成了一个生态系统凶残无比的入侵者，和对生物实行大屠杀的物种——从森林、草原、湿地……大量减少到生物栖息地的大规模破坏，从陆地荒漠化到水域荒漠化，从“摇篮期”杀死各大陆几乎所有“巨兽”到成为开启和推动第六次（人为）大灭绝之门的“元凶”……正如人们所指出的，“迄今为止，人类一直都充当着生灵杀手这一角色”。[43] 143（爱德华·O. 威尔逊）“人们无论出现在何处，野生动植物——自然界的心脏——就结束了它的生活”。[44] 67（奥雷利奥·佩西）“我们现在对环境所做的一切，只不过相当于给一副棺材钉上的最后一颗钉子”。[45] 序言 XIV（罗伯特·梅）（3-19-2-2，3-19-2-3，3-19-3-2，3-19-3-3；3-21-1-2）

——人类是一个违背“种内平等”伦理原则，在种内实行不平等和相互残杀的物种

“生态目的性”在规定“种际平等”的同时，也规定着生物的“种内平等”。“种内平等”作为一种规定，是在如下的意义上贯彻“生态目的性”或“集体目的性”的：“生态角色”是由种群所有成员一起扮演的，“生态义务”是由大家共同担负的，“生态使命”是由集体协作完成的。失去“生态目的性”约束的人，从“财富－个体目的性”出发，在种内实行不平等和相互残杀。（3-18-4-3；3-20-3-1）

人类种内不平等的极致表现是相互残杀：从个体间的凶杀、暗杀、奸杀，到群体间的械斗、血亲复仇；从“杀人盈城”、“流血漂杵”的对抗，到战争结束后的“坑卒”（秦在长平对 20 万赵降卒的“坑杀”）、“屠城”（日军在南京 30 万人的大屠杀），从集

① 弗雷德里克·克莱门茨（美，生态学的奠基人之一，“顶极群落”/“气候顶极群落”理论的提出者）和当时的其他人曾认为，对北美大草原来说，白人并不是这个生物区系的一部分：他们是作为外来者、掠夺者、破坏者来到这里的：白人并不真正是这个群落的成员，而是颠倒或违背了自然规律的一种复杂存在，他们要为这个演替的天然模式的破坏负责，并应被留在生态动力学之外。[42] 262-263

【按】在这里，如果把“白人”换成“人类”，克莱门茨等的看法无疑便全面了。

中营的煤气室，到对人（活体）的细菌试验（日本的“731部队”）……这种相互残杀，既见之于不同种族，也发生在同一种族、阶层，乃至父子、母女、兄弟之间且同样残忍。人类相食的记载也不绝于史书（十多年前仍见诸于报端）。如果说相食是因为饥饿和仇恨，那么，更多的残杀则是为了屠杀者个体——个人、阶层、集团、民族、国家——的归根结底的经济（政治）利益。①

威廉·詹姆士指出，人“是唯一有组织地捕食同类的猛兽”。[18] 27 奥雷利奥·佩西则写道：“说我们是天才的论点是站不住脚的……人类的侵略、残忍、不容忍的特性，在生存的斗争中十分有利地把自己的意志强加于其他生物品种，同时使人类自相残杀……人类的这种特性将驱使人们利用我们的新权力去摧残周围的地球，直至最终毁灭我们自己。”[44] 34、36

——人类是一个生态对策关联失衡、“贪婪”而“代际平等”无法维持的“生态学上的怪胎”

生态对策的“关联—限制”是生物贯彻“生态目的性”，与环境保持稳定平衡的必需。遵从生态对策“关联—限制”的规定，*K*-对策物种以“小种群—（资源）代际共享”模式，*r*-对策物种以“短存活—（资源）分代利用”模式，维持着与生境的稳定平衡和“代际平等”。人类生态对策的关联失衡——“大种群”与“长存活”的并存（“共时态”），使她成了一个“生态学上的怪胎”。“大种群”在使环境无法保持持续时间上稳定性的同时，又使“长存活”模式所要求的对资源的“代际共享”无法实现——由是，人类既破坏着她的生态/环境的稳定性，又必须利用后代的资源，损害后代的环境而破坏“代际平等”。欲望是倍加的数量，人类作为“生态学怪胎”的性质，又极大地为人的“贪婪”所强化。（3-18-3-2，3-18-4-2，3-22-6-1）

——人类是一个凭借文化强制推行“弱肉强食”的“丛林法则”，攫取自然、劫掠生物，“最大化”为自己配置生存资源的物种

为维护“自然的秩序”，贯彻“生态目的性”，自然按“最小化”原则为生物配置

---

① 对同一种族内部的相互残杀，特别是骨肉相残，人们虽已习以为常，但总觉困惑和悲凉。曹植在“煮豆燃萁”诗中对其兄曹丕“本是同根生，相煎何太急”的泣问（质问），即是这种困惑和悲凉的流露；当然，也可理解为对骨肉相残的深刻感触。原诗为：“煮豆持作羹，漉菽以为汁，萁在釜下燃，豆在釜中泣。本是同根生，相煎何太急！”。

古希腊寓言家伊索（Aesop's，约公元前6世纪）在《狐狸与葡萄》中对此是这样描述的——“我越是了解人，也就越喜爱野兽，我多么希望能用它们的话给它们讲寓言呀！那时候我就会说：‘你知道吗？噢，狼啊，你这吃羊的家伙！世界上还有人这样一种动物存在，他们同样在互相残杀……虽然他们并不互相吃掉……可是他们却把尸体埋到地下去让虫子来吃掉。他们杀人并不是为了自己的生存，而是出于对杀人的嗜好’”。[46] 13

生物与人类之间在种内关系上的根本差异是，生物种内以“自杀”为主，人类种内以“他杀”（自相残杀）为主。生物（动物）种内之间争斗的目的只是使对方臣服，并不在肉体上消灭对方；为避免种群的毁灭，部分个体的自杀（在植物是自疏）也是常见的事。而人与人之间，特别是阶级之间的斗争，则要残酷得多——使对方臣服并在肉体上消灭之。反映在影视创作中，是这样一句经常敲击我们心灵的台词：“让他马上从这个世界上消失。”

生存资源，并通过营养关系予以保证；人类则凭借文化，“最大化”地为自己配置生存资源而使对自然的攫取、生物的劫掠成为一种必然。其一，为了把自己从动物界提升出来而攫取和劫掠；其二，为了同时保持大种群、长存活，即维护作为一个“生态学怪胎”的存在而攫取和劫掠；其三，在“贪婪”推动下，为实现“财富－个体目的性”而攫取和劫掠——“个体目的性”推动着一部分人剥夺另一部分人，“财富目的性”则推动着人类全体，即剥夺者和被剥夺者联合起来一起去攫取自然和生物。“弱肉强食”是人对自然的误读，真正实施“丛林法则”的是人类——这既见之于人类对生物的攫取和屠杀，又见之于人类内部一部分人对另一部分人的攫取和屠杀。(3-18-2，3-18-3-1；3-20-2-3，3-20-3-1；F-3-21-2；F-3-23-2）

——人是一个丧失“生存智慧”，退化、适应性极大地下降和“变了质”的“文化动物”

“文化适应”对“体能适应”的替代，使人类丧失了“生存智慧”，适应性极大地下降，并退化和“变质”（卢梭）。人类的退化，表现为遗传素质退化、体能退化——视力和听力退化、速度和力量减小、觅食能力和抗逆性大大下降……（3-18-4-4；3-20-2-1）

——人类系统是一个“反乎自然”的、既复杂又简单而高度不稳定的系统

自然系统是一个具“生态目的性”指向的低耗散、负反馈、强制约、自强化、自生长的有机系统，系统演替（正向）指向多样性和稳定性增加——产出趋于最小化，生物量持有趋于最大化，物种间的关系趋于复杂化，营养物质循环趋于闭合；在“财富目的性”驱使下，人类系统在对应方向上则呈高耗散、正反馈、弱制约、自削弱，系统演替指向以多样性减少和稳定性下降的“幼态保持”——产出趋于最大化，生物量持有趋于最小化，物种间的关系趋于简单化，营养物质循环趋于开放。（在“零和”关系控制下）人类系统的不断扩大和自然系统相应的不断缩减，使人类社会的基础——生物圈趋于简单和不稳定；巨大且不停增加着的人口压力和为之所必须的对自然、生物界的大规模攫取，则迫使社会结构和技术组织指向不稳定性增加的不断高度复杂化——由是，“反乎自然”的人类系统，便成了一个既复杂又简单而高度不稳定的系统。（1-5-2-3，1-5-2-5，F-1-5-2；3-16-2-3）

20.4.3 人类存在的理由

——“人”为了成为人和继续做人，便必须反自然

人类的本质是反自然——不反自然，“人”就成不了人；“人”为了成为人和人为了继续做人，便必须反自然。（3-20-2-3）

自然从不多做一件事，演化出人类乃是她多做的唯一的一件事——而且是一件对生物圈来说的致命的大错事。对于这样一个铁定要反自然的物种，她还有存在的理由吗？而且，人的去除对自然生态系统又是“百利而无一害”的事。著名生物学家威尔逊在他的自传里就曾说过：若蚂蚁消失了，数万种生物将跟着消灭；如果人类突然消失，地球会恢复平衡。当把自己从动物中提升出来后，人——失去“生态目的性”的非有机物种——便使自己脱离了生态根基而失去了存在的凭据——这便是人类在自然界中的位置和真实状况。

既然如此，人类还有在自然界存在的理由吗？——回答是肯定的：

——基本理由：以存在和演化权利为根据的“天赋生存权”

人是自然演化的产物和一个存在，由之而来的“天赋生存权”——存在的权利、演化的权利，虽然由于“义务权力”基石的缺失而是（与生物相比）残缺的、弱式的——是人类存在的基本理由。“人”并不是自己想成为人，而是为了生存（适应人类进化时的环境）不得不成为人，为了生存不得不反自然；人是自然演化的产物，是自然（环境变化）让“人”成为人——“存在即合理”（黑格尔），自然母亲生下一个坏儿子，人的存在，如同她会生病和总有一天会灭绝一样合理。（3-23-3）

——人是一株绝无仅有而值得珍藏的“玫瑰”

不论是恶是善，是好是坏，人毕竟是自然演化的奇葩，有如一株绝无仅有的玫瑰——虽然带刺和有毒——而却值得珍藏。布莱斯·帕斯卡尔曾这样表露过他对人的复杂心态：“人是多么离奇的怪物！多么新奇，多么丑恶，多么混乱。怎样的一个矛盾的东西，又是怎样的一个奇才！是一切事物的审判者，又是低能的蚯蚓。是真理的占有人，又是不确定性和错误的垃圾堆。既是宇宙的光荣又是宇宙的渣滓。谁能解开这团乱麻？”[41] 116（《思想录》Ⅶ，434）

——人使宇宙学会了“思考”

生命的诞生，给宇宙带来生机、智慧和意识，并使之打上了（有限的）目的论的烙印；（3-18-2-1）人类的到来，则使宇宙学会了思考。人存在的部分理由，便是认识宇宙——因为只有人才“有能力质疑为什么宇宙是如此光滑”。[47] 116（霍金）对此，帕斯卡尔写道：“人只不过是一根苇草，是自然界最脆弱的东西；但他是一根能思想的苇草。用不着整个宇宙都拿起武器来才能毁灭他；一口气，一滴水就足以致他死命了。然而，纵使宇宙毁灭了他，人却仍然要比致他于死命的东西更高贵得多；因为他知道自己要死亡，以及宇宙对他所具有的优势，而宇宙对此却是一无所知。”[48] 252①（《思想录》Ⅺ，347）

“没有免费的午餐”。为了被认识，宇宙付出了地球生物可能被灭绝的代价；为了认识宇宙，人同样付出了代价——退化、变质（“变了质的动物”），和人与人的不平等，并被视为地球生物圈的大恶。

我们给出了人类存在的理由，但并不认为人的全部存在——作为物种的存在、生存方式、种群规模……——都是合理的而应保持下去。既然人的存在是大恶，那便应

---

① 这里必须强调的是，对宇宙的思考和认识并不是在绝对意义上来说的，即这并非为人所独有，生物共同体的所有成员对她的环境都在进行思考和认知：对共同利益——生物圈的和谐、稳定、美丽、持续——的认知，为保证共同利益所必须的对相互之间义务——“生态义务”——的认知，和对“生态使命”“恪尽职守”的完成。人所不同于生物的，只是认知的深化和文字（符号）的表达。还要指出的是，引文中“人却仍然要比致他于死命的东西更高贵得多”的看法显然是人类优越论的。（3-22-2；3-23-3）

当减少和受到制约，首先是在数量上的减少和欲望上的节制，这便是笔者鼓吹“小人口”——一个节欲、小规模（低密度），处于低耗散“近平衡态”，或与环境保持低位均衡态的人口——的出发点。(4-27-1)

附录1：人与人的“双赢”和“社会和谐论”

——“私人恶德－公众利益”和“看不见的手”

在《蜜蜂的寓言》(1714)一书中，伯纳德·曼德维尔提出了“私人恶德即公众利益”——“私人恶德”可转化为“公众利益”——而被称作“曼德维尔悖论”的著名论断。他写道：“使人变为社会性动物的，并不在于人的追求合作、善良天性、怜悯及友善，并不在于人追求造就令人愉悦外表的其他优点；相反，人的那些最卑劣、最可憎的品质，才恰恰是最不可或缺的造诣，使人适合于最庞大（按照世人的标准衡量）、最幸福与最繁荣的社会”。[49] 序言1“只要经过了正义的修剪约束，恶德亦可带来益处；一个国家必定不可缺少恶德，如同饥渴定会使人去吃去喝。纯粹的美德无法将各国变得繁荣昌盛”。对蜜蜂的王国来说，“其共有的罪恶使其壮大昌盛”；而“众多蜜蜂当中的那些最劣者对公众的共同福祉贡献良多”。[49] 17-18、28

对将“私人恶德”转化为“公众利益”的机制，亚当·斯密在《国富论》(1776)中提出了人所皆知的“看不见的手”并指出：个人利益与社会利益是没有冲突的，对个人利益的追逐将能更有效地增加社会的利益[30] 25-27——“由于每个个人都努力把他的资本尽可能用来支持国内产业……使其生产物的价值能达到最高程度，他就必然竭力使社会的年收入尽量增大起来。确实，他通常既不打算促进公共的利益，也不知道他自己是在什么程度上促进那种利益……在这场合，像在其他许多场合一样，他受着一只看不见的手的指导，去尽力达到一个并非他本人意想要达到的目的。他并不因为事非出于本意，就对社会有害。他追求自己的利益，往往使他能比在真正出于本意的情况下更有效地促进社会的利益。我从来没有听说过，那些假装为公众幸福而经营贸易的人做了多少好事”。[30] 27

“使经济思想注入对社会进程一般理解的最重要、最具智慧的贡献”，即是诺贝尔经济学奖获得者肯尼斯·阿罗(1968)对斯密更一般见解——总体收益的结果也许有别于创造收益的个体意向——的高度评价。[50] 22

——人与人的“双赢”和“社会和谐论”

对曼德维尔和亚当·斯密来说，“看不见的手”把个人利益变成社会利益，或把“恶”变为“善”，从而形成人与人“双赢”的“和谐社会”。

曼德维尔指出：当私人恶德经过老练政治家的妥善管理而被转变为公众利益时，便会形成人与人的“双赢”和丰饶的“和谐社会”——在蜜蜂的王国里，“美德与恶德结为朋友”，“恶德就是这样养育了机智精明……它是真正的快乐、舒适与安然，其威力无比，竟使那些赤贫者生活得比往日阔人还要快乐”。“每个部分虽都被恶充满，然而，整个蜂国却是一个乐园”；“每个分支都在抱怨，其整体却得以维持：这就如同

那音乐里面的和声，总体和谐中亦存在不谐和音”。[49] 17-19、2236

斯密则认为：“富人……的天性是自私的贪婪的……虽然他们雇用千百人来为自己劳动的唯一目的是满足自己无聊而又贪得无厌的欲望，但是他们还是和穷人一样分享了他们在土地上的经营改良所得的全部产品。一只看不见的手引导他们对生活必需品，作出了几乎和土地在平均分配给全体居民的情况下所能有的同样分配，就这样，不知不觉地增进了社会利益，并为不断增多的人类提供生活资料。”[51] 9（《道德情操论》，1759）

斯密的“社会和谐论”——个人利益与社会利益无冲突，个人物质利益占支配地位可产生社会和谐，和在“看不见的手”指引下社会和谐的形成，则被人们誉为福利经济学的第一基本原理——对个人利益的追逐导致竞争，从而对资源的有效配置。[50] 23-24

——对个人利益或“恶”正当性、有益性的辩护

对个人利益或“恶”的有益性、正当性的著名辩护，是由康德给出的：

“恶”并非人的自然欲望，而是一种与社会利益（普遍立法）对抗的追求个人利益的个体性——正是这种个体性在与他人的竞争、对抗和冲突中使人的聪明和才智得到不断发展。所以，“恶”是推动历史发展和人类进步的动力[31] 455——“自然的历史从善开始，因为他是上帝的工作，自由的历史从恶开始，因为它是人的工作”。[31] 456（《人类学札记》）

“人有一种社会化的倾向，因为在这种状态中他感到自己不仅仅是人，即比发展他的自然才能要更多一点什么。但是，他又有一种个体化自身的强烈倾向，因为他同时有要求事物都按自己的心愿摆布的非社会的本性，于是这在所有方面都发现对抗……正是这种对抗唤醒他的全部能力，驱使他去克服他的懒惰，使他通过渴望荣誉、权力和财富，去追求地位……从野蛮到文明的第一步就这样开始了……没有这种产生对抗的不可爱的非社会性的本性——人在其自私要求中便可发现这一特征，所有才能均将在一种和谐、安逸、满足和彼此友爱的阿迦底亚的牧歌式的生活中，一开始就被埋没掉。人们如果像他们畜牧的羊群那样脾气好，就不能达到比他们的畜类有更高价值的存在……这种无情的名利争逐，这种渴望占有权力的贪婪欲望，没有它们，人类一切优秀的自然才能将永远沉睡……”[30] 456（《从世界公民角度看的普遍历史理念》，1784）

哈耶克在论及“扩展秩序”① 时也写道：“一切道德体系都在教诲向别人行善……但问题在于如何做到这一点。光有良好的愿望是不够的……严格地只去做那些对具体的他人明显有利的事情，并不足以形成扩展秩序，甚至与这些秩序相悖。市场的道德则使我们惠及他人，不是因为我们愿望这样做，而是因为它让我们按照正好可以造成

---

① 哈耶克的“扩展秩序”既是一种社会秩序——自发形成的，介于“自然秩序”与“理性秩序”之间，能使人们为了各自目标而相互合作、共同获益的“自组织的秩序”；也是一种社会形态：以传统习俗为纽带，以“分立的财产制度”为基础、以市场运行为规则而有别于“小部落”的“巨型社会”，由只惠及少数人、停滞不前的“封闭社会”进化而来的，互通有无而惠及大多数人的，进化着的“开放社会”。[52]译者的话 6-7

这种结果的方式采取行动。扩展秩序以一种单凭良好愿望无法做到的方式，弥补了个人的无知……因而产生了利他主义的结果”。[52]91

附录 2：人类的“原罪” / 《圣经》

耶和华上帝把那人安置在伊甸园里，叫他耕种和看守那园子。耶和华上帝吩咐那人说：“园中各样树上的果子，你都可以吃；只是那知善恶树的果子，你不可以吃；因为你吃的时候，你必要死。”（*《圣经·创世纪》2：15-17*）

蛇对女人说：“上帝真的说过，你们不可以吃园中任何树上的果子么？”女人对蛇说：“园中树上的果子，我们都可以吃；只有园中那棵树上的果子，上帝曾经说过：‘你们不可吃，也不可摸，免得你们死’。”蛇对女人说：“你们决不会死；因为上帝知道你们吃那果子的时候，你们的眼睛就开了；你们会像上帝一样，能知道善恶。”于是，女人见那棵树的果子好作食物，又悦人的眼目，而且讨人喜爱，能使人有智慧，就摘下果子来吃了；又给了和她在一起的丈夫，他也吃了。二人的眼睛就开了，才知道自己是赤身露体的。于是把无花果树的叶子编缝起来，为自己做裙子。（*《圣经·创世纪》3：1-7*）

天起凉风的时候，那人和他的妻子听见耶和华上帝在园中行走的声音，就藏在园子的树林中，躲避耶和华上帝的面。耶和华上帝呼唤那人，对他说：“你在那里？”他回答：“我在园中听见你的声音，就害怕；因为我赤身露体，便藏了起来。”耶和华上帝说：“谁告诉你，你是赤身露体呢？难道你吃了我吩咐你不可吃的那棵树上的果子么？”那人说：“你所赐给我、和我在一起的那女人，她把树上的果子给我，我就吃了。”耶和华上帝对女人说：“你做了什么事呢？”女人说：“那蛇欺哄我，我就吃了。”（*《圣经·创世纪》3：8-13*）

耶和华上帝惩罚了蛇，把亚当、夏娃逐出伊甸园，并设置障碍，把守到生命树去的路。（*《圣经·创世纪》3：22-24*）

【按】人——尚未成为人的“人”——在“伊甸园”里过着无忧无虑的日子，“知识”则使之“堕落”——由“体能适应”走上“文化适应”之路。人类始祖偷吃“智慧之果”而掌握“知识”的行为，被视为“原罪”并受到上帝的惩罚。

从这个故事中，还可以看到人的相互推诿和背信弃义。夏娃把她“偷吃禁果”归于蛇的诱惑——“那蛇欺哄我，我就吃了”；人类的始祖亚当，则出卖了她的妻子夏娃——他对耶和华说：“你所赐给我、和我在一起的那女人，她把树上的果子给我，我就吃了。”

附录 3：财富价值观的倒置

由农业、基本生存品、妇女和普通劳动者地位式微引发，而早为先贤、哲人所关注，至今仍令人大为不解和极为困惑的问题是：

为什么对人类生存不重要，甚至无用的东西——如非基本生存品，玉、珠、钻等，越为人们所重视，乃至“价值连城”① 而致使人们“趋之若鹜”？而对人类生存越重要的人——普通劳动者、妇女，和事物——水、空气、荒野、野生生物、农业、基本生存品……越为人们所轻视？

对这一令人困惑的现象——财富价值观的倒置，通常的答案是经济学给出的“稀缺”——“物以稀为贵”。这显然是一个难以使人满意的回答，就连经济学家也认为，这里存在着一个“价值悖论”问题——如“钻石和水的价值悖论”。[53] 26-29 财富价值观的倒置和与之相关的财富观念、内涵、源泉的转变，是一个十分复杂的问题，我们在这里只能简单地强调以下数点。

第一，“比较优势”和技术、权力……在流通领域的高收益率。

与农业、物质部门、生产领域相比，商业、非物质部门、流通领域是技术、权力、地位、声望、美德最易发挥“比较优势”而收益率最高的地方。

第二，基本需求品的高占有成本。

基本需求品的性质——易腐性（如生物质）、不易管理（占用空间大、流动性低）和低私密性（易被公众发现），增加了占有、控制的成本——管理成本、社会成本（激化社会矛盾）和风险成本（被曝光的几率）——而成为大量占有、控制，进而不平等发展的障碍。

第三，非基本需求品的低占有成本和交换价值的发展。

非基本需求品的低占有成本，使“优势群体”喜欢拥有一小袋黄金而不是一屋子小麦。交换价值发展过程中货币的出现、信用的发展，载体的小型化和信息化，更极大地推动了财富价值观的倒置，进而不平等的发展——受贿者乐意接受充有 100 万、1 000 万美元的信用卡，或直接把这笔钱划到自己账户而非同样价值的实物礼品。

第四，财产安全。

这首先是由穆勒所指出的：在君主制下，“由于人们对所有财产都感到不安全，因而最富有的买主首先要考虑的是要置办那些不会朽坏的、体积小而价值高的、适合于隐藏或携带的物品。所以，金银珠宝便构成了国家的很大一部分财富”。[33] 26

为了“优势群体”——管理者、有产者、富有者，拥有技术、权力、地位……扩大财富，保持对“弱势群体”——被管理者、无产者，无技术者、无权力者……的不平等，便必须有财富观念、内涵、源泉的转变和财富价值观的倒置。对人类，尤其“优势群体”来说，这是很容易做到的——如同男子为了把财产传给自己“确实”的子女而推翻“母权制”，实行“父权制”那样。[54] 46-49

于是，对人类生存重要的事物被认为是没有多少价值的；相反，没有用的东西则价值连城——对事物的价值判定并不在于事物本身，而在于人（首先是优势群体）的主观意愿。正如斯宾诺莎所指出的：“与此相反，我们判定某种东西是好的，因为我们追求它、愿望它、寻求它、欲求它”。[55] 107 在对事物的评价上，人类中心主义倒是相

① 据报道（2011.02.23），中国“和田玉”的价格已被炒到黄金的40倍而成了“疯狂的石头”。

当“坦诚”的：非人类存在物的价值，只是人类主观感情的“投射”——对生物圈至关重要的蚂蚁，在我们看来却是卑微的。

而最为根本的原因，则是“生态目的性”的丧失。(3-20-3-1)

附录4：劳动与分配的“2080 / 8020规则”

人类社会的制度安排，在一些方面近乎是荒诞不经的。

在“生态目的性”、“集体目的性”统治下的生物界，“生态义务”、“生态使命”是由种群的所有成员来担负和共同合作完成的——失业，如某些猫被禁止抓老鼠是不可思议的。而在财富、个体目的性指导下的人类社会却存在失业，并被认为是一种合理和在一定限度内的必要——这个限度一般被认为是5%——收入的不平等既得到私有产权的保护，又得到“按劳分配”理论的支持。

“2080/ 8020规则”所展现的，即是这种“按劳分配”。“2080规则”说：80%的社会财富是由20%的人（富人和“精英们”）创造的，另外80%的人（以穷人为主体的芸芸众生）只生产了20%的财富。作为“按劳分配”逻辑结果的是“8020规则”：20%的人占有80%的财富，80%的人分配剩下的20%的财富。

不过，“理性人”的逻辑是无理性的猫难以理解和接受的——因为在她们看来，“理性人”无疑是在说，80%的老鼠是由20%的“精英猫”捕捉的，80%的“大众猫”只抓了20%的老鼠，而且，还有约5%左右的“失业猫”（属于80%的那部分猫）由于被经济学论证的“合理”、“必要”的“不在业”而被禁止抓老鼠。接下来的是：20%的“精英猫”享用80%的老鼠，80%的“大众猫”分食20%的老鼠，5%的“失业猫”（80%猫的一部分）则由于“社会正义”而可获得“社会保障”——由其他猫，主要是“慈善猫”——享用80%老鼠的20%的猫——出于“怜悯之心”而挤出来的一点食物——老鼠。

姑且不论“按劳分配”和“2080/8020规则”是否科学、合理，是否在为富人张目，这里还存在这样一个推论：既然“80%的社会财富是由20%的人创造的，另外80%的人只生产了20%的财富”，那么，从人类必然的“外部性”出发，在污染方面同样存在一个“2080/ 8020规则”——20%的人在生产80%的物质财富的同时造成了80%的污染；80%的人因只生产了20%的物质财富，便只造成20%的污染。

事实上，20%的人虽然没有造成80%的污染，但他们造成的污染远高于其20%的比例——有钱人虽然关心环境保护，但并不表明他们污染少——由于消费多，他们的污染极大地（数十倍、数百倍）高于穷人——是故，富裕并不是（如彼得·休伯认为的那样）“绿色的”(4-24-4-2)；由于“基本需求效应”巨大的外部性，80%的人造成的污染同样显著高于20%。

20%的人拥有80%的财富是可能的，在一些人类共同体中也是存在的；但20%的人干80%的工作却是不真实的，富人的财富、穷人的收入，都是同他们的劳动极其不对应的。

附录5：“托夫勒-弗里德曼的神话”

（一）“托夫勒-弗里德曼的神话”

穷人与富人“站在同一条起跑线上”或“世界将被技术抹平”，是由托夫勒提出，弗里德曼进一步发展了的现代“神话”。

——托夫勒：穷人与富人“站在同一条起跑线上”

在《第三次浪潮》（1980）中，阿尔温·托夫勒将人类社会的发展分为农业、工业、知识三个阶段和相应的三种形态——农业、工业和信息社会；向人们展现了由农业、工业社会向信息社会过渡已经、将要发生的各种巨大变化和令人向往的“蓝图”并指出：在第三次浪潮社会中，由信息化、高技术推动下发生的各种巨大变化，将使穷国与富国、穷人与富人在跃向未来的赛跑中“站在同一条起跑线上”。[56] 424

——弗里德曼：“世界是平的”，或世界将被全球化、互联网技术“抹平”

在《世界是平的：21世纪简史》[57]（2005、2006、2007）中，托马斯·弗里德曼则给世人展现了更加令人“激动不已”的“未来”：

国家（1.0版本，1492－1800），公司（2.0版本，1800－2000）和个人（3.0版本，2000—）的全球化，一步步加强了人们的联系而使地球“缩水”变小——“大号”→“中号”→“小号”→“微型”。[57] 8-9

在这个3.0版的“微型”社会里，政治（柏林墙倒塌）和互联网技术在十个方面所发生的巨大变化，正在“汇集”成一股“无坚不摧”的力量，急速地推进着自由贸易和全球化；全球化、互联网则像一架“硕大无比的”的“推土机”，“碾平”自己前进道路上的一切阻力——一道道“围墙、天花板和地板”，[57] 181 将世界不断“抹平”，从而为所有人筑起一座通往“天堂”的“平台”，或提供追求“富裕”、“平等”和“民主”的“机会”。

在这个不断变得更加“平坦”的全球性“平台”上，大家都“站在同一条起跑线上”①——通过全球化、自由贸易，互联网上的相互联络、公平竞争、互相合作，发挥“比较优势”（扬长避短）和凭借“鼠标”对世界的影响，每个国家都可能实现自己的“强国梦”，每个公司都可能把自己“做大”，每个人都“可能”实现自己的“致富梦”，如成为“中产阶级”……由之（在逻辑的使然下），世界将会在21世纪走向事实

① 在《世界是平的》一书的《序》中，IBM大中华区董事长及首席执行总裁周伟焜写道：“我们深刻地感受到，变平的世界将让每个个体都站在同一水平线上，任何企业、组织甚至个人都将参与到全球整合的业务环境中”。弗里德曼也告诉人们：你就可以“和瞪羚一起赛跑，和狮子一起捕食”。[57] 107

上的“富裕”、“平等”和“民主”。[①]

（二）“世界在本质上是不平的”

在托夫勒、弗里德曼看来，世界虽然现在是“不平的”，但信息革命、互联网和全球化使穷人与富人站在了“同一条起跑线上”并最终将使世界“变平”。笔者则以为，“世界是不平的”，且穷人与富人根本不可能“站在同一条起跑线上”；信息革命、互联网和全球化并不会将世界“抹平”，而是将把世界变得更加“凹凸”并使之“崩溃”——这既是不争的现实，基于理论和逻辑，也必定是毋庸置疑的未来。

——“世界在本质上是不平的”：有限性、“零和”、外部性和社会的不平等

信息革命、互联网和全球化不能将世界“抹平”的根本原因，在于这个“世界在本质上是不平的”；而世界在本质上的“不平”，则是人与人在本质上“零和”而非“双赢”关系（3-19-1-3，F-3-20-1），人类在本质上（不可消除的）外部性（3-20-1）和人类社会在本质上不平等（3-20-3-1）的理论和逻辑使然——在一个有限的世界中，如同在股票市场里“游戏”一样，有赢必有输，有得必有失；在一个人成为“亿万富翁”的同时，便会有成千上万人沦为贫民。[②]

——穷人与富人不可能“站在同一条起跑线上”：学习、“遗传”和环境

以“体能”适应环境的同一（物种）动物，因对子代而言的“遗传平等”（对父代来说的“遗传专制”），形成了大致相同的“体能”而“站在同一条起跑线上”；以“文化”适应环境的人类，则需通过学习（习得）掌握生存技能。（3-18-4-3，3-22-3-1）由学习，对子代而言的“差异遗传”（对父代来说的“遗传平等”）和环境（社会的、自然的）所产生的，最终“汇集”于学习之中，并为环境（家庭、地位、）放大的差异，形成了个体掌握（拥有）生存技能的极大不同——这即是形成穷人和富人，和穷人与富人根本不可能“站在同一条起跑线上”的原因。

所有的人都会使用“木棒”，但不是所有的人都会操作“电脑”——“木棒”与“电脑”的技术差异在任何时代都始终存在且是一种必需（社会“分工”）——是故，随着知识的累积、技术的进步，掌握生存技能的“学习”将会变得越来越艰难（这即是年轻人被越来越久地关在学校里的原因），人们的“起跑线”由之将越来越分离：除因人多地少引致的“隐性过剩”外，农业社会的就业是“全面的”；在技术进步的工业社会，便出现了“结构性失业”；到信息社会，高科技则造就了大量的“功能性文盲”。

---

① 在表述中强调“机会”并使用“或”、“可能”、“事实”这样的用语，是基于弗里德曼对“世界并不平坦”——人们对“世界是平的”的反驳——的回应。他在《3.0 版序言》中写道：“世界当然是不平的”，“世界是平的”只是一个用来“描述人们……以更平的方式互相联络、互相竞争、互相合作”的“隐喻”；“‘世界是平的’并不是说世界是‘平等的’”，只是指“世界正在变平”——使人们“更加平等的力量”正在增加，让人们“更加平等的机会”正在出现。

② 在一个有限的世界中，不是所有的人都会成为“总统”或比尔·盖茨，也不是所有国家都会变得像美国一样富裕。

——人类文明的“掘墓人”：全球化、网络化和“技术拯救”

全球化、互联网的发展不仅不会使穷人与富人“站在同一条起跑线上”并使世界“变平”，反而会由于在有限世界中对自然贫瘠化，人口—经济规模化、社会两极化，社会、技术复杂化① 的强力推进，导致人类社会的“崩溃”而扮演着文明“掘墓人”的“角色”。

在一个全球化、网络化的世界中，每一个国家、民族、个人都能够（可能性）发展，且因“发展压力”（“落后就要挨打”）的存在而必须（必要性）发展；巨大的发展“需求”汇成了对资源－环境和技术进步——使对自然的大规模“攫取”成为可能——的巨大推力；全球化、自由贸易则通过把“地方资源”变成“全球资源”，把“当地人”变成“世界居民”而加剧着对资源的耗费、生态/环境的破坏，进而自然贫瘠化的发展。（4-25-4-2，4-25-4-3）

与全球化、自然贫瘠化同时发生的，是（缺乏自我限制条件下）人口－经济的规模化和由之而来并为之必需的社会组织结构、管理技术的复杂化；与规模化、复杂化伴随的对穷人的“空间胁迫”、“技术胁迫”和“复杂性胁迫”，（如不强制调节）则必然使两极分化不断扩大。自然贫瘠化的发展构成对文明自然基础的“侵蚀”、两极分化的不断扩大构成对文明社会基础的“侵蚀”；人口－经济规模化、社会－技术复杂化的发展，则不断把社会推向更大规模（80亿、90亿、120亿人口）、足够复杂、高度连通、极度不稳定的“高位均衡态”，使之在穷人变富人、世界变美国的21世纪的全球化过程中，因“生态链效应”而随时崩溃。（2-10-3-3；3-16-3-3；4-24-5-3）

（三）“托夫勒－弗里德曼神话”的“隐喻”

除穷人与富人“站在同一条起跑线上”，“世界是平的”或“世界将被技术抹平”外，从“托夫勒－弗里德曼的神话”里，人们还可以读出如下“隐喻”：

——贫穷的原因在穷人自己那里

既然穷人与富人“站在同一条起跑线上”，既然全球化、互联网给大家提供了致富的“平台”，使每个人都能够“和羚羊一起赛跑，和狮子一起捕食”，[57] 107 那么，如果你成了“中产阶级”，便说明你“努力”了；如果你还和以前一样贫穷，就只能说你自己

---

① 持续性的“症结”是规模而非“均衡”：一个能容纳10亿人口的系统也必定能支持2亿人口，但稳定持续的时间长度则是远不相同的；复杂性是系统稳定的基础，但过度的复杂则会构成对系统稳定性的“侵蚀”；规模与复杂性正相关，系统规模的扩大使复杂性的增加成为可能，并由于管理的需要而需要复杂性——而规模、复杂性的同向增加往往会构成对系统的致命威胁：文明衰退多发生在人口—经济规模达到“高位均衡态”时的原因，即在于此。（1-6-2-1，F-1-6-1；2-10-1-2，2-10-3；4-29-2-4）

技术在本质上是节约时间而指向物质、能量耗散；对物质、能量的节约，由于转化效率“天花板”（＜100%）的存在而是十分有限性——由是，“技术拯救”往往导致规模扩张，把系统推向“高位均衡”而加速社会的崩溃，并因形成“技术陷阱”、“技术黑洞”而坐失“拯救”的机会。（4-24-2-1，4-24-3-1）

没有“努力”——“如果没有发生，那只是因为你们没有行动”（第 13 章题目），[57].395 或“因为你没有去做”。[57] 415

这一“隐喻”在使人想起“没有做不到的，只有想不到的”（人的无限性）这样的“奇谈怪论”的同时，还会感到“不寒而栗”——对多数穷国和每天以 1 美元糊口（绝对贫困）的 10 亿、2 美元糊口（相对贫困）的 30 亿穷人（3-20-3-3）来说，这样的“隐喻”是否过于“残酷”？

——凡是有助于推进全球化、自由贸易，发挥“比较优势”的事都是合理的、道德的

既然全球化、自由贸易能把大家带进“天堂”，那么，（逻辑的结论）凡是有助于推进全球化、自由贸易，发挥“比较优势”的事都是合理的、道德的。

事实上，这些事并非都是合理的、道德的，不合理、不道德的发展随处可见：如现行国际贸易秩序下（不合理）的“国际分工”，（农业产品与工业产品、原材料与制成品、低技术产品与高技术产品）价格的“剪刀差”，（附带污染转移的）产业转移，（让别人生产粮食养活自己，砍别人树、护自己林的）粮食和木材的“进口替代”……（F-1-5-3）

（四）“真实的谎言”

笔者并不以为弗里德曼、托夫勒有意“欺世”——全球化、自由贸易、“比较优势”、互联网将把人类带进“天堂”，“鞭笞”穷人和为精英们“攫取”自然、穷人“辩护”，但在一定程度上，至少是在撰写“真实的谎言”——由“事实”堆砌出来的“谎言”，或缝制“皇帝的新装”。由是，简析其认知根源或“合成谬误”的形成，则是必要和有益的。

——“实证主义”、“平的视野”和知识结构的“失衡”

以反对“形而上学”为宗旨的“实证主义”或“实证哲学”注重经验、观察和事实，认为通过对现象的归纳即可发现科学真理，且只有经过实践证明的才是科学真理。“实证主义”的片面性除源于对“理性思维”、“因果律”的排斥等外，还在于“层级－尺度”理论的缺乏。

支持或检验真理的“事实”必须为“真”，而我们感知、看到的“事实”并不一定为“真”。从“层级－尺度”理论出发，“事实”或“实事”为“真”存在三层含义：一是一般（感知、看到的）真假意义上的“真”（Ⅰ）；一是在高层级为“真”（Ⅱ）——低层级为“真”并不意味着在高层级一定为“真”；一是“判决性事实”（Ⅲ）——“判决性实验”所依据的事实——为“真”。是故，我们既可由“实事”求出“是”来，也可由“实事”不可避免地求出“非”来。（2-12-1-2；4-30-3，4-30-4）

弗里德曼、托夫勒“真实谎言”的形成，即在于“实证主义”的认知和研究方法：企图从“现象”、“事实”中“归纳”出真理，但由于对“理性思维”、“因果律”的排斥和“实事求非”的不可避免性，处于低层级（Ⅰ）的“现象”和“事实”——虽然是“海量”的堆砌（这正是“谎言”被广泛认可的“实证主义”根源），还是“事与愿违”地给出了“谎言”/“合成谬误”——这既是对作者的，也是对读者的。①

如果说“实证主义”和“层级－尺度理论”缺失是“真实谎言”/“合成谬误”的认知根源，那么，“平的视野”和知识结构的“失衡”则是“皇帝新装”来自实践层面的原因。局限于人类社会内部而“平坦化的视野”和过分相信“市场”（市场万能）、“技术”（“技术魔棒”），缺乏“有限性”、“规模意识”、“资源意识”造成的知识结构“失衡”，使弗里德曼、托夫勒堆砌出了“真实的谎言”；极其丰富的知识、广泛的阅历则给了他们编写“谎言”时的“自信”，和缝制一件件“皇帝的新装”的能力。

——“真实的谎言”

以下三例，即是托夫勒、弗里德曼“实证主义”、“平坦视野”、知识结构“失衡”的展现：

其一，国力取决于技术，能源永远不会枯竭。

在托夫勒看来，一个国家未来的国力将主要取决于技术——“超级农业”、“进入太空”；人类需要的能源永远不会枯竭——并不存在能源短缺而只存在人才短缺，只要有人才和智慧，就可以从太阳、月亮或海洋获取能源。

【按】技术/人才十分重要但非“万能”；“未来学”不是“科幻小说”；能源永远不会枯竭只不过是早已被“环境适度”流派批判得体无完肤之“经济适度”的“牙慧”。（1-3-2-2，1-3-3-1，1-7-3）

其二，自然资源越贫乏，“平坦世界”中的国家便越“理想”。

经济学家早就指出，丰富的自然资源对一个国家的经济和政治来说可能是件坏事。这种现象被称作“荷兰病”或“资源的诅咒”。②, [58].95 由之，弗里德曼提出了他的“平坦系数”理论并写道：一个国家越平坦——即自然资源（如石油）越贫乏，人们的文化就越倾向于适应平坦世界的要求，其在平坦世界中的处境就越好。平坦世界里的理想国家是没有任何自然资源的国家：无依无靠会倾向于挖掘自身潜力，更容易接受新思维，提高自身竞争能力——设法调动全体国民的干劲、创业精神、创造力和学习知识的热情，而不是热衷于挖油井。[57] 285-286、343

【按】“真理”（局部的）向前一步——即使是一小步，就会变成“谬误”。“层级－尺度”理论告诉我们：在低层级、小尺度和部分上发生的重要现象、主导过程，在高层级、大尺度和整体上或只是次要的现象和过程，或根本就没有发生过。（2-12-1-2）是故，部分里发生的现象并不一定具代表性而可推至整体——如果每个国家都是弗里德曼“平坦世界”中的“理想国”，人类社会恐怕连一天也维持不了。

其三，只要有了“绿能”，就可以“拯救”世界；只要“创新”，就能得到足够的“绿能”。

在弗里德曼看来，能源不仅可以使人更能忍受一个愈发炎热的世界，让一个愈发

---

① 对“事实”观点的片面性和改变自身命运的关注，也许是《世界是平的》得以传播的重要原因。

② “荷兰病”指自然资源禀赋对工业化方向的改变。20世纪60年代北海天然气的发现带来资金大量涌入，造成汇率上升而使荷兰的制造业受到双重打击——出口竞争力因产品国外价格的提高而削弱；国内需求因居民对相对便宜进口产品的大量购买而下降——工业化由之受阻。[58] 95-96

平坦的世界变得更加公平，而且还能让这个更拥挤的世界变得更加舒适。[58] 161——是故，只有有了“绿能”——“足够的、清洁可靠的、廉价的电能”，便可以“拯救”地球。[58]180

而只要开展“绿色行动”（Code Green），通过“创新”——建立能源互联网，使IT（信息技术革命）与ET（能源技术革命）相结合；[58] 208 建立“清洁能源体系”以替代“污染能源体系”，[58] 247 使用“清洁能源技术”就能得到足够的“绿能”并把“污染燃料”——石油、煤、天然气——“扫地出门”。[58] 243

【按】可持续发展面临的问题并不是拍拍脑袋就能解决的。发展“绿能”是必要的，但弗里德曼的“绿能”并非那样“神奇”，更满足不了世界的需求而无法将石油、煤、天然气“扫地出门”。特别要命的还在于，用什么来养活地球上的70亿和尔后的90亿，乃至120亿人？看来弗里德曼并未关心“吃饭”这一更为根本的问题，但作为一个有责任心的地球村的一员，他至少应当知道：要养活这么多的人口，“石油农业”，进而“污染燃料”——它们不是多了，而是太少了——是绝对不可或缺的。（4-24-4-2，24-24-4-3）

（五）余论：“太阳下面没有新的东西”

——“乐观主义”在临死前才会“觉醒”

R. 沃森（弗里德曼的朋友）说：“如果你从80层楼的顶上跳下来，经过前79层时，你真的会感觉自己好像在飞。问题在于落地的那一刻要了你的命”。[58] 19

——“知道的越多，便会越悲观”

“霍尔德伦第一原理”是：你对一个问题了解的越多，你就会越悲观：懂得大气科学和海洋的人很悲观；懂得大气科学、海洋和冰雪的人非常悲观；懂得大气科学、海洋、冰雪和生物学的人更悲观；除了上述这些学科，还懂得工程学、经济学和政治学的人最悲观——因为他们知道得耗费多长时间来应对气候变化问题。[58] 121

【按】看来，对“乐观主义”在临死前才会“觉醒”和“知道的越多，便会越悲观”这些从朋友和别人那里知道的，以及书中所引用威尔逊有关生态问题的真知灼见，弗里德曼只是一知半解——如果理解深刻，他就不会说“世界是平的”或“世界将被技术抹平”了。

——“太阳下面没有新的东西”

“太阳下面没有新的东西”；[18] 1152（黑格尔《历史哲学》绪论，3）“在许多方面，未来将与过去相同”。[18] 1141（亚里士多德《修辞学》1394^{a}8）“所有这些也就是和我们现在所看到的戏文一样，不过演员不同罢了”。[18] 1143（马尔库·奥勒留，《沉思录》X，27）

“当任何事情发生时，你都必须记住，这是你经常看到的。你将到处发现同样的事情，古代、中世纪和当代的历史都为这同样的事情所充斥……这并没有什么新鲜的，一切都司空见惯，一切都转瞬即逝”。[18] 1143（《沉思录》Ⅶ，1）

“只有一样东西比自然母亲的地位更高，那就是利润父亲”[58]237——当弗里德曼将之作为人们可从他书里带走，或他向世人“推销”的第一“理念”时，“太阳下面”就真的“没有新的东西”了。

参考文献

[1] 《气候变化国家评估报告》编写委员会．气候变化国家评估报告[M]．北京：科学出版社，2007.

[2] 世界银行．1992年世界发展报告：发展与环境[M]．北京：中国财政经济出版社，1992.

[3] 威廉·福格特．生存之路[M]．张子美，译．朱泱，校．北京：商务印书馆，1981.

[4] 联合国开发计划署（UNDP），联合国环境规划署（UNEP），世界银行，世界资源研究所（WRI）．世界资源报告（2000—2001）：人与生态系统——正在破碎的生命之网[M]．王青，方莉，等，译．胡姗姗，等，审校．北京：中国环境科学出版社，2002.

[5] 加勒特·哈丁．生活在极限之内——生态学、经济学和人口禁忌[M]．戴星翼，张真译．上海：上海译文出版社，2001.

[6] 加勒特·哈丁．公地的悲剧[A]//赫尔曼·E. 戴利，肯尼思·N. 汤森．珍惜地球——经济学、生态学、伦理学[C]．马杰，钟斌，朱又红，译．范道丰，校．北京：商务印书馆，2001：146-166.

[7] 彼得·休伯．硬绿——从环境主义者手中拯救环境·保守主义宣言[M]．戴星翼，徐立青，译．北京：上海译文出版社，2001.

[8] 爱德华·O. 威尔逊．生命的多样性[M]．王芷，唐佳青，王周，等，译．长沙：湖南科学技术出版社，2003.

[9] 巴里·康芒纳．封闭的循环——自然、人和技术[M]．侯文蕙，译．长春：吉林人民出版社，1997.

[10] 原华荣．地球生态系统的退化与人类社会的进化[J]．开发研究，1998（1）：52-54.

[11] 亚里士多德．政治学[M]．颜一，秦典华，译．北京：中国人民大学出版社，2003.

[12] 保罗·霍肯．商业生态学——可持续发展的宣言[M]．夏善晨，余继英，方堃，译．上海：上海译文出版社，2001.

[13] C. B. 科克斯，P. D. 穆尔．生物地理学——生态和进化的途径[M]．赵铁桥，杨正本，译．北京：高等教育出版社，1985.

[14] 查尔斯·哈珀．环境与社会——环境问题的人文视野[M]．肖晨阳，晋军，等，译．马戎，等，校．天津：天津人民出版社，1998.

[15] 希拉里·弗伦奇．消失的边界——全球化时代如何保护我们的地球[M]．李丹，译．上海：上海译文出版社，2002.

[16] 周辅成．西方伦理学名著选辑（下卷）[M]．北京：商务印书馆，1996.

[17] 达尔文．人类的由来[M]．潘光旦，胡寿文，译．北京：商务印书馆，1983.

[18] 莫蒂默·艾德勒，查尔斯·范多伦．西方思想宝库[M]．《西方思想宝库》编委会，译编．长春：吉林人民出版社，1988.

[19] 迈克尔·波伦．植物的欲望——植物眼中的世界[M]．王毅，译．上海：上海人民出版社，2003.

[20] 卢梭．论人类不平等的起源和基础[M]．李常山，译，东林，校．北京：商务印书馆，1997.

[21] 弗·恩格斯．反杜林论[A]//马克思恩格斯选集（第三卷）[C]．北京：人民出版社，1966：126-426.

[22] 歌德．浮士德[M]．杨能武，译．合肥：安徽文艺出版社，1998.
[23] 埃尔温・薛定谔．生命是什么[M]．罗来鸥，罗辽复，译．长沙：湖南科学技术出版社，2003.
[24] 苗力田．古希腊哲学[M]．北京：中国人民大学出版社，1989.
[25] 施里达斯・拉夫尔．我们的家园——地球——为生存而结成伙伴关系[M]．夏堃堡，等，译．张坤民，等，校．北京：中国环境科学出版社，1993.
[26] 张昀．生物进化[M]．北京：北京大学出版社，1998.
[27] 马尔萨斯．人口原理[M]．第1版．朱泱，胡企林，译．北京：商务印书馆，1996.
[28] 马尔萨斯．人口原理[M]．第6版．子箕，南宇，惟贤，译．北京：商务印书馆，1961.
[29] 周辅成．西方伦理学名著选辑（上卷）[M]．北京：商务印书馆，1996.
[30] 亚当・斯密．国民财富的性质和原因的研究（下）[M]．郭大力，王亚南译．北京：商务印书馆，1974.
[31] 侯钧生．西方社会学思想进程[M]．沈阳：辽宁人民出版社，1988.
[32] M. 塞林斯．原初丰裕社会[A]//丘延亮，译．许宝强，汪晖选编．发展的幻想[C]．北京：中央编译出版社，2001：56-83.
[33] 约翰・斯图亚特・穆勒．政治经济学原理及其在社会哲学上的若干应用（上卷）[M]．赵荣潜，桑炳彦，等，译．胡企林，朱泱，校．北京：商务印书馆，1991.
[34] 弗・恩格斯．社会主义从空想到科学的发展[A]//马克思恩格斯选集（第三卷）[C]．北京：人民出版社，1966：427-491.
[35] 巴巴拉・沃德，雷内・杜博斯．只有一个地球——对一个小小行星的关怀和维护[M]．国外公害资料编译组，译．北京：燃料化学工业出版社，1974.
[36] 威廉・A. 哈维兰．当代人类学[M]．汪铭铭，等，译．上海：上海人民出版社，1987.
[37] 罗伯特・艾尔斯．转折点——增长范式的终结[M]．戴星翼，黄文方，译．上海：上海译文出版社，2001.
[38] 恩斯特・卡西尔．人论[M]．甘阳，译．上海：上海译文出版社，1995.
[39] 叔本华．叔本华论说文集[M]．范进，柯锦华，秦典华，等，译．北京：商务印书馆，1999.
[40] 卡尔・马克思．詹姆斯・穆勒《政治经济学原理》一书摘要（1844）[A]//马克思恩格斯全集（第42卷）[C]．北京：人民出版社，1979.
[41] 埃德加・莫兰．迷失的范式：人性研究[M]．陈一壮，译．北京：北京大学出版社，1999.
[42] 唐纳德・沃斯特．自然的经济体系——生态思想史[M]．侯文蕙，译．北京：商务印书馆，1999.
[43] 爱德华・O. 威尔逊．生命的未来：艾米的命运，人类的命运[M]．陈家宽，李博，杨凤辉，等，译．上海：上海人民出版社，2003.
[44] 奥雷利奥・佩西．未来的一百页——罗马俱乐部总裁的报告[M]．汪帼君，译．王恩光，校．北京：中国展望出版社，1984.
[45] 迈克尔・博尔特．灭绝——进化与人类的终结[M]．张文杰，邓可，译．北京：中信出版社，2003.
[46] 吉列尔梅・菲格雷多．伊索[M]．陈颙，译．北京：华夏出版社，2001.
[47] 史蒂芬・霍金．时间简史——从大爆炸到黑洞[M]．许明贤，吴忠超，译．长沙：湖南科学技

术出版社，1996.

[48] G．希尔贝克，N. 伊耶．西方哲学史——从古希腊到二十世纪[M]．童世俊，郁振华，刘进，译．上海：上海译文出版社，2004.

[49] 伯纳德·曼德维尔．蜜蜂的寓言——私人的恶德 公众的利益[M]．肖聿，译．北京：中国社会科学出版社，2002.

[50] 肯那·C. 泰勒．亚当·斯密的“悖论”[A]//马克·斯考森，肯那·C. 泰勒．经济学的困惑与悖论[M]．吴汉洪，苏晚屯，译．北京：华夏出版社，2001：22-25.

[51] 蒋自强，张旭坤，袁亚春，等．经济思想通史（第4卷）[M]．杭州：浙江大学出版社，2003.

[52] F. A. 哈耶克．致命的自负——社会主义的谬误[M]．冯克利，胡晋华，译，冯克利，校．北京：中国社会科学出版社，2000.

[53] 马克·斯考森．钻石和水的价值悖论[A]//马克·斯考森，肯那·C. 泰勒．经济学的困惑与悖论[M]．吴汉洪，苏晚屯，译．北京：华夏出版社，2001：26-29.

[54] 弗·恩格斯．家庭、私有制和国家的起源[A]//马克思恩格斯选集（第四卷）[C]．北京：人民出版社，1966：1-164.

[55] 斯宾诺莎．伦理学[M]．贺麟，译．北京：商务印书馆，1999.

[56] 阿尔温·托夫勒．第三次浪潮[M]．朱志焱，潘琪，张焱，译．北京：三联书店，1983.

[57] 托马斯·弗里德曼．世界是平的：21世纪简史[M]．何帆，肖莹莹，郝正非，译．长沙：湖南科学技术出版社，2006.

[58] 托马斯·弗里德曼．世界又热又平又挤[M]．王玮沁，等，译．长沙：湖南科学技术出版社，2010.

佛说："众生平等"。

——《华严经》

伦理就是敬畏我自身和我之外的生命意志……陈旧的、有界限的伦理学将必然被扬弃，无界限的伦理学将必然得到承认。

——阿尔贝特·施韦泽

如果人们能够提高到足以去对树和石头表示真正的崇拜，那就意味着人类的新生。

——亨利·戴维·梭罗

生物圈有其自身价值而与对人类的有用性无关，地球的生态过程在整体上不应被打乱。

——阿伦·奈斯、约翰·缪尔

自然系统作为一个创生万物的系统，是有内在价值的，人只是她的众多创造物之一。

——霍尔姆斯·罗尔斯顿

任何个别的机体生命，都是以目的为中心的生命。

——保罗·W. 泰勒

一个国家的道德是否进步，可以从其对动物的态度中看出。

——圣雄甘地

21 环境伦理

21.1 人类中心主义

21.1.1 人类中心主义

——理性优越的人类中心主义

人类中心主义（anthropocentrism）内涵人是宇宙的中心、人是一切事物的尺度、根据人类价值和经验解释或认知世界三个方面的思想。[1] 48（《韦伯斯特第三次新编国际词典》）。人类中心主义有古典与现代之分。

古典人类中心主义包括“自然目的论”、“神学目的论”、“灵肉二元论”和“理性优越论”。“自然目的论”认为，“人是自然的目的”、“宇宙为人而创造”、“万物为人而存在”并被作为人类的“资源库”。“神学目的论”的观点是，上帝与自然、人与自然是分离的；人是被上帝创造出来管理万物的，万物是被上帝创造出来为人服务的；① 对“天国”（彼岸世界）的向往使基督徒对地球采取了漠视的态度。在“灵肉二元论”看来，既有躯体又有心灵的人，可以任意对待只有躯体而没有心灵的动物；动物在遭受折磨时，只是“好像”在受苦，同情动物的观点是错误的。“理性优越论”的见解是，人是“理性存在物”，非人类生命是非理性存在物；只有人因理性才有资格获得道德关怀。[1] 48-51，[2] 337-343

以理性为特征，有“弱式”与“强式”之分的现代人类中心主义的核心观念是：伦理原则只适用于人类，人类的需要和利益是最重要，乃至唯一的价值，进而唯一的道德因素；对非人类存在物的关心只限于对人类有用的自然物，且对这些自然物的义务只是对人的一种间接义务。[1] 52，[2] 343-346（附录 1）

第一，理性使人自在地就是一种目的，一种内在价值。

理性使人自在地就是一种目的，一种内在价值，缺乏理性使其他存在物只具有工

---

① 有人认为中国古代的“天人合一”体现了人与自然“和谐”的思想，其实只是对“天人合一”在一定程度上的“望文生义”。被视为中华民族智慧代表（之一），著名的药典《本草纲目》，就透露着一种万物为人而生的“资源库”思想——典中有详细记载，身体各部分可入药的哺乳类动物、爬行类动物、鸟类、鱼类和昆虫就有 14 类 187 种。除狮、虎、象、熊、犀（牛）、狼、水獭、鹰、雕、天鹅、大燕等外，还包括人类的各种灵长类“近亲”——猩猩、狒狒、猕猴、狨和果然（古书上说的两种猴子）。

具价值；人的理性给了他一种特权，使他可以把其他非理性存在物当做工具来使用。“弱式”的人类中心主义主张对人的需要应加以限制，不加限制的需要只能导致对大自然的掠夺；“强式”的人类中心主义则认为，人的一切需要都是合理的——世界上最后一个人临死前把地球炸毁也是道德的。

第二，人是所有价值的源泉，非人类存在物的价值只是人内在情感的主观投射。

人是所有价值的源泉，非人类存在物的价值只是人内在情感的主观投射；没有人在场，大自然就只是一片“价值空场”。“强式”人类中心主义的观点是，只有人才具内在价值，自然存在物只具有工具价值且不是客观的；一些“弱式”的人类中心主义者则主张，“自然物也拥有内在价值”。

第三，道德规范只是调节人际关系的行为准则，它关心的只是人的福利。

道德规范只是调节人与人之间关系的行为准则，它所关心的只是人的福利。

“弱式”人类中心主义认为，其他有机体是生命联合体的成员而应获得道德关心（至少是高级动物），主张在人与生物之间套用“贵族与臣民”的关系模式，或把“己欲立而立人”的道德金律应用到人与自然的关系中——人希望自然怎样对待他，人也应怎样对待自然。“强式”人类中心主义的观点是，道德只与理性存在物有关，道德自律能力是获得道德权利的基础。自然有机体不具道德自律能力，也不是道德载体，它们之间的行为（捕食与掠夺）以及对人的行为是非道德的，如果让生物拥有“生存权和发展权”，我们便会陷入因无法保证每一个“神圣的生命”都生存下来而无所适从的“施韦泽困境”。（3-21-2-2）

彼得·休伯的观点，可视作“强式”人类中心主义的通俗表示：人与自然是不平等的，我们在自然中的利益是美学的而不是道德的；自然在道德上是盲目的，作为一个整体对人类并不具根本性，没有理由相信“自然的平衡”对我们来说是好的；人类有在地球上进行征服和判断的权利，我们可以选择成为地球母亲的异教徒——自然在我们脚下，道德毫不含糊地是以人为中心的，在人与自然之间建立道德平衡的企图是一种堕落；道德规范始终把人放在首位，有道德的人绝不会因为手砍树而去砍手；人对自然没有责任，保护自然只是因为美学的原因而不是神圣的职责，毁坏自然只是毁坏了美的东西。[3] 199-219、256①

——非人类中心主义的诘难

在获得道德关怀的条件、自然价值的客观性、人对非人类存在物的道德义务问题上，非人类中心主义——动物保护伦理、生物中心主义、生态中心主义——与人类中心主义采取了完全相反的观点。[4] 20

【对获得道德关怀的条件】人类中心主义的答案是“理性存在物”；非人类中心主

① 只要你开口，人类中心主义和人类优越论就会找上你——而我们则可以对之发问：为什么“他们”（另一部分人）是“他们”，而“它们”、“牠们”（动物）不是“他们”；为什么“我们”是“女士”、“先生”，而“它们”是“雄性”和“雌性”；为什么“我们”的男人是“胖的”，女人是“丰满的”，而“它们”不论雌雄都是“肥的”；为什么“我们”吃饭叫“用餐”，而“它们”叫“进食”；为什么“我们”住在“房子”、“寓所”或“宫殿”里，而“它们”只能住在“巢穴”和“洞里”……

义则认为，凡具备以下条件者，皆可获得道德关怀：具有感觉的存在物（“动物解放论”），或“生命主体”（“动物权理论”），“生命的目的中心”（“生物中心论”），具有内在价值（“自然价值论”），一个“生态自我”（“深层生态学”）或“土地共同体”的成员（大地伦理学）。

【自然价值的客观性】人类中心主义的看法是：自然存在物的价值是主观的，是人主观感情的投射——它只有在它能满足人的某种需求或兴趣的意义上才是有价值的；非人类中心主义则指出：自然存在物的价值是其本身所固有而客观的，并非人的主观赋予，不能还原为人的兴趣和偏好。

【人对非人类存在物的道德义务】人类中心主义认为：由于只有人才具备道德关怀的资格，人只对人负有直接的道德义务，人对非人类存在物的义务只是间接的——对人直接道德义务的延伸，如保护环境；非人类中心主义则认为，由于非人类存在物也具备获得道德关怀的资格，人对非人类存在物也负有直接的道德义务，对自然存在物的义务，不能还原为对人的义务。①

【非人类中心主义的诘难】非人类中心主义对人类中心主义的批判或诘难有：一是无视人的有限性。人在认知、知识、理性上的有限性，使他无法确切地知道：一个物种的灭绝和一个特定生态系统的破坏在时间、空间上所能产生的影响；或非人类生物作为资源的前景……二是混淆道德代理人和道德顾客。人类中心主义把人所具有的某些特殊属性视为人类高于生物而有权获得道德关怀的依据——从人类中心主义制定的“道德顾客”标准看，智力、自我意识、使用工具等并非人所独有，“具有某些生物学特征”与“有权获得道德关怀”之间并无必然联系。三是利己主义的伦理学方法。人类中心主义的逻辑同利己主义是一致的：自利是行为主体（个体或整体）所有行为的唯一标准，一个行为主体只应选择那种对他有利的规则。四是道德进步的极限说。不愿扩大道德关系表明，人类中心主义要使人永远做一个只为自己考虑的“自私的物种”。五是狭隘的元伦理学（meta-ethics）预设。把“道德”理解为只是调节人与人的关系是一种狭隘的“元伦理学预设”。六是缺乏后现代意识。[4]20-23

是故，必须突破传统伦理学对人的固恋（fixation），把道德义务的范围扩展到人之外的其他存在物身上去。[4] 23

21.1.2 “人是自然的目的”

为了能够攫取自然、劫掠生物，具外部性的人类既需要技术手段，也需要理由以表明自己攫取自然的合法性、合理性，和劫掠生物的正当性。为此，人类中心主义一方面把自己视为“自然的目的”、“万物的尺度”而可任意役使自然；一方面使自然“去魅”，由作为人类“母亲”的自然，沦落为作为人类“资源库”的自然——而这

① 保护环境，对人类中心主义来说是为了人，为了经济可持续——只能如此，否则，便是对非人类存在物负起了直接的道德义务；对非人类中心主义来说，既是为了经济可持续（为人），也是为了生态可持续（为非人类）——人对非人类存在物负有直接的道德责任。

种证明，又如同狼吃小羊① 那样“颐指气使”地强横和傲慢。

——自然观的演变

人类自然观的演变，是一个对自然的认知由“生命母体”② 的自然向“资源库”的自然的转变；由“生长”向“本源”、“原则”、“物的集合”的转变。在相继转变过程中，自然被对象化、物质化和机械化；“自然的思考”变成了“对自然的思考”，“对自然的思考”又被“对自然物的思考”所替代——由是，自然失去了其神圣性、神秘性而被“去魅”，生机的、内在的自然变成了死的、外在的自然；自然失去其独立性而专供人类役使，变成为人类而存在，任由人类“生杀予夺”的“物的集合”。[6] 7-42、140-151

“生长变化的自然”是人类最古老的自然观——自然被看做生长、变化，“自然而然”、“本来的样子”，是内在的、万物的本性——“玫瑰是没有为什么的；她开花，因为她开花”[7] 193，③——没有为什么、理由和原因，自然是神秘的、神圣的。当人们追问“玫瑰为什么开花”——变化的理由和原因时，自然便成了“本源和内在根据的自然”，开始了被对象化、物化的过程并准备退隐。此时，自然虽成了“自然物”（与“物的集合”完全不同）但还是自然物之为自然的根据，与“生长变化的自然紧密联系”而不失其神秘性和神圣性。而到人们探究“玫瑰如何开花”——变化的规律时，自然便成了“原则的、外在的自然”，和按一定规律生长、变化的自然——于是，自然被外在化并失去了其神秘性。最后，当玫瑰被现代人当做一朵插在瓶子里观赏的花时，自然便被彻底对象化、物质化、机械化，失去其神秘性、神圣性而成了只是“供人役使的自然”——“物的集合”。

普罗泰戈拉（公元前480—410年）在2 400多年前便说过，“人是世间万物的尺度，是一切存在的事物所以存在、一切非存在事务所以非存在的尺度”。[8] 27，④（《著作残篇》）亚里士多德随后指出，“植物的存在就是为了动物的降生，其他一些动物又是为了人类而生存，驯养动物是为了便于使用和作为人们的食品，野生动物，虽非全部，但其绝大部分都是作为人们的美味，为人们提供衣物以及各类器具而存在”——“如若自然不造残缺不全之物，不做徒劳无益之事，那么它必然是为着人类而创造了所有动物”。[9] 15

康德进一步认为，人是建造“目的系统”的存在者，世界的“最后目的”和“终极目的”：“人，实则一切有理性者，所以存在，是由于自身是个目的”。[10] 21（《伦理

① 狼吃小羊是小学语文里的一篇课文而为人们从小就熟知。狼给出吃小羊的“正当”理由是：“你弄脏了我的水”；当小羊回答：“那时候我还没有出生呢”！狼就说：“不是你就是你的妈妈，反正都一样”——狼不待自己说完，就扑上去吃了小羊。

②“自然”一词的最初含义是“生命母体”。源于拉丁文natans——意为“分娩”和“母亲地球”。[5] 269

③ 这是海德格尔引自安格鲁斯·西勒西乌斯《天使般的漫游者》中二行诗的第一句，接下来的一句是：“它不注意它自身，并不问人们是否看见它”。[7] 193

④ 这句话还译作：“人为一切经验之主，是一切存在事物的现实性和一切非存在事物的非现实性的判断者”（M. Untereteiner）；或“人为一切事物的尺度：测量一切存在事物，如何存在，一切不存在事物，如何不存在”（A. D. Winspear）。[8] 27

学的形而上学的基本原理》Ⅱ）“生命的形形色色，不管它们的安排是怎样巧妙，不管它们的联系在一起是怎样多种多样的、符合于目的的，甚至它们许多确称为各界的系统的整体，如果人类或某种有理性的存在者不存在于其中，就会没有理由地存在着。换句话来说，如果没有人类，整个世界就会成为一个单纯的荒野，徒然的，没有最后的目的了”。[10] 22（《目的论判断力的批判》86）

“作为地球上唯一具有知性、因而具有自己给自己建立任意目的的能力的存在者……并且如果把自然看做一个目的论系统的话，他按照其使命来说是自然的最后目的”。[11] 532，①（《目的论判断力的批判》83）

——“人是自然目的”的证明：“宇宙目的论”和“人择原理”

为了证明“人是自然的目的”[10] 23（爱默生，《保守党人》）和役使万物的合法性，人创造了上帝，再让上帝创造自己并以上帝的名义取得对万物的役使权——神说：“我们要照着我们的形象，按着我们的样式造人，使他们管理海里的鱼、空中的鸟、地上的牲畜和土地，并地上所爬行的生物！”（*《圣经·创世纪》1∶26*）对“人是自然的目的”、“宇宙为人而创造”和上帝存在的证明，历史的版本是“宇宙目的论”（Teleology）——人如此之复杂、精巧、智慧，须有一个“设计”（上帝）才能按既定的程序向最终的目的演化。[12] 178-179，[13] 26

“人是自然的目的”的现代版，是对“大数假说”的“人择原理”解释。英国物理学家 M. 狄拉克（1937）发现，在物理学的几个重要常数，如电子电荷、电子质量、质子质量、光在真空中的速度、哈勃常数、可见宇宙的物质密度之间，能组成几个无量纲的大数：（氢原子中电子和质子间的静电力与万有引力之比）$a_1=\mathrm{e}^2/Gm_\mathrm{e}m_\mathrm{p}\cong 2.3\times 10^{39}$；（以原子为单位来量度的可见宇宙的年龄）$a_2=m_\mathrm{e}c^3/\mathrm{e}^2H\cong 7\times 10^{39}$；（以质子质量为单位表示的可见宇宙的总质量）$a_3=8\pi pc^3/3m_\mathrm{p}H^3\cong 1.2\times 10^{78}$——从数量级看，$a_1=a_2=(a_3)^{1/2}=10^{39}$，$a_1$、$a_2$、$a_3$ 都是大数 10^{39} 的正整数次幂。狄拉克宣称，“我不认为这是一种巧合”，“在自然界一定有某种基本的原因”：10^{39} 这个大数是宇宙演化到现在所具有的特定值，是我们可见宇宙最根本的性质和表征，物理学、原子论、宇宙学中任一无量纲大数 k 都与 10^{39} 的 a 次方成正比，即 $k=(10^{39})^{a}$。[14] 272-273，[15]

① 在康德看来，“最后目的”或“终极目的是这样一种目的，它不需要任何别的东西作为它的可能性的条件”。[11] 535 “人对于创造来说就是终极目的；因为没有这个终极目的，相互从属的目的链就不会完整地建立起来；而只有在人之中，但也是在这个仅仅作为道德主体的人之中，才能找到在目的上无条件的立法，因而只有这种立法才能使人有能力成为终极目的，全部自然都是在目的论上从属于这个终极目的的”。[11] 537（《目的论判断力的批判》84）

“这些被造物是为了什么而存在的？如果我们回答说：是为了以它们为生并借此能够以多种多样的种类扩展到了地球上的那个动物界，那么又会产生这个问题：这些食草动物又是为了什么而存在的呢？回答也许会是：为的是那些只能以具有生命的东西为生的食肉的动物。最终的问题是：这些动物连同上面各种自然界是对什么有利的呢？是为了人类的多种多样的利用，对所有那些被造物作这种利用是人的知性教给他的；人就是这个地球上的创造的最后目的，因为他是地球上唯一能够给自己造成一个目的概念、并能从一大堆合乎目的地形成起来的东西中通过自己的理性造成一个目的系统的存在者”。[11] 527（《目的论判断力的批判》82）

“人择原理”（The Anthropic Principle）或“人的宇宙原理”① 对“大数之谜”或“大数规律”的解释是，人在宇宙的存在——“我们看到的宇宙之所以是这个样子，乃是因为我们的存在”，[16] 116 或“宇宙之所以是我们看到的这样，是因为如果宇宙不是这样的话，我们也就不会存在，也没有人会来观测宇宙了”，[13] 26 或“宇宙必须是这样的，以便在某一阶段让有意识的生物在其中出现”。[12] 185-186（布兰东·卡特）

为了能够在宇宙的某一阶段演化出智慧生命并使之发出“为什么宇宙是我们看到的这个样子”的质疑，宇宙必须带着适当的秩序出现而没有别的选择——不论这种秩序是恰好存在的还是事先经过仔细调整的。[12] 187-188，[14] 275，[16] 117 如果没有适当的秩序或数值稍有偏差，形成生命的条件便不具备——电子电荷只要稍微有点不同，则恒星要么不能进行热核反应（燃烧氢和氦），要么没有爆炸过；若引力常数 G 与今天的观测值稍有不同，则行星根本不会形成，或者能温暖行星的恒星不能长存到足以使智慧生命进化出来；如果 G 随时间的变化稍快，则 10 亿年前地表的温度便会超过水的沸点而不利生命的进化。[14] 274-275，[16] 117

生命，也只能在一个恰当——不早不晚的“特惠时刻”诞生：最早形成的第一代原恒星主要由氢、氦等轻元素组成，只有在它的演化过程中合成出碳、氧、氮、磷、铁、镁等重元素，在成为超新星的爆发中将它们抛向星际空间，并由之构成第二代恒星（如太阳）时，对重元素的要求，进而生命生成的物质条件才能得以满足——这即是生命出现在大爆炸发生 100 多亿年之后而不是更早的原因。如果生命出现的晚了，太阳便会因耗尽了光和热而不能够保证生命演化所需的时间——在地球存在的头10亿或 20 亿年中，因为太热而不适宜任何复杂生命的发展，生命演化的有利时机是剩下的 30 多亿年。[14] 274，[16] 116

——自然死了，“上帝死了”，人成了宇宙的至尊

上帝的存在——人是上帝之子但不是上帝——对人依然是一个束缚，人要自己当上帝。当人藉上帝证明自己是“自然的目的”和役使自然的正当性后，上帝的存在便变得不再需要了，乃至成了对人的一种“约束”——于是，如尼采所言，人便“谋杀”了创造自己的上帝并取而代之——伙同科学，在当人利用技术取得对自然的巨大胜利之时。这样，自然死了，“上帝死了”，人便把自己变成了宇宙的至尊，并通过无限理性使自己在无限的宇宙中获得了无限性：“给我一个支点，我就能撬起地球”——阿基米德如是说。由此，人也真正如普罗泰哥拉所言，成了“世间万物的尺度”。而自然，

---

① “人择原理”有强弱之分。弱人择原理（WAP，R. 迪克）认为：人似乎出现在一个享有特惠而不大可能的时刻——哈勃年龄值受到了人类生存所需条件的强烈限制，“要是某些物理条件有点轻微的不同，我们将完全不在这里”。狄拉克的发现仅适用于允许人类存在并为今天人类观察到的可见宇宙，而非任何可能的演化宇宙。[14] .273-274

强人择原理（SAP，布兰东·卡特）认为：温度、化学环境等方面的某些条件是人类存在的先决条件，至少在这范围内观察者的位置是特殊的；我们能预期观察到的内容，受到了观察者存在所需条件的限制——我们在宇宙中的位置不一定是中心，但不可避免地得到了某种程度的优惠。米切尔甚至将之归结为：“宇宙之所以存在是因为我们存在”。[14] 274-275

则按人类设定的尺度，被区别为有用的与无用的，并据此为人类利用或被人类所消灭。

与自身无限性一起到来的，是人的自由意志和无节制的贪欲——文艺复兴① 时期的 F. 拉伯雷，即塑造了一个一次能喝 1.7 万头牛的奶，一件衣服需用 1.2 万多尺布来缝制，单制作皮背心就用去 1 千多张狗皮的“新人类”——巨人卡冈都亚，并鼓励他说：“顺从你的意欲而行。”[17] 183-184

21.2 动物保护伦理和生物中心主义

21.2.1 动物保护伦理

20 世纪的动物保护伦理——动物解放论和动物权利论——要求人类改变既往遵循的“弱肉强食”的“丛林法则”，在人与动物之间实行“种际正义”。

动物解放论以边沁的功利主义为指导思想，认为感觉能力是拥有利益的必要条件和充分条件；一个具有感觉能力的存在物，至少拥有体验愉快和避免痛苦的利益；“平等原则”——只关心“利益”而不管利益的主体是谁——要求须把动物的苦乐利益也当做道德计算的相关因素。[1] 60-65，[2] 380-385

动物权利论亦有“强式”与“弱式”之别。“强式”的观点是，证明动物拥有权利的理由与证明人拥有权利的理由是相同的：“生活的主体”——生命和意识、感觉和记忆、愉快和痛苦……是人拥有“天赋价值”的根据；而这些使人成为“生活主体”的特征，动物（至少在哺乳类那里）也同样具有——由此，动物也拥有值得我们予以尊重的“天赋价值”，进而道德权利——不遭受不应遭受的痛苦的权利。“弱式”则认为，拥有感觉是拥有利益和权利的基础，故所有动物都拥有权利；但与具理性、道德自律的人相比，动物的权利要弱一些。[1] 65 -72，[2] 385-401

21.2.2 “敬畏生命”

坚信“善是保存和促进生命”，“恶是阻碍和毁灭生命”[18] 19 的阿尔贝特·施韦泽（法，1875—1965），创立了“敬畏生命”（崇敬、畏惧生命）的伦理学，并毕生倡导和身体力行。②

---

① 文艺复兴被视为人类文明史上反封建、反神性和人性复苏的重大事件而受到高度的肯定和颂扬。除反封建，弘扬“自由、平等、博爱”（当代也早被人们置于脑后）之外，反神性和人性复苏仍有其另外的一面：反神性在一定程度上即是反自然；人性复苏在相当程度上也是被（“禁欲主义”）禁锢贪欲的复苏和泛滥——由之成为“谋杀”上帝的直接原因，并深刻而全面地影响，乃至规定着尔后人们的思想和认知。

② 阿尔贝特·施韦泽 1875 年 1 月 14 日生于上阿尔萨斯的凯泽尔贝格的一个新教牧师家庭。为哲学博士、神学博士、医学博士、管风琴演奏家和巴赫研究家，先后获法兰克福市歌德奖（1928）、诺贝尔和平奖（1952）、森宁奖（哥本哈根，1959）等。作为西方优秀传统文化的光辉代表，在他身上，体现了古希腊个人全面发展的理想与基督教博爱精神的完美结合，和对人类苦难的无比同情和极其热忱的献身精神。

——“善”、伦理和“敬畏生命”

施韦泽指出：“善是保存生命，促进生命，使可发展的生命实现其最高的价值。恶则是毁灭生命，伤害生命，压制生命的发展。这是必然的、普遍的、绝对的伦理原则。”[18] 9

“伦理就是敬畏我自身和我之外的生命意志”。[18] 26“只有保存和促进生命的最普遍和绝对的合乎目的性，即敬畏生命所关注的合目的性，才是伦理的”。[18] 28“敬畏一切生命是自然的，完全符合人的本质”。[18] 111“敬畏生命产生于有思想的生命意志，它包括对世界和人生的肯定与伦理。从而，敬畏生命始终是对一切伦理文化的思考和意愿，并使这种理想付诸实现”。[18] 31“敬畏生命本身包括顺从命运、肯定世界和人生、伦理，这三种世界观的基本要素是与思想不可分割、密切相关的成果”。[18] 131

“敬畏生命的观念客观地回答诸如人和世界属于一个整体的客观问题”。[18] 130“敬畏生命的世界观具有宗教的特性，承认和实行它的人具有根本的虔诚”。[18] 135“敬畏生命的世界观是伦理神秘主义。通过伦理行为，它使与无限者合一得以实现。这种伦理神秘主义产生于逻辑的思维”。[18] 134-135“从任何角度看，只有敬畏生命的伦理才是完备的，只涉及人对其同类行为的伦理会很深刻和富有活力，但它仍然是不完整的”。[18] 93

“由于全部生物都受制于生命意志自我分裂的法则，人类也一直处于这样的境地，为了能保存自己的生命和整个人类的生命，必须以牺牲其他生命为代价。敬畏生命的人，只是出于不可避免的必然性才伤害和毁灭生命，但从来不会由于疏忽而伤害和毁灭生命。在他体验到救援生命和使他避免痛苦、毁灭的欢乐时，敬畏生命的人就是一个自由的人”。[18] 134

——伦理革命：把爱的原则扩展到动物

施韦泽指出：“人道的理想……是真正文化的伦理要素”。[18] 110“真正伦理的人认为，一切生命都是神圣的，包括那些从人的立场来看显得低级的生命也是如此”。[18] 133“只有当人认为所有生命，包括人的生命和一切生物的生命都是神圣的时候，他才是伦理的”。[18] 9

“敬畏生命的伦理否认高级和低级的、富有价值和缺少价值的生命之间的区分”[18] 132-133——“在生物之间确定普遍有效的价值区分的意图，其结果总是这样：它据以判断的尺度是人的感受性，他离开我们或远或近，但这是一个完全主观的尺度。①

1896年21岁时，他决定在30岁后从事一项为人类服务的事业，1905年，宣布成为一名丛林医生的愿望并开始学医。1913年4月16日，施韦泽辞去大学教职，放弃在欧洲宗教、哲学、音乐领域的锦绣前程，携妻子海伦娜来到非洲的兰巴雷内（今加蓬），建立了自己的丛林诊所，义务为当地居民治病，开始了他长达半个世纪之久的人道主义事业。1965年，施韦泽在兰巴雷内与世长辞，享年90岁。

施韦泽毕生倡导“敬畏生命”的伦理和世界和平、反对核试验，受到世人的尊重和爱戴——“德国之友协会”（1929）提出“阅读、学习、热爱施韦泽”；新生的加蓬共和国发行了以施韦泽肖像为画面的第一枚纪念邮票（1960）；A. 爱因斯坦则盛赞施韦泽是唯一能与圣雄甘地相媲美的，“我们这一世纪最伟大的人物”。

①“做这种区分的结果是这样的看法，似乎有毫无价值的生命，伤害和毁灭它没有什么关系。而对什么是毫无价值的生命的理解，在不同情况下可以是各种昆虫或原始部族”。[18] 133

我们当中有谁知道，其他生物本身究竟是什么，他在世界整体中有什么意义”？[18]133

“我们意识到：伦理不仅与人，而且也与动物有关。动物和我们一样渴求幸福，承受痛苦和畏惧死亡。那些保持着锐敏感受性的人，都会发现同情所有动物的需要是自然的。这种思想就是承认：对动物的善良行为是伦理的天然要求”。[18]89“思考和不应杀害和折磨生命的命令，是我青少年时代的大事”。[18]52“我逐渐形成了不可动摇的信念：只有在不可避免的必然条件下，我们才可以给其他生命带来死亡和痛苦”。[18]53

“人不应把自己当作动物的主人，而是动物的兄弟”。[18]111而“人们几乎不能在任何一本书中看到：人们应该给予同情动物以更多的重视”。[18]5“反对反人道传统和在当代还存在着的非人道情感的斗争，是我们的义务”[18]90——“例如，在圆形竞技场中的斗牛和追猎、围猎，都是我们的文明和情感不应再继续容忍的非人道习俗”。[18]90“不考虑我们对动物的行为的伦理，是不完整的”。[18]90“把爱的原则扩展到动物，这是对伦理学的一种革命”；[18]76“为爱一切动物的伦理学制定细则，这是当代的艰巨任务”。[18]77

——“施韦泽困境”和生命意志神秘的自我分裂

“从外部看，自然是美好和壮丽的，但认识它则是可怕的。它的残忍毫无意义！最宝贵的生命成为最低级生命的牺牲品”。[18]20“自然不懂得敬畏生命。它以最有意义的方式产生着无数生命，又以毫无意义的方式毁灭着它们”。[18]19造成这种“悖论”①的原因是：

“自然抚育的生命意志陷于难以理解的自我分裂之中。生命以其他生命为代价得以生存下来。自然让生命干最可怕的残忍事情。自然通过本能引导昆虫，让它们用毒刺在其他昆虫身上扎洞，然后产卵于其中；那些由卵发育而成的昆虫靠毛虫过活，这些毛虫则被折磨致死……”[18]19“由于生命意志神秘的自我分裂，生命就这样相互争斗，给其他生命带来痛苦和死亡。这一切尽管无罪，却是有过的。自然教导的是这种残忍的利己主义。”[18]20

“由于受制于神秘的残酷的命运，我们大家都处于这样的境地：为了保存我们的生命，必须以牺牲其他生命为代价，即由于伤害、毁灭生命而不断犯下罪过”。[18]9“谁照料一只掉下巢穴的小鸟，为了喂养它，谁就有必要杀害一些小生命，这种行为完全是任意的。他有什么权利为了这一生命而牺牲许多其他生命呢？为了使另一些动物免受他所不喜欢的动物的伤害，他也就任意消灭这些动物”。[18]89

“爱一切生命”使伦理学——“无界限的伦理学”陷于困境。[18]77“要教导我们敬畏一切生命和爱一切生命的伦理学，必须同时使我们断然明白：我们一直处于毁灭和伤害生命的必然性之中，如果我们敢于并不由于无思想而麻木不仁的话，我们就会陷于多么尖锐的冲突之中呀”！[18]76“为什么自然律和道德律如此冲突”？[18]21——在整个的一生，施韦泽都在如此困惑地发问。

① 人们在生态学知识缺乏情况下对自然的误读，除产生了“施韦泽困境”之外，还有在“社会达尔文主义”看来的“丛林社会”和“丛林法则”。（附录 2）

——文化的灾难和现代性批判：物质超过精神发展和“基本自由”的丧失

“现实意识占据了主导地位。直到最后，从19世纪中叶起，理想不再来自理性，而是取自现实，我们因此也日益陷于无文化和无人道之中。这是在我们的文化史中可确定的最明显和最重要的事实”[18] 48-49——“敬畏生命绝不允许个人放弃对世界的关怀。”[18] 32

“我们文化的灾难在于：它的物质发展过分地超过了它的精神发展。它们之间的平衡被破坏了。发现和发明，使我们能以不同寻常的方式控制自然力量，同时也完全改变了个人、社会团体和国家的生存关系。”[18] 44

“物质成就对文化带来的最普遍的危险是：由于生活条件的改变，人大量地从自由进入不自由的状态”。农民变成工人，手工业者、独立商人变成职员后，“居住在自己家里与滋养他的土地保持直接关系的人所具有的那种基本自由，他们则失去了。他们也不再具有独立工作者的广泛和未被挫伤的责任意识。他们的生存条件是非自然的。他们不再在一种多少正常的关系中进行生存斗争……从而，产生了一种不自由的心理状态”。[18] 45-46“在一定程度上，我们大家在现代关系中都变得不自由了”。[18] 46

——无限的伦理责任、义务和“爱的命令”

“在本质上，敬畏生命所命令的是与爱的伦理原则一致的。只是敬畏生命本身就包括着爱的命令的根据，并要求同情所有生物”。[18] 92

人是“能够摆脱黑暗，看到光明”的“最高的生命”，“只有人能够认识到敬畏生命，能够认识到休戚与共。能够摆脱其余生物苦陷其中的无知”。[18] 20“对我们来说，无限的生命意志在世界中显示为造物主意志。它是一个完全神秘和令人痛苦的谜；在我们之中它则显示为爱的意志，他要通过我们去扬弃生命意志的自我分裂”。[18] 135

施韦泽指出：“世界不仅是过程，也是生命”。[18] 130“人不仅为自己度过一生，而且意识到与他接触的所有生命是一个整体，体验它们的命运，尽其所能地帮助它们，认为他能分享的最大幸福就是拯救和促进生命。这一切使人作为行动的生物与世界建立了精神关系。”[18] 130-131“如果只承认爱人的伦理，人们就可能无视这一事实：由于承认爱的原则，伦理就不可能规则化。但是，如果把爱的原则扩展到一切动物，就会承认伦理的原则是无限的。从而，人们就会认识到，伦理就其全部本质而言是无限的，它使我们承担起无限的责任和义务。”[18] 76“陈旧的、有界限的伦理学将必然被扬弃，无界限的伦理学将必然得到承认。”[18] 77

“真正的自觉在于，充满一切都是我们周围的生命意志的神秘感，并深刻领会到：我们始终对生命负有责任。”[18] 29

21.2.3 生物中心主义

生物中心主义（bio-centrism）的宗旨是把道德关怀由动物扩展到全体生物，为所有生命和生命永恒之美撑起一张使她们免遭灭顶之灾的“道德披风”。

——泰勒：生物平等、尊重自然，不伤害、不干涉、忠贞和补偿正义

保罗·W. 泰勒为这一伦理思想提供了理论依据。在《尊重自然》（1986）一书中，

他从三个方面论述了他所主张的环境伦理体系。[1] 72-83，[2] 411-425

第一，生物平等主义。

生物平等主义即“关于自然的生物中心主义世界观”。泰勒认为，自然界是一个相互依赖的系统，所有有机体都是生命的目的中心；在生命共同体中，人和其他物种都是普通的成员而并非天生就优于他们。

“有机体是生命的目的中心”（Teleological Centers of Life）这一命题的基本含义是：有机体的内部功能和外部功能都是有目标的，拥有一种恒常的倾向：维持有机体的长久生存，并成功地使它的生物学功能得到正常发挥，从而使它的种类得到繁衍并不断地适应正在变化着的环境。正是由于有机体拥有这样一些协调的、完整的功能（它们都指向有机体的利益的实现），它才能够成为这些活动的目的中心。说有机体是生命的目的中心，并不意味着有机体是有意识的，而是说，有机体是一个具有目标导向的、完整有序而又协调的活动系统，这些活动都指向一个目标：实现有机体的生长、发育、延续和繁殖。[1] 78

第二，“尊重自然的态度”。

所有生命个体皆有自身的好进而固有价值，应被视为道德对象而受到道德关怀；尊重自然即是将动、植物看做拥有固有价值的实体，这是一种道德和终极态度；只有生物才有资格成为道德关怀的对象——不污染河流是由于我们对水中的鱼和水生生物的责任。

第三，行为准则和伦理规范。

泰勒为人们设计的行为准则和伦理规范是：不伤害原则、不干涉原则、忠贞原则（不欺骗、误导野生动物，如设陷阱、诱饵等）和补偿正义原则；当人类价值、权利与生物的“好”发生冲突时，应坚持五条优先原则——自我防御原则、对称原则、最小伤害原则、分配正义原则和补偿正义原则。

——阿提费尔德：生物应受到道德关怀，但内在价值只属于个体且不平等

罗宾·阿提费尔德基本持生物中心主义的观点，但在一些问题上的态度较为复杂。[2] 425-443

第一，利益、内在价值、自身的好、道德关怀是等价的。

阿提费尔德认为，绝大多数无感觉生物同有感觉生物一样具内在价值而应受到道德关怀，并具有道德上的重要性：能力→利益→内在价值→自身的好→道德关怀→道德地位。利益、内在价值、自身的好、道德关怀等概念的应用范围是相同的，之间的关系是等价的。人类中心主义的罪恶在于，“它不仅使我们的价值论和伦理理论堕落，而且使压迫合法化”。[2] 430

第二，较大能力优先的种际道德原则。

在阿提费尔德看来，能力不同，实现的生命价值不同；相同的利益应给予相同的考虑；当较大能力的实现被危及时，较大能力应得到优先考虑。

第三，“托管”。

西方基督教中“托管”和与自然合作传统的存在，使人们能够考虑非人类生物繁荣的价值而不需要有一种新的环境伦理学。

第四，内在价值不平等，道德重要性不等同。

阿提费尔德认为，所有生物具内在价值并不意味着内在价值是平等的；即使内在价值是平等的，也不意味着道德重要性是同等的——因此，生物平等主义是不合理的，整体主义是站不住脚的。

第五，内在价值只属于个体，相互依赖并不是一种道德关系。

只有个体事物才可能具内在价值，生物共同体或系统多样性皆无内在价值；相互依赖并不是一种道德关系，关怀动植物利益与人同他们的相互依赖无关；如果整个生物圈被看作是具有道德地位的，那就会在内在价值最大化上造成与它的成员的冲突。

第六，环境主义者同发展主义者应相互支持。

人的需求得不到满足是一种不公平，欠发达是一种压迫，如果生态问题的根源在贫困，环境主义者就更有必要支持发展。发展主义者应支持环境主义者的理由在于，人类遭受痛苦与对其他物种的压迫是紧密联系在一起的：强权关系的等级制度，使人类社会中每一较高的等级从下一等级受益，而第三世界的穷人又从与其他生物的交往中获益——由此，“绝对贫困”的增长和利益驱使的经济扩张加剧了对自然的使用，强权体系从人际关系扩散到了种际关系。① 而以下的观点，则应该被拒绝：

人类增长是致命的，地球上没有人会更好一些；人类的价值是中立的或负的——个体价值决定于对总体的贡献，人类已减少了生物圈的多样性。

21.3 生态中心主义

生态中心主义（eco-centrism）包括“自然价值论”、“深层生态学”和“大地伦理学”。

21.3.1 “自然价值论”

在《环境伦理学》（1988）中，霍尔姆斯·罗尔斯顿系统论述了他的“自然价值论”。

——“生命之结”、“生命之网”和价值转移

生物既具内在价值又具外在价值。内在价值形成“生命之结”，外在价值形成“生命之网”，二者有如粒子与波；系统中时刻发生的死亡使内在价值（崩溃）变为外在价值，并将其部分传递给其他有机体。[5] 253-257、294-303

罗尔斯顿认为：“工具价值指某些被用来当做实现某一目的的手段的事物；内在价值指那些能在自身中发现价值而无需借助其他参照物的事物。”[19] 253——“生命应因其自身而得到保护，而无须进一步诉诸其他的参照物。”“在猎取工具价值的过程中，每一个有机体都是价值的一个增殖器。”[5] 254

① 当阿提费尔德认为内在价值不平等，道德重要性不等同而坚持较大能力优先的种际道德原则时，他便否定了“种际平等”，并同他对从人际关系扩散到种际关系的“强权体系”的批判处于明显的认知矛盾之中。

“工具价值和内在价值都是客观地存在于生态系统中的。生态系统是一个网状组织，在其中，内在价值之结与工具价值之网是相互交织在一起的”。[5] 254“任何一个有机体都不是单纯的工具，因为它们都有着自己的完整的内在价值，但每一个个体也可以为了另一个生命而牺牲；此时，它的内在价值崩溃了，变成了外在价值，而且，它的价值还部分地被（生态系统从工具利用的角度）传递给了其他有机体”。[5] 303

——从低级到高级，有机体的内在价值增大，外在价值减小

价值的分配不均匀——从低级到高级，有机体的内在价值上升、主观价值和道德重要性增加并趋于最大，人拥有的最多且最重要；反之，外在、客观（工具）价值和集体重要性下降并趋于最小，至人，其个体性（内在）价值便取代了集体性价值。[5] 162-163、294-295、304-306 对“人的利益与有机体的价值”，罗尔斯顿写道：“虽然从原则上讲，我们应从道德上关心植物、昆虫、蜗牛、甲壳动物，但在实践中，它们却不具有道德上的重要性”[5] 162-163——“就个体而言，人具有最大的内在价值，但对生物共同体只具有最小的工具价值”。[5] 304，①

“植物的内在价值也许处在一条逐渐推移的价值线的某一点上……从总体上看，有感觉的动物的内在价值在曲线上的位置低于人的位置，昆虫的内在价值的位置就更低。在实践上，植物的价值几乎是零；植物的价值这一概念在伦理学中几乎没有什么用处。大自然容纳了价值含量各不相同的事物”。[5] 163 随着自主性活动能力的增强，生物的个体性价值——内在价值，逐渐超过集体性价值——工具价值。草具有的主要是工具价值，人所具有的主要是内在价值。[5] 305

——系统价值：大自然是价值之母

在生态系统层面，人们面对的不再是工具和内在价值，而是弥漫在整体中的系统价值。系统价值既是部分价值的总和，又是完善和创造（个体）价值的价值——创造万物的大自然是价值之母。[5] 255、269-270、301、306

罗尔斯顿指出：“在生态系统层面，我们面对的不再是工具价值，尽管作为生命之源，生态系统具有工具价值的属性；我们面临的也不是内在价值，尽管生态系统为了它自身的缘故而护卫某些完整的生命形式。我们已接触到了某种需要用第三个术语——系统价值（systemic value）——来描述的事物。这个重要的价值，像历史一样，并没有完全浓缩在个体身上；它弥漫在整个生态系统中。但是，在生态系统中，这种系统价值并不仅仅是部分价值（part values）的总和。作为部分的有机体并不赞赏物种种类的增加，但系统却促进这种增加。系统价值是某种充满创造性的过程，这个过程的产物就是那被织进了工具利用关系网中的内在价值。系统价值就是……创生万物的大自然（projective nature）。”[5] 255

“生态系统是宇宙中最有价值的现象”[5] 306——“自然系统的创造性是价值之母”，[5] 269-270“大自然是生命的源泉”和“生命的创造母体”，[5] 268“自然系统作为一

① 将生物区别为低级与高级，和“内在价值”由之的必然的不平等，及“内在价值”与“工具价值”对同一物种的反相关，是罗尔斯顿环境伦理的根本性缺陷。

个创生万物的系统，是有内在价值的，人只是她的众多创造物之一，尽管也许是最高级的创造物”。“人类的下述论断显然是狭隘和傲慢的：这个系统对人只有工具价值，只有人才具有内在价值，或者，是人把内在价值‘投射’给了自然”。[5] 269

——暂短的个体、长存的共体与和谐的自然

个体是暂短的、可有可无的，共体是长存的、不可或缺的；个体价值产生于共同体中的善，其内在价值只是整体价值的一部分；个体为自己而存在，但没有任何个体能做到离开共体而只靠自己存在；共体是具包容性且促进个体的生存单元，其重要和优先于个体是自然之道。[5] 245-253、296、299

“在大自然中……个体虽然也繁荣兴旺，但它们也可以被牺牲掉，以致它们的快乐和痛苦显得无足轻重；个体的福利是重要的，但在引人入胜的自然史中却只是过眼烟云。从个体的角度看，自然中只有暴力、斗争和死亡；但从系统的角度看，自然中却存在和谐、相互依存和延绵不绝的生命”。[5] 306-307

——人的伦理责任和“有道德的捕食者”

保持生态系统的美丽、完整和稳定性，是人对自然的终极义务。对个体和共体的义务在深层次上是一致的；人应成为生态系统中“有道德的捕食者”并加强对荒野动物的保护。[5] 256-257、306-315，① “无论从微观还是宏观角度看，生态系统的美丽、完整和稳定都是判断人的行为是否正确的重要因素”。[5] 307

21.3.2 “深层生态学”

以阿伦·奈斯为代表的深层生态学（《浅层生态运动和深层、长远的生态运动：一个概要》，奈斯，1973）的主要内容有：

——与浅层生态学对立的世界观

浅层生态学的观点是：人与自然分离且能够支配自然和应用自然规律开发、利用自然；自然的多样性从资源角度看是有价值的，但离开人类去谈价值，便都是胡话；资源是人类的资源，环境污染如果威胁经济增长便应减少；经济增长永远是好的并未必会影响环境；科学技术能够解决环境问题并须不断使之完善；不能容忍生活标准大幅下降（消费主义）；第三世界人口增长威胁生态平衡；绿色分子要求我们回到石器时代或浪漫的乡村是不现实的……[1] 93-95，[19] 26-34

深层生态学则针锋相对地指出：人是自然的一部分，应与之和谐相处，尊重和保护她，并服从其规律（如承载能力）；自然界的多样性具自身（内在）价值，将其等同于对人类的价值是极大的偏见；“资源”是生物的资源，减少污染应优先于经济增长；不加区别的经济增长是不好的；不能依赖科学技术解决环境问题而需另觅他途；适度消费和再生利用；当今人口过剩，工业化国家的人口和行为对生态环境更具威胁性；建立“非工业化社会”，发展适应区域经济和社会需求的亲近自然的小规模生

① “人们在其发展过程中，有必要牺牲大多数荒野之地，把它改造成乡村和都市；这是道德的，也是符合生态规律的”[5] 308——牺牲大多数荒野之地无疑会对生物圈带来灾难而是不道德的，也是与罗尔斯顿赋予人类“有道德的捕食者”的伦理责任相左的。

产……[1] 93-95，[19] 26-34

——基本准则：生态中心平等主义和自我实现

深层生态学的基本准则，一是生态中心平等主义——若无充足理由，我们没有任何权利毁灭其他生命；一是自我实现——即随着人类的成熟，他们将能够与其他生命同甘共苦。[19] 44-45，①

生态中心平等主义（eccentric egalitarianism）或生物圈平等主义（biosphere egalitarianism）的基本思想是：作为与整体相关的部分，生物圈中所有生物实体都具平等的内在价值——这是无需靠逻辑来证明的"深层生态学的直觉"；一切生命都具内在目的性进而相互平等，人不过是众多物种的一员而并无优于其他存在物的天赋特权；人和自然存在物都是生态系统"无缝之网"上的一个"节"，② 自然赋予存在物和人的权利、利益是平等的——虽然不是绝对平等；人和非人是一体的，③ 人应该最小而不是最大化地影响其他物种和地球。[1] 95-97，[19] 49-52

自我实现即由"本我"（ego）到"社会自我"（小写的 self），再到"生态自我"（Ecological Self，大写的、形而上学的自我）的过程——不断扩大自我认同对象的范围，认识到我们不过是更大整体的一部分，和达到在所有存在物中看到自我，并在自我中看到所有存在物的过程。④ 人的自我实现离不开生物多样性和共生，即其他生命的自我实现——谁也不能获救，除非大家都获救。[1] 97-100，[19] 45-49

——八条原则性行动纲领

由奈斯和约翰·缪尔共同制定并修改的"深层生态学"的 8 条原则性纲领是：[1] 95，[2] 491-497，[19] 52-57，[20] 89-90

第一，生物圈有其自身价值而与对人类的有用性无关，地球的生态过程在整体上不应被打乱。

第二，生命在形式上的丰富性、多样性有助于自身价值的实现；物种之间是平等的，较简单、低等的生命不只是通向高等、理性生命之梯，而是和她们一样有价值。

第三，除非满足基本需要——即高尚、简单的物质需要，人类无权减少生命形态的丰富性和多样性。⑤

第四，地球"供给"的有限性意味着需要减少人口，这是非人类生命繁荣的必须

---

① 人在本质上的外部性表明："随着人类的成熟，他们将能够与其他生命同甘共苦"只是生态学知识缺乏的良好愿望。（3-20-1-4）

② 失去"生态目的性"而不再扮演"生态角色"的人，已不再是生态系统"无缝之网"上的一个"节"。（3-23-1-1）

③ 本质上反自然的人和非人类不可能是一体的——同处生命大家庭但为非有机成员。（3-20-4-2）

④ 人性的"本恶"表明，完全的"自我实现"只能是一种良好的愿望。（3-23-2-3）

⑤ 这一表述留下了这样的理论"空间"。即为了满足"基本需求"，人便有权"减少生命形态的丰富性和多样性"。在少量人口情况下，该规定对约束人的行为是有效的；在大量人口情况下，该规定则会失效——70 亿人对物质的"基本需要"，不论是多么高尚和简单，都必然会"减少生命形态的丰富性和多样性"。穷人为生计——满足"基本需求"而毁林垦荒、滥用土地对生态/环境的破坏，并不违背这一行动纲领。（4-29-3-1）

且与人类的繁荣并不矛盾。

第五，当代人的过分干涉正在使非人类世界的情况迅速恶化，必须保护、扩展荒野以遏止。

第六，必须改变把人类引向目前状况的现行浪费的、大量消费的，在实质上与“人类可持续”和以上 1～5 条不相协调的经济增长方式，在经济、科技，以及观念和意识上进行全球性变革。

第七，改变后的观念将关注生活的质量——美、自我实现，“手段简单，目的丰富”，而不是与之有实质差别的生活的数量——收入、消费水平。

第八，赞同上述观点的人都有直接或间接的义务促成以上各点所需的改变。

奈斯认为，行动的重点是为反对生态的不可持续而战斗——生态系统的崩溃将导致人类灭绝；没有健康的生态系统，和平、社会公正将变得毫无意义。①

21.4 “大地伦理”

在《沙乡年鉴》(1949) 中，“美国新环境理论的创始者”、新环境保护运动“先知”的奥尔多·利奥波德② 系统地阐述了他关于“大地伦理学”的观点。

---

① 总体来看，深层生态学的行动纲领要比其基本准则合理得多。

② 利奥波德（1887—1948）思想的发展和形成经历了三个阶段：保护主义（1909—1924）、向生态学思想的转变（1924—1933）和生态观的形成（1934—1939）。[21] 227

在《大地伦理》形成之前，特别是在保护主义阶段，利奥波德曾积极参加了全国性的自然保护运动——这是一个由政府组织的、有计划的，以消灭野生食肉动物，如狼、山狮、熊为特征而精心策划，包括宣传和在内的运动。[22] 309 对此，利奥波德写道：他曾“协助灭绝了西南部的灰熊，从而充当了一个生态谋杀者的帮凶角色”。[21] 218-219 为了发展对人有用的动物，就必须消灭那些对这些动物不利的食肉动物，如狼、山狮等——“那时，我总认为，狼越少，鹿就越多，因此，没有狼的地方就意味着是猎人的天堂”。[21] 228 对利奥波德的转变——“通向大马士革之路”而成为生态运动的“圣保罗”，加勒特·哈丁、唐纳德·沃斯特是这样记述的：

利奥波德是生态运动最初的领导人之一。他以狼、美洲狮以及其他大批杀害美国西南部羊群的“恶棍”的热切仇敌，追求在一个无狼的世界里养殖鹿开始其职业生涯。1915 年至 1920 年，在其著作中有许多地方表明了他对消灭狼的热情，在 1920 年，仍表示要坚持到底，直到“新墨西哥的最后一只狼和山狮死去”；到 1925 年，他的看法有所变化，即认为必须避免“灭绝所有捕食者的危险；之后的 10 年里，其立场处于摇摆不定之中。真正的转变始于 1936 年墨西哥奇瓦瓦州塞拉迈德（与利奥波德呆了多年的新墨西哥州同处一个气候带）的一次旅行。他被那儿美丽的风景惊呆了，而且，动物丰富但没有那种过多。他说：“正是在这儿，我才明确地认识到，土地是一个有机体；我一生之中所见到的都是有病的土地，然而，这儿却是一个仍然处于完美的原始健康状态的生物体系，‘未破坏的荒野’这个术语具有了一种新的含义。”（利奥波德的这段话见《沙乡年鉴》[21] 221）这就是利奥波德的通向“大马士革之路”（即“自我救赎之路”、成功之路——引者），像圣保罗一样，在感情和理智上发生了 180°的转变——从捕食者的仇敌向成为她们的朋友和拥护者的转变，从一个寻求鹿群数量最大化的人成为适度捕杀（由捕食者进行更好）被捕食动物的支持者的转变，从主张由一群专业精英进行“资源管理”（《猎物管理》，1933）向重建人与自然的共存关系（《大地伦理》，1949）的转变。[22] 320-322、334-337，[23] 329-332

21.4.1 “大地伦理”

——伦理观：在人与土地之间建立一种新型的关系

利奥波德指出：一种伦理，从哲学观点来看，“是对社会的和反社会的行为的鉴别”；从生态学的角度看，则“是对生存竞争中行动自由的限制”。[21] 192

最初的伦理理念是处理人与人之间关系的，如“摩西十诫”；后来增加的内容是处理人与社会关系的——《圣经》中的“金科玉律”力图使个人与社会保持一致，民主则试图使社会组织与个人协调起来。然而，“迄今还没有一种处理人与土地，以及人与土地上生长的动物和植物之间的伦理观。土地，就如同俄底修斯的女奴一样，只是一种财富。人和土地之间的关系仍然是以经济为基础的，人们只需要特权，而无须尽任何义务”。[21] 192-193

自以西结和以赛亚时代以来，某些思想家虽然宣称对土地的掠夺是不明智和错误的，但社会还未确立自己的信念——由此，“伦理向人类环境中的这种第三因素的延伸，就成为一种进化中的可能性和生态上的必要性”。[21] 193

伦理观由处理人与人的关系到增添关于人与社会关系的规范和准则的演变表明，改变人与自然迄今为止有如俄底修斯与他的女奴——土地只是人的一种财富——那样的状况，在人与土地之间建立一种新型的关系不仅是必需的，而且也是可能的。[21] 191-193①

——把“征服者”的人变成“土地共同体”中“平等的公民”

“迄今所发展起来的各种伦理都不会超越这样一种前提：个人是一个由各个相互影响的部分所组成的共同体的成员。他的本能使得他为了在这个共同体内取得一席之地而去竞争，但是他的伦理观念也促使他去合作（大概也是为了有一个可以去竞争的环境吧）”。“土地伦理只是扩大了这个共同体的界限，它包括土壤、水、植物和动物。或者把它们概括起来：土地”。[21] 193

利奥波德认为：土地共同体由土壤、水、动物和植物组成；在这一“由各个相互影响的部分所组成的共同体”中，人只是“平等的一员和公民”，他必须改变征服者的面目和角色，尊重共同体成员的生存权和保护荒野。[21] 194 “简言之，土地伦理是要把人类在共同体中以征服者② 的面目出现的角色，变成这个共同体中的平等的一员和公民。它暗含着对每个成员的尊敬，也包含着对这个共同体本身的尊敬”。[21] 194

---

① 俄底修斯是古希腊《荷马史诗》中的英雄。因怀疑一些女奴在他离家时有不轨行为，他从特洛伊返回家园后，便在一根绳子上绞死了一打女奴。利奥波德接着写道，这种绞刑是否正确并不会引起怀疑——因为女奴不过是他的私人财产，而财产的处置在当时和现在一样，只是一个划算与不划算的问题而无所谓正确与否。[21] 191

②“在人类历史上，我们已经知道，征服者最终都将祸及自身。只有征服者知道：共同体运转的奥秘，什么人和东西是有价值或没有价值的。结果，他总是什么也不知道——他的征服最终为他招致失败”。[21] 194

——共同体的“每个成员都有资格占据阳光下的一个位置”：给不具经济价值的成员生活在自然状态中的权利

利奥波德问道：“我们所爱的究竟是何物、何人？当然不是土壤，我们正在急急忙忙地把它们冲到河的下游；当然不是水……它除了转动涡轮……外是没有功能的；当然也不是植物，我们正在漫不经心地毁灭着它们的整个共同体；当然也不是动物，我们已经灭绝了它们当中最大和最美丽的品种。”[21] 194

“当历史的逻辑渴求面包时，我们拿出一块石头，而且还煞费苦心地解释说，这块石头与面包是多么相似”。[21] 200 对替代土地伦理的这块“石头”，利奥波德指出：“一个全部是以经济动机为出发点的资源保护体系……最基本的弱点是，土地共同体的大部分成员都不具有经济价值。野花和鸣嘴禽就是一个例子。”[21] 200

而如果“这个共同体的稳定是依赖它的综合性，那么，这些生物就值得继续下去”，而且，“承认鸟儿就生物的权利的角度来说，也是应该继续存在的，而不论它们是否对我们有经济上的利益”；[21] 200 “食肉动物也是这个共同体的一员，没有任何特殊的利害关系有权利去为了某种自身的利益——无论是真的，或是空想出来的——去灭绝它们”；“缺乏经济价值有时不仅是某些品种，或某些类别的特点，而且是某些整体性的生物群共同体的特点，如沼泽、泥塘、沙丘，以及‘沙漠’……”[21] 201

“每个成员都有资格占据阳光下的一个位置”是利奥波德对生物权利的“呐喊”——“野生生物曾经哺育了我们，并且形成了我们的文化。它们现在仍然为我们在闲暇时间提供着欢悦，可我们却在试图靠现代机械去得到欢悦，从而毁灭了它的价值”。[21] 177 “在这个共同体中，每个成员都相互依赖，每个成员都有资格占据阳光下的一个位置”。[21] 216

“土地共同体”存在的基本矛盾是：作为“征服者的人”与作为“生物共同体公民的人”之间的对抗；作为草坪割草机的科学与作为宇宙探照灯的科学的对抗；作为奴隶和仆人的土地与作为一个集合有机体的土地之间的对抗。[21] 211

“继续存在于一种自然状态中的权利”是共同体所有成员共有的——这既是生物的权利，也是共同体稳定的必需。[21] 194 “一种土地伦理当然并不能阻止对这些‘资源’的宰割、管理和利用，但它却宣布了它们要继续存在下去的权利，以及至少是在某些方面，它们要继续存在于一种自然状态中的权利”。[21] 194

21.4.2 “生态学意识”

——消失的“荒野”

利奥波德指出：“在人类历史上，前所未有的两种变化正在逼近。一个是在地球上，更多的适于居住的地区的荒野正在消失。另一个是由现代交通和工业化而产生的世界性的文化上的混杂。”[21] 178

“很多我们借以铸造出亚美利加的丰富多彩的荒野已经不复存在了”；“活着的人再也看不见长着长茎草的草原了，那是一片在拓荒者马镫下翻滚着的草原野花的海洋”；[21] 179 “再也看不见大湖各州的原始森林，也看不到海岸平原上的低地树林，或者巨大的硬木林了”。“在衰竭得更迅速的荒野区域中，有一个是海滨。别墅和旅游道路几乎已经使东西海岸上所有无人烟的海滨荡然无存”。[21] 180 “在最为严重而黑暗中加剧的对荒野的侵犯当中，有一个是通过对食肉动物的控制而进行的……为了大型猎物管理上的利益，一个地区的狼和山狮被除掉了”。而道路，则将荒野“劈得七零八碎”。[21] 181

“荒野是一种只能减少不能增加的资源”。[21] 189① 除常规数据外，土地卫生科学最需要的是荒野——一个最为完美的“范例”。[21] 186 “了解荒野的文化价值的能力，归结起来，是一个理智上的谦卑问题”。[21] 190, ②

——正在毁坏的“土地金字塔”

土地金字塔是由相互依赖成员组成的生物、功能（食物链）和能量金字塔；土地不仅仅是土壤，还包括着当地的动植物——当地的植物和动物保持着能量运行的通畅，而其他地方的动植物则不一定能做得到。[21] 207

与荒野消失同时发生的，是“土地金字塔”[21] 203 正在进行的毁坏：“土壤流失”，[21] 206 生产/消费异地化对地区性自我抑制（物质、能量）循环的打乱，金字塔顶部食肉动物消失导致的食物链缩短……[21] 205-206

利奥波德指出：一度曾经蔓延在从伊利诺斯到阿萨巴斯卡大平原上的沼泽，正在向北方退去——“人们不能只靠沼泽生活，因而他必须要生活在没有沼泽的情况下；进步不能让农田和沼泽、野性和驯顺在宽容与和谐中共存”。[21] 152 “人为的变化，与生态学上的变化相比，是一种不同序列的变化，它具有的影响比意愿中的，或意料中的更为广阔”。[21] 207 “土地金字塔”的破坏，则与激烈的人为干扰和人口过剩有关：

“由于放牧，一系列越来越多的野草、野树丛和杂莠被消耗掉了，而转回到一种不稳定的均势。每次不同类型的植物的衰亡都引起土壤的流失，而每次新增的土壤流失，又带来了进一步的植物的衰亡。今天的结果则是一种步步发展的普遍的衰败：不仅是植物和土壤，而且也包括动物”[21] 196——“较大的食肉动物从金字塔的顶部被砍掉了，从而在历史上第一次，食物链变短了，而不是变长了”。[21] 205-206 运输发展带来的“异地消费”，则打乱了物质能量的循环。[21] 206

“这种几乎是世界范围内的在土地上所呈现出来的混乱，就好似一只动物的身体得了病。只是尚未达到彻底的混乱和死亡的程度。一块土地复原了，但却在某种程度上降低了复杂性，并且降低了它承载人类、植物和动物的能力。很多现在被看作是‘充满机会的土地’的生物群，事实上正在依靠蹂躏性的农业而生存着，它们已经超越了其持续的承载能力。南美的大部分地区，从这个角度上看，人口是过多了”。[21] 208

“历史和生态学上的综合论据似乎提出了一个总的推论：人为改变的激烈程度越

---

① “荒野是一种只能减少不能增加的资源”是就人们的破坏趋势而言的。对于生态环境保护来说，荒野则是一种只能增加而不能减少的资源。

② 利奥波德继续写道：“那种思想浅薄的，已经丧失了他在土地中的根基的人认为，他已经发现了什么是最重要的，他们也正是一些在奢谈那种由个人或集团所控制的政治和经济的权力将永久延续下去的人。只有那些认识到全部历史是由多次从一个单独起点开始，不断地一次又一次地返回这个起点，以便开始另一次具有更持久性价值探索旅程所组成的人……只有那些懂得为什么人们未曾触动过的荒野赋予了人类事业内涵和意义的人，才是真正的学者。”[21] 190

小，在金字塔中的重新适应的可能性就越大。反过来，激烈的程度是以人类人口的密度而不同的，稠密的人口要求比较激烈的变化。从这个角度看，北美在持久性上似乎要比欧洲有着比较好的机会，如果它能设法限制其人口的密度”。[21] 208-209

——“像山那样思考”：这个世界的启示在荒野

利奥波德写道：“那时，我总是认为，狼越少，鹿就越多，因此，没有狼的地方就意味着是猎人的天堂。但是，在看到这垂死时的绿光时，我感到，无论是狼，或是山，都不会同意这种观点。”我亲眼看见一个州接一个州地消灭了他们所有的狼，和失去了狼的山的样子：“那原来渴望着食物的鹿的饿殍，和死去的艾蒿丛一起变成了白色，或者就在高出鹿头的部分还留有叶子的刺柏下烂掉”——“这些鹿是因其数目太多而死去的”。[21] 123，①

“我现在想，正是因为鹿群在对狼的极度恐惧中生活着，那一座山就要在对它的鹿的极度恐惧中生活。而且，大概就比较充分的理由来说，当一只被狼拖去的公鹿在两年或三年就可得到补替时，一片被太多的鹿拖疲了的草原，可能在几十年里都得不到复原”。[21] 123 “牛群也是如此，清除了其牧场上的狼的牧牛人并未意识到，他取代了狼用以调整牛群数目以适应其牧场的工作。他不知道像山那样思考。正因为如此，我们才有了尘暴，河水把未来冲刷到大海去”[12] 123-124——“也许……这个世界的启示在荒野。大概，这也是狼的嚎叫中隐藏的内涵，它已被群山所理解，却还极少为人类所领悟”。[21] 124

为了维护生态平衡和生态重建，需要我们确立“生态学意识”，具有“荒野头脑”——共同体的稳定即在于她的综合性，必须用“荒野头脑”指导对共同体，特别是对缺乏经济效用的野生生物和荒野的保护；[21] 177-190、200-203 并“像山那样思考”[21] 121——消灭天敌导致的“过多的增殖是比任何狼都要危险得多的杀手”[21] 219（为大量鹿群的饿殍所证明）；人口密度与金字塔激烈转化正相关；无限增长是不可能

---

① 据厄恩斯特·汤普森·塞顿和弗农·贝利的估计，北美一带的狼在白人到来之前有200万只，分布范围达700英里^2（1 810千米^2）。到1908年，这里的狼便减少到20万只，其中只有2 000只生活在密西西比河以西——而这里曾一度是它们最繁盛的地区。到1926年，亚利桑那再也没有发现过狼，怀俄明发现的狼也只有5只。两年之后，上万只猛兽被杀，但其中只有11只灰狼——尸体数字证实，几乎全都是郊狼（草原狼），以及少量的獾子、美洲野猫、狐狸和臭鼬。1929年，联邦食肉动物控制办公室的报告便不再提及狼、山狮和灰熊。[22] 305-306

美国大峡谷北麓的卡伊巴布高原，1906年被划为国家猎物保护区。时高原的植被状况良好，足以为生活在这里的大约4 000头鹿提供充足的食物——鹿的数量则由美洲狮和狼来控制。1907年，为消灭这里的美洲狮和狼，亚利桑那州开始对捕杀食肉动物实行奖励，之后10～15年，美洲狮和狼等食肉动物便基本从这里消失——失去食肉动物控制的鹿群迅速增加，1924年达10万头的高峰。过度啃食使大部分植被被毁灭——据欧文·拉斯马森估计，“草场被损坏的如此严重，以致20 000头就是一个过多的数目了”，仅过了两个冬天，就有大约6万头鹿因食物缺乏而被饿死。在以后的若干年里，饥饿和疾病继续使鹿群的数量锐减，加上捕猎，卡伊巴布林区的鹿到1939年便减少到只有1万头。由于过度啃食和破坏，甚至在鹿群数量大大减少之后，大多数植被也未能恢复。至今，这里的生态系统也没有完全恢复过来。[22] 318，[24] 24-25

的。[21] 121-124、186、193、197-199、203-209、219-221

21.4.3 伦理责任和伦理教育

利奥波德告诫我们："一个事物，只有在它有助于保持生物共同体的和谐、稳定和美丽的时候，才是正确的；否则，它就是错误的。"[21] 213、233-234 所谓"和谐"，是指这个共同体的完整和复杂——保留至今尚存的一切生物；所谓"稳定"，是指土地的完好无损——维持生物链的复杂结构，以使其能具有发挥功能和自我更新的作用；而"美丽"，则是伦理上的动力——不要仅着眼于经济，还要从更高的价值观上去看问题。[21] 234

"总而言之，一个孤立的以经济的个人利益为基础的保护主义体系，是绝对片面性的。它趋向于忽视，从而也就最终要灭绝很多在土地共同体中缺乏商业价值，但却是（就如我们所能知道的程度）它得以健康运转的基础的成分。它设想，生物链中有经济价值的部分，将会在没有无经济价值的部分的情况下运转，我认为是错误的"——"对这种形势唯一可见的补救办法，就是使私人的所有者负有伦理上的责任"。[21] 203

——培养对土地热爱、谦恭和尊敬的态度

利奥波德指出："土地伦理的进化是一个意识的，同时也是一个感情发展的过程"。[21] 214 "资源保护是人和土地之间和谐一致的一种表现"。[21] 197 "我不能想象，在没有对土地热爱、尊敬和赞美，以及高度认识它的价值的情况下，能有一种对土地的伦理关系"。[21] 212

在"艺术和文学、伦理学和宗教、法律和民俗，都依然要么把土地上的野生东西看作敌人，要么是食物，要么就是'因为好看'而被保存下来的洋娃娃。这种土地观是我们从亚伯拉罕时就固有的……在我们知道抱着热爱和尊敬的态度去使用土地时，我们已经毁了土地。在 Home Sapiens（人类）仍然扮演着征服者的角色，他的土地仍处于奴隶和仆人的地位的时候，保护主义便是一种痴心妄想"。[21] 216

热爱、尊敬土地，培养"对人在自然中的位置上的谦恭意识"。[21] 229 "只有当人们在一个土壤、水、植物和动物都同为一员的共同体中，承担起一个公民角色的时候，保护主义才会成为可能"。[21] 216

——拓展"伦理边疆"：唤醒民众和对土地义务的教育

"把树林伐成 75 度的陡坡，把乳牛赶进林间空地放牧，并把雨水、石块以及土壤一起倾入社区小河的农场主，仍然是社会上一位受尊重的成员（同时也是正派的）"[21] 199——和一个世纪以前一样，"使用土地的伦理观念仍然是由经济上的私利所支配的"。[21] 199 利奥波德指出：

"土地伦理观在发展过程中所面临的最严重的障碍，是这样一个事实：我们的教育和经济体系是背离，而不是朝向土地意识的。很多中间人和无数的物质新发明，把你的真正现代化的人和土地分割开来了。他与土地之间没有有机的联系，对他来说，土地只不过是在城市之间长着庄稼的那片空间"。[21] 212——"总之，土地对他来说，已经是某种'过时'的东西了"。[21] 213 而"进行中的教育，除了那些受私利支配的义务外，实际上是不提及对土地的义务的。结果是，我们受到的教育越多，土壤就越少，完美

的树林也越少。而同时，洪水则和1937年一样多”。[21] 198-199

利奥波德指出：“在缺乏觉悟的情况下，义务是没有任何意义的。我们所面临的问题是要把社会觉悟从人延伸到土壤。”[21] 199——“毋庸置言，当伦理的边疆从个人推向社会时，它的意识上的内容也就增加了”。[21] 214①

附录1：日本为何不顾声讨热衷捕鲸？②/ 何德功

2007年11月18日，在国际社会的一片声讨声中，日本派遣捕鲸船前往南极附近海域进行“调查捕鲸”——拟在5个月内，以“调查研究”的名义猎杀近1 000头鲸，其中包括首度捕杀著名的濒危物种座头鲸——为20多年来历次“调查捕鲸”规模最大的一次。

日本的捕鲸，尽管受到国际社会和每一个有良知的人的严厉谴责和强烈反对而几乎到了“过街老鼠，人人喊打”的地步；打着“调查研究”的旗号捕鲸，也被公认是“不知羞耻的闹剧”——那么，日本为什么还要一意孤行而坚持捕鲸呢？日本为“一意孤行”捕鲸给出的所谓理由有三：

第一，“保护水产资源”。

日本全国渔业协同联合会专务宫原邦之的说法是：鲸类所吃鱼为人类鱼获量的5倍，日本捕鲸是为人类“保护水产资源”。这种说法显然是站不住脚的：处于食物链顶端的鲸是维护海洋生态系统稳定平衡不可或缺的关键物种；过度捕捞既造成鱼类资源的枯竭，也导致了鲸类的减少、濒危，和海洋生态系统的破坏；“保护水产资源”的正确和根本对策是减少过度捕捞——捕杀本已急剧减少的鲸类，只能是毁坏食物链，加剧海洋生态危机的倒行逆施。

第二，“出于科学调查目的”。

对这次捕鲸行动，日本一直宣称是出于对管理、保护很有必要的“科学调查”目的：掌握对资源管理有用的生物特性值、鲸类在生态系统中的作用、环境变动对鲸类的影响、南极鲸类系群的结构等。事实上，“调查捕鲸”只是为“商业捕鲸”打出的幌子。首先，“科学调查”目的仅凭单纯的科学考察即可完成，杀死鲸根本没有必要。退一步讲，即使需要杀死鲸，也没有必要大量屠杀。

以“调查捕鲸”的名义，日本在1987、1988两年各杀死了300头鲸，1995－2004年期间每年约400头；2005—2010年的计划是：每年850头。有报道说，鲸实际上被屠杀的数目，远远超过了日本自己的上述公布。而作为所谓“调查捕鲸”的“副产品”

---

① 针对为候鸽（即旅鸽）建纪念碑一事，利奥波德写道：“由一个物种来对另一个物种表示哀悼，这究竟还是一件新鲜事。杀死最后一只猛犸象的克罗—马格诺人想的只是烤肉。杀死最后一只候鸽的人，想的只他高超的本领。用棍棒打死最后一只海雀的水手根本什么也没想”。[21] 104

被灭绝（野生）候鸽（1900年）的纪念碑位于威斯康辛的怀路森州立公园，由威斯康辛鸟类学会于1947年5月11日所立。[21] 104（第145页脚注②）

② 参考消息．2007.11.22。

的鲸肉，则大量流入市场，为有关部门带来巨大的经济利益。

第三，“捍卫饮食文化”。

按日本捕鲸协会的说法，杀死鲸而食其肉是日本的传统“饮食文化”——一边吃鲸肉一边对鲸表示感谢，并立碑供奉鲸灵[①]——而必须予以捍卫。1986年，国际捕鲸委员会通过了《全球禁止捕鲸条约》，严格禁止商业捕鲸。为了不执行国际条约和对抗国际社会的严厉谴责而继续并扩大“调查捕鲸”/商业捕鲸的规模，日本便在“捍卫饮食文化”的旗号下，其一，（部分媒体）煽动民众不满情绪，竭力鼓吹日本捕鲸的正当性；其二，将大量鲸肉投放市场——西方环保组织估计每年约有 2 000 吨——在物质层面维持吃鲸肉的传统；其三，为延续捕鲸传统和鲸肉饮食文化，举办“鲸食文化节”并鼓励学生吃鲸肉——据报道，2004年，有约85%的和歌山公立中小学让学生吃鲸肉，千叶县柏市还举办“鲸食文化节”，让参加者试吃炸鲸肉，以加深对所谓捕鲸文化的理解，有的日本人甚至认为，禁止捕鲸是对日本饮食文化的亵渎。

实际上，鲸肉肉丝粗糙而且一点都不好吃，除了因循守旧的色彩外，以上所列举的各种捕鲸、食鲸的理由，不外乎是为商业利益扯起的一块块遮羞布。对捕鲸主张最力者大多是渔业团体——在国内，他们专门出书，宣传捕鲸的正当性；到每年国际捕鲸委员会召开会议之际，日本的一些地方渔业组织便会站出来，或发表宣言，或到会议现场宣传自己的主张，与环保组织论战。

而日本民众对捕鲸问题的严重性和危害性，也明显认识不足。社团法人新情报中心在2001年就捕鲸问题对国民进行的调查结果是，赞成世界各国科学捕鲸的日本人有75.5%，反对者仅9.9%；对在日本沿海的科学捕鲸，有71.9%的日本人持赞同态度。2006年11月雅虎日文网站的民意调查表明，支持重开商业捕鲸的日本人竟达90%。

在2005年12月，日本外务省也申明了从可持续利用角度支持捕鲸的官方立场：反对捕鲸的国家依然在世界上占大多数，要他们认可日本的主张并非易事；基于鲸是海洋生物资源之一，在适当科学保护的同时，应该认同可持续利用；在下次国际捕鲸委员会的会议上，要继续坚韧地交涉，让有关各国加深对日本立场的理解。日本的捕鲸行为虽然遭到全世界的反对，但是他并没有就此罢手，反而还在国际捕鲸委员会的会议上，竭力争取重开商业捕鲸。这场捕鲸与反捕鲸的斗争看来还将继续进行下去。

（摘编，作者系参考消息报驻东京记者）

【按】正如作者所指出的，为所谓的“科学捕鲸”给出的理由完全是一种“强词夺理”。捕鲸为世人所展现的，是日本的“生态法西斯”行径——对生命的屠杀和所持的“强盗逻辑”。

在每年屠杀20 000多头海豚的同时，日本又以“科考”的名义滥捕濒临灭绝的金枪鱼（1996年被世界自然资源保护协会宣布为濒危物种）。据新华社特稿（1999.08.26）：为了保护出没于太平洋的金枪鱼，澳大利亚、新西兰和日本签订了一项协议，规定全

---

① 对这种行为的评价是，也只能是：只有“寡廉鲜耻”的人，才能做出这样“寡廉鲜耻”的事，才能说出这样“寡廉鲜耻”的话——如果你是那头被吃的鲸，你必定也是这样看的。

球每年的捕捞量不得超过11 750吨。但日本在捕捞（6 065吨）超过一半限额的同时，还要求增加其捕捞配额，在遭到澳、新的断然拒绝之后，便以“科学考察”的名义不断滥捕——仅1998年，捕捞量就超过配额的1 464吨。日本每年吃掉的金枪鱼和箭鱼，占到全世界捕捞量的一半以上。

日本的“生态法西斯”行径，还表现在砍他人的树，护自己的林，让别人种粮食（粮食生产具巨大外部性）养活自己的国民（F-1-5-3）——在通过破坏野生生物栖息地而对生命在更大规模上大屠杀的同时，不道德地把破坏指向了为他提供木材、粮食、资源的国家和民族。日本的一系列“法西斯”行经，把自己变成了一个“野蛮民族”。

当日本国民的“良知”苏醒和环境伦理觉悟提高之后，他们必定会受对部分既得利益者和当局的这些“生态法西斯”，包括以前的“人类法西斯”行径进行谴责、悔恨和制止。在寄希望于日本国民觉醒的同时，笔者的疑问是：

第一，缘何日本在近代既扮演“人类法西斯”又扮演“生态法西斯”——这是一个“文明民族”的“文明行为”吗？

第二，对日本为当局支持的“生态法西斯”行径，联合国、国际组织和有影响的大国都在干什么？——他们不是口口声声说要做一个负责任的国际机构和国家吗？看起来，他们只对“人类”而不对“非人类”负责，只对富人而不对穷人（任由资本到处破坏）负责，只制裁“人类法西斯”（如第二次世界大战中的反法西斯主义联盟）而放纵“生态反西斯”。（3-22-2-1）

附录2：“丛林法则”与“社会达尔文主义”

——社会达尔文主义

社会达尔文主义（Social Darwinism）是用达尔文主义诠释人类社会，把历史归结为“生存斗争”的社会理论。《物种起源》发表后，生物进化论在欧洲产生了广泛的影响，19世纪下半叶，出现了用生物进化论解释一切社会现象的思潮——这种思潮把人类社会的发展等同于生物进化，把社会学当作生物学的一部分。社会达尔文主义就是这个思潮的一部分。[25] 754

赫伯特·斯宾塞（1820—1903年）是社会达尔文主义的主要代表人物和领袖。在《社会学原理》等著作中，斯宾塞用达尔文学说中的“生存斗争”、“适者生存”的原理来说明社会历史，他认为，社会机体与生物有机体是相似的，人类社会的变化过程有如生物进化过程，生物进化的规律就是人类社会永恒的规律，人类的历史就是“生存斗争”、“适者生存”的历史，资本主义社会的剥削和压迫是生物学规律作用的结果，是合乎自然的。这种观点还导致人类同生物一样有优等种族和劣等种族区别的种族主义理论。[25] 754

人们心目中的社会达尔文主义是：“物竞天择，适者生存”；而且，成功者是“适者”，失败者是“不适者”——这就是自然界的规律和人类社会的写照。

——社会达尔文主义的伦理学基础

进化论伦理学是社会达尔文主义的伦理学基础。它所体现的是功利主义、自由竞争和为生物进化论推动的“前行发达”（指向一个更高级状态，拉马克）的普适性进步观——进化当然就是进步，不论是在生物界还是人类社会，进步都是一个基本的趋势、必然的过程和可预测的结果。

斯宾塞认为：进化本质上就是进步的过程；[26] 301 最初原始生命的出现，就是物质不断使自身变得组织化趋势的产物，正是由于这种趋势，原始生命向着更高组织化水平进化。[26] 302 “生物有机体和社会有机体的内在关系准则是一致的”。[27] 10 道德学说所讲的真理与物理世界的真理实际上是一样的。人类所追求的秩序，实际上就是自然所遵循的秩序——因此，生物界存在的生存竞争规律，同样可以适用于人类社会生活。[28] 366

一切有利于人生存，使人快乐、幸福的行为都是道德的——而且，进化程度越高的行为，给人带来的快乐、幸福就越大，这种行为也就更善；在社会条件所规定的界限内满足个人的欲求，追求个人的快乐、幸福，应作为基本的道德目的。[27] 366 个体的成功，则意味着进化和进步。[26] 301 因此，斯宾塞积极否定对与错的传统界定，并根据严格的功利主义标准制订了替代的界定：只能从对个人幸福和推动社会发展的角度来对行为做出判断；在本质上，道德等同于一项成功的社会政策——而且，只有消除对个人首创性的所有限制，才会取得成功。[26] 310

在《物种起源》发表前10年，斯宾塞便在道德与哲学意义上使用“适者生存”这一短语并指出：最好的社会组织形式是在人类没有规则的竞争中出现的，它可以使最适者生存，提高社会发展的水平。[27] 83

斯宾塞还强调地指出：社会分化或“社会明细化”（进化的，或达尔文的类比，后由迪尔凯姆发展）是行动者进行资源竞争的结果，当适者在困境中胜出时，由竞争产生的分化就出现了——其他不太适应的行动者或者死亡，或者到其他环境中寻找资源。这种寻找资源的过程，就是社会分化的驱动力，也是社会进化的驱动力，而人口的增长则会加剧资源的竞争（这是从马尔萨斯那里借来的）。[27] 84 因此，自由的企业行为能带来真正的进步。[26] 364 由此，人们普遍认为，进化论伦理学把人的道德行为看做是自然进化的产物，把生物进化的规律和动物适应环境的机制机械地搬用到人身上，从而抹杀了道德的社会本质。[28] 366

——社会达尔文主义：“温和的”与“激进的”

以赫胥黎为首的反对者指出：自然选择是一种残酷的力量（达尔文也认识到，选择更具威力，同时也更加残酷），[26] 229 生存斗争不断地以牺牲不适者来促进适者的发展；[26] 223 “适者生存”即是为无节制竞争辩护。[26] 363 自由竞争废除了社会的道德责任；作为一种政治体系，会给那些不能与更残忍的个人竞争的人带来不幸；斯宾塞关于自由的企业行为能带来真正的进步也受到质疑。反对者承认人与自然存在联系，并希望保持传统道德感情的意义；道德律无论是从自然中衍生出来的，还是来自对自然的直接抵制，都需要通过确立独立于物质需要的标准，引导后人的行为。因此，赫胥黎反

对所有根据生物学机制制定社会政策的努力。[26] 310①

“社会达尔文主义”这个短语捏造出一个形象：好像人类为了生存便要作殊死的斗争；而且好像社会达尔文主义者提倡淘汰不适者，并且把这当作进步的一个必要步骤[26] 357——在《进化思想史》的作者皮特·J. 鲍勒看来，应对“社会达尔文主义”做出区分。一种为“强盗式资本家”说话的、激进的、更为极端的社会达尔文主义，积极倡导实行彻底的自由竞争以摆脱对经济竞争的羁绊。在他们看来，对事业上失败的人丝毫不屑于同情，懒惰者、无能者受到的是自然的惩罚，任何使挫折得以缓和的企图，都只会为软弱的蔓延大开方便之门。[26] 363-364“适者生存”的信条也被用到民族、国家的关系中，到20世纪初，仍然一度流行国家或种族之间的竞争是人类进步核心的观点。[26] 366-367

而斯宾塞对拉马克主义的偏爱，阻碍了他接受生物学上的自然选择观，也可以认为，他更多地把自由竞争看作是对个人行为的一种激励，而不是对不适者的淘汰。[26] 359 把斯宾塞的社会哲学与其看做是自然选择的一种形式，不如看做是维多利亚时期对“自立”精神信奉的表露。自由竞争最重要的目的不是消灭不适者，而是鼓励所有人通过自身的努力去改善自己——懒惰被认为是比愚蠢更大的对进步的障碍，对懒汉们的策略不是去消灭他们，而是迫使他们做出更多的努力。达到这个目的最好的办法，就是阻止一切企图旨在缓和自然惩罚失败者所带来的痛苦的行动。斯宾塞承认自由竞争的一个结果就是，强者把弱者强有力地“撞倒在一边”。[26] 365 这是与“自然奖励成功”的新教伦理相一致的[26] 304——鲍勒指出，“我们不应落入圈套，将斯宾塞视为‘社会达尔文主义者’”。[26] 303

——对自然的误读和人类社会与自然“范畴错置”的类比

斯宾塞用生物现象解释人类社会的依据，是自然规律的普适性——“生物有机体和社会有机体的内在关系准则是一致的”；赫胥黎反对社会达尔文主义，反对社会与生物界的类比，反对把自然规律引入人类社会的原因是：人与自然是对抗的，“粗暴的生存斗争”是应予以废除的：

处于不停生存斗争之中的自然，是残酷而无目的，且与人是相互对抗的[29] 8-11、13——“不仅是自然状态同园地的人为状态相敌对，而且用以创立和维持园地人为状态的园艺过程原理同宇宙过程原理也是对立的。后者的特点是紧张而不停的生存斗争”。[29] 9 因此，为了园丁们的幸福，在伊甸园里，“宇宙过程这种自然状态中的粗暴的生存斗争，应予以废除；在那里，自然状态应当为人为状态所代替；在那里，每种植物和每种较低等动物都要适合人们的需要……不是让生存竞争自由进行，而是要排除这种斗争”。[29] 13-14

赫胥黎对自然性质“丛林社会”的判断无疑是不正确的；斯宾塞坚持自然规律的

---

① 提出“适者生存”的斯宾塞，其进化哲学与进化机制的联系是微弱的——在作为社会达尔文主义领袖的同时，又是进化论上拉马克主义的支持者；[26] 301 作为社会达尔文主义坚决反对者的赫胥黎，他虽然怀疑“自然选择”，但却是进化论上达尔文主义的坚定支持者——被称为达尔文的“斗牛犬”。[26] 244-245

从马尔萨斯的先驱者（不少人同时也是“人口赞美主义”者）到马尔萨斯（矛盾着的“供求关系”），从马尔萨斯到斯宾塞和赫胥黎，对立观点在同一认知主体身上的并存，似乎是一个并不鲜见的情况。（1-2-1-2，1-2-3-1，F-1-2-5；1-3-1-1）

普适性无疑是正确的。但同样毫无疑义的是，斯宾塞对自然的理解也是片面的——这种片面性，也同样源于对自然“丛林社会”的认知。

有两类不同性质的“丛林社会”。一是由食物链、食物网把不同物种联系在一起，体现“种间关系”的广义生物社会——“群落”(从生态系统到生物圈)。其中既因“营养关系”而展现着“血淋淋”的一面，也由于更为广泛的“合作”、“协同”而呈现着“和谐”的图景——而且，也正是这“血腥”的“捕食作用”，在维护生物圈“稳定、和谐、持续”中发挥着不可或缺的关键作用。一是由同一物种组成，体现“种内关系”，作为“群落”一部分的狭义生物社会——“种群”，这是名副其实的“平等社会”、“和谐社会”。(3-18-2-2，3-18-4；3-23-1-2，3-23-2，F-3-23-3)

人类社会与生物社会是可以类比的，以人类（理性）优越论和其之体现的“社会规律特殊性”的批判和对类比的阻挠是“不得要领”的。但人类社会——由同一物种组成的狭义生物社会（不同人种、民族的区别，类似于非洲象与亚洲象）——与生物社会的类比，只能在狭义，即“种群”层面而非如斯宾塞那样“范畴错置”地在广义生物社会进行。

——人们所看到的一切丑恶，只是人类在本质上外部性和反自然的展现

对生物界“丛林社会”的认知，是人们长期以来既误读自然，又误读自己和人类社会的结果。从认知顺序看，首先是对人和人类社会的误读——在“强者为王”思想指导下，人们为了个人、小集团、阶级，和民族、国家利益你死我活的“生存斗争”是正常的，对自然的毫无顾忌的“攫取”也是正常的。与此同时进行的，是对自然的误读——如同狼吃羊那样“血淋淋”的捕食与被捕食的关系，使人们以为生物界是一个到处充满“生存斗争”，“弱肉强食”，或“物竞天择，适者生存”的“丛林社会”。① 当人们发现生物界与人类社会竟如此相似的时候，便产生了将人类社会与生物界类比，将自然法则应用于人类社会的想法——当同样误读自然的“自然选择”思想出现后，社会达尔文主义便顺利地问世了。“社会达尔文主义”，如同“人是自然的目的”、“人择原理”等一样，都只是为人与自然、人与人——人类社会的不平等寻找理论依据和张目，并使自己“心安理得”和免受良心的谴责而已——但在不少或大多数情况下，人们并不是自觉的。(3-20-1-4，3-20-3-1，3-20-4-2；3-21-1-2；3-23-2)

当人们明白了生物社会、人类社会的真实情况后，社会达尔文主义便失去了存在的必要。与此同时，是人们误读自然，用以支持实行“丛林法则”的人类社会？还是人们“以己度人”，用在人类社会形成的认知，戴着“有色眼镜”看自然、解读自然，然后反过来为实施“丛林法则”的人类社会提供理论支持和张目？也同样失去了深究的必要。但我们时刻不能忘记的是：

人类社会只是生物圈的一部分，生物界并不是一个血淋淋的、你死我活，作殊死

① 并非所有人都这样认为。彼得·克鲁泡特金（《互助论》，1906）即根据对野生动物的观察证实：自然界中存在的斗争迹象并不多。动物一般通过与其他动物的合作来改善生存的机遇。因此有理由宣称，进化实际上是通过增加每一代合作的水平而进行的。[26] 288

斗争的“丛林社会”，而是一个人类必须永久学习、仿照（“社会仿生学”）的“和谐、美丽、稳定、持久”的生命大家庭——自然法则是普适的；人们所看到的一切丑恶，只是人类在本质上外部性和反自然的展现。

参考文献

[1] 余谋昌，王耀先．环境伦理学[M]．北京：高等教育出版社，2004.

[2] 何怀宏．生态伦理——精神资源与哲学基础[M]．保定：河北大学出版社，2002.

[3] 彼得·休伯．硬绿——从环境主义者手中拯救环境·保守主义宣言[M]．戴星翼，徐立青，译．北京：上海译文出版社，2001.

[4] 杨通进．整合与超越：走向非人类中心主义的环境伦理学[A]//徐嵩龄．环境伦理学进展：评论与阐释[C]．北京：社会科学文献出版社，1999：15-70.

[5] 霍尔姆斯·罗尔斯顿：环境伦理学——大自然的价值以及人对大自然的义务[M]．杨通进，译．许广明，校．北京：中国社会科学出版社，2000.

[6] 吴国盛．自然的退隐[M]．哈尔滨：东北林业大学出版社，1996.

[7] 冈特·绍伊博尔德．海德格尔分析新时代的技术[M]．宋祖良，译．北京：中国社会科学出版社，1993.

[8] 周辅成．西方伦理学名著选辑（上卷）[M]．北京：商务印书馆，1996.

[9] 亚里士多德．政治学[M]．颜一，秦典华，译．北京：中国人民大学出版社，2003.

[10] 莫蒂默·艾德勒，查尔斯·范多伦．西方思想宝库[M].《西方思想宝库》编委会，译编．长春：吉林人民出版社，1988.

[11] 康德．康德三大批判精髓[M]．杨组陶，邓晓芒编译．北京：人民出版社，2001.

[12] 保罗·戴维斯．上帝与新物理学[M]．徐培，译．长沙：湖南科学技术出版社，1995.

[13] 彼得·柯文尼，罗杰·海菲尔德．时间之箭——揭开时间最大奥秘之科学旅程[M]．江涛，向守平，译．长沙：湖南科学技术出版社，1995.

[14] 刘波．天地人巨系统观[M]．合肥：安徽教育出版社，1993.

[15] 孙显曜．大数假说和人择原理及其意义——兼论宇宙的无限性问题[J]．自然辩证法研究，1987（6）：53-57.

[16] 史蒂芬·霍金．时间简史——从大爆炸到黑洞[M]．许明贤，吴忠超，译．长沙：湖南科学技术出版社，1996.

[17] 侯钧生．西方社会学思想进程[M]．沈阳：辽宁人民出版社，1988.

[18] 阿尔贝特·施韦泽．敬畏生命——五十年来的基本论述（汉斯·瓦尔特·贝尔编）[M]．陈泽环，译．上海：上海科学院出版社，2003.

[19] 雷毅．深层生态学思想研究[M]．北京：清华大学出版社，2001.

[20] 冯沪祥．人、自然与文化——中西环保哲学比较研究[M]．北京：人民文学出版社，1996.

[21] 奥尔多·利奥波德．沙乡年鉴[M]．侯文蕙，译．长春：吉林人民出版社，1997.

[22] 唐纳德·沃斯特．自然的经济体系——生态思想史[M]．侯文蕙，译．北京：商务印书馆，1999.

[23] 加勒特·哈丁．生活在极限之内——生态学、经济学和人口禁忌[M]．戴星翼，张真译．上海：

上海译文出版社，2001.

[24] 康拉德·洛伦兹. 文明人类的八大罪孽[M]. 徐筱春，译. 合肥：安徽文艺出版社，2000.

[25] 中国大百科全书总编辑委员会《哲学》编辑委员会. 中国大百科全书·哲学（II）[M]. 北京：中国大百科全书出版社，1987.

[26] 皮特·J. 鲍勒. 进化思想史[M]. 田洺，译. 南昌：江西教育出版社，1999.

[27] 乔纳森·特纳. 社会学理论的结构（上）[M]. 第6版. 丘泽奇，等，译. 北京：华夏出版社，2001.

[28] 中国大百科全书总编辑委员会《哲学》编辑委员会. 中国大百科全书·哲学（I）[M]. 北京：中国大百科全书出版社，1987.

[29] 托马斯·亨利·赫胥黎. 进化论与伦理学[M]. 进化论与伦理学翻译组，译. 北京：科学出版社，1971.

你摇动一下花朵，也会打扰了星星。

——弗朗西斯·汤普森

天网恢恢，疏而不失。

——老聃：《道德经·七十三章》

没有大脑的植物能够在整体基础上估量自己的环境。

——托尼·特里瓦弗斯

敬畏生命的伦理否认高级和低级的、富有价值和缺少价值的生命之间的区别。

——阿尔贝特·施韦泽

罪恶生于自觉，这是一个深刻的真理。

——黑格尔

人类能够知道对错，这证明他在智力上比其他生物优越，然而人类却会做错事，这又证明他在道德上比其他不会做错事的生物更低劣。

——马克·吐温

在没有选择的地方——自然界并非无道德可言，而是充满了道德。

当人比麻雀还多的时候，她便把自己变成了一个“生态学上的怪胎”。

一个事物，只有在她有助于保持生物共同体的和谐、稳定和美丽的时候，才是正确的；否则，她就是错误的。

——奥尔多·利奥波德

22 整体主义

22.1 相互关联的有机整体

22.1.1 相互关联的有机整体

生态系统（ecosystem）是在一定地理空间共同栖息的生物与其环境之间通过不断进行着的物质、能量流转所形成的功能单位，同时也是由这些彼此相互依存、相互作用的生态因子组成的，具一定结构、动态稳定性的有序整体。与之类似的概念还有生物群落、小宇宙、群落系统和生物系统等。自然生态系统的重要特征有以下诸点。[1] 35-37，[2] 96-98，[3] 3-4，[4] 54-62，[5] 118-119

【目的性和负反馈】系统具趋于稳定状态的自组织行为——目的性，系统的这种趋于稳态的自组织行为，则是通过负反馈实现的。

【整体性、关联性和有机性】自然生态系统是一个整体，而且是一个因子（部分）相互关联，不可分割的有机整体。

【多样性和层级性】自然生态系统是一个有限、多样、复杂，逐级控制的层级系统。

【能量流通、物质循环和信息传递】自然生态系统是一个能量流通、物质循环、传递信息的功能单位。

【自组织、自维持和自调控】自然生态系统是一个为环境制约的自组织、自维持和自调控系统。

【动态演替】自然生态系统是一个时空动态演替系统。

【协同演化】在自然生态系统中，协同演化表现为生物、环境的相互影响和生物对环境的适应，生物之间的合作、竞争与共存。

【负荷能力】自然生态系统是一个具一定负荷能力（即对干扰的抵抗力）的稳定系统，系统的稳定性被限于负荷能力之内。

【闭合循环】自然生态系统的物质循环趋于闭合。

【时滞和突变】由于复杂的相互关联，系统对干扰的反应不是立即，而是在一段时间后才表现出来的，且由于干扰效果的累积、迭加、放大而呈变化的突然性。

“你摇动一下花朵，也会打扰了星星”。自然生态系统的根本特征是有机整体性，即她首先是一个由生物和其环境所组成的，相互依存而不可分割的有机整体：生物群落是“活的有机体的结合”；[6] 269（K. 莫比乌斯）“大自然的各个不同部分就如同一个生物机体内部一样是如此紧密地相互依赖、如此严密地编织成一张唯一的存在之网，以致没有哪个部分能够被单独抽出来而不改变其自身特征和整体特征。一切事物都与其他事物勾连在一起——不是像机器内部那样表面上机械地连在一起，而是从本质上融为一体”。[7] 370（A. N. 怀特海）“当我们想单独地弄清楚任何事物时，我们就会发现它是与宇宙中别的每一个事物都有牵连的”。[8] 44（约翰·缪尔）

A. G. 坦斯利（英，1871—1955）1935 年提出“生态系统”的概念并指出，有机体与其栖息环境是不可分割的整体，相互关联并有规律组合在一起的生物和非生物因子通过能量的流通和物质循环，在自然界构成一个相对稳定的自然体——“生态系统”；[7] 353-356① 而且，“只有当我们从根本上认识到有机体不能与它的环境分开，而与它们的环境形成一个自然生态系统，它们才会引起我们的重视”。[9] 31 R. 达若则提醒人们，不要忘记生物群落，生态系统即等于生物群落生境加生物群落。[6] 273

22.1.2 生命之链、死亡之网

食物链、食物网既是生命之链、生命之网，也是死亡之链、死亡之网；既是演化之链、演化之网，也是秩序之链和秩序之网。通过营养关系——食与被食、捕食与被捕食，食物链、食物网保证着生态系统物质和能量的流转，源源不绝地为生命提供她所必需的食物，维持着万物的生存；与此同时，又带来被食、被捕食者每日每时的死亡——除自然死亡的顶端掠食者（象、虎）外，掠食者同时又是被掠食者——因掠食而生存，因被掠食而死亡，生与死的平衡由此得以维持。

通过营养关系，食物链、食物网同时还保证着取食环节食与被食者、捕食与被捕食者个体数量、生物量、能量按转化效率而形成的稳定比例；推动着生态演替——如食植动物的摄食压力使双子叶植物群落为禾本植物群落所替代；[10] 13-14 推动着捕食者与被捕食者质量的提高——更灵活、跑得更快和老、弱、病、残被淘汰。与此同时，还刺激着被食、被捕食者的生命活力：土壤动物的吞食作用，使细菌保持着旺盛的生殖力——在高密度水平下，微生物种群因处于接近和达到生境容量的“饱和”态而增长率很低，分解作用大大下降。土壤动物的吞食，使细菌种群始终以指数增长，由之保持着其强大的分解功能；[10] 14 在池塘中，鱼所施加的“死亡压力”使底栖鱼饵的生产量几达其生物量的 17 倍。[10] 322

在生物界，从来就不存在“自由意志”，有的只是对“自然秩序”的遵从。食物链、食物网既是“自然秩序”的创造者，又是“自然秩序”的守护者。“天网恢恢，疏而不失”（*《老聃，老子·七十三章》*），作为秩序之链、秩序之网的食物链、食物网，不由分说地把所有生物的一切活动都置于自己不容违背的秩序之下。从生态位（生物物种在群落中所处的地位、功能、角色和环境关系的特征）的规定看，生物必须在一定的

① 对坦斯利工作的不同看法是：坦斯利的生态系统是机械主义的，来自现代热力学－物理学而非生物学，与（自然是）“资源库”思想相吻合而不同于浪漫主义的生态模式——把自然描述为一种有机体或共同体，意味着人类的一种环境行为；把自然说成是“一种熵过程的临时中止”意味着不同的行为，实际上等于把她从道德领域完全排除了。[7] 356

食物链、食物网环节，按既定的“食谱”（营养关系、食性）和方式取食，而且取食时间、活动范围也是被严格规定的而不得越雷池一步。

从生态对策看，生物的数量、体型、生殖力、存活时间也是为其在食物链、网中的位置，扮演的“生态角色”，执行的“生态使命”所预先设定而不得存在例外——鹰必须以麻雀为食，极显著地在体型上大于和在数量少于麻雀；麻雀必须让鹰吃，极显著地在体型上小于和在数量上多于鹰。

22.1.3 信息化、智能化的生态系统

生态系统是一个信息网，永续地传递着把生物联系在一起的信息；而生物，则通过学习而使自己成为在人类看来的“智能生命”。生物相互联系的信息有：

物理信息——光、声、颜色、形状、接触等；化学信息——生物碱、萜类、黄酮类、有毒氨基酸，以及各种萜类、芳香族化合物等次生代谢物，对其他生物具威慑或引诱作用；行为信息——借助行为（叫声、舞蹈，改变身体颜色、形状，喷射液体）向同类示警、求爱，恐吓或迷惑敌人等。[2] 156-157

——植物之间的信息交流

在植物之间，信息交流通过次生代谢物质进行且是多样的——他感、自毒和控制。他感作用指，植物通过次生代谢物质对其他植物生长的抑制而形成类似动物的“领域”，如黄瓜可阻止其周围 87% 左右杂草的生长；自毒作用指植物释放次生化学物质抑制同类或自身生长以减少空间的拥挤，也称自疏作用；控制作用指寄生植物的种子只有在收到寄主植物根部发出的化学信息后才发芽，否则可在保持发芽能力的情况下在土壤中待上 10 年，如寄生于甘蔗、玉米的黄独脚金，寄生于向日葵、烟草的向日葵列当等。[1] 171-173

——植物对食植昆虫、哺乳类动物发出的信号

植物对食植昆虫、哺乳类动物发出的信号有防御与合作两大类。防御类信号有物理、化学之分，物理信号即以荆棘、皮刺、细毛等告知“不可靠近”，化学信号即以次生代谢物形成的苦涩、有毒告知“不可食”。花的颜色、形态、气味是植物向为自己传粉以获得食物（如花蜜）的合作动物发出的识别和联系信号。[1] 173-175

——动物之间的通讯联系

动物之间的通讯则更为活跃和复杂。其特征是信号的多样性（一个个体可发出多种信号）、高效性和信息的特异性（限于种内），以及种间联系；其形式有视角信号、声音信号、化学信号、触角和舞蹈信号等。

视角信号指，通过视角接收的信号，包括光的变化，物体形状、结构和移动等，常与其他信号相联系，可传递物种类别、性别、年龄及生理状况等多种信息。萤火虫的闪光信号特别精致，可通过闪光格局——闪光的次数、持续时间、频率——识别物种，联系约会，乃至骗食（雌虫利用另一物种的闪光信号诱捕其雄虫）。声音信号指，通过耳朵（哺乳类、鸟类）和“侧线”（鱼类、两栖类）接收信号，发音器官有口腔（声带）、躯干、四肢、翅膀、音锉和摩擦器（昆虫）、喙（啄木鸟）等，发出的声音

在强度、频率、音质、清晰度和时间模式上各不相同，可传递包括声源距离、位置在内的大量而丰富的信息。鸟类的声音信号有吓唬、招引异性的机械声，报警和表示高兴、烦恼、保卫领域、惊恐、进攻等的叫声（叙鸣），受性激素控制而常与求偶有关的歌声。[1] 176-179

化学信号指通过信息素（动物分泌的化学物质，也称外激素）传递的信号。哺乳类动物最重要的信息源是皮肤腺，能发出多种信号（豚鼠的会阴腺中就有 30 种化合物），其尿和粪便中也含有大量信息素，这些信息素被经常、广泛使用，传递各种信息，人们最为熟悉的是性信号、领域信号（通过尿液粪便和皮肤腺上的信息素留在树干、地面，表示这块地方是属于自己的）、报警信号（如鼬在遇到危险时排出强烈恶臭的气体）。触角信号指，通过触角感知的信号，如蜘蛛可通过体表对网丝振动所体现的空气流动和网张力改变程度的感知判断猎物（昆虫）的大小和位置；在雌雄之间，则有特殊的信号丝和约定弹网过程传递交配信号，以免雄性被雌性当作猎物误食。[1] 179-181

舞蹈信号为蜜蜂、白蚁等社会性昆虫重要的通讯方式。研究发现，蜜蜂的圆圈舞是采集了花蜜的蜜蜂向同伴传达蜜源距蜂箱不远的信号；摆尾舞则通过一定时间内作直线移动的次数提供≥100 米蜜源的距离，以直线与蜂巢同太阳连线的夹角和移动方向（朝上或朝下）表示蜜源的方位。此外还有警报舞、清洁舞和欢乐舞等。[1] 181-182

——信息的分析处理和权衡决策

生物之间不仅传递信息，而且还存在对信息的处理和以此为基础的决策。生物的每一个行为和决策，都体现着信息传递的全过程：产生→传递→获取（接受）→处理—决策、再生→再传递。动物对栖息地的选择，即是通过一系列感知过程，把环境中光、温、水、气、声音、食物、天敌等各种信息传递到神经系统，经过综合分析，权衡利弊而决定的，如食植动物的取食过程：绿色植物（光信息）→眼看、鼻闻（视角和化学信息）→观察思考/是否安全（化学和营养信息）→预取食（化学信息）→口腔感觉/味道刺激（化学和接触信息）→神经思维/决策权衡（化学和营养信息）→选择取食/决策（化学信息）。其中任何条件（如食物、天敌）的重大变化，都会引起动物对栖息地的重新选择。[2] 157-160（F-3-18-1）

植物也不示弱。正如托尼·特里瓦弗斯和迈克尔·哈钦斯等植物学家所看到的：生长着的植物嫩芽可以感知周围植物的生长情况；植物不但能够学习和生产信息，预测未来和记得经历的事情，而且遇到问题，还能够设法回避或做出智能反应。当植物受到袭击后，她不仅自己进行防御——如赤杨受枯叶蛾攻击时，便会产生更多的草宁酸，而且还会告诉同伴“未雨绸缪”，乃至把这一情况通报给很远的另一片林子的同伴——一片柳树受毛虫啃咬时产生生物碱，远在 30～40 米之外的柳树林也这样做。植物还能通过信息分析，对伤害的性质进行判断并做出不同决策——当一株利马豆遭受叶螨啃咬时，自己，并激活邻近伙伴向空气中释放令叶螨厌恶的气味；当人去修剪她时，这株利马豆便会释放出给伤口消毒、促使愈合的挥发性物质，而周围的马利豆

则无动于衷。[11] 1-2、39-40①（F-3-18-2）

22.2 生态整体主义和道德关系

22.2.1 分歧、论争和判断是与非的共同尺度

——围绕整体主义价值观的分歧和论争

环境伦理关于整体主义的要点是：其一，生态系统是“价值之母”。整体或共同体，即生态系统具内在价值，且是创造价值的“价值之母”。其二，不存在独立于各种关系之外的个体。个体由于相互依赖而受到限制，不存在独立于各种关系之外，也即离开共同体或生态系统而能生存的个体。其三，整体主义。就内在价值而言，共体大于个体；就外在价值而言，系统重要于个体——“不存在神圣不可侵犯的个体权利”，对共同体的态度是判断是与非、对与错的道德尺度。其四，内在价值平等。内在价值平等包括“种际平等”、“种内平等”，且在这两个方面都不存在“优先的个体”（物种、种群、个体）。

个体主义、人类优越论的观点则与环境伦理完全对立：一是内在价值只属于个体，整体和生态系统不具内在价值；二是个体主义——个体的权利是神圣的、不可侵犯的，主张限制个体权利的整体主义是“生态法西斯”；三是价值分布不均匀，人类（内在价值）大于非人类，物种之间的价值不平等——从低级到高级，有机体的内在价值增大，外在价值减小。

整体主义、“种际平等”是环境伦理的理论基础，也是与持个体主义、人类优越观点的非环境伦理——如人类中心主义等的本质区别和论争的焦点。

对环境伦理整体主义价值观的支持来自传统的整体主义。早在两千多年前，柏拉图在论述“正义之邦”时即写道：“我们建立这个国家的目标并不是为了某个阶级的单独突出的幸福，而是为了全体公民的最大幸福……我们的首要任务乃是铸造出一个幸福国家的模型来，但不是支离破碎地铸造一个为了少数人的国家”。[12] 133“我们的立法不是为城邦任何一个阶级的特殊幸福，而是为了造成全国作为一个整体的幸福。它运用说服或强制，使全体公民彼此协调和谐，使他们把各自能向集体提供的利益让大家分享。而它在城邦里造就这样的人，其目的就在于让他们不致各行其是，把他们团结成为一个不可分的城邦公民集体”[12] 279——由此“铸造一个整体的幸福国家”。[12] 133

---

① 位于科罗拉多州的美国全国气象研究中心下属一个研究小组发表的一份研究报告，是对植物通过释放化学物质进行通讯联系的最新证明。该研究表明，植物在干旱或温度不适宜而感到压力时，会释放出类似于阿司匹林的化学物质——水杨酸甲酯，以激发能够帮助自身加强生化防御和减少伤害的蛋白质的形成。受到干旱压力的树木，水杨酸甲酯的水平会因为夜间非时令性的低温而升高；当遭到昆虫啃咬时，也会释放化学物质示警。亚历克斯·冈瑟说：“这些发现是生态系统中植物和植物之间能够沟通的确凿证据。看起来，植物似乎具有通过空气沟通的能力。”（路透社华盛顿9月18日电. 参考消息，2008.09.23）

J. 比尔德·克里考特肯定环境伦理，主张保护物种：大地伦理是一种与环境美德、环境理想有关的恰当的伦理体系；[13] 460-461 更少的人口、停车场对应于更多的狮虎和荒野；应尽力拯救现有物种，保护尚存在的生物多样性和美，防止生物圈的进一步退化——“我们时代最紧迫的道德问题，就是我们所负有的保护地球的生物多样性的责任”。[13] 465 但他同时认为，对人际的义务应优先于对种际的义务——“作为一条一般的规则，当人际义务与种际义务发生冲突的时，前者应优先于后者”。[13] 462

D. E. 马瑞塔（1988）认为，如果以共同体的完整、稳定、美丽作为价值、义务的唯一根源或最重要的根据，“大地伦理”便是法西斯的；当不违背重要的人际义务时——人同时属于两个共同体，对较大共同体的义务，不应湮没和取代对小共同体的义务，则不是法西斯。[13] 461, [14] 87① J. N. 莫林（1986）的看法是，如果利奥波德整体主义原则中的“一件事情”被理解为“一个具体行为”（“直接整体主义”），那这一原则便是法西斯主义的；如果被理解为“某种行为类型、行为规则、偏好或态度”（“间接整体主义”），则法西斯主义的指责便不可信。[13] 462, [14] 88

对“大地伦理”持否定态度的阿提费尔德认为，共同体无自身的好而不具内在价值，生态系统中的相互依赖并不意味着道德关系的存在；若共同体具有内在价值，则内在价值最大化时会造成共同体与其成员的矛盾。为强化自己的观点，阿提费尔德还援引了 J. 帕斯莫尔关于共同体成员之间存在义务的两个条件——共同利益、对相互义务的认知——和对把价值赋予共同体的批评：共同体并不满足这两个条件而不具内在价值。[13] 435-437②

对“大地伦理”整体主义最尖锐的指责是，为了整体的“好”而牺牲个体的“好”——他们质问到，是否为了保护生物共同体的完整、稳定和美丽而允许猎杀作为共同体平等“成员”的人类？大地伦理是“专制主义”的（M. 克尔，1985），削弱了对个体内在价值的尊重（E. 克兹，1985 年）隐藏着这样的危险推论——“人口的锐减将是件好事，灭绝人口的 91%是我们这个物种的义务”。[13] 458-459（W. 艾肯，1986）汤姆·雷根（1984，1988）明确指出，大地伦理“明显地包含了这样一种前景：为了生物共同体的完整、稳定和美丽，个体得牺牲给更大的生物共同体的‘好’。在这样一种……可恰当地称之为环境法西斯主义的论点中，我们很难为个体权利的观念找到一个恰当的位置……整体主义给我们提供的是对环境的一种法西斯主义式的理解”。[13] 459③

① 一个重大的认知误区是：人们把自己看做“生态共同体”的有机成员而形成对许多问题的模糊认识，构成对（生态学的）环境伦理学发展的重大障碍。

② J. 帕斯莫尔认为：“权利思想完全不适用于非人类存在物，人类之外的生命认识不到彼此之间的责任，也没有能力交流对责任的看法，这一事实意味着只有人才是道德共同体的成员。荒野只有（供人欣赏的）工具价值。”[15] 208“主张动物、植物、景观也都有其‘生存权’只能招来混乱。‘权利’这一概念说到底是无法适用于人以外的东西的”。[15] 227（《人对自然的责任》）

③ 法西斯（来自拉丁文 fasces）原指中间插着一把斧头，象征暴力和强权的“束棒”（古罗马官吏出巡时所执的权利标志）。法西斯主义（意大利文 fascismo 的音译）指以恐怖、暴力、专制、极权为特征的执政形式，推行种族主义和强权外交；也指鼓吹这种专政形式的反动思潮。法西斯主义最先出现在第一次世界大战后的意大利；历史上推行法西斯专政的国家有：发动第二次世界大战的（墨索里尼、法西斯党统治下的）意大利、（希特勒、纳粹党统治下的）德国和（军国主义统治下的）日本。[16] 873、908（辞海条目：军国主义、法西斯党、法西斯主义）

“地球先锋派”/“地球第一”（Earth First：EF！）因为主张大规模降低人口数量——如果砍掉食物链最高的一环，自然界就能够重建——而受到最为严厉的批判，被指责为法西斯主义、种族灭绝论的煽动者、恐惧主义者、经济的破坏者、活命主义者、厌恶女人和人类者。[13] 528-529，[17] 373-374、378-381

——“生态目的性”：评价、判断是与非、对与错的共同尺度

为了能够回应对环境伦理的批判和指责，首先必须与批判者建立对话的平台，即评价、判断是与非、对与错的共同尺度①——因为环境伦理说的是自然的语言，批判者讲的是人类的语言。由此，以“人类立法”——“人类中心主义”、“财富目的性”、“个体目的性”、资源配置“最大化”，还是“自然的秩序”——“生态目的性”、“生存目的性”、“集体目的性”、资源配置“最小化”作为共同尺度的问题，便摆在了我们的面前。

基于“人类立法”的排他性、片面性和失败，生物圈的包容性、普适性和成功，不妨碍“生态目的性”的贯彻是人类自身的道德规定和对生物圈的义务，以维护生物圈“多样、稳定、持续”为宗旨的“生态目的性”，应成为评价、判断是与非、对与错的共同尺度。（3-18-2-2，3-18-4；3-19-3-2，3-19-3-3；3-20-3；3-23-1-2，3-23-2，F-3-23-3）

22.2.2 生态整体主义和道德关系

生态整体主义的要点有五：其一，作为整体的生态系统具内在价值；其二，整体重要于个体——整体价值（内在、外在）大于个体价值，② 个体利益服从于整体利益；其三，个体是一个受限制的存在；其四，外在价值的重要性是处理共同体中内在价值平等成员之间关系的准绳；其五，共同体中个体的相互依赖是一种道德关系。

这里的说明和回应是：整体与个体的界限是相对的；整体是个体最佳的存在状态；共同体中各成员存在共同利益并具对相互间义务的认知；个体的相互依赖是一种道德关系。

——整体与个体：界限的相对性

“层级—尺度”理论认为，并不存在绝对的部分和整体，在单个生物被视为个体时（如我们通常认为的那样），种群便是整体；当尺度放大至群落、生态系统时，种群便成了个体，群落、生态系统即是整体——小系统、子系统是个体，大系统、母系统是

对“大地伦理”的“环境法西斯”——为保护环境而对人类实行暴力和强权——指责是无视事实、颠倒黑白而完全错误的。事实是，人类凭借力量灭绝生物、破坏生态，对环境实行暴力和强权——“生态法西斯”。人类利用环境基于“天赋生存权”——虽是“弱式”的（3-23-3-2），而一旦这种利用变成“攫取”和“掠夺”而超出合理的界限，便转化为“生态法西斯”。而鼓吹对自然“攫取”和“掠夺”，并为之张目的思想，按对法西斯主义的定义，则也是一种“生态法西斯主义”。指责“大地伦理”的人，自己就是“环境法西斯”。

① 对话的基础和判断是与非的尺度是生态学。对环境伦理如此严厉乃至“恶毒”的批判，表明了批判者坚定的“人类中心主义”立场，和对“非人类”生物“冷酷的心”。生态学是对“人类中心主义”的有效“解毒剂”，和对“冷酷心”的最好“融化剂”。

② 整体价值（内在、外在）大于个体价值是在整体等于或大于部分之和意义（量上）上而言的，并不构成对共同体各成员（物种、生物个体）内在价值平等（质上）的否定。

整体，地球生物圈就是一个超级有机整体；当尺度缩小至细胞时，具物质交换功能的细胞便是个体，单个生物便成了整体——细胞的集合体。从生命演化的历史看，真核生物即是由多个具不同功能的原生生物组成的集合体。[18] 5-8

整体与个体界限的相对性并不要求无限制地扩大和缩小观察的尺度，而只是给出一个恰当的范围：单个生物体——一条鞭毛虫、一只羊、一个人是个体的下限，作为超级有机体的地球生物圈是整体的上限，介于二者之间的种群、群落、系统，则在作为个体的同时又是整体——由此，当我们，也包括批判者把内在价值赋予个体时，也便把内在价值赋予了整体。

如果只是把内在价值赋予一条鞭毛虫、一只羊、一个人这样绝对的个体，批判者便会陷入这样的逻辑和话语困境：当单个的人由于作为个体而具内在价值时，多个人——人群、民族乃至人类便由于作为整体而失去内在价值；具体的人由于个体性而具内在价值，抽象的人由于既具个体性又具整体性，便既具内在价值又不具内在价值——按此逻辑，当讲人具内在价值时，便必须说明所指是张三还是李四，而不能指在场的所有人，否则，便违背了内在价值只能赋予绝对个体的规定而自相矛盾。显然，整体主义的批判者走出逻辑、话语困境的唯一途径，便是承认整体和生态系统的内在价值——不然，他连话也无法说。

——生物共同体成员存在共同利益并具对相互之间义务的认知

（在生物之间，而不是在生物与人之间）生物共同体成员存在共同利益——“生态目的性”并具对相互之间义务的认知；共同体成员的共同利益，构成共同体自身的“好”——利益、目标和追求。在共同体（种群/物种、生态系统）中，空间维的共存共荣、时间维的协同演化是共同体成员（个体、种群/物种）的共同利益——生存，繁殖和种群延续，种群质量保证和遗传素质的不下降，共同适应（环境）和相互适应的协同演化。个体的共同利益构成了共同体的“好”、目标和追求；共同体的多样、和谐、稳定、持续则保证着个体共同利益的实现——在这里，个体的“好”与共体的“好”是一致的。（2-12-1-2；3-17-4-1，3-17-4-2；3-18-2-2，3-18-4）

为了共同的利益、共同体的“好”和生存，个体必须相互依赖——相互依存和相互制约。这种相互依赖，在种群内是个体的分工协作，在种群之间是由食物链、食物网所体现的营养关系和“共生”。当个体（生物个体）根据在群体中的分工恪尽职守地完成自己的工作时——如工蚁负责搜集食物，兵蚁负责保卫巢穴，当个体（种群/物种）根据所扮演的“生态角色”完成自己的“生态义务”时——猫捕鼠、狼吃羊，鼠、羊则分别作为猫和狼的食物而被捕食，共同体成员便是在尽相互间存在的“生态义务”。

对相互间和共同体的义务，共同体成员不仅恪尽职守地完成，而且也是认知的：被捕食者繁殖超出维持种群所需要的个体以供应捕食者，捕食者节制捕食以避免被捕食者种群的萎缩；被捕食者不拒绝被捕食，不合力攻击天敌而任由捕食者捕食①——由

① 多个重达1吨、齿长1米多的雄海象，合力完全可以杀死1只体重800千克左右的北极熊，但它们从来不这样做而表示了对“天敌”的尊重——相互间义务的认知。

此保持食物链、食物网各环节、通道物质、能量流转的通畅和平衡。与此同时，生物还通过同类不相残以维护种群稳定，① 自律（节制繁殖、自疏、集体自杀）以避免种群过剩，进而共同体稳定的维护。正是共同体成员对相互义务、共同体义务的这种认知和完成，才会有共同利益的实现，“生态目的性”的贯彻和共同体的“好”——生物圈的“多样、和谐、稳定和持续”。(3-17-3-3)

——共同体中个体的相互依赖是一种道德关系

这里着重强调的是，生态系统中个体间的相互依赖——相互依存、相互制约——关系由于体现着目的、行为的善，蕴含着“好”和利益，并保证着个体共同利益和整体好的实现而是一种道德关系；也正是这种相互依赖，规定了共同体成员相互之间的，和对共同体的义务，并提供着实现义务的机制——营养关系、分工协作和“共生”……

这种相互依赖不仅是有目的的、道德的，而且是极端重要的——在由这种相互依赖关系形成的价值场中，价值被生产（再生产）、创造了出来并得到维护。在种群/物种层面所进行的，是（同质）价值的传递、价值的维护，分别体现着共同体内个体成员之间的遗传关系（含两性关系）和分工协作关系。在生态系统层面所发生的种群/物种之间的相互依赖关系有：推动（异质）价值转移的营养关系；（异质）价值替代的演替关系（生态演替）；（异质）价值更新的物种替代关系（老种的死亡、新种的形成）和由新种形成、多样性增加体现的价值创造——进而共同体所有成员价值的维护。②(3-16-2) 在这里，再次引用康德关于“内在合目的性”的论述仍是必要的：“它的这个原则，同时也是它的定义是：一个有机的自然产物是这样的，在其中一切都是目的而交互地也是手段。在其中，没有任何东西是白费的，无目的的，或是要归之于某种盲目的自然机械作用的”。[18] 497

阿提费尔德、帕斯莫尔等③ 关于共同体成员之间无共同利益、缺乏对相互义务的认知和相关依赖并不意味着道德关系存在的观点，既表明了一些伦理学者对自然的误读——只看到狼吃羊的“残酷”而领会不到其中的“真谛”——营养关系的贯彻和贯彻营养关系对生物圈的的根本性，更看不到生物圈对所有生命目的的包容和这种包容

---

① 异常情况下除外。极度干旱情况下草原上的羊食羊（活羊吃死羊）；气候变暖使北极熊捕食同类——对此的合理的解释依然是，（异常情况下）尽量维护种群生存，这也是符合群体生存对个体生存优先性原则的。(3-17-1-1)

② 最低限度而言，生物这种在一些人看来不具道德关系的相互依赖，保证了否定她们应获得道德关怀的“道德家”的生存，使之嘴上有气力来否定生物的内在价值——就此来说，人是一个未过河就拆桥，还在靠这些毛毛虫养活的“蠢物”和“忘恩负义”的家伙，人类中心主义是最无情义的伦理学。

③“对一个共同体来说，其成员间拥有共同的利益并认可彼此间的责任是至关重要的，那么，人、植物、动物和土壤就确实没有构成一个共同体。细菌和人既不承认彼此对对方的责任，也不拥有共同的利益。同一个共同体中成员彼此都对对方负有道德责任；在这个意义上，它们不属于一个共同体”。（帕斯莫尔，《人对大自然的责任》，1974）“共同体——在负有道德含义的意义上——至少要以共享的信念和价值为前提。包含着各种生物的大自然显然不是任何的道德意义上的共同体”。[20] 218 (D. H. 勒根，《保护自然资源的义务》，1986）

所体现的道德性——支持地球上所有生命和维护价值、价值体系的“博爱”和“大爱”。事实上，生态系统中（生物）个体对相互义务的认知远比人类要深刻得多；在身体力行上更是人类，特别是（生物界不存在的）个体主义者所无法比拟的。

帕斯莫尔等关于人与细菌、植物、动物和土壤不属于一个共同体的观点，既体现了他们生态学基础知识，如层级—尺度概念的缺失，也表明他们对人类本质——非有机性、外部性的不了解。这里的回应是：“人”（尚未成为人而为动物时）与细菌、植物、动物和土壤在个体意义上不属于一个共同体，但在系统层面——生态系统、景观……“生物圈”则属于一个共同体——“生物/生命共同体”并是“平等的一员”；当“人”把自己从动物中提升出来而丢失了“生态目的性”之后，她便被自然逐出了，事实上是她自行脱离了生物圈而不再属于任何一个“有机共同体”；人在生态系统、“生物圈”的存在，只是一种“强行进入”——但人们对此并无自觉的认知。当利奥波德“一厢情愿”地要把人拉到他的“大地共同体”中时，人和他的“代言人”——正统的伦理学家却一点也不领情并乖戾地指责他是“生态法西斯”。

22.3 道德选择与道德权利

22.3.1 “性”、习得性和道德选择能力的获得

——“性”、习得性和道德选择能力的获得

生物以“体能适应”环境，人以“文化适应”环境。

“体能适应”的特征是遗传，且这一特征受到严格的生物学规定——只有那些与物种生存，也即“体能适应”有关的特征，才能被“获得”和遗传给后代；（3-17-2-1；4-30-2-2）“文化适应”的特性是它的习得性，即适应获自学习而非遗传——由此，也仅由此，作为文化一部分的（后天、第二层级而非本质的）善恶，都获自后天的学习和环境影响，而不可能来自遗传。善恶的非遗传性是孔子“性相近，习相远”（*孔丘，《论语·阳货第十七》*）成立的前提——只有当后天行为的善恶获自学习和环境影响时，才会有“人之初”的“性相近”，和尔后的“习相远”。

在从善的尺度到人的先天本性的各种问题上，尽管人们各持己见，观点“大相径庭”，但在教育、环境对人性，即对后天善、恶的影响上，人们的看法则较为一致。狄德罗（法，1713—1784）指出，“我们把人看做是能够进行各种各样精神活动的生物，这些精神活动，既可以使他成为好人，有益的人，作善的人，也可以使他成为坏人，有害的人，作恶的人。这就构成伦理上的人”；[21] 34（*《百科全书》*）“蓬生麻间，不扶自直，白纱入缁，不染自黑”——“人之性犹蓬纱也，在所渐染而善恶变矣”。（*王充，《论衡·率性第八》*）

这里需要说明的是，此处的“性”是在如下的意义上被使用的：不是人固有的先天本性，而是“人之初”的“性”和“习相远”的“性”。“习相远”的“性”指，通过学习、接受环境影响而形成的，以第二层级善恶（第一层级指人在本质上的善恶）

为表征的精神、心里和行为特征——这种后天的“性”是可以改变的，“放下屠刀，立地成佛”，“近朱者赤，近墨者黑”环境影响的发生和“孟母择邻”的应对，即是人们对其可变性的认识。对“人之初”相近的“性”，这里可给出两种解释：

一是行为意义上既不善也不恶的无分善恶的一种可塑状态——通过后天的学习，既可为善也可为恶；一是与善恶无关的，为后天学习、接受环境影响提供条件的一种“能力”——学习、接受能力，一种“进化论”（组织复杂化）意义上的“性”①——直立行走、手的解放，发达的大脑和学习语言、识别符号的能力——由此，人便从可能性和组织结构两方面获得了学习善恶的道德选择能力。

——习得与遗传的关系

习得性要求人具有学习的能力，使人能够在学习已有文化的同时，创造新的文化并把获得的文化通过学习一代代传递下去。于是，在“文化适应”创造文化——语言、符号、技术……的同时，人也获得了学习的能力，并由此保证着“文化适应”的生产和再生产。人的习得性或学习能力获得的过程，即是人“文化适应”的过程，和把自己从动物中提升出来的过程。对习得与遗传的关系，这里有三点需予以说明。

第一，关于人的学习能力。

人的学习能力可分为组织结构层面上的学习能力与习得意义上的学习能力。前者指直立行走、手的解放、大脑的复杂化，和学习语言、识别符号的能力，是学习的物质基础和可以遗传的；后者指学习和创造文化的能力，是不能遗传的。此处，仍可借用孔子的“性相近，习相远”来予以解释：作为学习的物质基础，“性”对每一个人来说，都是“相近”的，差不多的；而作为由“习”而来的“性”——学习结果，则由于环境和努力程度的不同而“相远”。

由习得意义上学习能力和学习结果的非遗传性而来的问题有二：一是每一代人都面临重新学习的任务，而且这一任务将越来越大，乃至出现学习的极限问题；一是与之关联的历史循环问题——柏拉图早就写道：“正当你们……开始掌握文字与文明生活的其他要素时，洪水之祸自天而降，淹没一切，只留下你们当中那些愚昧无知的人，于是，你们被迫像儿童那样，一切重新开始”。[22] 1141（《蒂迈欧》23A）

第二，习得性是人与生物的本质区别，但并不存在不可逾越的鸿沟。

从蚂蚁“耕作”自己那有可食用菌的园子，[23] 8-9 到肉食动物学习捕食、植食动物学习逃避，再到灵长类学习使用工具，生物的学习能力随简单（物种、环境）到复杂（物种、环境）而提高着。学习能力，特别是组织结构层面上学习能力的突破性进展，使人类习得性的提高超出“遗传适应”的界限而变成了人。习得性的存在，为人对野生动植物的驯化提供了可能；但受组织结构层面上学习能力的限制，动物习得性的提高，始终不能超出“遗传适应”的界限而只能继续做动物——如，在一定程度上适应

① 赋予“性”以学习、接受“能力”的含义，不一定是孔子的原意——他是否在学习、接受“能力”上讲“性相近”，不得而知（从认知的历史局限看，很可能不是）；也与人们的解释完全相左。但只有如此，才能在进化——复杂化意义上解释“性相近，习相远”。

了人类文化的狗，纵使付出再大的努力也考不上联合国大学。①

第三，习得性与“遗传适应”是一个反向变化的不可逆过程，学习能力的提高意味着“遗传适应”不可逆转的退化。

习得性使人能在人类社会学习做人，在狼群中学习做狼——学习奔跑和撕咬，但“遗传适应”不可逆转的退化——人的组织结构只适应学习而不再适应动物的生活，则决定了“狼孩”再努力学习也无法使自己成为真正的狼。（3-18-4-4）

22.3.2 理性和道德选择能力：人类做错事的缘由

——“在没有选择的地方”并非“无道德可言”而是充满了“善”

“在没有选择的地方无道德可言”这一格言形式的伦理认知，从生态学看可理解为：自然界不存在选择（如对狼而言，必须吃羊而不存在吃或不吃的选择），因而也不存在道德关系善和恶、对与错；或，由于自然界不存在道德关系，进而道德理想、道德标准、道德原则、道德规范，不存在善与恶、对与错——善与恶、对与错是选择的前提——便不需要选择。与认为“自然是邪恶的”的看法相比，这一认知无疑进步了许多但仍然是片面的。

对自然（生物）来说，以维护生物圈多样、稳定、和谐、持续为宗旨的“生态目的性”是她的道德理想；扮演“生态角色”、承担“生态义务”…… 是她的道德标准；“种际平等”、“代际平等”和“种内平等”是她的道德关系；“自然的秩序”——食物链—食物网、营养关系、资源配置原则、生态对策的“关联—限制”、“生态平衡”……是她的道德规范和道德原则。

事实上，自然界并非无道德可言而是充满了“善”：对万物生存的维护使自然“本善”和指向善——个体的、底层级的善或恶（如狼吃羊），在种群、生态系统和生物圈层面都被整合为善。（3-23-2-2）生物圈的多样、稳定、和谐和38亿年的持续即是对自然“本善”和指向善的证明。

对于“选择”，则可作如下的理解：以贯彻“生态目的性”为己任的生物只“选择”行善而不选择作恶；或生物遵从“自然秩序”这一伦理原则和道德规范而一贯行善、从不作恶——这是自然代生物所作的始终正确、从不出错且最好的选择——因为“自然界所懂得的是最好的”[24] 32（巴里·康芒纳），“大自然本身绝不可能出错”[22] 1394（霍布斯，《利维坦》Ⅰ，4）——如同用不着“选择”的，保证生物适应所在环境的适应性“后变异”那样——生物则将其当作“指令”而不折不扣地执行。

---

① 联合国大学（UNU）是在1969年由吴丹（时任联合国秘书长）提议，1972年联合国大会决议通过，1975年正式建于东京，以为世界和平、人类进步作贡献为宗旨，具自决地位而以“联合国大学”命名的一个机构。

下面的一则报道，令人对动物的学习能力刮目相看：俄罗斯乌德穆尔特共和国一只名叫杰西的可卡犬，看着主人谢尔盖·罗季奥诺夫的样子，学会了开汽车。经过谢尔盖的进一步训练，已能单独驾车在乡间公路上行驶几公里——且是既不会超速，也不会开到对面车道上去的“模范司机”。（俄新社莫斯科8月20日电. 参考消息，2009.08.22）

——理性和道德选择能力：人类做错事的缘由

善与恶、对与错的存在赋予“选择”以必要性；而“选择”，则意味着行为的会出错，或（行为）出错发生的必然性。从“自然选择”看，“变异”在“选择”之前（“前变异”）就存在，且有“有利”和“有害”之分，“选择”即意味着对“有害变异”的“剔除”，对“有利变异”的保留，由之使生物适应环境和“进化”——尽管这些都是虚构的。(3-17-2-1)

如果说自然界充满了善，且遗传性选择和“遗传适应”使生物只能听从自然的安排——遵从“自然秩序”、贯彻“生态目的性”，只“选择”做对的事而从不作恶的话，那么，“道德选择”便意味着人类社会存在着“善”与“恶”，“对”与“错”；丢失“生态目的性”、脱离“自然秩序”而具道德选择能力的的理性人——道德选择赋予人以理性，则既可做对事也可做错事，既可“选择”行善，也可“选择”作恶，或在“无知”的情况下作恶和做错事。①

黑格尔指出：“罪恶生于自觉，这是一个深刻的真理：因为禽兽是无所谓善或者恶的；单纯的自然人也是无所谓善或者恶的。自觉却使那任性任意、具有无限自由的‘自我’，离开了‘意志’的、离开了‘善’的纯粹内容……”[21] 627（《历史哲学》III，III，2）马克·吐温也写道：“人类能够知道对错，这证明他在智力上比其他生物优越，然而人类却会去做错事，这又证明他在道德上比其他不会做错事的生物更低劣”。[25] 488（附录1、附录2）而且，习得性选择还使作恶成为属人的“专利”：

正如卢梭所言，“世间只有人作恶”。而通过学习获得的知识——使人具备道德选择，即作恶能力的知识，便顺理成章地成了恶的源头。黑格尔在指出“罪恶生于自觉”的同时还特别地强调：“‘知识’就是取消了‘自然’的统一、就是‘堕落’；这种‘堕落’并不是偶然的、而是永恒的‘精神’历史。”[21] 627（《历史哲学》，III，III，2）在《圣经》中，知识被视为“原罪”，偷吃“禁果”而获得知识的行为，则受到严厉的惩罚。(3-20-2-1，3-20-2-2，F-3-20-2)

22.3.3 人类并不比动植物“智慧”

当植物为了自卫释放化学物质以驱赶昆虫时，你可以说那只是简单的本能；当植物向啃食她的昆虫的天敌发出信息：这里有你喜欢的食物——使用类似人类的“借刀杀人”计谋——时，你还能说植物没有你聪明吗？从“生存智慧”和对环境的适应来看，人不是比非人类生物强，而是远不如动物和植物——因为在同“魔鬼”的技术交易中，人类已丧失了“生存智慧”，剩下的只是对自然的“算计”。（附录1；3-18-4-4，F-3-18-1，F-3-18-2；F-3-20-2；F-3-22-1-3）

对生物的“生存智慧”和适应环境的能力，迈克尔·波伦在《植物的欲望》中曾这样写道：“有的时候，某些适应特性是那么聪明，以至于看起来就像是有目的

① 即使像“大地伦理”创始者利奥波德这样的“先知”，也曾在大彻大悟之前，（如他所言）“协助灭绝了西南部的灰熊，从而充当了一个生态谋杀者的帮凶角色”。[25] 218-219

似的，如：蚂蚁‘耕作’自己那有可食用菌的园子；或者是那种开口很大的植物‘诱惑’苍蝇掉入，腐烂后成为自己的食物。”[23] 8-9“说我们是物种中较为‘先进’的一种，这就真要看你如何去定义‘先进’，你在‘先进’中看重的是什么了。很自然地，我们看重意识、工具制造和语言这类品质，好像仅仅是因为这些东西就是我们自身进化旅程迄今为止的目的。”[23] 6-7“植物是自然界的炼金术士，是把水、土和阳光改造为一系列珍贵物质的专家，它们中的许多都超越了人类的想象能力，人类的生产力比它们要低得多。当我们还在费劲地锻炼自己的意识时，还在学着用双脚走路时……它们已经在发明光合作用（一种把阳光转化为食物的技术），已经在完善它们的有机化学了。”[23] 7

22.4 道德权利的“意蕴”和回应

22.4.1 道德权利的“意蕴”

生物与人不能平等、生物不能拥有道德权利的“意蕴”——即生物不具道德地位，不能获得道德关怀，不能把道德权利赋予生物的理由，在“强式”人类中心主义者等看来，主要有以下五点：[13] 345，[20] 译者前言 4-5

第一，具备要求道德代理人承认其权利合理性的能力。

人是“道德代理人”，道德权利的主体——“道德顾客”被假定为“道德代理人共同体的一个成员”——人（非人类生物与人不属于一个共同体）。他们彼此承认对方的权利。从理论上讲，道德权利拥有者具备这样一种可能性：要求道德代理人承认其权利——但我们却不能想象，动物和植物能够要求道德代理人承认其权利的合理性。

第二，具备“自我尊重”的能力。

“道德权利这一概念与自我尊重这一概念有着内在联系”。道德权利的拥有者应获得与他人相同的关心，所有道德代理人都有义务尊重权利拥有者的人格，动、植物显然不是那种可以设想“自我尊重究竟为何物”的存在物。

第三，拥有道德选择能力。

道德权利的拥有者必须拥有道德选择能力——能够主动地行使或停止行使这种权利，拥有在各种不同选择之间做出选择的能力。“这样一种能力从逻辑上排除了动物和植物作为道德权利主体的可能性”。

第四，拥有主张和维护权利的能力。

道德权利主体应具备要求赔偿（基本权利受到侵犯时）、要求基本权利得到社会的公开支持和维护自己权利。为此，权力主体就必须具有发出抱怨和要求公正等的能力，要求法律保护的能力——而这些能力，都是动、植物所不具备的。

第五，道德自律能力。

道德只与理性有关，作为道德权利的主体必须具有道德自律能力。动、植物不具备此种能力——而且，其行为对自然有机体和人都是不道德的。

22.4.2 回应：并非优越的理性和道德选择能力

对以上被视为不可逾越的道德权利的意蕴，笔者在这里的回应是：

——“道德歧视”、不公正、“道德代理人”和“道德顾客”消失

道德权利的全部“意蕴”，有些人（智障者）是没有的；道德权利的一些“意蕴”（智力、自我意识、使用工具），一些非人类存在物是有的——道德权利“意蕴”的创造者，却违背普遍性和一贯性原理，实行“道德歧视”而只把道德权利的主体假定为人[27] 21——人自己为自己立法而有失公正。

“道德代理人”、“道德顾客”是一个“种际伦理”概念①——即既存在人，又存在非人类生物时才能使用的概念——此时，作为一个物种的人，是生物圈所有生命的“道德代理人”，“道德顾客”则既有人，又有细菌、植物和动物；当“道德顾客”——道德权利的主体只被假定为人，而将细菌、植物和动物做了排除时，问题便回到了“种内伦理”的范畴：作为一个物种的人，变成了公民，或男人和女人，理应代表生物圈所有生命的“道德代理人”成了人类社会的律师，“道德顾客”成了为打官司而来的委托人——在生物圈范畴使用的“道德代理人”、“道德顾客”的概念也随之消失了，关于环境的伦理，也就随之被取消了。

——“强权预设”、标准的混淆、排他和不道德

大大强于以“体能适应”环境的非人类生物的“能力”和相应的（在人类中心主义看来）异于、高于非人类生物的特殊属性，既是人成为生物圈所有生命“道德代理人”的凭据，也是“道德顾客”的标准。由之展现的：

一是人类的“强权预设”。②

二是“道德代理人”与“道德顾客”标准因同一的混淆。前者的标准应完备于、高于后者——否则，他就没有资格作“道德代理人”；后者的标准则不必与前者完全相同——如是，他也可以成为“道德代理人”。

三是排他性和不道德。要求道德代理人承认其权利合理性的能力，“自我尊重”、道德选择、主张和维护权利与道德自律能力——当“道德顾客”的标准被（不地道地）做了在人类中心主义看来，人异于、高于非人类生物属性的如此规定时，道德权利的“意蕴”便具有了排他性。这样，就可以从道义上把非人类生物排除在道德关怀之外，让具备这些能力的人心安理得地进行劫掠。

---

① 当人们否定非人类生物的道德权力时，“道德代理人”、“道德顾客”就具有了“种际伦理”的身份，否则，否定非人类生物的道德权力便成了多此一举。

② 如果以“能力”作为“道德顾客”的标准并坚持普遍性和一贯性原理，那么，人将成为：对非人类生物而言的，奉行“强盗逻辑”而地地道道的“强盗”；对人类一部分来说——胎儿、幼儿、精神病、“植物人”……的货真价实的“法西斯”。（3-22-2-1，242，243 页脚注③）

我们将生物圈作为“最高伦理主体”，“生态目的性”作为“最高伦理尺度”，即是对人通过“强权”取得的“道德代理人”地位的一种限制。（3-23-1-2）

——动、植物皆具备提出要求、发出抱怨、要求公正和维护权利的能力

动、植物皆具备提出要求、发出抱怨和维护权利的能力——如动物的领域行为、树木释放化学物质……生态系统本身即是一个高度信息化的系统。(3-22-1-3) 对动、植物上述能力理解的障碍，一是人类对动、植物权利的漠视，和利用文化（如技术）负荷的强权对她们维护权利行为的镇压；① 二是由于“生存智慧”的丧失和生态学知识的缺乏，除大象袭击村庄等少数情况外，人类听不明白、读不懂生物发出的大部分信息。

当“道德代理人”通过研究听懂了马语、狗语、鸟语，或看懂了他们的肢体语言（如不会写字的聋哑人），人类中心主义关于道德权利“意蕴”的各种设定，便就随之崩塌了；自以为聪明的各种设计，便都成了愚蠢之举。

认为动植物是不知“自我尊重究竟为何物”的存在物的看法，是对她们的不了解：利马豆在人为她修剪时不释放令叶螨厌恶的气味，表现的是对人的劳动的尊重和“合作”；[11] 1-2 “义犬”、“义鼠”救人表现的是“忠诚”、“知恩图报”和无私；大象救人表现的是同情心和“见义勇为”；大猩猩羞于观看儿童不宜的“三级片”表现的是羞耻心；狗因主人与事实不符的斥责气愤而死，水牛抵死长期无理鞭打她的主人，表现的是为了维护尊严，对羞辱、不公平待遇的强烈抗议、“义无反顾”的反抗，和为维护权利发出抱怨的能力……这一切，即是她们“自我尊重”的表现。

“自我尊重”之于人，则只是自己为自己缝制的一件“皇帝的新装”：在自我意识中，“自我尊重”展现的是自视优越和“妄自尊大”；在实际行为中，“自我尊重”展现的是残酷——在人与自然的关系中是灭绝物种，在人与人的关系中是相互残杀……意识源于实践，人只所以能创造出“虚伪”、“无耻”、“尔虞我诈”、“阴险毒辣”、“轮奸”……这些词汇，无疑是以他们的“自我尊重”的实践为背景的——我们只能说，人是最不“自我尊重”的动物。

——人的道德自律能力远不如非人类生物

至于“道德自律”，人大概是生物圈中表现最差、最不自律的一个物种。②

① 对动植物提出要求、发出抱怨和维护权利能力的否定，除了生态学知识缺乏和存在的信息沟通困难外，一个重要的原因是“人类优越论”和与之相关的强权逻辑的作祟。例如，一个人可以随意地踢小猫、小狗一脚，但他或她却不敢对碰到的狼狗或藏獒实施同样的行为——如果说动、植物没有上述能力的话，他或她照样可以踢狼狗或藏獒一脚。事实上，当他或她踢小猫、小狗时，她们已通过瞪眼、叫喊表达了抱怨，只是不会通过写诉状、打官司维护自己的正当权利而已（律师既可代人写诉状，也可代狗写诉状，F-3-23-2）——他或她便由之“视而不见”、“听而不闻”；当面对凶悍的狼狗、藏獒时，（如果不拿枪的话）他或她便不敢“轻举妄动”——在这里，狼狗、藏獒，进而动、植物提出要求、发出抱怨、要求公正和维护权利的能力，显然已得到我们的承认——在行为和“潜意识”上，只是他或她和我们的伦理学家羞于启齿而已。

② 当“笑贫不笑娼”、“笑贫不笑盗”已成为社会的潜意识，乃至为不少人效仿时，人还有资格谈论“自我尊重”吗？当“漂亮的女斗牛士以优美的姿势，准确无误地将手中锋利无比的剑刺中牛的心脏”时，当人们怀着一颗“冷酷的心”——无动于衷、麻木不仁（对死亡）而激动万分（杀死生命的艺术、死亡的刺激）——看着这一幕，怀着一颗“冷酷的心”写着、读着再现这一情景的文字并且同样激动着时，人还有资格谈论“自我尊重”吗？

为了对生境容量的不超越，植物可以“自毒”和“自疏”，动物可以“集体自杀”而从不通过“系统外解决”以转嫁种群过剩的危机——即使是天经地义的食物（如羊），捕食者（狼）也不去多吃；而人则对控制自己的贪欲，特别是数量讳莫如深，总是通过“系统外解决”——强化对自然的索取以转嫁种群过剩的危机，并制造出各种漂亮、美丽的“理论”、“规律”——如出生权、生育权、需求上升规律、可持续增长……为自己不进行自律的“正当性”和后果进行辩护。

——理性和道德选择能力并不是一种优越性

其一，理性和道德选择能力是对“生存智慧”的一种“蹩脚”的替代。

理性和道德选择能力并不是一种优越性，而只是对人在与“魔鬼”交易中所丢失“生存智慧”的一种替代——而且是一种“蹩脚”的替代。（3-20-2-2）

其二，在理性指导下的“道德判断”总是常常出错。

与遵从大自然的指令或按本能行事而只做善事、从不出错的生物相比，在理性指导下的“道德判断”总是常常出错。

其三，理性人是生物圈不平等和大屠杀的制造者。

对道德选择能力和理性优越性最根本的质疑是：“非理性”的生物是平等的——种际、种内和代际（3-18-4），“理性人”是不平等的——人与生物、人与人和上代人与下代人；“非理性”的生物创造了多样、美丽、和谐、持久的地球生物圈，而“理性人”从诞生之日起，即在“孜孜不倦”地破坏着地球生物圈的美丽、和谐，大规模地灭绝着她的创造者，并且相互屠杀而使自己“堕入比禽兽还不如的状态”。[27] 84（3-22-3-1）

——生物界充满了道德（3-22-2-2，3-22-3-2；3-23-2-2）

——人类并不比动植物“智慧”（3-22-3-3）

认识道德权利的关键是，抛弃人类优越论，学习生态学，认真研究生物圈、了解“生物共同体”，学习非人类的语言（如同人们为了交流而学习外国语一样）——马语、狗

当电视台做“撞了白撞”的节目并为世人展现“强势群体”如何漠视“弱势群体”生命——“撞死白撞”——的情景时；当反复碾压幼童案，当“集体冷漠”——5辆车先后撞倒、碾压路人并于肇事后全部逃逸，路过的40多辆车绕过而不施救、报警——都不再鲜见时，人还有资格谈论“道德自律”吗？在反复碾压幼童案中，肇事者的心态是：既然撞倒了，就一定要把他压死——撞伤不如撞死，活着是个大麻烦，死了大不了多赔些钱；这些“渣滓”，既有蓝领的卡车司机，也有毫无人性、开着“宝马”的“绅士”。

令人悲哀的是，这些无耻和不齿的事——还如中学生强行将自己年幼的师妹拉到校园的男生宿舍，并当着众人的面集体（6人）轮奸了她（其余10多个学生则无动于衷），只有人才能做出来。动物的“见义勇为”和救助同伴，进一步凸显着人对自己这颗冷酷、冷漠、沦丧的“心”的无知。前几年“斗牛”在一些国家的被禁，无疑是令人十分欣慰的“心灵解冻”和“良知觉醒”；最近“斗牛”在西班牙某地的“死灰复燃”，则表明了“心灵解冻”的反复和“良知觉醒”的艰巨。

语、鹰语、鸟语、花语、草语……否则，人类就没有资格做她们的道德代理人。①

22.5 个体权利的“恰当位置”

22.5.1 个体与整体

——个体主义的是与非

个体主义的发展，只是晚近才出现的，以“功利主义”和对自然误读——如“丛林法则”、“社会达尔文主义”，以“理性优越论”和对人类误读——“人是自然的目的”、自然是人类的“资源库”为背景的一种现象。

对个体主义的张扬，既有曼德维尔“充满邪恶”但“丰裕”的“蜜蜂乐园”，也有亚当·斯密“看不见的手”。在他们看来，“私人恶德即公众利益”，只要“经过正义的修剪”，“私人恶德”便可转化为“公众利益”；“看不见的手”则能使对个人利益的追求成为“社会公益”，并把人们引向人与人“双赢”的“和谐社会”。康德则给出了个体主义之正当和有益的著名辩护——“恶”使人迈出了从野蛮到文明② 的第一步，“恶”是推动历史发展和人类进步的动力。③（F-3-20-1）

对“双赢”和“看不见的手”的批判，在实践上来自愈演愈烈的自然—社会危机——物种灭绝、环境退化，贫富差距、南北鸿沟……在理论上来自生态学。依据生态学，哈丁在讨论“零一和游戏”和分析“公地悲剧”时指出：人与自然的关系是一种“零

---

① 事实上，一些动物对人的了解远比人对它们的了解为多。动物是为了生存而了解人类——作为“血的教训”，“旧石器时代”后期开始并延续到“农业革命”后的生物的人为大灭绝，一个很重要的原因即是对人的不了解（3-19-3-2，3-19-3-3）：人类是为了利用而了解动物——目的不同，规定了了解程度的差异。当“人”尚未成为人而处于动物状态时，她必须“明白无误”地理解狮子、鳄鱼发出的信息，否则，便会如同角马、羚羊一样而成为这些顶端捕食者的午餐。

障碍人类了解动物的首要是抛弃“人类优越论”，确立“种际平等”的认识论和伦理观。这是一件极其艰巨的任务——“人类优越论”不仅有“人类中心主义”在理论上为之张目，而且也深及人的骨髓。当我们为了在道义上表达对某人、某行为（某事）的愤慨时，大多想到的用语会是“猪狗不如”、“禽兽行为”，而从来不会问自己——开启第六次生物大灭绝之门并自相残杀的人类：我们在道德上究竟比猪狗、禽兽强在哪里？（3-20-4-2；3-23-2）

如果说《圣经》主要是人际关系的伦理学——种内伦理学，那么，生态学便主要是一门“种际伦理学”——处理人与自然、人与生物关系的《圣经》。如果我们不认真学习生态学，就没有资格谈论人与自然的关系和研究环境伦理学；如果我们不认真学习生态学，就不会成为伦理的，“拯救”人类和地球便会困难重重——她需要整个人类都成为“生态徒”。

② 从“生态文明”看， 迄今为止的一切人类文明仍处于“野蛮”状态。（2-14-6-3）

③ 马尔萨斯也认为：恶是“产生精神的伟大过程的一个要素”，[28] 149 恶“不是为了使人悲观绝望，而是为了刺激人的活动”[29] 151——“如果不是饥饿和寒冷把野蛮人从麻木状态中唤醒，他们会永远在树下打盹”。[29] 137 因此，“对于达到道德上的完善来说，道德上的恶可能是绝对不可缺少的。如果一个人接触的仅仅是善，则完全可以说这个人将为盲目的必然性所驱使”。[29] 144

和”的物质关系，“双赢”只是人类玩的把戏；“看不见的手”将通过“公地悲剧”把共同体引向崩溃。（1-4-3-2，1-4-3-3）

这里要强调指出的是：其一，“利己”与生物圈普遍存在的“利他”相对立而只是一种“属人”特征；其二，“利己”是一种与“合作”相对立的，不成熟的“幼态”特征；其三，以“利己”为主要特征的个人主义同整体主义相对立。（3-17-4-2；3-22-2-2）

——个体是一个受限的存在，而且必须是一个受限的存在

第一，个体（生物体、种群/物种）作为一个受限制——由相互依赖关系产生的相互依存、相互制约——的存在是一种客观事实。

第二，个体必须是一个受限制的存在，否则他便不存在和不能存在。受限性是事物存在的前提——由于存在细胞壁、皮肤的限制，细胞和生物，也包括人和个体主义者的个体才能存在，河之岸、渠之堤……万物皆由限制而存在，否则，便会有大于脸的嘴巴；离开各种限制——关系，个体便不能存活下去。个体主义是对“有限性”和其之根本性缺乏认知的一种表现。（4-30-6-1）

——整体价值大于个体，重要性高于个体，个体必须服从整体

第一，整体价值是个体价值之和，并且包容着个体的价值。

第二，整体具备内在价值并创造着价值。整体大于部分之和，在于当部分（个体）集合在一起时新质的产生（树木→森林），这种新质即是整体的“好”，和由相互依赖关系保证的个体的共同利益；规定的相互义务、提供的义务实现机制；形成的价值生产（再生产）、价值创新并使价值（个体、共体）得以维护的价值场。（3-21-3-1）

第三，个体服从整体是“层级－尺度”理论的规定。“层级－尺度”理论关于个体对整体服从的规定基于，作为高层级/大尺度系统的整体，对低层级/小尺度系统的个体在利益和目标，即“好”上的包容（2-12-1-2）。

第四，个体服从整体是一种“自然的秩序”。生存权平等首先是对群体的，个体的生存权是相对的，生存原则要求个体对群体的服从；营养关系的存在，即在根本上否定了个体生存权的绝对性。（3-17-1-1；3-18-4-1）

第五，“覆巢之下，安有完卵”，“皮之不存，毛将安傅”——个体服从整体也是明智的功利主义选择。

22.5.2 个体权利的“恰当位置”

——整体主义：个体最佳的存在状态

个体最佳的存在状态，是为自然有限性，和体现有限性之“最小耗散原理”规定的整体主义。在有限性背景下，从 1＋1＝2 到 1＋1＞2，或从单个树木到森林，整体（系统）在产生有益新质的同时，既通过对“最小耗散原理”的遵从而节约了物质、能量，进而由于低耗散而延长了持续存在的时间——这无疑是对个体的“好”，也是对整体的“好”，而对整体的“好”，最终亦可还原为对个体的“好”。（3-22-5-3；4-30-6-2）

对整体主义的进一步说明和对个体主义的最后回应是，为什么要限制个体权利，和为整体的“好”牺牲个体的“好”？个体权利的恰当位置在什么地方？限制个体权利、大量减少人口是专制主义、经济的破坏者和厌恶人类、厌恶女人者吗？对上述问题，可从生物界、人类社会和人与自然关系三个层面来观察。

——生物界：为整体的“好”牺牲个体的“好”

在生物界，整体的“好”是通过“自然的秩序”——有节制的营养关系，如羊吃草、狼吃羊——实现的。如果在“草－羊－狼”系统中的草、羊、狼都是持个体权利“神圣不可侵犯”的个体主义者——草不让羊吃，羊不让狼捕食，或羊对草、狼对羊又为了个体的“好”而过度地啃食和捕食，而且，她们都坚决捍卫个体的权利。若“不让吃”和“过度地啃食和捕食”的愿望又都得到实现的话，那么，整个系统便会崩溃——草不让羊吃而疯长、过密，或被羊过度啃食而最终枯萎；得不到狼群捕食控制的羊群，会发生种群的过度膨胀而衰退；无草可食（草不让羊吃）或过度啃食的羊群，无羊可捕（羊不让狼捕食）或过度捕食羊的狼群，最终都只能因饥饿而死亡，或种群过度膨胀而崩溃。

这里，整体主义以牺牲少数个体的“好”，换来了整体和大多数个体的“好”；而在捍卫个体权利徒劳的斗争中，个体主义者既断送了整体和大多数个体的“好”，又断送了自己的“好”——这是一个费尔南德斯岛上的山羊和猎狗都早已明白了的道理。（F-1-2-2）在生物界，个体的“好”与整体的“好”是一体的，从来就不存在脱离整体“好”的个体的“好”，个体的“好”——个体主义者所关心的个体权利的“恰当位置”，就在整体之中，就在为整体的“好”牺牲个体的“好”之中。

——人类社会：保证个体权利的根本途径首先是限制个体权利

在人类社会，保证个体权利的根本途径首先是限制个体权利。

第一，为整体的“好”牺牲个体的“好”是民主原则的体现和“公民”的“义务”。

整体的“好”是个体“好”之和并且包容着个体的“好”，为整体的“好”牺牲个体的“好”是民主原则的体现，是整体优先性原则的体现和“公民”的“义务”——如为国家、民族利益而牺牲。

第二，对个体权利的威胁来自专制主义。

对个体权利的威胁不是来自整体主义，而是来自具个体主义性质的专制主义。专制主义是少数个体以整体的名义对多数个体——一定意义上的整体的统治，是为少数个体的“好”牺牲大多数个体即整体的“好”。在这里，个体主义找错了对象，不是去批判极端个体主义的少数剥夺者，反倒稀里糊涂地将矛头指向代表多数被剥夺者的整体——而个体主义的张扬，在历史上即是反专制主义的。

第三，对个体权利和整体“好”的威胁来自极端的个体主义。

除了专制主义，对个体权利和整体“好”的威胁来自顽固坚持个体权利“神圣不可侵犯的”的极端的个体主义。在生物界，“神圣不可侵犯的个体权利”会导致包括个体主义者在内的整体的毁灭——幸好生物都是整体主义者；一些“人类共同体”没有毁灭在个体主义者手中，即在于绝大多数人都是整体主义者。

集体主义号召人们“舍生取义”，做国家卫士和民族英雄；个体主义至上既可使一个人成为英雄，也可使一个人为免遭皮肉之苦，或为保全身家性命而选择出卖国家、民族利益，去当可怜的懦夫和丧失人格的叛徒——如果一个民族、国家的成员都是极端的个体主义者，那就存在大家一起当叛徒（汉奸、美奸）的可能。黑格尔死亡“是个体作为个体能为共体（社会）进行的最高劳动”的名言，即是对整体主义的肯定，对个体主义的蔑视和鞭笞。作为物理学家的薛定谔也指出：“对于单个动物来说，利己主义是优势，它可以保护发展该物种；但在任何集体中，它则是一个具有毁灭性的弊端。一种处于开始形成阶段的动物不限制利己主义将会消亡”。[30] 99

保证个体权利的根本途径，或个体权利的恰当定位，首先是限制个体权利。个体权利在限制中才能得以实现——限制带来“种际平等”、“代际平等”和“种内平等”，使生物界繁荣、和谐、可持续；不加限制的人类权利已经给自身和自然带来危机。二是把个体利益融入整体利益之中。因为整体（“共同体”）体现着个体利益，个体利益即在整体利益之中——人们为什么组成“共同体”的原因，即在于此。三是反对专制。反对专制，构筑民主的基石既是个体利益的必须，也是维护整体利益的必需。

要特别强调的是，在生物界，个体对整体的服从是绝对的、无条件的——因为生物并不做选择，自然已为她们做了选择，而且从来不出错。在人类社会，则由于存在“道德选择”，即存在对与错、善与恶——整体、个体都会做错事、做恶事——这样，个体对整体的服从便不再是绝对的、无条件的了——当整体做错事、做恶事之时——如，第二次世界大战中存在于德国、日本、意大利的各种形式的“反战同盟”和“反法西斯同盟”，即是对做恶事整体的不服从。

——人与自然：个体权利的实现在于大规模缩减人口规模

从人与自然关系看，个体权利的实现在于大规模缩减人口规模。对限制个体权利和大量减少人口主张的“法西斯主义”和“厌恶女人”等指责所体现的，也只是个体主义者失去理性的心浮气躁。

仅就对物种的大量灭绝来说，人类便是不折不扣的“法西斯”——而为之张目的，正是个体主义者；仅就反对大量减少人口而言，法西斯主义不是整体主义者，而是整体主义的批判者——个体主义者自己。该受到厌恶的不是人类，而是她过多的数量、过度的贪婪，对自然的大破坏和对生物的大屠杀——难道对此不该厌恶吗？难道人口像老鼠一样多，如蝗虫一样“种群爆发”才是道德的吗？难道在过多的数量、过度的贪婪下持续大规模灭绝生物和破坏生态/环境，才能让批判的伦理学家、个体主义者心平气和吗？——果如此，那这些伦理学家和个体主义者便是“不可理喻”的了。就维护生物圈的稳定、和谐、美丽、持续而言，个体权利的实现恰在于大规模缩减人口数量。

半个多世纪前，赫茨勒即在《世界人口危机》（1953）中就控制人口的道德性——西方有人说避孕是“非社会的”、“反社会的”，乃至“不道德的”——问道：难道让大量人口吃不饱、穿不暖就“道德”？而避孕、节育，实现“人口－资源”平衡，给人类创造更好的物质条件、生存条件就“不道德”？[31] 89 而在地球这个“大量人口吃不饱、穿不暖”的“人类饲养场”① 中，还能找到个人权利的位置吗？

① 艾里奇等在《人口爆炸》（1991）一书中写道：人们已经把地球在实质上变成了一个“规模巨大的人类饲养场”。[32] 7

就个体权利与整体的关系，让我们最后一起来看一下亚里士多德在公元前四世纪就“整体必然优先于部分”所写的一段话：“城邦在本性上先于家庭和个人。因为整体必然优先于部分；例如，如果整个身体被毁伤，那么脚或手也就不复存在了……城邦作为自然的产物，并且先于个人，其证据就在于，当个人被隔离开时他就不再是自足的；就像部分之于整体一样。不能在社会中生存的东西或因为自足而无此需要的东西，就不是城邦的一部分……”[33] 4-5

22.5.3 “外在价值准则”

整体、个体的性质及其相互关系，内在价值平等和价值冲突中的“外在价值准则”，是对整体主义的继续说明。在一个相互关联的有机整体中：

——内在价值平等和处理冲突的基本原则：“种际平等”优先、“代际平等”优先和“系统内解决”

内在价值平等包括“种际平等”、“代际平等”和“种内平等”（正义）三个方面。处理三者冲突的基本原则是“种际平等”优先、“代际平等”优先，和“系统内解决”——各层级、各部分的问题在各层级、各部分内解决。这里要强调的是，由“种际平等”优先并不能引申出，为了共同体的美丽而允许“猎杀人类”、灭绝人口的91%——如有人在攻击“大地伦理”时所称（3-21-2-1），但通过“节制生育”减少人类数量的 91% 却是最大的善——否则，她不但要继续大规模破坏“生物圈”和灭绝生物，自身也将继续作为一个“生态学悖论”（苍鹰和兔子的混合体）而存在，人类社会也将被大量的人口所压垮。（附录 1；2-12-1-3；3-22-6-1；3-23-4-3）

——“外在价值准则”：处理共同体“内在价值”平等成员关系的“准绳”

“外在价值准则”即根据“外在价值”——分工和由之规定的对共同体不同的重要性，（在必要时）处理不同“共同体”（生物、人类）“内在价值”平等成员之间关系的“准绳”。其前置条件是“内在价值”无高低——“种际平等”、“种内平等”、“代际平等”，和外在价值有大小。

在“内在价值”平等的物种之间，“外在价值”由于扮演的“生态角色”、承担的“生态义务”、实现的“生态使命”不同而有着不同重要性。如作为“保护伞物种”、“关键种”的鹰、狼、老虎，其对维护生态系统、生物圈稳定平衡中的重要性，便大于作为“普通种”的老鼠、羊和斑马。

在由同一物种组成的共同体内，分工——如兵蚁与工蚁、战士与农民/工人、卫兵与将军——赋予了“内在价值”平等成员不同的“外在价值”和在特定环境下不同的重要性，进而处理他们相互关系的“准则”：在和平时期，兵蚁、战士、卫兵可以“不劳而获”，享用由工蚁、农民/工人提供的食物和用品；在外敌入侵、战争年代或将军受到威胁时，兵蚁、战士、卫兵则须效命疆场，拼命杀敌或牺牲自我。在保卫蜂巢中牺牲兵蚁、保卫国家中牺牲战士、保护将军中牺牲卫兵，并非兵蚁、战士、卫兵的“内在价值”低于工蚁、农民/工人和将军，只是，也只是因于共同体内的职能分工。

对整体优先性原则来说，“外在价值准则”即是对她的体现、贯彻和具体化。

22.6 “颠覆性的”生态学

22.6.1 “生态学上的怪胎”

在亚里士多德看来：“怪胎属于反乎自然诸事物的一个类型，但这还只是反于自然的常施功能，未必反对自然的一切功能……世上绝无全然反于自然的事物，我们只是当某些事物若循乎常例应行按某种方式出现而今却以另一种方式遭逢时，就称为反乎自然”。[22] 1389（《动物的生殖》715^{b}15）西蒙娜·德·波伏娃认为，“人类社会是自然的对立物——在某种意义上，它是反自然的；它并不消极地屈从于自然的存在，相反，它根据本身的需求对自然进行控制”。[22] 1168（《第二性》Ⅲ）奥雷利奥·佩西也发出了：人是“自然界的杰作，还是自然界的怪物”的疑问。[34] 13

——“生态学上的怪胎”

人的反自然，首先展现为她是一个“生态学上的怪胎”。人类是一个体型大、寿命长、能耗强度极高从而生存力极强的超级*K*-对策物种。按照生物数量与体型、生存力、存活时间的反向关联，和*K*-对策物种“小种群”的生存模式，她只能有极少的数量（少于未被干扰自然界的大象、老虎和雄鹰）才能保证生态对策的“关联－限制”，进而避免“稳定平衡原理”带来的死亡打击而存活。对生态对策“关联－限制”的破坏和“小种群”生存模式的违背——大体型、高耗能、长寿命与庞大数量并存——则把人类变成了一个“反乎自然的”，生态学上的“怪胎”——体型、耗能强度、寿命上的*K*-对策物种，数量上的*r*-对策物种，一个既是大象又是老鼠，既是雄鹰又是麻雀的混合体。① （3-18-3-2，3-18-4-2）

人反自然的又一展现是“贪婪”——欲壑难填和由之不断刺激的对自然的无度攫取。对角马来说，在吃饱的狮子旁边可以放心地啃草——受限制的动物仅取其所需，且只是在饥饿时才去捕食其猎物；而欲壑难填和无度的攫取，则使角马在吃饱的人的旁边也是不安全的——更不要说饥饿的人了。“一次能喝 1.7 万头牛的奶的巨人卡冈都亚”[35] 184 在“现实世界”中比比皆是，且又都“有过之而无不及”——中世纪的欧洲，富人做一个中等尺寸的床罩需要 1 400 张松鼠皮，亨利八世的一件长袍便用了 350 张紫貂皮，1285－1288 年，爱德华一世单是松鼠皮就买了 12 万张，到 14 世纪 90 年代早期，理查德二世每年就要买 10.9 万张松鼠皮。[36] 200

——“巨蝗种群”和人类面临的三重危机

在当代，对“最大多数人的最大利益”这一功利主义教义身体力行的恪守，即是人“反乎自然”的自供状。实现了的欲望即是倍加的数量，由是，“反乎自然”的数量

① 如果不允许减少人口数量，那无疑是把我们这个自以为高贵的“万物之灵”当牲畜在饲养——除了细菌、蝗虫、老鼠这些部分的*r*-对策者（有不少*r*-对策物种或濒于灭绝，或数量远远少于人类），地球上哪一个物种有我们这样多的数量？为了找回“尊严”，人类也要减少自己的数量。

和欲望，便把人类变成了能吞没一切，并使自己从生态学角度看面临三重危机的70亿，乃至100多亿之众的“巨蝗种群”。

第一，生态对策的关联失衡使人类时时处在“稳定平衡原理”强制贯彻带来的死亡压力的阴影之中，面临种族延续的危机。

第二，数量、欲望压力加剧了“种内竞争”，[①] 进而代内不平等的危机。

第三，数量与长寿并存导致了代际关系危机。数量多破坏了*K*-对策物种以“小种群”为根本条件的资源“代际共享”机制；长寿则破坏了*r*-对策物种以“短存活”为根本条件的资源“分代利用”机制——由此，代际关系处于无法解决的困境之中：资源既不能“代际共享”，又不能“分代利用”。

——“进化挤压”、“发展挤压”和“数量－欲望挤压”

数量、欲望扩张是人类三重生态危机的根源，理应以缩减规模、节制欲望来应对，但人类却既不愿节制自己的欲望，又不愿控制自己的数量，而是走上了向自然转嫁危机，和为此所必须利用“文化”对自然攫取和挤压的道路。人类对自然、生物的挤压，可区别为进化挤压、发展挤压和数量/欲望挤压。

“进化挤压”即“人”为了使自己成为人对自然的挤压。“人”只利用自然按“最小化”原则配置的资源是永远成不了人的，为了把自己从动物中提升出来，“人”便须攫取自然配置给其他生物的资源——这是一种“为成为人”而对自然必要的挤压，生物虽然由此受到了伤害，但宇宙却因人的出现而学会了“思考”。

“发展挤压”即人类为了自身发展——满足基本需求、改善生存质量、提高认知能力、探索自然奥秘——对自然的挤压。在人口数量很少、欲望受到节制的前提下，这种挤压也是能为自然所承受的。

“数量－欲望挤压”即人类为支持自身日益扩大的数量和满足不断膨胀的欲望（贪婪）对自然的挤压。

与对自然挤压相伴的，或作为挤压力量和手段的，是人口数量的由少到多、欲望的由小到大，和攫取能力的由低到高、攫取强度的由弱到强、攫取规模的由小到大。在这个过程中，人类还完成了两次意义深远的超越：一次是对自然按“最小化”原则所配置资源——支持力的超越，结果是“人”把自己从动物中提升了出来；一次是利用化

---

① “种内竞争”因数量、欲望压力加剧的一个结果是人际关系紧张和道德底线的不断被超越——任何人都可观察到的事实是：木门、木窗被换成了铁门、铁窗，“路不拾遗”绝迹而“入室抢劫”增加，芸芸众生的普通行为变成了社会道德楷模的先进事迹……唐·威尔科克斯在科幻小说《600年的航行》中（1949），即（通过每100年苏醒一次的船长对船员后代的观察）表达了他的这种看法：人类变得越来越残忍和无情。

“蝗群社会”（*r*-对策物种）需要的是集中、纪律并且由绝对服从的个体组成，人类社会/“巨蝗社会”则是一个社会需求与个体目标分裂的共同体——这也许是最值得我们担心的人口爆炸的又一恶果：个体数量的增加使社会越来越像“蝗群社会”那样需要集中和纪律；个体的觉醒和强大（“巨蝗”）使对民主、自由的追求越来越成为潮流——当“外部约束”（自然危机）越来越大（尤其是资源匮乏）时，这种为数量、欲望加剧的（国家与民众、阶级与阶级、团体与团体之间的）目标分裂，很可能会成为毁灭人类共同体的“炸弹”。

石能源、地质矿藏对生物、可更新资源支持力的超越——这次超越，为人类在自然危机中保持繁荣提供了资源基础，并在极大程度上荫蔽了自然危机的程度和深刻性。

为了成为人和发展，人类对自然低强度、小规模的挤压是可以容忍的；而为数量/贪婪对自然高强度、大规模的挤压则是不道德的，也是不必要和非理性的——为生存持有按生态对策“关联－限制”和作为*K*-对策物种本质规定的少量人口是必要的，但绝没有必要把维持巨大的规模作为自己的追求——而人类的历史，却正是一部数量扩张史和欲望膨胀史。如果说“人”为了成为人而异化于自然，人为了发展而低强度对抗于自然，那么，正是“反乎自然”的数量和欲望增长，使人类一步步走上与自然尖锐对抗，直至今日高强度危机对抗的道路——也许是一条“不归之路”。

与人类数量、欲望扩张同时发生的，是自然危机和人与生物不平等的加剧。然而，问题到此并未结束：人类向自然转嫁危机的目的是解决自身由于“反乎自然”造成的生存问题，并通过财富量的扩张缓解社会不平等的危机，而由于人类社会在本质上的不平等和人性的贪婪，财富量的扩展反导致了不平等的加剧，并最终通过危机转嫁，进一步强化了自然危机和人与生物的不平等。

通过挤压穷人、自然聚敛起财富的富人，为了更加富有而进一步挤压穷人和自然；被富人挤压变穷了的穷人，为了生存或也想变得富有而挤压自然和其他穷人；在利益驱使下，穷人、想变富的人和富人则联合起来，一起去挤压自然/生物和未来人的生存空间。（F-3-23-3）

当人类通过保有庞大规模而把自己变成一个“生态学悖论”时，便把自己，连同生物界一起置于“数量原理”——“序参量”（“支配原理”）的强制支配，和“稳定平衡原理”的强制贯彻之下了。

22.6.2 “颠覆性”的生态学

——有机整体：田园主义和浪漫主义

以吉尔伯特·怀特《塞尔波恩的自然史》①（1789）为兴起标志的田园主义者，怀念“失去的世界”，渴望回归自然，重建人与自然被工业文明、现代科学破坏了的

---

① 吉尔伯特·怀特（1720—1793）生于伦敦的塞尔波恩。1746 年在伦敦的奥瑞勒学院取得硕士学位，1751 年回到能“引起关于秩序、宁静、朴素、深入人心的原则、淳厚习俗和虔敬民风等想法的感觉”的塞尔波恩做副牧师，过着一种“在远离城镇的地方，他进入了虔诚的跑道。这种状态一成不变，他也希望永不改变”的乡村生活直至逝世。数十年中，他一年又一年漫步在牧场，或蹲在草丛中窥视在本恩湖上觅食的野鸭和沙雉鸟……并写信告诉他的朋友们。使怀特在死后成名的《塞尔波恩的自然史》，即是有关怀特教区野生动物、季节和古迹的，笔调简洁、明快的书信集。[7] 21-30 怀特写道：“最不起眼的昆虫和小爬行动物，在自然经济体系里的位置和影响要比人们能意识到的多得多，它们的作用是极其巨大的……蚯蚓，尽管从外表看是自然链条中一个卑微的环节，若失去了，也会造成可悲的缺憾。”蚯蚓是鸟类的食物，鸟反过来又是狐狸的佳肴——“自然是这样一位经济师”，通过她的“卓越安排”，“大多数并不和谐一致的动物都可以相互利用”。[7] 26

和谐；[7] 28-29、33、40-43 并注意到，在“人类秩序”背后有一个更大的“人和自然的共同体”，人类属于这个更大的共同体——“一切都是一个有机整体的组成部分，任何一个她拥有的乡村只不过是宇宙的一部分”。[7] 40

亨利·梭罗① 的浪漫主义既是生态学的——思考生命之间、生命与自然的关系、依赖和整体性——从而批判和颠覆性的②——消除现代社会对无限增长的信心；[6] 42-43、81-82、80-89、119 也是（生态）伦理学的——“如果人们能提高到足以去对树和石头表示真正的崇拜，那就意味着人类的新生。”[7] 115

——马尔萨斯主义、环境伦理和生态学

承继田园主义、浪漫主义而对传统伦理作出颠覆性贡献的是马尔萨斯主义、环境伦理和生态学。（1-2-2-2，1-2-2-3；3-16；3-21-2，3-21-3，3-21-4）

对20世纪六七十年代新环境运动有显著影响的是奥尔多·利奥波德、威廉·福格特、阿尔贝特·施韦泽、蕾切尔·卡逊、巴里·康芒纳、加勒特·哈丁和唐奈勒·H. 梅多斯等。

在《沙乡年鉴》（1949）中，利奥波德明确提出了“大地伦理”并指出：“一个事物，只有在她有助于保持生物共同体的和谐、稳定和美丽的时候，才是正确的；否则，她就是错误的”。[24] 233-234。

在《生存之路》（1949）中，福格特提出了著名的关于土地负载能力的方程式（$C=B:E$）和“生态陷阱”、“生态重建”等重要思想、概念，并指出：“今天吃的白面包，明年春天可能会在堤坝上冲开一个缺口而淹没新奥尔良”。[37]268（1-4-1）

施韦泽提出“敬畏生命”的伦理学并指出：“善是保存生命，促进生命，使可发展的生命实现其最高的价值。恶则是毁灭生命，伤害生命，压制生命的发展。这是必然的、普遍的、绝对的伦理原则”。[38] 9

在《寂静的春天》（1962）里，卡逊全面、深刻地揭露了滥用杀虫剂对地球和生命的危害，质疑对生命战争的道义性，[39] 4-5、102、104、109、312-313 并指出：“我们必须与其他

---

① 亨利·戴维·梭罗（1817—1862）生于美国康科德城，20岁毕业于哈佛大学，受爱默生的影响较大。1845—1847年在瓦尔登湖畔的小木屋中独居两年，开始了他的“以自然观察自然”的一生。回到故乡后，他即徜徉在康科德的山野里，以“漫游者”和“季节使者”的身份，观察植物、动物，丰富多彩的大自然和万物进化的原始次序……过着清教徒式的简朴生活直至与世长辞。1854年，出版了著名的《瓦尔登湖》……为世人留下了富含重要思想价值的大量作品和200万字的日记。[7] 81-85《自然的经济体系——生态思想史》的作者唐纳德·沃斯特指出：“这些浪漫派作家是近代第一批伟大的颠覆者”。[7] 81 “梭罗既是一位活跃的野外生态学家，也是一位在思想上大大超越了我们这个时代基调的自然哲学家。在他的生活和作品中，我们会发现一种最重要的浪漫派对待地球的立场和感情，同时也是一种日渐复杂和成熟的生态哲学。我们也会在梭罗那里发现一个卓越的、对现代生态运动的颠覆性实践主义具有精神和先导作用的来源”。[7] 81-82

② 但同时，无论是在过去还是在我们自己的时代里，“她仍然是一门田园主义的学科。其革命的内涵无疑是与回归到一个较早的时代的兴趣混合在一起的”。[7] 43

生命共同分享我们的地球”。[39] 312

在《封闭的循环》(1971)中，康芒纳阐明了关于“生命之网”的生态学四原则，[24] 25-37①并强调指出：“自然界所懂得的是最好的”；“任何在自然系统中主要是因人为而引起的变化，对那个系统都有可能是有害的”；[24] 32“人类一直在摧毁这个生命之圈，不仅为生物性的需求所驱使，而且也为社会组织所驱使，这个组织是他们用来‘征服’自然的……为了生存，我们必须再度封闭这个圈子”。[24] 241-242

在受罗马俱乐部委托撰写而于 1972 年出版的《增长的极限》中，梅多斯等模拟了人口、粮食、工业、资源、污染在不同条件下的“世界图景”，指出继续当前走势全球崩溃的必然性，并提出了增长极限、“双零增长”、“平衡社会”和社会稳定持续时间与发展水平反向相关[40]137等重要概念。(1-4-2)

哈丁的主要贡献是，提出人类生态学三定律——“我们不可能只做一件事”(第一定律)，“无处可扔”(第二定律)，(由艾利奇等提出的等式 $I=PAT$ 表明)人口对环境的任何影响必定与人口数量成比例(第三定律)；[41] 311-319“生活在极限之内”而不得超越土地承载力；“公地悲剧”的机制、对“零和”游戏的证明和“看不见的手”的批判。(1-4-3)

——“颠覆性的”生态学

生态学因其突然、异乎寻常地对社会、经济、宗教，以及人文和其他学科已建立假设、处理方式构成威胁而被保罗·西尔斯称作“一门颠覆性的学科”，并将之作为自己的书名：《生态学——一门颠覆性学科》。[7] 43、502对生态学的“颠覆性”，唐纳德·沃斯特在《自然的经济体系》一书中指出：生态学最基本的工作是打消现代社会对技术的信心，消除对经济无限增长的信念；生态学所要颠覆的，则是由科学形成的既定概念、不断膨胀的资本主义的价值和结构、西方宗教反自然的传统偏见。[7] 42-43、81② 从本研究涉及的问题看，生态学的重大“颠覆性”贡献有：

【生态整体主义】地球生物圈是一个相互关联的有机整体。

【人类社会是生物圈的一个子系统】人类社会—经济系统是地球生物圈的一个子系统。

【人是一个普通物种】人是生物圈的一个普通物种，共同体的“平等成员”。

【“伦理边疆”的扩展】“伦理边疆”从人向动物、生物和生态系统的扩展。

---

① 生态学的第一条法则：每一种事物都与别的事物相关——生态网是一个扩大器，某个地方发生的小小的混乱，便会(但不必然)产生巨大而深远的影响；[24] 25-30生态学的第二条法则：一切事物都必然要有其去向——“自然界没有废物”(但不包括人类系统)；[24] 30-32生态学的第三条法则：自然界所懂得的是最好的——一切人为影响都是有害的；[24] 32-35生态学的第四条法则：“没有免费的午餐”——全部经济学知识的精要是，经济增长必然是以资源耗竭和生态/环境的退化为代价，即付费的。[23] 35-37(对康芒纳阐述的生态学四原则，此处的说明有所改动)

② 对人类中心主义具“颠覆性”的生态学，是环境伦理体系的支柱。如不认真学习，研究工作便只能是“隔靴搔痒”和制造新名词，为“拯救”地球、人类提供指导思想的环境伦理，也将流于形式，无法撼动人类中心主义这棵“根深蒂固”的大树而最终被“边缘化”。

【“零和”关系】人与自然的关系是一种物质的“零和”关系。

【增长的极限】增长存在极限，不存在“人造资本”对“自然资源”的替代。

【人口“序参量”】人口数量是决定人类社会命运的“序参量”。（1-2-2-2，1-2-2-3；4-26-3-2）

——人类的本质和在自然界中的位置：从生态学出发的再“颠覆”

本研究看到或发现的生态学的“颠覆性”结论有：

【“生态目的性”】（3-18-2）

【人的“非有机性”】人并非生物圈“无缝之网”上的一个“节”；人与环境在数量上并不存在“适度”关系。（3-23-1；4-27-1-3）

【自然“本善”，人性“本恶”】（3-18-2）

【人在本质上的外部性、反自然】（1-5-2-5；3-20-1，3-20-4；3-23-2）

【人类社会不平等起源的非制度解】（3-20-3）

【“生态义务权利”基石】（3-23-3）

【土地承载力与生态/环境稳定性反相关】（1-5-2）

【持续性的症结是规模而非“均衡”】（1-6-2-1；2-12-1-1；4-24-2-2；4-29-2-4）

【“生态学悖论”】大量人口把人变成了一个“生态学上的悖论”。（4-22-6-1）

【人口决定论】人口数量既是决定人类社会命运的“序参量”——马尔萨斯、哈肯，也是决定生物圈命运的“序参量”。（1-6-3-2；1-7-4；2-10；2-12；2-13- 2-2；4-26-3；4-27-5-2）

【“自然不选择”】“选择”的代价是自然无法承受的。（2-15-3-1；3-17-2；4-30-5，4-30-6）

羊多生的羊羔是为狼而非为人准备的；（1-5-2-4；3-17-3-3）生物的“天赋生存权”是“强式的”，人类的“天赋生存权”是“残缺的”、“弱式的”。（3-23-3-3）如果说人们前期的工作是把人类赶下或请下了“神坛”，那么，从生态学出发的再“颠覆”将把人在很大程度上逐出“生物圈”——人类始祖被逐出伊甸园是上帝所为，人类被逐出生物圈则是生态学和“生态目的性”的规定。

附录1：人类的“智慧”

人类拥有智慧是不容置疑的；而人类智慧“算计自然”和同类的性质，也同样是不容置疑的。在同“魔鬼”的交易中丧失了“生存智慧”的人类，在生存和“财富目的性”、“个体目的性”的驱使下，发展起了“算计自然”和同类的“智慧”——这已是为自然危机、社会危机证明了的，不容置疑的事实。“文化适应”高度发达的“文明人”自不待言，即使在技术落后，通常被视为与自然和谐共处的“野蛮人”（文明人的祖先）那里，也不存在“算计自然”的例外：数万年前，她们便灭绝了各大陆几乎所有的“巨兽”……一些令人齿寒的行为，也曾在当代上演。

情景一/ 树虎的灭绝

一只被树胶粘在树上不能动弹的树虎，在其他树虎的轮番喂养下，仍能活很多年。猎人便利用一旦有树虎被粘，其他树虎便不肯离去的这一习性，设圈套捕捉树虎，最终使之灭绝。由于同样善良本性被人类利用而为自己招来种族灭绝灾难的，还有北极鼠。[42]

情景二/ 捕貂

夜幕降临北极圈，猎人便到貂经常出没的地方躺下装死。貂生性善良，看到有人卧在雪地里，她们便会从暖和的洞穴里跑出来，用自己的身体温暖那些佯装冻死的人——于是，捕貂者便十分轻易地抓到了貂。[43]

情景三/ 捉北极熊

在北极圈里，北极熊是没有天敌的，但爱斯基摩人却可以轻易地逮到她。人们杀死一只海豹，把她的血倒进一个水桶里，用一把双刃的匕首插在血液中央，做成一个超大型的棒冰并丢在雪原上。嗜血如命的北极熊闻到血棒冰的气味，就会迅速赶来舔食。当舔食到棒冰的中央时，早已麻痹的舌头便被匕首割破，棒冰混入她温热的血之后变得更为味美；最后，北极熊便因失血过多而昏厥——“聪明”的爱斯基摩人就这样抓住了北极熊。[44]①

附录 2：人类和动物的道德心[21] 595/ 马克·吐温

（撒旦接着）说：“人类具有道德心。你明白吗？他们具有道德心。光凭这一点，似乎已经足够说明我们之间的区别了”。（《神秘的陌生人》Ⅲ）

“什么是道德心，先生？”（彼得神父）“怎么，这就是使我们能够辨别善恶的能力呀！”“这是宝贵的吗？”（神父）“宝贵？天呀！孩子，把人类提高到不能长生的野兽之上，成为永垂不朽的就是这个东西呀！”（《神秘的陌生人》Ⅳ）

我说，这是一种野兽的举动。撒旦说：“不，这是人类的举动。你不能滥用字眼来侮辱野兽，它们不该受到侮辱。”他就这样接着说下去：

“你们卑鄙的人类就是这样——老是扯谎，老是自以为具有那些是实在不具有的美德，却否认那些较高等的动物具有它们（其实只有它们才具备），野兽从来没有干过一桩残酷的事情——这是有道德心的动物的专利。一只野兽使旁的东西受痛苦是出于无意的，这就没有什么不对，因为对他来说，根本就没有‘不对’的事情，它使旁的东西受痛苦，并不是出于高兴，——只有人才这么干。这就是受了他那乱七八糟的道德

① 作者的原意并非讲人类的“智慧”，而是告诫人们不要像北极熊那样“愚蠢”——为一个混着血的“棒冰”而丢掉性命。

心的鼓舞！道德心的功能就是叫人区别好坏，让人们可以随心所欲地挑选一样事情来做。可是从这里他可以得到什么好处呢？他不断地挑选，而十分之八九他倒宁可挑选坏的，世界上不应当有什么坏事情；没有了道德心，就不会有什么坏事情。然而人是那么一种不懂道理的动物，他们没法看到：就是因为有了道德心，他们才落到动物的最底层去”。(《神秘的陌生人》V)

参考文献

[1] 蔡晓明．生态系统生态学[M]．北京：科学出版社，2002.

[2] 丁圣彦．生态学——面向人类生存环境的科学价值观[M]．北京：科学出版社，2004.

[3] 李振基，陈小麟，郑海雷．生态学[M]．第2版．北京：科学出版社，2004.

[4] 孙显元．系统科学方法概论[A]//李志才．方法论全书（Ⅲ）•自然科学方法[C]．南京：南京大学出版社，1995：41-165.

[5] 张彦．系统性科学方法[A]//李志才．方法论全书（Ⅲ）•自然科学方法[C]．南京：南京大学出版社，1995：166-200.

[6] R．达若．生态学概论[M]．张绅，李克勤，苏志民，等，译．张绅，黄大燊，校．兰州：甘肃人民出版社，1981.

[7] 唐纳德•沃斯特．自然的经济体系——生态思想史[M]．侯文蕙，译．北京：商务印书馆，1999.

[8] W. D. 比林斯基．植物、人和生态系统[M]．鲍显威，胡舜士，译．北京：科学出版社，1982.

[9] 夏伟生．人类生态学初探（增订本）[M]．兰州：甘肃人民出版社，1988.

[10] 蔡晓明，尚玉昌．普通生态学（下册）[M]．北京：北京大学出版社，1995.

[11] 张文元．植物未解之谜[M]．北京：京华出版社，2002.

[12] 柏拉图．理想国[M]．张竹明，译．北京：商务印书馆，1996.

[13] 何怀宏．生态伦理——精神资源与哲学基础[M]．保定：河北大学出版社，2002.

[14] 余谋昌，王耀先．环境伦理学[M]．北京：高等教育出版社，2004.

[15] 傅华．生态伦理学探究[M]．北京：华夏出版社，2002.

[16] 辞海编辑委员会．辞海（缩印本）[M]．上海：上海辞书出版社，1980.

[17] 查尔斯•哈珀．环境与社会——环境问题的人文视野[M]．肖晨阳，晋军，等，译．马戎，等，校．天津：天津人民出版社，1998.

[18] 林恩•马古利斯．生物共有的行星——进化的新景观[M]．易凡，译．上海：上海科学技术出版社，1999.

[19] 康德．康德三大批判精髓[M]．杨组陶，邓晓芒编译．北京：人民出版社，2001.

[20] 霍尔姆斯•罗尔斯顿．环境伦理学——大自然的价值以及人对大自然的义务[M]．杨通进，译．许广明，校．北京：中国社会科学出版社，2000.

[21] 周辅成．西方伦理学名著选辑（下卷）[M]．北京：商务印书馆，1996.

[22] 莫蒂默•艾德勒，查尔斯•范多伦．西方思想宝库[M]．《西方思想宝库》编委会，译编．长春：吉林人民出版社，1988.

[23] 迈克尔•波伦．植物的欲望——植物眼中的世界[M]．王毅，译．上海：上海人民出版社，2003.

[24] 巴里·康芒纳．封闭的循环——自然、人和技术[M]．侯文蕙，译．长春：吉林人民出版社，1997.

[25] 奥尔多·利奥波德．沙乡年鉴[M]．侯文蕙，译．长春：吉林人民出版社，1997.

[26] 冯沪祥．人、自然与文化——中西环保哲学比较研究[M]．北京：人民文学出版社，1996.

[27] 杨通进．整合与超越：走向非人类中心主义的环境伦理学[A]//徐嵩龄．环境伦理学进展：评论与阐释[C]．北京：社会科学文献出版社，1999：15-70.

[28] 卢梭．论人类不平等的起源和基础[M]．李常山，译，东林，校．北京：商务印书馆，1997.

[29] 马尔萨斯．人口原理[M]．第 1 版．朱泱，胡企林，译．北京：商务印书馆，1996.

[30] 埃尔温·薛定谔．生命是什么[M]．罗来鸥，罗辽复，译．长沙：湖南科学技术出版社，2003.

[31] J. O. 赫茨勒．世界人口危机——从社会学角度对不发达地区特别有关问题的考察[A]//侯文若．西方人口学理论述评[C]．长沙：湖南人民出版社，1989：63-91.

[32] 保罗·艾里奇，安妮·艾里奇．人口爆炸[M]．张建中，钱力，译．钱炜，校．北京：新华出版社，2000.

[33] 亚里士多德．政治学[M]．颜一，秦典华，译．北京：中国人民大学出版社，2003.

[34] 奥雷利奥·佩西．未来的一百页——罗马俱乐部总裁的报告[M]．汪帼君，译．王恩光，校．北京：中国展望出版社，1984.

[35] 侯钧生．西方社会学思想进程[M]．沈阳：辽宁人民出版社，1988.

[36] 克莱夫·庞廷．绿色世界史——环境与伟大文明的衰落[M]．王毅，张学广，译．上海：上海人民出版社，2002.

[37] 威廉·福格特. 生存之路[M]. 张子美，译，朱泱，校. 北京：商务印书馆，1981.

[38] 阿尔贝特·施韦泽．敬畏生命——五十年来的基本论述（汉斯·瓦尔特·贝尔编）[M]．陈泽环，译．上海：上海科学院出版社，2003.

[39] 蕾切尔·卡逊．寂静的春天[M]．吕瑞学，译．北京：科学出版社，1979.

[40] 唐奈勒·H. 梅多斯，丹尼斯·L. 梅多斯，约恩·兰德斯. 增长的极限[M]. 于树生，译. 北京：商务印书馆，1984.

[41] 加勒特·哈丁．生活在极限之内——生态学、经济学和人口禁忌[M]．戴星翼，张真，译．上海：上海译文出版社，2001.

[42] 星竹．善良的动物残忍的人[J]．读者，2004（21）：45.

[43] 流沙．善良是种觉悟[J]．读者，2004（7）：27.

[44] 月儿．可能你就是一只北极熊[J]．读者，2005（3）：63.

一切都是一个有机整体的组成部分，任何一个她拥有的乡村只不过是宇宙的一部分。

——吉尔伯特·怀特

有两样东西，我们愈经常愈持久地加以思索，它们就愈使心灵充满日新又新，有加无已的景仰和敬畏：在我之上的星空和居我心中的道德法则。

——康德

善是万物所追求的目的。

——亚里士多德

人并非生物圈“无缝之网”上的一个“节”。

自然“本善”，人性“本恶”；狼吃羊是一种指向“善”的“恶”，人吃羊是一种指向“恶”的“恶”。

我是有罪的，因为当罪恶发生时，我在场，并且活着。

——卡尔·雅斯贝尔斯

对生物、人类目标和利益的包容，使“生物圈”成了地球生命的“最高伦理主体”；维护“生物圈”稳定、持续的宗旨，则使“生态目的性”逻辑地成了万物本质判断的“最高伦理尺度”。

我们必须与其他生命共享我们的地球。

——R. **卡逊**

我以狗的名义发誓！

——苏格拉底

23 “生物圈伦理”

23.1 “最高伦理主体”和“最高伦理尺度”

自“认识你自己”被刻在雅典德尔斐神庙石廊上的那一刻起，“认识自己”就成了一个永恒的话题。

23.1.1 人是生物圈“无缝之网”上的一个“节”吗？

——人类和自然的本质：善与恶

对人类、自然本质的认知，大体存在善、恶和无所谓善恶三种观点。

马尔库·奥勒留认为，“依据自然的恶是没有的”。[1] 616（《沉思集》Ⅱ，17）圣·奥古斯丁也持“万有无不善论”。[2] 350（《天国》Ⅺ，15）在黑格尔看来，“禽兽是无所谓善或者恶的”。[1] 627（《历史哲学》Ⅲ，Ⅲ，2）近代的一些思想家，则以为自然/“丛林社会”是邪恶的——以“丛林法则”为秩序，到处都是血淋淋的“弱肉强食”。赫胥黎在批判社会达尔文主义时即指出：生存斗争是残酷的，自然状态的影响是倾向破坏和毁灭的。[3] 8-11

荀子指出，“人之性恶，其善者伪也”。（*荀况，《荀子·性恶篇》*）告子的见解是人性无分善恶——“人性之无分于善不善也，犹水之无分于东西也”。（*见孟轲，《孟子·告子章句·上》*）霍尔巴赫也认为，“人，从本性上说既不善也不恶”。[4] 89（《社会的体系》1）孟子则持性善论：“乃若其情，则可以为善矣，乃所谓善也……恻隐之心，仁也；羞恶之心，义也；恭敬之心，礼也；是非之心，智也。仁义礼智，非由外铄我也，我固有之也，弗思耳矣”——“水信无分于东西，无分于上下乎？人性之善也，犹水之就下也。人无有不善，水无有不下”。（*孟轲，《孟子·告子章句·上》*）

——人类和自然的关系：“天人合一”与“天人相分”

对人与自然关系的认知，则有“天人合一”与“天人相分”之别。

“天人合一”（儒家的“天人合一”、道家的“天人一体”、古希腊的“万物是一”）所持的基本见解是：万物同源、相互关联、敬畏自然、顺应自然、万物平等、和谐相处。儒家的“天人合一”讲“天人感应”以祈求“天”的护佑，突出“中庸之道”以处理人际关系；道家的“天人一体”则侧重与自然的同一、和谐，和对自然的保护。

“天人相分”也是一种古老的，集合在人类中心主义旗下的自然观。其基本特征是：理性优越论、“人是自然的目的”（万物只是为满足人需要的“资源库”）和“万物的尺度”；人是所有价值的源泉；只有人才能获得道德关怀。随着人对自然所取得的亘古未有的“胜利”，“天人相分”在近代取得了压倒性优势而成为一种主流思想。

——“社会达尔文主义”：填补人与自然“鸿沟”的努力

社会达尔文主义认为，社会机体与生物有机体是相似的，人类社会的变化过程有如生物进化过程，人类追求的秩序实际上就是自然所遵循的秩序，生物进化的规律就是人类社会的永恒规律，人类的历史就是“生存斗争”、“适者生存”的历史。虽然由于“丛林社会”招致的赫胥黎等的批判，和“天人相分”观以“社会规律异于生物规律的特殊性”的反对，以及斯宾塞“范畴错置”的类比（F-3-21-2），社会达尔文主义已成为历史而“销声匿迹”，但对填补人与自然的“鸿沟”而言，却不失为一种努力。

——“伦理边疆”的扩展：对“天人相分”观的有效批判

对“天人相分”观的有效批判，是以自然－社会危机和环境运动为背景而兴起的，坚持“天人一体”的“非人类中心主义”。其主要成就是对“理性优越论”的批判和对“伦理边疆”——“内在价值”、“道德主体”、道德关怀范围由人向动物（动物保护伦理）、所有生物（“敬畏生命”、生物平等主义——生物中心主义）和生态系统（“自然价值论”、“大地伦理”、深层生态学——生态中心主义）的扩展。

——“天人再相分”：人是生物圈“无缝之网”上的一个“节”吗？

“天人一体”对“天人相分”的反击是有力的，但却不是致命的——这既表明了人类中心主义的“根深蒂固”和强大，也反映了非人类中心主义的理论缺陷。

“天人一体”是“天人合一”与“天人相分”的标志性区别。田园主义者、浪漫主义者是这样看的（3-22-6-1），保尔·泰勒也是这样看的——我们这个迟到的物种，只不过是早已存在的既定关系网上的一个“网结”，[5] 78，① 要把“征服者”的人变成“土地共同体”中“平等的公民”的利奥波德也是这样认为的。[6] 193-194 “深层生态学”在表述其两条最高准则时同样是这样认为的：我们是更大整体的一部分，“生态自我”或“大我”的实现即是对自然的“融入”（“自我实现”）；人和自然存在物都是生态系统“无缝之网”上的一个“节”（“生态中心平等主义”）。[7] 44-52

如人是生物圈“无缝之网”上的一个“节”，“天人一体”的逻辑结论便是：人类和自然在本质要么皆“善”，要么皆“恶”。而皆“善”、皆“恶”既为现有理论所无法证明，又与事实相悖：说自然在本质上是“恶”的，这与生物圈的“多样、稳定、美丽、和谐”和生命延续38亿年之久的事实不符；说人类在本质上是“善”的，则既与人类在第一次农业革命（距今1万年）前的几万年中即灭绝了各大陆几乎所有的“巨兽”[8] 219-225 相悖，也无法对当代自然－社会危机做出合理的解释——由此，“天人同一”② 便局限了我们对人类和自然本质，进而人与自然关系的正确认知，带来对人类中心主义和“天人相分”批判的乏力。

① 泰勒的另一看法——人依赖生物，而生物并不依赖人[5] 78——与该观点并不一致。

② “天人同一”表明人对自然的敬畏、谦恭和认同，在人类认知史上占据重要地位并具十分积极的影响。对社会动员——如人与自然“和谐”——来说，也是一种需要。

以下的讨论将进一步明晰，人与自然是“相分”的。但这种“相分”并非从“神学目的论”、“理性优越论”出发的，抬高人类、贬低自然，为人类役使自然合理性张目（人类中心主义）的“天人相分”，而是以“天人同一”——非人类中心主义将人请下神坛，使之与自然和解——为背景的“天人相分”，或“天人再相分”。

“天人再相分”的理论依据是人在本质上的外部性、反自然和非有机性——这正是“人”成为人的必要条件；实践依据是人对自然的破坏（生态/环境退化和生物的人为灭绝）——这种破坏是自然为“人”成为人付出的、不可避免的代价。

“天人再相分”的结果是人在理论上被自然驱逐出生物圈，较之当年人类始祖亚当、夏娃因“原罪”被上帝逐出伊甸园的意义更为深远——为明确人在自然界的地位，清除“宇宙为人而创造”和自然是人类“资源库”的妄想，打掉人对自然“颐指气使”的嚣张气焰和任意妄为，为“拯救地球”和人对自然的“和解”提供理论依据。

在“天人相分”那里，“拯救地球”是为了“拯救人类”，保护环境是为了人类发展的可持续性，赋予生物“内在价值”并给以“道德关怀”是人的“恩赐”。

对“天人再相分”来说，“经济可持续”并非“生态可持续”的唯一目的，或主要目的——地球生命在人类从地球上消失之后（这是必然的）还要继续存在；“拯救地球”是破坏（过去、现在和将来，直至人类消失）自然的人的“道义责任”；生物的“内在价值”是固有的而非人的“恩赐”；作为一个“超级掠食者”和破坏能力因庞大规模、现代化而变得极其巨大、极其可怕的物种，（在明白了自己在自然界中的位置之后）人应“洗心革面”，实现与自然的“和解”（伤害“最小化”）——以“愧疚”、“负债”、“自责”的心态，怀着对自然“感恩戴德”、“敬畏”和“崇敬”之情，承认生物的“内在价值”，给生物以“道德关怀”，并通过缩减人口、经济规模，极大地减小对环境的索取和“冲击量”。

在“天人再相分”看来，当“人”为了做人而与自然分离之后，她便不再是生物圈“无缝之网”上的一个“节”了，其“生态义务权利”的基石也跟着失去了——由此，“人类中心主义”便由于根基的崩塌而显现了其作为一件“皇帝新装”的本来面目；① 而非生态中心主义的环境伦理，也要重新审视自己的理论基础和构建了。

23.1.2 “最高伦理主体”和“最高伦理尺度”

——善与恶：与主体关联的概念和尺度

主体——对谁而言的善或恶——不同，善恶的具体概念也就相异，但皆是围绕目的、欲望和需要，或快乐、幸福——简单来说对主体的“好”所表述的。

亚里士多德将主体视为万物，“所以，善被合理地认为是万物所追求的目的”，“至善是行为的最后目的”；[9]566（《尼各马可伦理学》Ⅰ，1，1）普罗提诺则宣称：“宇宙

① 不论人们对人性的批判多么严厉、尖锐，但从未明确指出人不是生物圈“无缝之网”上的一个“节”，也从未讨论过“人”为了成为人与自然分离和“生态义务权利”基石失去的问题——这即是人们对行为的善恶多有讨论而无法回答自然、人类在本质上为什么是善或恶，对人与自然关系多有误读，和对“人类中心主义”一直未做出有效批判的根本原因。

万物就是善”。[1] 617（《九章集·第三》Ⅰ，4）施韦泽的主体是生命，由此，“善是保全和促进生命，恶是阻碍和毁灭生命”。[10] 19 斯宾诺莎将主体赋予人，因此，“善是指我们确知对我们有用的东西而言”，“恶是指我们确知那阻碍我们占有任何善的东西而言”；[11] 78 在约翰·洛克那里，大致相同的说法是：“所谓善就是能引起（或增加）我们快乐或减少我们痛苦的东西……在反面说来，所谓恶就是能产生（或增加）我们痛苦或能减少快乐的东西。”[2] 717（《人类理解力论》Ⅱ，××，2）

在许多人看来，这个“万物所追求的目的”就是快乐和幸福——“趋乐避苦”或“趋善避恶”。柏拉图认为，“没有人自愿去作恶，或者去做他认为是恶的事。舍善而趋恶不是人类的本性”。[1] 614（《普罗泰戈拉》358B）而对于什么是快乐和幸福，许多早期的思想家认为是“节制”。德谟克里特告诫人们，“应当拒绝一切无益的享乐”；[2] 76（《著作残篇·道德思想》52）“动物只要求为它所必须的东西，反之，人则要求超过这个”；[2] 82（《著作残篇·道德思想》133）“节制使快乐增加并使享受更加强”——“不应该追求一切种类的快乐，应该只追求高尚的快乐”。[2] 83（《著作残篇·道德思想》146）柏拉图则认为：“节制是一种好秩序或对某些快乐与欲望的控制。这就是人们所说的做‘自己的主人’。”[12] 150（《理想国》）

伊璧鸠鲁（古希腊，公元前341—前270）的见解是：“我们真正相信，最能充分享受奢侈品的人，也就是最不需要奢侈品的人；凡是自然的东西，都是最容易得到的，只有无用的东西才不容易到手。当要求所造成的痛苦取消了的时候，简单的食品给人的快乐就和珍贵的美味一样大；当需要吃东西的时候，面包和水就能给人极大的快乐，养成简单朴素的生活习惯，是增进健康的一大因素，使人对生活必需品不加挑剔……当我们说快乐是最终目的时，我们并不是指放荡者的快乐或肉体享受的快乐，而是指身体上无痛苦和灵魂上无纷扰。”[2] 104①（《著作残篇·致美诺寇的信》）

善恶的尺度是对目的达成与否的判断。在不少场合，对善恶的定义即是对善恶的判断——幸福和快乐，既是目的又是目的的尺度。J. S. 穆勒指出：“倘若如此，幸福就是人类行动的唯一目的，而促进幸福，便是判断人类一切行为的标准了”。[4] 267（《功利主义》，Ⅳ）善恶概念与主体的关联，也把尺度与主体紧密地联系了起来——主体不同，判断的尺度也就不同。

对将主体赋予上帝，认为善是上帝意志表现的中世纪宗教伦理而言，善恶的标准便是是否信仰上帝；施韦泽的善恶尺度也是同定义一致的：“善是保存生命，促进生命，使可发展的生命实现其最高价值。恶则是毁灭生命，伤害生命，压制生命的发展。这是必然的、普遍的、绝对的伦理原则”。[10] 9 “功利主义”的主体是个人，而利益是幸福、快乐的基础，由此，作为个人幸福基础的个人利益便成了——社会利益只是个人利益的总和——道德伦理的出发点和归宿。因此，在J. 边沁那里，善的最高标准就

① 对于节制，“功利主义”者表示了强烈的反对并强调对个人利益的追求。J. 边沁即认为，“禁欲主义原则从来不曾、也从来不能为任何活着的人所坚持奉行。只要让地球上1/10的居民坚持奉行它，不超过一天，就会把地球变成地狱了”。[4] 217（《道德与立法的原理绪论》Ⅱ，10）而且，“不了解个人利益是什么，而奢谈社会利益，是无益的”。[4] 212（《道德与立法的原理绪论》Ⅰ，5）

成了“最大多数人的最大幸福”的“功利原则”——“当我们对任何一种行为予以赞成或不赞成的时候，我们是看该行为是增多还是减少当事者的幸福；换句话说，就是看该行为增进或者违反当事者的幸福为准”。[4] 211-212（《道德与立法的原理绪论》Ⅰ，2）

——善与恶：行为的与本质的

事物的善恶有行为的与本质的区别。以上的引述表明，对善恶的讨论大多是围绕行为而不是本质进行的，是对主体行为善恶而非对主体本质善恶的判断。基于以下原因，依据行为的善恶，在很大程度上是无法对行为主体在本质上的善恶进行判断的。

其一，善恶的定义、尺度依主体、主体好恶的不同而有所差异。

斯宾诺莎写道：“那贪婪的人，认为金钱富足为最善，金钱缺乏为最恶……而那嫉妒心重的人看来，没有比他人的不幸更能令他快乐，亦没有比他人的幸福，更令他不安。也就像这样，每一个人总是全凭他的情感来判断一物的善或不善，有用或无用。”[11] 130-131

其二，一种行为，对不同主体的善恶效应不同。

如狼吃羊，对狼是善而对羊是恶。

其三，主体的行为是变化的。

其四，主体在本质上的善恶是先天的和不变的。

如果说行为的善恶因主体的不同而相异，是具体的、变化的，那么，本质的善恶则为事物所固有，或以拥有“最高伦理原则”的主体为参照而是先天的（先天的谓之本质）和不变的。本质的善恶也是事物的行为，但只是对“最高伦理主体”来说而经过整合的行为。

指出“人之性恶，其善者伪也”的荀子，从“性”与“伪”的界定出发，以人为例对事物本质上善恶的先天性和不变性做了很好的说明：“凡性者，天之就也，不可学，不可事。礼仪者，圣人之所生也，人之所学而能，所事而成者也。不可学，不可事而在天者，谓之性；可学而能，可事而成之在人者，谓之伪：是性伪之分也”。“今人之性，目可以见，耳可以听。夫可以见之明不离目，可以听之聪不离耳，目明而耳聪，不可学明亦”。（*荀况，《荀子·性恶篇》*）

——生物圈：“最高伦理主体”

行为善恶概念、尺度与主体赋予的密切关联表明，对“最高伦理原则”的探求，首先要做的，便是对拥有“最高伦理原则”的“最高伦理存在”或“最高伦理主体”的认定。当“伦理的边疆”由人扩大到生物和生物圈后，“最高伦理主体”便存在着三个候选者：人（人类中心主义）、生物（生物中心主义）和生物圈（生物圈整体主义）。

生物圈保持稳定和持续的基本前提是，以“体能适应”环境的生物，没有能力脱离食物链、食物网的束缚——即使强大到成为“顶级掠食者”——而对“自然秩序”的绝对遵从。以生物为“最高伦理主体”能保持生物圈的稳定并有对人类的包容，但却面临两个障碍。其一，生物的生存环境被排除在“道德关怀”之外；其二，由于存在难以胜数的物种而造成无法理清和解决的目标冲突——而当这一切被食物链、食物网纳入“自然秩序”而归于解决时，“最高伦理主体”便成了生物圈而不再是生物了。

人不能作为“最高伦理主体”的原因，既在于作为一个低层级存在对生物、生物圈目标、利益的不一定包容——“生态可持续”只是“经济可持续”的条件；更在于理性和“文化适应”：在使人成为“超级略掠食者”的同时，把她变成了一个游离于“自然秩序”之外，铁定破坏生物圈的“非有机”物种。于是，生物圈①便成了“最高伦理主体”唯一，同时也是道德的和功利的选择——对“最高伦理主体”来说，功利的也是道德的。作为高层级－大尺度系统和总体的生物圈，其道德性和功利性的体现是：（2-12-1-2；3-18-2-3）

第一，把人、生物和其之生存环境——各种层级－尺度上的生态系统——一同置于“道德关怀”的范围之内；毫无偏私地包容着人类、所有生物的目标和利益——“生态可持续”既代表着生物的利益，也包容了人类的目标。

第二，通过对“不对称相干”、“逐级控制”、“系统内解决”和“优先性原则”的贯彻，使生物圈中不同层级－尺度系统和部分的目标、利益冲突得到自动解决。②

第三，通过“自然秩序”和“生态目的性”的贯彻，为所有生物的生存，创造着稳定和持久的环境。

——“生态目的性”：“最高伦理尺度”

当生物圈被确定为“最高伦理主体”或“最高伦理存在”后，以维护生物圈稳定、持续为宗旨的“生态目的性”，便顺理成章地成了善恶判断的“最高伦理尺度”或“最高伦理原则”。而基于以下理论、实证和道义三方面的原因，“生态目的性”或“自然的立法”与“人类立法”——“功利主义”相比，也是适于作为善恶判断“最高伦理尺度”的。（2-12-1-2；3-18-2-2）

第一，“生态目的性”是包容和普适的，“人类立法”是排他和片面的。

“层级－尺度”理论表明，“生态目的性”的包容性、普适性，体现在对包容人类、所有生物利益、目标的生物圈稳定、和谐、持续的维护；“人类立法”——“功利主义”的排他性、片面性，则源于在对利益、目标的追求上只关注人类而对生物和生物圈的排除。严格来说，由于以个人主义为基础，“功利主义”惠及的也只是人类的一部分。

第二，“生态目的性”是成功的，“人类立法”是失败的。

不论一些人多么蔑视自然、生物，多么自视高贵、优越，生物圈、生物和维护生物利益和生物圈稳定的“生态目的性”，从持续性、公平性（种际、种内、代际）上看都是成功的；追求财富和个人利益的“功利主义”，在处理人与自然、人与人的关系上

① 一般来说，生物圈指存在于地球表层——水圈、大气圈和土壤圈（岩石圈）的生命和她的环境。是地球上最大的生态系统。生物圈这一术语和概念，为俄国矿物学家弗拉狄米尔·弗纳德斯基在其1926年出版的不朽之作——《生物圈》（The Biosphere）一书中所深入讨论。[13] 311-312

② 生物圈维持稳定的奥秘即在于此。正如戈得史密斯所指出的：“为了维持系统的结构，自调节分支系统的活动，就不仅要与其他分支系统建立稳定的相互关系，而且还要与其所处的整个环境建立稳定的相互关系。换言之，它们并不以满足一种特殊需要为目的，而是以一整套经常互相对立的需要达到妥协为目的，这样才可以最好地满足整个环境的需要”。[14] 60

都是失败的[①]——生物圈数十亿年的长存和社会－自然危机在近代的凸显即是证明。

第三，不妨碍“生态目的性”贯彻是人类自身的道德规定和对生物圈的义务。

生物圈既是生物的家，也是人类的家——但人只是暂住者（物种的平均寿命为 500 万～1 000 万年，人类已存在了 500 多万年）和客居者（非有机性）；今天，生物圈养育着人类，在人类消亡之后的数十亿年中，她还要养育千千万万种非人类生物——因此，最后一个人在临死前炸毁地球是不道德的，是为具羞耻之心、理性人所不齿，为“良知”所不许可的。是故，不妨碍“生态目的性”的贯彻，遵守“自然的秩序”，维护生物圈的多样、稳定和持续，应是人类自身道德的一种规定和对生物圈的义务——如果人不想忘记养育着她（正在延续的人类）和曾经养育过她（已消亡的人类）的“地球母亲”的话。

23.2 自然“本善”，人性“本恶”

对生物界“丛林法则”——强者的杀戮、弱者的哀鸣，“弱肉强食”的残酷——“自然律”与“道德律”的冲突，和因无法保证每一个“神圣的生命”都生存下来而无所适从的“史怀泽困境”表明，自然在大多数人看来是“恶”的。而自然的“生态目的性”、生物界的平等和“生物共同体”的“多样、和谐、美丽、持续”，则要求我们对自然的本质，和与之相关的，人类的本质做进一步的重新审视——她们在本质是“恶”还是“善”？这种“恶”或“善”，是先天的还是后天的？

23.2.1 善恶的行为和本质判断

——善恶的行为和本质判断

当我们确定了“最高伦理主体”和“最高伦理尺度”后，善恶的判断便可以进行了。而“生态目的性”，则既是一种行为判断，也是一种本质判断。

一个事物（行为主体）既可以做有助于保持生物圈和谐、稳定和美丽的事情，也可以做相反的事情。因此，“一个事物，只有在它有助于保持生物圈的和谐、稳定和美丽的时候，才是正确的；否则，它就是错误的”。显然，“利奥波德判断”仍然是一种行为判断，[②] 事物在本质上的善恶，在这里还是无法确定的——一个人可以在今天破坏自然的和谐，也可以在明天维护生物圈的稳定。

事物在本质上的善恶判断要求，辨明行为主体是否永远都做有助于，从不做有害

---

① 人类的任何行为，即使对她来说多么需要、多么合理、多么美好的选择，哪怕是一个小小的选择，只要与自然不一样，便要付出代价——如数量过多导致生存危机；直立行走（“人”变人的必需）带来痔疮；“遗传平等”、“人道主义”和医学进步造成遗传素质下降；性解放、性自由使艾滋病泛滥；全球贸易帮助鼠疫传播……

② “利奥波德判断”的行为主体无疑是人——这既是“大地伦理”被一些人类中心主义者指责为“法西斯”的原因，也是其在伦理上革命性之所在。对“大地伦理”的“法西斯”指责表明，“利奥波德判断”戳到了人类中心主义的痛处，和人类中心主义“讳疾忌医”的顽固态度。

于生物共同体的事情，特别是她的存在不会威胁到生物圈的和谐、美丽、稳定和持续；或者相反——这样，她在本质上就是善的，或者就是恶的。对生物圈这一“最高伦理主体”而言，是否贯彻“生态目的性”——扮演“生态角色”、承担“生态义务”、执行“生态使命”是善恶本质判断唯一，且始终不变的绝对尺度——因为自然界从不存在今天抓老鼠，明天就“金盆洗手”而不再抓老鼠的猫。

“生态目的性”这一“最高伦理尺度”可简单地称作“生态角色判断”。一个扮演“生态角色”，即承担“生态义务”、执行“生态使命”的“伦理主体”，就能始终维护生物圈的多样、和谐、美丽、稳定和持续，她在本质上就是善的；反之，她就会始终——至少就其存在而言——破坏生物圈的多样、和谐、美丽、稳定和持续，她在本质上就是恶的。

——善恶行为的层级性和多重性、指向性和终极性

善恶的层级性源于生物圈的层级性——在不同层级，有不同的主体、目标、利益和判断尺度；善恶的多重性则为事物的关联性所规定——同一行为，对甲是善，对乙是恶，对丙则可能此时为善，彼时为恶；指向性、终极性则是以“最高伦理主体”为参照的——无论“伦理主体”的行为在低层级是善是恶，只要有助于维护生物圈的稳定，该行为从指向性看便是善的；否则，便是恶的——在生物圈层级，善或恶都是以是否扮演“生态角色”为尺度而是终极的。

善恶的层级性和多重性表明，作为“最高伦理尺度”的“生态目的性”，并不排斥生物圈以下各层级不同伦理尺度的存在和对善恶行为的判断而具包容性。如，狼吃羊是一种恶行——虽然对维护生物圈的稳定是一种指向终极的善行。

23.2.2 自然“本善”

——自然“本善”

生物圈或自然的善，是基于“生态目的性”的“本善”，是实现“生存”这一生命最高原则的最高的、最根本的和终极的善。自然的“本善”可从三个方面来理解：一是生物圈对万物利益、目标的包容；二是“生态目的性”的贯彻使生物圈保持了对万物生存和利益、目标实现所必需的“多样、和谐、稳定”；三是所有生物物种，即各“伦理主体”在本质上的善和行为（善或恶）指向上的善。生物在本质上的善，是她作为生物圈有机部分而扮演“生态角色”的一种规定——虽然其行为由于“伦理主体”具体利益的不同而有时被视为、展现为恶。

“生存”是万物的目的，而且是最高和终极的目的——离开“生存”这一目的，其他的善，如快乐、幸福便无从谈起。而生命的维持，或我们能在这里谈论善恶，在根本上即赖于万物对“生态目的性”的贯彻。因此，生物圈——具“生态目的性”而“多样、和谐、美丽、稳定、持续”的自然，便在保证包括人类在内的万物“生存”的意义上，实现、体现和展现着她的最高的、最根本的和终极的善。

——“道德自然”：道德源于自然，自然的即是道德的

如果说“罪恶生于自觉”，[1] 627（黑格尔，《历史哲学》，III，III，2）那么，便会有“道德自然”的命题和“自然道德”的存在。“道德自然”有两方面的含义：一是说道德源于自然；另一是说自然的便是道德的——即自然“本善”。

人们以为，自然界不存在选择——而且，“在没有选择的地方无道德可言”。“道德自然”表明，这种说法是片面的。事实上，“自然界不存在选择”只是一种表象——生物的选择就是遵从“自然的秩序”，这是自然为她们做出的选择，而且也是最好的选择——“自然界所懂得的是最好的”，[15] 32 被当做自然的“指令”，身体力行并通过遗传赋予后代；在“生态目的性”也即“本善”的意义上，自然界不是“无道德可言”而是充满了道德——生物遵从自然的指令只做道德的事而从不做不道德的事。①

认为狼吃羊是不道德的和因无法保证每一个“神圣的生命”都生存下来而无所适从的“史怀泽困境”的形成，是以生态学知识的不普及为背景的。狼吃羊是道德的，对狼、羊和“生物共同体”皆是如此；反之，狼不吃羊，或羊不让狼吃则是不道德的。生物只做道德的事而从不做不道德的事，即是自然在最高和终极意义上善的规定——狼若不去吃羊，鹰若不去捕鼠，营养关系便得不到贯彻，食物链、食物网，进而地球生物圈便无法维持，包括人在内的一切生命便无法生存。

——自然界善恶的多重性，善的指向性和终极性

在没有人的自然界，（行为）善恶的性质既是多重的，也是指向善的——善是善的，恶（在终极意义上）也是善的。而且，随着系统层级的提高、尺度的扩大，和由部分向整体的过渡，善恶的多重性减少而在生物圈层级被整合为善。善恶的多重性，善的指向性、终极性，体现在生物圈发生的每一件事情上——如在狼吃羊的故事里：

对狼和狼的种群而言，吃羊是一种善——吃羊的狼和狼群的目的（个体、种群的生存和发展）得到实现；对被狼所吃的羊，和其父、母、家庭成员乃至亲朋好友来说，则是一种恶。而从“生物共同体”——羊群（种群规模的控制和进化意义上遗传质量的提高）、群落、生态系统——这相继提高的层级，和地球生物圈维护这一最高目的出发，狼吃羊的行为都是“生态目的性”的使然而是指向善，并在终极意义上是善的。

在这里，狼是自然界的“公务员”/“警察”——“生态角色”的扮演者、“生态义务”的承担者、“生态使命”的执行者、“自然秩序”（营养关系、物质能量流转……）的维护者，“狼吃羊”即是在执行“生态公务”——维护生物圈的“多样、稳定、和谐、美丽和持续”。视自然在本质上为恶，和“弱肉强食”、“丛林法则”观念的形成，无疑是人们对自然的误读。而这一误读，则主要发生在“社会达尔文主义”广为传播之后。（F-3-21-2）

---

① 把善恶、道德与选择——人既可以选择作恶，也可以选择行善——相联系是囿于人类的经验，而且只适于、限于人的行为——本质的善恶是先天而不存在选择的。“放下屠刀，立地成佛”并非说伦理主体在本质上由恶向善的转变，只是表明他或她（在行为上）将只做善事而不再做恶事。生物遵从自然“适者生存”原则，通过改变自身组织结构以适应环境的严酷化，并演化出人类的进化——复杂化，即是一种选择，而且是道德的选择——否则，我们就不会在这儿。“忘恩负义”的人不仅要贬低生物，而且还要把她们“赶尽杀绝”（人是唯一的达尔文所谓的“灭祖者”）——贬低即是“赶尽杀绝”的理由。

23.2.3 人性“本恶”

——人性“本恶”

人类的恶是本质上外部性、反自然和“生态目的性”缺失的逻辑结论。这个恶，是形成、发生在人类文化活动之中，① 并被生产和再生产着的“本恶”。

当“人”把自己从动物中提升出来之后，由于不再扮演“生态角色”、承担“生态义务”、执行“生态任务”，她便不再是生物圈“有机之网”上的一个“网结”了——在地球之上但已不在生物圈之中，是生命大家庭的一员但不再是有机成员。因此，人类既失去了维护生物圈稳定的“生态目的性”，也由于“非有机性”而从机制上失去了维护生物圈稳定的“生态功能”。人在本质上的恶，一是基于与其所尽“义务”或拥有“权利”不对等的对自然索取而来的对非人类生物的不公平性；一是这种索取对生物圈所具有的破坏性。

不承担“生态义务”意味着，人因不再对自然尽一个物种应有的义务而导致了“生态义务权利”的丢失，她便不再有充分的权利从自然那里得到生存资料——在成为人之前的那份“禄粮”；而“有机性”和“生态功能”的丢失，则铁定了人类在脱离“自然秩序”限制背景下向自然索取对生物圈的破坏——本质上的恶。（3-19-1-1；3-20-1-4；3-23-3-3）

生物圈的维护，在于所有生物都被局限于某一营养级，在某一食物链、食物网的一定环节，有节制地取食（或被食）。脱离“自然秩序”限制的人，则在所有营养级、所有食物链和其所有环节上，不加限制地、“最大化”地获取生存资料——获取比自然按“最小化”原则为每个生物物种配置的多得多的生存资料，正是“人”把自己从动物中提升出来的物质基础和前提条件——而使自己成为“生态位”泛化的，附着（寄生）于生物圈躯体各个部分之上的“超级掠食者”。② 由此，食物链、食物网的被撕碎，营养级之间物质、能量转换被打乱，进而地球生态系统的破坏，便成了一种不可避免的必然。③

人在本质上的恶，是对生物圈这一“最高伦理主体”而言的恶，是一个发生在人与自然关系层级上的终极的恶——既是对生物圈的，也是对生命大家庭所有成员的；是一个“与生俱来”，体现在后天善恶行为之中但与之无关，无法抹掉和避免，与人同在的“存在的恶”——人只要存在，便要因“非有机性”而伤害自然——正如卡尔·雅斯贝尔斯所言：“我是有罪的，因为当罪恶发生时，我在场，并且活着”。对人性的“本恶”，人们也是有所认知的。

黑格尔指出：“人性本恶的这一基督教的教义，比其他教义说人性本善要高明些，因此，应该依据这一教义的哲学解释来把握它。”[1] 626（《法哲学》附释，18）弗洛伊德

---

① “人”凭借“文化”——技术……而成为人，人在本质上即是一种文化动物。（3-20-2）

② 琼斯将人喻为“一只能够吃鹰的鸟”——“如果有一只能够吃鹰的鸟，它将需要整个英格兰为它供给食物”。[16] 55

③ 对此，巴里·康芒纳指出：“任何在自然系统中主要是因人为而引起的变化，对那个系统都有可能是有害的”。[15] 32

以（欧洲）战争中存在的“同恶相济”而发出质问：“谁还敢力辩人性不恶吗”？[1] 629（《精神分析引论》，Ⅳ）卢梭则写道：“人啊，别再问是谁作的恶了，作恶的人就是你自己。除了你自己所作的和所受的罪恶以外，世间就没有其他的恶事了，而这两种罪恶都来源你的自身。”[4] 137（《爱弥儿》，Ⅵ）在《创世纪》的开始，人的相互推诿和背信弃义便已“昭然若揭”：夏娃把她“偷吃禁果”归于蛇的诱惑——“那蛇欺哄我，我就吃了”；人类的始祖亚当，则出卖了她的妻子夏娃：“你所赐给我、和我在一起的那女人，她把树上的果子给我，我就吃了”。（*《圣经·创世纪》3：11-13*）（F-3-20-2）及至最后，则迫使上帝因“世人的心充满了恶”（*《圣经·传道书》9：3*）而要用刀剑、饥荒、瘟疫、野兽杀害人的四分之一。（*《圣经·启示录》6：8*）

——人类行为的善恶，多重性和转化

人类本质的恶并不排斥行为的善——即就行为而言，人既可作恶，也可行善。

第一层级是发生在人与自然关系中的善恶。从对生物圈的维护看，利奥波德判断是适于善恶行为衡量的：有助于保持生物圈和谐、稳定和美丽的所有行为是善；反之是恶——种树、保护生态/环境是行善，毁林、吃鱼翅燕窝是作恶。在这里，作恶是在加重“本恶”，行善是在减轻“本恶”，作恶必然把生物界和人类推向毁灭，行善则是在“拯救”地球和人类——人性“本恶”并不意味着我们可以放弃行善。

第二层级是个体（个人、群体/阶层/阶级/民族、国家）与整体（群体/阶层/阶级/民族、国家、世界/全人类）关系中的善恶；第三层级是个体之间关系中的善恶。如，救危济贫是善、杀人放火是恶，平等是善、不平等是恶，民主是善、专制是恶，侵略是恶、反侵略是善……这里，善恶判断的尺度是人际伦理和“功利主义”。

人类社会行为的善恶，也具层级性、多重性和转化的显著特征。如在生儿育女的故事里，生育对妻子、丈夫来说，既可以是善，也可以是恶，或对一方的善、另一方的恶；在家庭层面，也可能是善，也可能是恶，或对父母的恶和就爷爷奶奶而言的善——左右上述善恶的，是家庭的人口和经济状况；任何家庭的生育行为，对为壮大势力的宗族来说都是善，都是值得支持的；对大的“文明共同体”，如国家、民族而言，也同样可以是福，可以是祸——当需要劳动力和战士时是善，当“人满为患”时是恶。当下的恶，可以转化为尔后的善——战争、饥荒、疾疫在历史上调节人与环境关系时的作用即是如此。① 当这些非直接行为被整合到了人与自然关系层级，或对生物而言，增加环境压力的生儿育女则意味着恶，而且是一个确定的大恶。

在狼与羊的故事中，如果这只羊是驯化的，狼吃羊对这只羊的所有者（牧民或农人的家庭）来说是一种恶——经济或感情上的损失（被狼吃的羊是小孩的好朋友）。如果牧民或农人为了避免经济、感情损失而打死这只狼或其他狼，其行为，从他或她的家庭和所在的共同体来看，是正当的，善的；而从维护生态系统和谐、稳定和持续来

---

① 中国三年自然困难（1960—1962）带来的死亡、痛苦、不生育（少数妇女因摄入热量仅能维持生理需求而不能生育）是恶，但人口减少（死亡和少生，估计约有四五千万之多）对今日人口压力的缓解，则无疑是善——否则，中国人口早已超过15亿。

看，打死这只执行“生态公务”的狼① 则是一种恶，一种妨碍和破坏“生态目的性”贯彻的大恶，终极的恶。

23.3 “天赋生存权”和“生态义务权利”

23.3.1 “天赋生存权”

——人的道德权利是谁给的？

人们普遍认为，道德权利是绝对的：道德权利是一种天赋权利，是每个人作为人（而非作为社会的某个角色）生来就具有的（而非某个社会恩赐的）；道德权利是不可让渡的，他人或政府都没有合理的道德理由剥夺我们的道德权利；当我们的基本道德权利与他人的基本道德权利发生冲突，且我们不得不放弃我们的基本道德权利时，我们有权要求他人为此做出补偿。[17] 译者前言，4

在一些人（当然是一些有话语权的伦理专家）的心目中，“权利是最强硬的道德货币”（德沃金），谁拥有了它，便可以获得一道坚固的道德屏障，使他免遭他人的随意伤害。是故，在环境伦理学发展的初级阶段，许多伦理学家都主张用“权利”作为环境伦理学的基础——但他们发现，这是有困难的。纳斯虽然说过“所有生物都有生存权”，但认为这只不过是“生物拥有内在价值”的另一种表述；克里考特（大地伦理的现代传人）也认为，作为一种判断，“物种拥有权力”只是“物种拥有内在价值”的象征性表述。[17] 译者前言，3-4 泰勒所持的观点是：从“某人拥有某种利益”这一判断，不能推出“某人拥有某种权利”——前一判断是“事实判断”，后一判断是“应然判断”；“应然判断”假定的是：某人应当拥有做某事的自由或获得某物的机会；至于某人为什么应当拥有这种自由或机会，则是由一套规范系统来决定的。[17] 译者前言，4 在环境理论学中使用“非人类生物拥有道德权利”这一概念即使不是荒谬的，也是多余的。②

在非人类生物被剥夺了道德权利时，这样的问题就产生了：人类的道德权利是怎

① 我们所看到的“公务员”、“警察”，只是维护人类社会——“狼群”（种内关系）的“秩序”而与生物圈的“公务员”、“警察”——狼、虎、狮、鹰……（协调种间关系的捕食者），在性质上是完全不同的。

② 在泰勒看来，“非人类生物拥有道德权利”这一命题的目的无非是要表达一种愿望：非人类存在物应当获得道德关怀，但这完全可以由“非人类存在物拥有天赋价值”这一观念来支持；其要实现的目标，亦可以由“非人类存在物拥有天赋价值”这一概念来实现。[17] 译者前言，5 罗尔斯顿也认为，最好停止使用作为名词的“right”（权利），因为这一概念所表示的并不是某种存在于荒野中的动物身上的属性……在环境理论学中，“对我们最有帮助且具有导向作用的基本词汇是价值。我们将从价值中推导出义务”。[17] 译者前言，6

有人还认为，自然中心主义界定的“自然的权利”不是科学抽象的产物，它所表示的事物在实际上是不存在的，只是一个没有确定内容的“虚构的概念范畴”；只能视为一项人的环境权利，一个宣传生态环境保护的口号。以其作理论支点建立起来的“生态伦理”，也只能是“虚幻的”；与其相应的对人类保护自然行动的义务要求和道德支持，也只能是美好的愿望。[18] 208-209

样来的？如果回答是“天赋的”，那么，“天”为什么只把道德权力赋予了人而未赋予非人类生物？如果说是“天”的随意，显然是站不住脚的——聪明人也是不会这样讲的；如果说是——也只能这样说——“由一套规范系统来决定的”（泰勒），那又有两个问题需要回答：其一，人制定这套“道德规范系统”的权利是谁给的？其二，这套“规范系统”是合理的吗？

对其一的答案只能是“强权”；① 对第二个问题的回答是：这套“道德规范系统”的目的只是为了将道德权利赋予人而为人“量身定做”的——正如泰勒所说，这套规范的核心就是：每一个人都应作为目的（而非工具）本身来予以尊重。依据这一规范系统推导出来的基本道德权利包括生存与安全的权利、自由权和自主权。[17] 译者前言，4 还如我们在上一章所讨论过的那样，这套道德规范所“意蕴”的是道德歧视、不公正的和强权的，排他和不道德的。（3-22-4）

当人们在“理性优越论”的指导下剥夺了非人类生物的道德权利，而只把道德权利赋予人类而使她能“心安理得”地剥夺自然时，人类中心主义便把她的环境伦理学变成了一座“奥吉亚斯的牛圈”。②

——“天赋生存权”：“存在”、“演化”和“义务”的权利

生物中心主义为生物撑起的“道德披风”——生物具内在价值——并不能确保她们免遭灭顶之灾。这是因为，（在人们看来）从“事实”到“价值”，从“事实判断”到“应然判断”的过渡并没有完成。[19] 428-429、483-484 而且，为她们撑起“道德披风”的人也认为，能力不同，价值便不同而应区别对待；[19] 431-435（阿提费尔德）内在价值不一定平等、道德重要性不一定相同；[17] 162-163、304-305（罗尔斯顿）动物的生存权弱于具有道德自律能力的人。[19] 391-392（沃伦）

而且，谁（人类中心主义、浅层生态学）也不想把道德权利赋予生物，谁也由于道德权利的“意蕴”（3-22-4-1）而不能把道德权利赋予生物。为了使生物免遭灭顶之灾，人们并不能寄希望于生物中心主义的“道德披风”，也不能靠（无须由逻辑来证明的）“深层生态学的直觉”使生物圈中所有生物实体都具有平等的内在价值——由是，回到“生存权”问题上来是必须的且也更能直切主题。

生命是地球上的一个存在；作为一个“存在”，生命又是自然“演化”的产物；“需求”是生物异于非生物的本质区别，对“需求”的满足则是生命生存的根本保证——而“需求”的“供给”，则来自生物的“义务”；之于母系统的全球生态系统，是所有生物（物种）通过“生态义务”对生物圈稳定、和谐、持续的维护，和生命物质、能量供给和沿食物链、食物网源源不绝流转的保证——而“生态义务”之于“社会义务”（如人各种形式的劳动），又是生物界最为根本和不可或缺的大事。

因此，生物的“天赋生存权”包括“存在的权利”、“演化的权利”和“义务的权

① 人既凭借“理性优越论”只使自己获得道德关怀，还借上帝之口为自己繁衍人口张目：“生养众多，遍满大地。”（*《圣经·创世纪》1：28*）

② 相传系古希腊厄利斯国王奥吉亚斯养了 2 000 头牛（一说 3 000 匹马）的牛圈，3 000 年未打扫。为赫拉克勒斯（古希腊神话中的英雄）引河水在一天冲洗干净。

利”三个方面。“存在的权利”、“演化的权利”即由存在和演化赋予生物的权利，或生物由于存在和演化获得的权利。在人类还无踪影，尚不知能否出现的38亿年前，当自然通过演化把无机物变为有机物，并使之能进行新陈代谢之时，生物便获得了生存权——作为一个演化产物和演化着的存在所拥有的权利。“存在的权利”和“演化的权利”，是自然赋予生物的基本权利。

23.3.2 “生态义务权利”——“天赋生存权”的基石

生物的“义务权利”或“生态义务权利”是“天赋生存权”坚不可摧的基石。

“生态义务权利”或“义务权利”——即生物由承担“生态义务”而来的权利——是生物“天赋生存权”的基石。贯彻“生态目的性”，保证生物圈的“多样、和谐、美丽、稳定和持续”，是大自然赋予“生物共同体”和她的所有成员的“生态使命”；而生物，则通过扮演一定的“生态角色”、担负一定的“生态义务”、出色地完成了这一对地球所有生命（当然包括人类）生死攸关的“生态使命”——我们在这儿即是见证。对“生态使命”卓有成效的完成，“生物共同体”和她的所有成员，便把自己的生存权利置于“生态义务”这块坚不可摧的基石之上了。

生物“天赋生存权”之“生态义务”基石的坚不可摧：一在于“生态目的性”——生物圈的“多样、稳定、和谐、持续”对生命的不可或缺；二在于“生态使命”对“生态目的性”的不可或缺——生物圈的“多样、稳定、和谐、持续”，是建立在全部物种“生态使命”完成基础之上的；三在于“生态义务”对“生态使命”的不可或缺——承担“生态义务”是完成“生态使命”的前提；四在于生物对“生态角色”、“生态义务”的不可或缺——“生态角色”、“生态义务”只能由生物而不是人来扮演和承担（老鼠只能由猫而不能由人来抓）；五在于所有生物物种对“生态角色”和“生态义务”的不可或缺——“一个都不能少”即在于，不同的“生态角色”、“生态义务”、“生态任务”要由不同的生物来扮演、承担和完成——羊的任务是吃草，狼的任务是吃羊，而抓耗子并把耗子的种群控制在“适度”规模，则只能请猫“出山”。（3-18-2-2，3-18-2-3）

生物的生存权——包括人类在内的所有生物物种的生存权，在最为根本的意义上，是她们扮演“生态角色”、承担“生态义务”、完成“生态使命”——否则，“存在的权利”、“演化的权利”也就随之消失了——所得到的一种回报——大自然的奖励。

23.3.3 “生态义务权利”——对传统伦理观的“颠覆性”挑战

——“生态义务权利”的缺失：人类“天赋生存权”的“软肋”

“生态义务权利”是生物“天赋生存权”的“基石”。当“人”被从动物中提升了出来之后，她便由于不再扮演“生态角色”、承担“生态义务”，执行“生态使命”而丧失了生存权的“生态义务”基石。因失去“生态目的性”造成的“义务权利”基石缺失，是人类“天赋生存权”的“软肋”——即使从人类自己的“义务－权利说”来看也是如此。

“存在的权利”、“演化的权利”的重要规定是，此种权利的获得，以存在、演化或承担不破坏演化的义务为条件。当一个物种不存在时，她便失去了“存在的权利”和“演化的权利”——如地质史上已灭绝的物种；当一个物种破坏演化时，其“演化权利”也就消失或被极大地削弱了。作为自然演化产物的一个物种，人类的生存权也是从作为演化的存在而来的。一方面，她由于存在着而拥有与“存在权利”相对应的生存权；一方面，她的与“演化权利”相对应的生存权，则由于破坏演化，和未能承担不破坏演化的义务（生物大规模灭绝和地球生态/环境严重退化即是见证）而被极大地削弱了。

——“天赋生存权”：“完整的”与“残缺的”、“强式的”与“弱式的”

生物的“天赋生存权”在“存在的权利”、“演化的权利”和“义务的权利”三个方面都得了满分；人类拥有的“天赋生存权”，则由于“义务权利”基石的缺失，和“演化权利”的极大削弱而成了一只“跛脚的鸭子”。如果说生物“天赋生存权”得到的支持是充分的，那么，人类“天赋生存权”的支持则是不充分的；如果说生物的“天赋生存权”是“完整的”、“强式的”，那么，人类的“天赋生存权”便是“残缺的”和“弱式的”；如果说生物的“天赋生存权”是“毋庸置疑”的，那么，人类的“天赋生存权”便是需要讨论的。

——资格缺失和“尾巴摇狗”

人类系统（狗尾巴）只是自然系统（狗）的一部分和一个低层级的系统。“生态目的性”和“层级－尺度”原理和表明：

生物圈包容着包括人类在内的所有生物物种的根本目标和利益；生物圈包容性的贯彻在于她的多样、稳定和持续；而生物圈的多样、稳定和持续，则在于非人类生物对“生态义务”的承担——因此，否认生物的“天赋生存权”则不仅与事实相冲突，而且也有悖于人类自身的目标和利益。从高层级系统对低层级系统在目标、利益上的包容和逐级控制，低层级系统对高层级系统的服从看，生物的“天赋生存权”也是“毋庸置疑”的。

人也没有资格就赋予还是不赋予生物生存权进行讨论。这既在于她经常出错和做不道德的事，更在于处于低层级系统的人——即使她从不出错和总做道德的事——无法对高层级系统的行为进行判断；而且，即使自然存在“对与错”，人也没有资格就“赋予还是不赋予”生物生存权进行讨论——系统的逐级控制表明，人永远不可能使地球绕着月亮转。而且，对判断的前提也是不存在的——判断以存在对与错为前提，而自然却总是对的和从来不出错。

从认知的角度看，否认生物的“天赋生存权”是传统伦理学所犯的一种低级的错误——生态学知识尚不普及的产物；从方法论角度看，在于要把人与人这一低层级的伦理，扩展到处理人与生物关系这一高层级上——如同要用“尾巴”去“摇狗”而违背“狗摇尾巴”这一由“层级－尺度”理论而来的常识。此外，道德权利的“意蕴”和由之不能把道德权利“赋予”生物（3-22-4-1）所负荷的，还有“人类优越论”及与之关联的人的自大和狂妄。

23.3.4 “道德披风”该为谁披上？

——“道德披风”该为谁披上？

至此，我们面临的问题已不再是怎样为生物披上“道德披风”——这当然是出自善意，而是如何为人类披上“道德披风”——为人类的生存权进行辩护：生物的“天赋生存权”是“完整的”、“强式的”，人类的“天赋生存权”是“残缺的”和“弱式的”；（3-20-1-4，3-20-4-2；4-23-3-2）是承认生物的“天赋生存权”，而不是按人的“强权预设”进行“赋予还是不赋予”的讨论——因为人类经常出错和做不道德的事，而“自然界所懂得的是最好的”（巴里·康芒纳）并且总是做道德的（对的、正确的）事和“绝对不可能出错”的（霍布斯）。

——感恩戴德、“洗心革面”

“生态义务权利”对传统人与自然伦理观的根本挑战是：放弃不能把道德权利“赋予”生物的认知论、方法论和“人类优越论”。

第一，深刻反省自己的行为和良知，承认生物的“天赋生存权”。

人首先必须做的是，了解自然，遵守“自然的秩序”，对与自然不符的行为、认知进行反思：自己错在那里？“赋予还是不赋予”生物生存权即是我们要进行的反思之一：我们为什么会提出这样愚蠢的问题？我们为什么不承认生物的生存权？——如果人类还有辨别、道德自律、道德选择的能力（这些能力已受到贪婪的侵蚀而被极大削弱），而且尚要存活下去并不想毁灭生物圈的话，那就不妨做一次功利主义（人不是最崇尚功利主义的吗？）的选择：放弃原有的错误选择而做一次对的选择：“承认”生物的“天赋生存权”①——而不是把生存权“赋予”生物。

第二，深刻认知作为价值创造者、人类“母亲”的自然和生物。

生物的“好”，连同她的价值创造和“天赋生存权”，是一个不以人的主观意志为转移的客观存在。作为一个客观存在，生物并不需要人来认知她——（玫瑰）“它不注意它自身，并不问人们是否看见它”[20] 193（格鲁斯·西勒西乌斯），人类对她的认知带来的，除了灾难还是灾难。生物的“好”和她生存权，也不需要人来“赋予”，相反，倒是生物为人类创造了生存权——在人尚未成为人或能否出现的漫长岁月里，生物有她自己的“好”并在共同体中创造和维护着价值，并由之为人类的出现创造了条件；②在人类存在的短暂日子里，生物又包容着人类的“好”并为其创造着生存条件；在人类消亡后的漫长岁月里，生物仍将拥有她们自己的“好”并将继续创造和维护价值的

---

① 这里要特别强调的是，生物没有“内在价值”进而“天赋生存权”，只是人为了“心安理得”地“役使自然”而不受良心谴责所列举的诸多理由之一——因为对他们来说，“权利”是“硬通货”，和为此必须的人类自然观“退化”——从“生长变化的自然”到“物的集合”——的使然；（3-21-1-2）而视人为所有价值的源泉，非人类存在物的价值是人内在情感的主观投射，没有人在场的大自然就只是一片“价值空场”所展现的，则是生态学上的无知和人类的狂妄自大。

② 人百分之百靠非人类生物生存——人是“乞讨者”，非人类生物是“施舍者”——但却“作践”她们。我们是否要这样问自己：我们还有些许良知吗？

工作，直至生命在地球上消亡。（3-17-4-3；3-22-2-2，3-22-5）

否则，我们便永远也走不出人类中心主义的“死胡同”。

23.4 “生物圈伦理”

23.4.1 “生物圈伦理”

——宗旨、基石、原则和结构

从“生态目的性”和“层级－尺度理论”出发，基于生命平等尤其是“种际平等”的环境伦理，应是整体主义的，具层级结构的，和贯彻逐级服从原则和“外在价值准则”的。“生物圈伦理”①——生命与自然、生命与生命关系的准则，即是这样一个以“生态义务权利”、“天赋生存权”和“种际平等”为基石② 的两类－三层级伦理体系——两类伦理关系即种际伦理——种际平等和种内伦理——种内平等、代际平等；三个层级即生物伦理、（狭义的）“生物圈伦理”和人际伦理。

第一层级是生物伦理。生物伦理是关于生物“种际平等”和“种内平等”的伦理。在纯粹的生物的世界里，“生态目的性”——维护自然生态系统的多样、和谐、美丽、稳定和持续——是至高无上的，为之必须的整体主义——个体对整体的服从——也是至高无上的；“自然的秩序”——营养关系、食物链（网）、资源的最小化配置、协同演化、合作与竞争……统治着一切；每一个生物物种，都具有从自然演化、存在和贯彻“生态目的性”——扮演“生态角色”、承担“生态义务”、完成“生态任务”——而获得的“天赋生存权”；基于“天赋生存权”的物种与物种之间是平等的，同时，这一平等也是“生态目的性”的规定并受到“自然秩序”的保障；生物是自由的，也是严格受到限制的——生物从他律、自律的严格限制中获得了自由……这里没有“丛林法则”，也不需要“史怀泽关怀”。与此同时，“生态目的性”作为一种“伦理硬壳”，也规定着生物的“种内平等”；而由生态对策“关联－限制”规定的生存模式——“小种群－代际共享”和“短存活－分代利用”，则和保证着生物的“代际平等”。（3-18-2-2，3-18-4-1，3-18-4-3）

第三层级是人际伦理。这是一个用于处理人类社会中人与人、人与社会关系的种内伦理，其宗旨是人与人、上代人与下代人的平等。由“非生态目的性”——“财富

---

① 顾名思义，“生物圈伦理”即关于地球生物圈中包括人在内的一切生物处理相互之间关系，和对其生存环境态度的道德关系、道德义务、道德规范和行为准则的伦理。
采用“生物圈伦理”而非“环境伦理”、“生态伦理”的缘由是，比较而言，“生物圈”既能体现生态整体主义——“环境”、“生态系统”的整体性和相互关联性，又特别突出了善恶判断的伦理主题——生物圈是“最高伦理主体”，以维护其之“稳定”为宗旨的“生态目的性”是“最高伦理尺度”。

② “生态义务权利”是“天赋生存权”的基石；“天赋生存权”是“种际平等”的基石；“种际平等”是“生物圈伦理”的基石。

一个体目的性”导致的人类社会在本质上的不平等，人与人之间不平等和持续性问题随人类文明演替的日趋严重，使人际伦理成为千百年来社会各界和宗教流派关注的焦点；以反对封建专制主义而写在资产阶级人文革命旗帜上的“自由、平等、博爱”，也成了人际伦理研究的热门话题。人际伦理面临的不是伦理准则的缺失，而是在激烈的种内、种际冲突中，如何去贯彻“人人生而平等”的人文主义和持续发展原则。(3-20-3)

第二层级是（狭义的）“生物圈伦理”，即人们常说的 “生态伦理”或“环境伦理”。她所关注的是“人”把自己从动物界提升出来之后产生的人与自然的关系、人与生物的“种际平等”问题。在这个第一、三层级伦理的交织地带，生物伦理的“生态目的性”、“种际平等”、“代际平等”、“种内平等”，与传统人际伦理的“人类中心主义”、“财富一个体目的性”，发生着激烈的冲撞——由是，人际伦理中的人与人的种内平等、代际平等问题，也被深深地卷了进来。(F-3-23-3)

对第二层级的“生物圈伦理”、第三层级的人际伦理，（第一层级的）生物伦理都是具指导和借鉴意义的——如，生物是“种际平等”的，而作为一个物种的人为什么要劫掠自然界的其他物种？生物是“种内平等”的，而人类为什么要同种相残？生物是“种际平等”的，而人类为什么要置后代利益于不顾？

——“利奥波德尺度”：人类行为的道德判定

在生物伦理、人际伦理中，伦理的主体是互动的，环境伦理的特殊性则在于，主体不是互动，即相互适应的。(3-19-1-2) 人与生物“种际平等”要求的，不是为生物“设计”行为准则，让生物来适应人，而是，也只能是为人类“设计”适应自然的规定，即如何处理人与非人类生物的关系：如承认还是不承认——而不是赋予还是不赋予——生物的生存权？在人与生物的关系中，用什么样的道德规范来约束人类自己？当生物界的利益与人类社会的利益发生冲突时，处理的优先性原则是什么？

如果说“种际平等”是“生物圈伦理”的基石，那么，“生态目的性”便是她的宗旨，“整体主义”便是她的总原则，而逐级服从原则和“外在价值准则”，即是贯彻“生态目的性”和“整体主义”的执行原则，或操作原则。为“生态目的性”规定的“生物圈伦理”的宗旨或目的是：

维护地球生态系统的多样、和谐、美丽、稳定和持续。作为总原则的“整体主义”，是贯彻、实现“生态目的性”的保证，并同“生态目的性”一起，构成人类行为道德判断的“利奥波德尺度”——“一个事物，只有在她有助于保持生物共同体的和谐、稳定和美丽的时候，才是正确的；否则，她就是错误的”。

23.4.2 道德规范和行为准则

在第一层级的生物界，“生物圈伦理”的以上重要规定都得到了完全的，不折不扣的贯彻——“人”尚未成为人时地球生态系统的和谐、持续即是证明。社会危机、自然危机则表明，在第二、第三层级上，这些重要规定在很大程度上都没有得到很好贯彻。由是，在生物和养育万物的生物圈已经，并将继续尽自己生态义务的同时，为人类制定道德规范和行为准则，贯彻体现“生态目的性”、“整体主义”、“种际平等”、逐级服从原则、“外在价值准则”和“层级一尺度”理论，推动人与生物、人与人的平等，便成了摆在环境伦理面前的迫切问题。“生物圈伦理”对人的，也只是对人的道德规范和行为准则，有以下八个方面：

——“生态目的性”、“整体主义”原则和“利奥波德尺度”

“生态目的性”、“整体主义”和“利奥波德尺度”，是判断人行为的根本和唯一尺度。（3-18-2-2；3-22-2-2）

——生命平等原则

即“种际平等”、“代际平等”、“种内平等”原则，包括生物平等、人与生物平等和人与人平等三个方面。（3-18-4）

——逐级服从和优先性原则

这实际上是一个世界观和方法论问题，即世界的有限性既是伦理问题生成的根源——若宇宙是无限的就不会存在，便不会有事物和生命进而伦理问题；也是处理伦理关系的出发点——我们不可能解决所有的伦理问题，如果我们能解决所有的伦理问题，那么，便不会有所谓的伦理问题。① 由此，有限性原则告诫我们，不要企图解决所有的伦理问题而应坚持逐级服从和优先性原则。（2-12-1-2；4-30-6-1）

逐级服从原则——在利益冲突中，第三层级利益对第一、二层级利益的服从，即人类利益对生物界利益的服从——是“层级—尺度”理论的规定——高层级系统或总体的目标和利益，包容着低层级系统或部分的目标和利益；优先性原则是逐级服从原则的具体化，即“种际伦理”对“人际伦理”的优先性，“代际伦理”对“种内平等”的优先性。（3-23-4-3）

——善的原则，或少干扰、少破坏和“少伤害”原则

少干扰、少破坏是人类道德规范和行为准则的基点——最低原则。在本质上具外部性、反自然而“本恶”的人类，其之存在必然会构成对自然和生物界的干扰和破坏——不干扰或不破坏是不可能的。善的原则即通过自我约束，对生物、自然少干扰、少破坏和“少伤害”。

——弱势群体原则

弱势群体原则即弱势群体利益优先的原则。弱势群体之于人类社会，是穷人、土著民，妇女、儿童和老年人；之于地球生态系统，是非人类的生物；在生物界，则是生殖力低、种群规模小的*K*-对策物种，和野生动植物，特别是濒危物种、顶端捕食者和“保护伞物种”——对她们的伤害，是一种严重违背生态伦理的行为。（附录 1；3-19-3-3，3-20-3）

——“生态分隔”原则

基于生物对“阈空间”的要求和人类的“阈密度效应”，“生态分隔”原则要求，通过建立大量广阔的自然保护区，在人类与野生生物，特别是大型野生生物之间实行

① 世界环境与发展委员会对可持续发展的定义——“既满足当代人的需要，又不对后代人满足其需要的能力构成危害的发展”，[21] 19 只是一种因有限性缺失而不切实际的主观意愿。（4-25-1-2）

“空间隔离”。这是贯彻少干扰、少破坏原则的关键，也是人类归还所侵占的野生生物栖息地的伦理行为。（3-19-2-2，3-19-2-3）

——“外在价值准则”

“外在价值准则”是处理（共同体中内在价值平等成员）生物与生物、人与人关系的准绳；外在价值——即个体（个体、种群、群落）在实现“生态目的性”中作用的大小，对整体（种群、群落、生态系统）的重要性——是判断冲突中各方利益优先性的尺度。[①]（3-22-5-3）

——缩减人类系统规模原则

缩减人口数量和经济规模，大大减弱对生态/环境的冲击力，是贯彻“生物圈伦理”各项原则，实现其伦理宗旨——维护地球生态系统的多样、和谐、美丽、稳定和持续——的必由之路和根本保证。否则，一切伦理构建和保护生态/环境的努力，都将付诸东流而是徒劳的。（4-24-3-3，4-24-5-1；4-27-1，4-27-5）

23.4.3 “种内平等”、“代际平等”和“种际平等”的优先性

处理“种际平等”、“种内平等”、“代际平等”的冲突，是一个由有限性产生的并受到普遍关注的问题。“生物圈伦理”的宗旨、原则和各项规定要求，在处理他们的关系中，应坚持“人际伦理”对“生物圈伦理”的服从——“种际平等”优先、“代际平等”优先和“系统内解决”三个原则。

——“种际平等”优先

“种际平等”优先即对生物与人平等问题的解决，优先于对人类自身问题的解决。生物与人的平等和生态可持续既是“拯救”地球和人类的重要保证，在实现人类平等——代内、代际平等中也起着重要作用：以可供利用资源和良好生态/环境为主要诉求的“种际平等”，在很大程度上直接就是保证人类“代际平等”的生态可持续；而以反贫困为主要内容的“代内平等”，则既需生态可持续对经济（假定经济增长可推进反贫困）发展的保证，又需生态可持续为穷人提供一个良好的生态/环境——穷人是最易受环境退化影响的。“种际平等”优先要求，人与生物平等问题的解决，应优先于对人与人代际、代内平等问题的解决，而不是把人类的代际、代内问题转嫁给其他物种。解决人与生物不平等问题的优先性，既是持续性的一种规定，也是“层级－尺度”理论的使然——物种间的关系问题，涉及生物圈的和谐、稳定等整体、高层级、大尺度问题而符合整体优先原则。

——“代际平等”优先

即在人类平等问题的处理中，“代际平等”优先于“代内平等”。当满足上一代人需求会对下一代满足其需求构成威胁时——在人口极其过剩的当代这是必然和不容置

① 严格来说，“外在价值准则”只是处理同一物种个体成员关系的准则——在没有人的生物圈，“种际关系”的处理已有“自然的秩序”。鉴于人对生物圈破坏带来的物种灭绝和食物链、食物网破碎，为维护生物圈的稳定和持续，“外在价值准则”有必要扩大至对“种际关系”的处理——在前面的讨论中，我们已将其扩大到对“种际关系”的处理。

疑的事实，否则便不需要可持续发展——，应坚持可持续的原则，优先处理代际关系。其一，“代际平等”是种族延续的规定和人类文化延续的保证；其二，“代际平等”因对生态可持续的诉求而有助于人类困境的缓解；其三，“代际平等”是“代内平等”的前提。作为“代内平等”的前提条件，“代际平等”在于上一代人为下一代人提供一个相对稳定的资源和环境基础——只有如此，才可能有下一代人代内公平的实现。人类困境的存在表明，这个基础已经遭到了破坏，需要上一代人对自己的需求做出更多的限制并经多代人的努力才能实现。如果不优先考虑“代际平等”，则相对稳定的资源、环境基础便难以形成——这样，便既没有了“代际平等”，也没有了“代内平等”，且各代人都将处于“吃烂苹果”的状态。

——“系统内解决”

即各层级、各部分的问题，应在各层级、各部分内解决，而不能把问题转移给其他层级和部分——“系统外解决”。“系统内解决”是“种际平等”的保证；而“系统外解决”——把人类问题转嫁给自然和生物界，则既违背了“种际平等”优先的原则，也是导致自然—社会危机的根源。

23.5 “伦理的规模危机”

23.5.1 “伦理的规模危机”

一只田鼠可以是小孩的宠物，一只蚂蚱也许会成为画家欣赏的对象，但规模达到几千万、几十亿，则必定是令人恐惧的鼠害和蝗灾——规模或数量对事物性质的规定，同“层级－尺度”理论一样，也是一个自然、生物界和人类社会普适存在的规律。

在自然界，沙堆达到一定高度便会自行崩塌；珠穆朗玛峰再增高便会为自身的重量所压垮；（恒星的质量与温度正相关，与寿命负相关）地球适宜温度、足够长时间的存在这两个生命发生的根本性条件的形成，即在于太阳的不过大也不太小。在生物界，最典型的事例莫过于数量与体型、寿命的反相关：数量多的生物只能有小的体型和短的存活时间，如 *r*-对策物种；要拥有大的体型并长寿，便只能有少的数量，如 *K*-对策物种。在人类社会，直接民主总是与少量人口（亚里士多德的理想城邦）相联系，大规模人口则只能实行代议制；城市中孳生着多于乡村罪恶的原因，则与大量、高密度人口相关的（少有往来）人际关系的冷漠不无关联。[①]（2-12-1-1）

作为物质基础，规模（质量）规定着事物的尺度和所处的层级——规模问题是个层级问题，层级问题也是个规模问题。太阳、地球、月球的巨大质量差异，使之有着不同的尺度，处在不同的层级（亦能级）而遵循“层级－尺度”规律：从逐级控制看，

① 高密度人口形成的“空间胁迫”（2-10-2-3），是人际关系冷漠不可忽视的原因；大量人口带来的相互交流最少次数的指数式增加，则使交往的比例急剧下降——这也是直接民主被代议制替代的根本原因。相互交流的最少次数为（n^2-n）/ 2（式中 n 为人口数量）——10 人 45 次，100 人 4 950 次，1 000 人 499 500 次。

是月亮绕着地球转，地球绕着太阳转而不是相反；从不对称相干看，是太阳磁场变化、黑子、耀斑对地球的巨大干扰，而地球上天崩地裂也不会影响太阳按既定轨道在银河系中的“漫游”。

如同蜜蜂把自己视作花园里的唯一主体一样，①每一物种都毫无例外地把自己视为主体，把周围的环境看做客体，以自己为中心，从自身出发，以自己为“尺度”观察、评判、处理问题，追求自身利益的——由此，作为物种中心主义意义上的人类中心主义并没有错。

人类（中心主义）的出错，首先是对物种中心主义存在前提——以“体能适应”环境，严格遵守“自然秩序”——的超越，和“生态目的性”丢失而在自己的躯体上烙上了“本恶”的印记。虽然人类在第一次农业革命前即灭绝了各大陆几乎所有的“巨兽”，也一直按人类中心主义行事，但与自然仍大体上相安而无尖锐对抗。

人类（中心主义）的第二次出错是爆炸性地增加自己的数量，使自己成为拥有数十亿只“能够吃鹰的鸟”的物种，违背生态对策的“关联一限制”而把自己变成了一个“生态学上的怪胎”：*K*-对策物种（老虎、大象）的体型、生存力和寿命，*r*-对策物种（老鼠、蝗虫）的数量。由之而来的，是自然一社会危机和人与自然的尖锐对抗，和环境运动的广泛开展，对人类中心主义的批判，环境理论的发展和建设——我们今天的大部分话题，都直接源于“人口爆炸”（以及为此必须的庞大规模的经济，极其复杂的社会结构）而非人类在本质上的“恶”。

利奥波德看到，“土地金字塔”的破坏与激烈的人为干扰和人口过剩有关而应限制其密度；[6] 2、208-209 奈斯、缪尔则明确提出了对人口的限制——地球“供给”的有限性意味着需要减少人口（行动纲领第 4 条）。[7] 53 但大规模降低人口数量——砍掉食物链最高一环，自然界就能重建——主张招致的“法西斯主义”、“恐怖主义”、“厌恶人类”等严厉指责，[19] 528-529 则使人口限制在非人类中心主义的环境伦理体系中并不占重要地位。工业革命前人与自然在一定程度上相安无事而未陷入对抗的事实表明：当代的自然一社会危机，则既是一场人与人、人与自然关系的伦理危机，更是一场由庞大人口数量造成的“伦理规模危机”。（4-27-5-2，151 页脚注①）

23.5.2 人类的伦理责任：缩减人口规模

黑格尔指出：“人类对于道德要负责的，不但对恶负责，对善也要负责；不仅仅对于一个特殊事物负责，对于一切事物负责，而且对于附属于他的个人自由的善和恶也要负责”。[1] 627（《历史哲学》绪论，3）人类基于道德选择能力的伦理责任很多，而从“伦理规模危机”的现实，规模对事物性质的规定、“系统内解决”和解决高层级问题的优先性原则，我们首先，并亟须要负起的道德责任便是：缩减人口规模。对摆脱当

① 迈克尔·波伦指出：“一只蜜蜂很可能也把它自己视为园子里的主体，把它正在采集的花蜜视为客体。但我们知道这不过是它的一种错误幻想。事情的真相是：花朵聪明地利用了蜜蜂，利用蜜蜂在花朵之间搬运花粉”[22] 2——“在一种共同进化的联系之中，每一个主体都是客体，而每一个客体也是主体”。[22] 9

代的“伦理的规模危机”，缩减人口规模既是根本的，也是道德和功利的——即对生物圈和自己的普遍的善行：

第一，减少作为“本恶”存在者的人口数量，实现人与自然的“和解”——缓和人与自然的尖锐对抗，给非人类生物留出足够的栖息地，减轻对她们的“空间胁迫”，回到“人口爆炸”前人与自然的相安状态——非尖锐对抗态；第二，减少构成人类内部（尤其是对穷人的）“空间胁迫”的人口数量，为创建“和谐社会”提供一个宽松的人口环境；第三，减少形成“人口－资源/环境瓶颈”的人口数量，为可持续发展提供一个良好的人口环境。而且，缩减人口规模也是人在生态学本质上“回归”的一种必须：减少体现 *r*-对策物种特征的人口数量，消除“生态学怪胎”的印记，实现人对生态学本质——*K*-对策物种的回归。

如果我们不缩减自己的规模，就无法走出“伦理的规模危机”，热爱生命，与环境友好，为子孙后代着想的伦理“誓言”，便只能是一种良好的愿望和对后代、自然的善意欺骗——庞大规模的人口，将始终构成对生物圈难以缓解的巨大压力，使我们既无法为后代留下一个良好的环境和足够的资源，也无法为非人类生物腾出足够的“生存空间”。①

每一个有良知的人都应牢记阿尔贝特·施韦泽的话而“敬畏生命”——“敬畏生命的伦理否认高级和低级的、富有价值和缺少价值的生命之间的区分”；[10] 132-133 “过去的伦理学则是不完整的，因为它认为伦理只涉及人对人的行为……只有当人认为所有生命，包括人的生命和一切生物的生命都是神圣的时候，他才是伦理的”。[10] 9 每一个有良知的人还应明白：

只有读懂自然和人类的故事时，他和她才会“敬畏生命”，才会有贯彻“生物圈伦理”的自觉性。而如果不大量减少人口和经济规模，“敬畏生命”和贯彻“生物圈伦理”便无从谈起；同样，如不“敬畏生命”和确立“生物圈伦理”，便不会有缩减人口和经济规模的自觉性。（附录 2，附录 3；3-18-2-2，3-18-4-4；3-21-2-2，3-21-4，F-3-21-2；3-22-1-3）

① 减少人口这个高度复杂物种的数量，也是与自然在数十亿年中不懈地控制复杂性的努力相一致的：控制高耗能复杂生物/金字塔顶部以保持生物金字塔的稳定，限制“直接关联”以保证生物圈的有机性。（3-17-3-1）人类与几乎所有生物物种的“直接关联”，与生物量减少一起，构成生物圈稳定性下降的两大根本原因。

我们面临的问题有二：一是伦理问题——你想不想保护环境；一是庞大规模人口的空间胁迫问题——你能不能保护环境，那种认为只要我想保护环境（这当然是必要的）就能保护环境的认知是幼稚的。澳大利亚能将 310 万千米 ^{2}（实施面积 230 万千米 ^{2}）的海域划作自然保护区——与世界各国（包括中国在内）“耕海牧渔”，大规模开发海洋行为形成强烈对照——，即在于她只有 2 000 万而不是 13 亿人口。（1-7-4）

附录1：受害者无权要求处死老虎

动物园“老虎伤人”、“狗熊伤人”事件不时见诸媒体。报道在批评管理方疏于管理而应承担责任的同时，也有对受害者（或其监护人）要求“处死”老虎、狗熊“诉求”的反映。笔者以为：

受害者有权“要求”管理方赔偿，但无权“诉求”处死无罪的老虎、狗熊，而打死、打伤老虎和狗熊，则是灭绝物种的大罪。

——两个不同伦理范畴的问题

受害者与管理方的关系属“人际伦理”——“种内关系”范畴，适用于人类社会的法律。受害者“要求”管理方赔偿，法庭理当受理，也必须受理。

受害者与老虎、狗熊的关系属“种际伦理”——“种间关系”范畴，不适用于人类社会的法律。受害者无权“诉求”处死老虎、狗熊——即不能把人类社会“杀人偿命”的“种内关系”律条搬到“种间关系”来——，法庭也无权受理而且必须明确予以拒绝：

如果把“杀人偿命”——“种内关系”的伦理搬到“种间关系”而替代“种际伦理”，那么，伦理关系就会“失序”，就没有了伦理关系——当老鼠要求猫偿命，斑马要求狮子偿命……当数万年前各大陆被杀死的“巨兽”，和农业革命以来被灭绝的生物的“冤魂”向人类“索命”（这是符合“种际伦理”的）时——“法庭”当何以处？

——老虎、狗熊伤人是正常的捕食行为而绝对无罪

“种际伦理”，即“种间关系”的准则是食与被食、捕食与被捕食的“营养关系”——如狼吃羊、猫捕鼠——其伦理意义是实现维护生物圈“稳定、持续、美丽、和谐”的“生态目的性”。作为“兽中之王”，老虎的任何捕食行为都是在扮演“生态角色”（“顶端捕食者”），执行“生态义务”、实现维护“生态目的性”的“生态使命”；而人，则是老虎食物链环节上的一种“被捕食者”——老虎、狗熊伤人是正常的捕食行为而绝对无罪。（3-16-2-1；3-18-2-2；3-23-2-2）

——人打死、打伤老虎和狗熊是灭绝物种的大罪

人打死、打伤老虎、狗熊因破坏“自然秩序”——营养关系而绝对有罪，即使在正当防卫和救援同类时也是如此。老虎、狗熊是濒危物种，特别是老虎——根据“境遇伦理”的境遇原则，打死、打伤老虎、狗熊既违犯相关动物保护法，更是比“种族灭绝罪”（人类内部）还要严重的“物种灭绝罪”。（4-28-2-1，F-4-28-7）

附录2：狗的礼赞[23] 序言1-3/ 佛斯特

在这个世界上，一个人的好友可能和他作对，变成敌人；他用慈爱培养起来的儿女也可能变得不忠不孝；那些最感密切和亲近的人，那些用全部幸福和名誉所痴信的人，都可能会舍弃忠诚而成叛徒。一个人所拥有的金钱可能在最需要的时候它却插翅飞走；一个人的声誉可能断送在考虑欠周的一瞬间。那些一贯在我们成功时屈膝奉承的人，很可能就是当失败的阴云笼罩在我们头上时，投掷第一块阴险恶毒之石的人。

在这个自私的世界上，一个人唯一不自私的朋友，唯一不抛弃他的朋友，唯一不忘恩负义的朋友，就是他的狗。不管主人是贫困或富贵，健康或病弱，她都会守在主人的身旁。只要能靠近主人，不管地面冰凉坚硬，寒风凛冽，大雪纷飞，她都会全然不顾地躺在主人身边。哪怕主人无食喂养，她仍会舔主人的手和主人手上因抵御这个冷酷的世界而受的创伤。纵然主人是乞丐，她也像守护王子一样伴随着他。当他所有的朋友都掉头而去，她却义无反顾。当财富消失，声誉扫地时，她对主人的爱依然如天空运行不息的太阳一样永恒不变。但若因命运的捉弄，她的主人变成了一个无家可归的流浪者，这只忠诚的狗也会依然陪伴主人，有难同当，对抗敌人，此外毫无奢求。当万物共同的结局来临，死神夺去了主人的生命，尸体埋葬在寒冷的地下时，纵使所有的亲友都各奔前程，而这只高贵的狗却会独自守卫在墓旁。她仰首于两足之间，眼睛里虽然充满悲伤，却仍机警地守护着忠情，忠贞不渝，直到死亡。（作者佛斯特系美国参议院前议员）

【按】在人对动物同情心式微、人与人之间感情甚为淡漠的当代，读读这篇感染力极强的文字，对人们麻木的心灵也许是会有好处的。笔者在恭录的过程中，把辩护词中的“它”换成了“她”。

关于《狗的礼赞》[23] 序言, 4/ 尤金·奥尼尔

事情发生在1870年美国密苏里州的沃伦斯堡。波登的一名叫“老鼓”的狗被他的朋友、邻居杭斯贝在其后院开枪打死。波登悲愤难平而提起控诉，官司一直打到最高法院，胜诉并获500美元赔偿。《狗的礼赞》即是参议员佛斯特代表波登在终审时向陪审团朗诵的，一篇把犬对主人最朴素、最纯真、最珍贵感情表现得淋漓尽致而感人肺腑的，备受推崇、万人争颂，影响力至今不衰的辩护词。狗的礼赞被刻在当地人为“老鼓”建立的纪念碑上而闻名于世。

（摘编，作者尤金·奥尼尔系诺贝尔文学奖获得者）

附录3：自然的故事与人类的故事

为了在经验层面感受“生态目的性”、“生物圈伦理”和对我们的行为有一个正确的判断，首要和必需的事情便是看一看在地球自然系统和人类系统这两个不同层级、不同尺度，特别是不同性质的系统中，究竟存在着什么、发生着什么，人类对这两个系统究竟做了什么，和带来了什么？

——自然的故事

地球生物圈是由生物和她的环境组成的“生物共同体”。在这个共同体中，展现着生物圈“多样、和谐、美丽、持续”的总图景，和总成因——“生态目的性”，以他律为根本形式的，无所不在的“自然秩序”的制约，以及生物的自我约束。视自然为“弱

肉强食”的“丛林社会”，只是人对自然的误读。（F-3-21-2）在地球生物圈中，发生的关系和事实主要有：

第一，“自然的进化”和“免费午餐”。一切生命都是自然演化的产物——“自然的进化”；自然“本善”，生物的外部性得到消解，享受“免费午餐”而不会对生物圈带来伤害。（3-18-1-2；3-19-1-1；3-23-2-2）

第二，“生态目的性”。生物圈是生命的家园，维护她的“多样、和谐、美丽、稳定和持续”，是“生物共同体”和其所有成员共同的目的和“好”——“生态目的性”和“集体目的性”，并为“自然的秩序”——食物链、食物网、营养关系、“生态位”……——所保障。（3-18-2-2，3-18-2-3）

第三，“生态角色”、“生态义务”、“生态使命”和“自然的秩序”。所有生物都处在“生物共同体”之中，遵从“生态目的性”而扮演一定的“生态角色”、承担一定的“生态义务”、完成一定的“生态使命”……遵守“自然的秩序”——在一定食物链、网环节取食，在一定“生态位”范围活动——而从不越雷池一步；通过他律和自律维持与“生境”的动态稳定平衡——超越生境容量增长的“恒长趋势”只是对生物的误读。（3-17-3-3；3-18-2-2；3-22-1-1）

第四，“适应等价”。生物的“生存适应”是等价的，一切生物，不论是简单的还是复杂的，都如此地适应着她们的环境——没有低级与高级之别，也不存在优劣之分。（3-17-1-3）

第五，节约、资源的“最小化”配置和多样性的“最大化”。自然是节约的并按“最小化”原则为每一种生物物种配置资源，由此带来生物多样性的“最大化”，进而生态系统的稳定和生物平等。（3-18-3-1；4-30-6-2）

第六，生态对策的“关联一限制”。生物在生态对策上遵从自然法则，贯彻“生态目的性”而保持“关联一限制”。体型大、存活时间长的物种只能有少的数量和低的生殖力；大量生殖、数量多的物种只能有小的体型和短的存活时间——由之形成两大具鲜明特征的生存/资源利用模式：*r*-对策的“短存活一分代利用”，和*K*-对策的“小种群一代际共享”。（3-18-3-2，3-18-4-2）

第七，生物平等：种际平等是贯彻“生态目的性”的规定；代际平等为“小种群”（*K*-对策物种）、“短存活”（*r*-对策物种）的生态对策所保障；维护生物圈稳定、美丽、持续的“伦理硬壳”，则是种内平等的“守护神”。（3-18-4）

第八，合作一竞争、协同演化。（3-17-4-2）

——人类的故事：人与人

在人类社会内部所发生的是：

第一，人与人之间的不平等和不平等的加剧。

人与人之间的不平等源于人类“生态目的性”的丢失而是资源“最大化”配置和“财富一个体目的性”的产物；人口数量、私欲的膨胀，和社会组织/技术的复杂化，则在推动和强化着人与人之间的不平等。在人口稀少、低技术的简单社会中，一个缺乏技术的、处于下层阶级的人的生存相对要容易得多；在一个高密度、高技术、等级复杂的社会中，则会有越来越多的人被排除在技术之外而生计越来越艰辛——而这又是为效率社会所认可的，因为据说80%的财富是由20%的人生产出来的。（2-10-2-3，2-10-3-2；3-20-3，F-3-20-4）

第二，人口周期、文明周期和土地的休养生息。

周而复始循环着的文明，因人口增加、经济规模扩大而辉煌，也因人口、经济规模的扩大和由之造成的生态/环境退化而衰退。为避免衰退而做的各种“调控”努力——特别是强化对自然的利用以转嫁社会危机（“系统外解决”），因把社会推向高位均衡的“超临界态”而使文明每每以崩溃的形式结束辉煌期和拉开下一轮循环的序幕。在新的辉煌期来临之前，文明因土地休养生息的长期性而往往需要一个漫长的等待时期。（2-10-1，2-10-3-2，2-10-3-3；2-11-3-1）。

——人类的故事：人与生物

人类的故事既在人类系统内部上演，也发生在人与自然的关系之中。在人与自然关系中发生的故事，是围绕人对自然的攫取、对生物的劫掠，地球生物圈的退化，和人类在本质上的外部性和反自然，“本恶”、非有机性、“生态学怪胎”的展开和形成进行的。在视“人”为了成为人和发展对自然低强度、小规模挤压可容忍的条件下：

首先发生的是，在数量和欲望压力下对自然的攫取和生物的劫掠。失去“生态目的性”的人违背“最小化”的自然配置原则，“最大化”地为自己配置资源——由此，在破坏“自然秩序”，导致生物灭绝、生态系统退化的同时，展现着人的外部性、“本恶”、不道德和反自然的本质，和随着攫取、劫掠规模扩大而发生的，从一个异化于自然的存在向同自然尖锐对抗的变化。（3-19-2，3-19-3-2，3-19-3-3；3-20-1-4，3-20-2-3；3-23-2-3）

第二，人的“非有机性”。当“人”把自己从动物中提升出来时，尽管他还是生物共同体的一员，但由于不再扮演“生态角色”、承担“生态功能”而使自己由（未成为人之前）不可或缺的有机成员，变成了生物圈不再需要的，必须依赖其他成员和共同体方能生存的非有机成员。（3-18-2-2；3-20-1-4，3-20-4-2；4-27-1-3）

第三，“生态学怪胎”。他律缺失、自律不律所导致的人口数量增长，破坏了生态对策的“关联一限制”而使人成为与自然尖锐对抗的“生态学怪胎”，以私有制和市场为土壤的欲望的膨胀，进一步强化了人与自然的对抗。（3-22-6-1）

——告诫：自然的故事和人类的故事

在人类社会所展现的，是一幅不平等、不和谐、不可持续的图景。当把自然、人类和人与自然关系的图景幅合在一起并“快放”时，呈现在我们面前的总情景便是：由于人类的鲸吞、蚕食，美丽、多样、稳定、和谐的自然系统急剧减小和萎缩；动荡、单一的人类系统——“丛林社会”通过对自然的攫取而迅速崛起、扩张并全面占领地球。

与这一总情景同时发生的，一方面是为物种灭绝、生物多样性减小、生态/环境退化展现的人与生物的不平等，特别是人类对生物界的大屠杀；一方面是人类“生态目的性”的丢失，种群规模的扩大，私有制的出现，技术、市场的发展，种内竞争的由之加剧，和以此为背景的，为贫富对立所昭示的人类不平等，由战争揭示的人与人之间的相互残杀（人性的悲剧），和体现在因战争、饥荒、疾疫而反复发生的人口数量急剧减少中的人类的悲哀。

自然的和谐源自“生态目的性”、“集体目的性”和“限制”（他律和自律）；人类自身的悲哀和对自然和谐的破坏，源自“生态目的性”、“集体目的性”的缺失，“财富一个体目的性”的发展和对自然限制的脱离——确立“集体目的性”，尽量遵从“自然的秩序”，维护生物圈的多样、稳定和持续，接受为此所必需的限制，是自然所要告诫我们并为人类故事所验证的第一句话。

自然的限制之于生物界，是有欲望而无贪欲的生物，和为生态对策“关联一限制”所规定的，大型、长存活生物只能有小的种群规模；人类的脱离限制表现在欲望的膨胀和与作为 *K*-对策物种极不协调的大规模的人口数量——节欲、小规模的种群数量，是自然所要告诫我们并为人类故事所验证的第二句话，且由于人口数量是人类社会和生物界的“序参量”而是最为根本的一句话。

自然与人类的故事至少可以表明，人类并不比生物优越，“理性优越论”只能是为人与生物不平等张目的谎言。“适应等价”告诉我们，谈论复杂性对简单性的进步，如同比较骆驼对鞭毛虫、鲸对蝗虫的优越性一样毫无意义。以“文化适应”环境的人，比以“体能适应”环境的生物在结构（相对于简单生物）、技术上都复杂得多，但这并不一定能保证在持续性上她能够获得成功——像其他生物一样（物种平均寿命约 1 000 万年，有的则以亿年计）再存活 500 万年。迄今为止，以“体能适应”环境的生物已成功在地球上生活了 38 亿年，而人类诞生至今只不过占这一生命史的 0.13%。如果说人类对生物具优越性的话，那便是借助“文化”消灭自己生存空间扩张中的障碍生物——已经这样做了并正在这样做着——当然，这种优越性是令具羞耻之心——如果还存在的话——的人所汗颜的。

参考文献

[1] 莫蒂默·艾德勒，查尔斯·范多伦．西方思想宝库[M].《西方思想宝库》编委会，译编．长春：吉林人民出版社，1988.

[2] 周辅成．西方伦理学名著选辑（上卷）[M]．北京：商务印书馆，1996.

[3] 托马斯·亨利·赫胥黎．进化论与伦理学[M]．进化论与伦理学翻译组，译．北京：科学出版社，1971.

[4] 周辅成．西方伦理学名著选辑（下卷）[M]．北京：商务印书馆，1996.

[5] 余谋昌，王耀先．环境伦理学[M]．北京：高等教育出版社，2004.

[6] 奥尔多·利奥波德．沙乡年鉴[M]．侯文蕙，译．长春：吉林人民出版社，1997.

[7] 雷毅．深层生态学思想研究[M]．北京：清华大学出版社，2001.

[8] 爱德华·O. 威尔逊．生命的多样性[M]．王芷，唐佳青，王周，等，译．长沙：湖南科学技术出版社，2003.

[9] 苗力田．古希腊哲学[M]．北京：中国人民大学出版社，1989.

[10] 阿尔贝特·施韦泽．敬畏生命——五十年来的基本论述（汉斯·瓦尔特·贝尔编）[M]．陈泽环，译．上海：上海科学院出版社，2003.

[11] 斯宾诺莎．伦理学[M]．贺麟，译．北京：商务印书馆，1999.

[12] 柏拉图．理想国[M]．张竹明，译．北京：商务印书馆，1996.

[13] 肯尼斯·N. 汤森：稳态经济与命令经济[A]//赫尔曼·E. 戴利，肯尼思·N. 汤森．珍惜地球——经济学、生态学、伦理学[C]．马杰，钟斌，朱又红，译．范道丰，校．北京：商务印书馆，2001：309-333.

[14] E. 戈德史密斯．生存的蓝图[M]．程福祜，译．王人龙，校．北京：中国环境科学出版社，1987.

[15] 巴里·康芒纳．封闭的循环——自然、人和技术[M]．侯文蕙，译．长春：吉林人民出版社，1997.

[16] 史蒂文·琼斯．达尔文的幽灵——“物种起源”更新版[M]．李若溪，译．北京：社会科学出版社，2004.

[17] 霍尔姆斯·罗尔斯顿．环境伦理学——大自然的价值以及人对大自然的义务[M]．杨通进，译．许广明，校．北京：中国社会科学出版社，2000.

[18] 傅华．生态伦理学探究[M]．北京：华夏出版社，2002.

[19] 何怀宏．生态伦理——精神资源与哲学基础[M]．保定：河北大学出版社，2002.

[20] 冈特·绍伊博尔德．海德格尔分析新时代的技术[M]．宋祖良，译．北京：中国社会科学出版社，1993.

[21] 世界环境与发展委员会（WCED）．我们共同的未来[M]．国家环保局外事办公室，译．夏堃堡，校．北京：世界知识出版社，1989.

[22] 迈克尔·波伦．植物的欲望——植物眼中的世界[M]．王毅，译．上海：上海人民出版社，2003.

[23] 尤金·奥尼尔，等．一只狗的遗嘱[M]．李汉昭，译．哈尔滨：哈尔滨出版社，2003.